Die Aufgreifkriterien der chinesischen Fusionskontrolle

Veröffentlichungen des Instituts für Energie- und Regulierungsrecht Berlin

Herausgegeben von Franz Jürgen Säcker und Jochen Mohr

Band 70

PETER LANG

Rui Long

Die Aufgreifkriterien der chinesischen Fusionskontrolle

Minderheitsbeteiligung, Gemeinschaftsunternehmen, konzerninterne Umstrukturierung und neue Fragen zum digitalen Markt aus rechtsvergleichender Sicht mit deutschem und europäischem Recht

PETER LANG

Bibliografische Information der Deutschen Nationalbibliothek
Die Deutsche Nationalbibliothek verzeichnet diese Publikation in der Deutschen Nationalbibliografie; detaillierte bibliografische Daten sind im Internet über http://dnb.d-nb.de abrufbar.

Zugl.: Berlin, Freie Univ., Diss., 2019

Gedruckt auf alterungsbeständigem, säurefreiem Papier.
Druck und Bindung: CPI books GmbH, Leck

D 188
ISSN 2363-684X
ISBN 978-3-631-79184-4 (Print)
E-ISBN 978-3-631-82959-2 (E-PDF)
E-ISBN 978-3-631-82960-8 (EPUB)
E-ISBN 978-3-631-82961-5 (MOBI)
DOI 10.3726/b17289

Peter Lang – Berlin · Bern · Bruxelles · New York ·
Oxford · Warszawa · Wien

Diese Publikation wurde begutachtet.

www.peterlang.com

Für meine Eltern

Vorwort

Chinas Anti-Monopoly-Gesetz (AMG) wurde 2008 offiziell erlassen und seitdem sind mehr als 10 Jahre vergangen. In diesen zehn Jahren haben sich in der Praxis zahlreiche Fälle in Bezug auf das AMG angesammelt, gleichzeitig sind immer mehr Studien und Literatur dazu erschienen. Befasst man sich kontinuierlich mit der Forschung und Literatur zum chinesischen AMG, stellt man schnell fest, dass frühere Artikel zum chinesischen Kartellrecht sich nur auf die Analyse des Gesetzes selbst konzentrieren können. Allmählich werden in der einschlägigen Literatur jedoch auch immer mehr praktische Fälle in die Analyse einbezogen.

Diese Dissertation konzentriert sich auf die Fusionskontrolle in China. Zum Zeitpunkt der Einreichung bemühte ich mich, alle wichtigen Fälle zum Thema, insbesondere im Zusammenhang mit Gemeinschaftsunternehmen, einzubeziehen, und so eine mehr detaillierte Analyse durchführen zu können.

Aufgrund meiner Forschung während meiner Doktorarbeit und meiner Berufserfahrung in diesen Bereichen nach meiner Rückkehr nach China bin ich der Meinung, dass die Verbesserung des chinesischen AMG nicht über Nacht erreicht werden kann. Im Jahr 2008, als das AMG geschaffen wurde, beinhaltete es nur 57 Artikel. Daher kann gesagt werden, dass das Gesetz selbst kein vollständiges Kartellrechtssystem aufbaut, sondern lediglich einen Rahmen für dieses System bildet. In der anschließenden Entwicklung hat sich durch die Beurteilung und Behandlung der Fälle in der Praxis, die Erörterung spezifischer Fragen durch die akademische Forschung, die unterstützenden Guidelines usw., die von Verwaltungsbehörden und Gerichten nacheinander erlassen wurden, allmählich ein relativ klares Kartellrechtssystem entwickelt. Vor diesem Hintergrund versuche ich durch diese Dissertation, die Fusionskontrolle, insbesondere aus rechtsvergleichender Sicht, genauer zu untersuchen, um die Einzelheiten der Fusionskontrolle zu diskutieren. Die Aufmerksamkeit für die Erklärung und die Anwendbarkeit von gesetzlichen Bestimmungen auf detaillierte Fragen sind meiner Meinung nach sowohl wichtig als auch praktisch für die Verbesserung des chinesischen AMG.

Rui LONG in Peking, April 2020

Danksagung

Besonders danke ich den Reihenherausgebern, meinem Doktorvater Herrn em. Univ.-Prof. Dr. Dr. Dres. h.c. Franz Jürgen Säcker sowie Herrn Prof. Dr. Jochen Mohr, für die Aufnahme meiner Arbeit in ihre Schriftenreihe „Veröffentlichungen des Instituts für Energie- und Regulierungsrecht Berlin".

Vom LL.M.-Studium bis zur Promotion habe ich mehrere Jahre in Berlin studiert und gelebt. Obwohl das Leben im Ausland immer mit einigen Schwierigkeiten verbunden sein kann, ist es für mich eher eine positive Erfahrung gewesen. Dank dieser Zeit hatte ich die Möglichkeit, das deutsche Recht und das EU-Recht näher und tiefer zu verstehen, die deutsche und europäische Kultur wirklich zu erleben und während meiner Promotion viele interessante und talentierte Freunde kennenzulernen. Diese Zeit war eine wichtige Erfahrung in meinem Leben und ich glaube, dass mich die Erinnerung daran auch in meinem zukünftigen Leben noch bereichern wird.

Während meiner Promotion habe ich viel Verständnis gewonnen und Unterstützung erhalten. Hier möchte ich mich bei allen bedanken, die mir geholfen und sich um mich gekümmert haben. Außerdem möchte ich auch meinen Eltern und einer guten Freundin, Frau Zhang, meinen besonderen Dank dafür aussprechen, dass sie es mir ermöglichten, erfolgreich zu promovieren und meine Zeit im Ausland gelassen zu erleben.

Inhaltsverzeichnis

Vorwort 7

Danksagung 9

Abkürzungsverzeichnis 21

Einleitung 25

§ 1 Aktuelle Bestimmungen in der chinesischen Fusionskontrolle 27

I. Formelle Aufgreifkriterien der chinesischen Fusionskontrolle 28

II. Die Umsatzschwelle für die Anwendung der Fusionskontrolle 29

III. Einführung des Verfahrens für einfache Fälle 30

IV. Die Rechtsnatur der Bestimmungen 31

§ 2 Kontrollerwerb 33

I. Kontrollerwerb im europäischen Recht 33

1. Begriff der Kontrolle 33

a) Überblick 33

b) Bestimmender Einfluss 34

aa. Positiver und negativer Einfluss 35

bb. Strategische Entscheidung 35

c) Dauerhaftigkeit 36

2. Kontrollerwerb 37

a) Erwerbsmittel 37

b) Mittelbarer Kontrollerwerb 39

aa. Allgemein 39
bb. Erwerb der Kontrolle durch eine Tochtergesellschaft oder ein GU 40
cc. Investmentfonds 41
c) Alleinige Kontrolle 42
d) Gemeinsame Kontrolle 45
aa. Paritätische Beteiligung 45
bb. Disparitätische Beteiligung 46
cc. Gemeinsame Ausübung der Stimmrechte 48
3. Wirtschaftliche Abhängigkeit 49
4. Änderung der Kontrollverhältnisse 50
II. Kontrollerwerb im deutschen Recht 51
1. Allgemein 51
2. Das Verhältnis zwischen § 37 Abs. 1 Nr. 2 und § 37 Abs. 1 Nr. 4 GWB 52
3. Mittelbare Kontrolle 53
4. Wirtschaftliche Abhängigkeit als Kontrollmittel 54
III. Kontrollerwerb im chinesischen Recht 54
1. Historische Entwicklung der Gesetzgebung zum Kontrollerwerb 54
2. Kontrollerwerb nach der Guideline von 2014 55
a) Kontrollbegründung aufgrund einer Gesamtschau aller rechtlichen und faktischen Umstände 57
b) Einzelfallprüfung 58
c) Beziehung zum Gesellschaftsrecht 58
3. Schwierigkeit der Konkretisierung eines qualitativen Aufgreifkriteriums für die chinesische Fusionskontrolle 59
a) Konkretisierung durch Erlass der Verwaltungsgrundsätze von MOFCOM? 59
aa. Rechtsstellung der für die Fusionskontrolle zuständigen Behörde 59
bb. Die Befugnis der zuständigen Behörde zur Konkretisierung des Begriffs im AMG 60
b) Konkretisierung durch gesammelte behördliche und gerichtliche Erfahrungen? 63

aa. Einstellung von MOFCOM zur Durchsetzung des Aufgreifkriteriums nach Art. 20 AMG ... 63
bb. Fälle mit Verwaltungsstrafe wegen eines Verstoßes gegen die Meldepflicht nach Art. 20 AMG ... 64
cc. Die Rolle der gerichtlichen Entscheidung bei der Konkretisierung und Auslegung der Aufgreifkriterien von Art. 20 AMG ... 66
c) Stellungnahme zur Konkretisierung des Aufgreifkriteriums Kontrollerwerb in der chinesischen Fusionskontrolle ... 67
d) Zwischenergebnis ... 69
4. Minderheitsbeteiligung ... 71
a) Die Praxis von MOFCOM bei Minderheitsbeteiligungen ... 72
b) Das Sonderrecht der Gesellschafter mit Verweis auf das chinesische Gesellschaftsrecht ... 73
aa. Chinesische GmbH ... 73
bb. Chinesische AG ... 75
cc. Partnerschaft ... 76
dd. Das Sonderrecht in der Literatur ... 77
c) Gemeinsame Handlung/ Ausübung der Stimmrechte ... 78
aa. Gemeinsame Handlung ... 78
bb. Cumulated Voting Rule (Kumulative Wahlregel) ... 80
cc. Fall aus der Praxis von MOFCOM ... 81
d) Geringe Hauptversammlungspräsenz ... 81
e) Personelles Bestellungsrecht ... 82
f) Die Typische Aktionärsstruktur in chinesischen Unternehmen und ihr Einfluss auf das Recht von Minderheitsgesellschaftern ... 84
g) Zwischenergebnis ... 85
5. Offene Fragen zum Kontrollerwerb ... 88
a) Mittelbare Kontrolle ... 88
aa. Die typische Aktionärsstruktur in chinesischen Unternehmen ... 88
bb. Stellungnahme ... 89

b) Vermögenserwerb ... 90
aa. Fälle des Vermögenserwerbs von MOFCOM ... 91
bb. Praktische Behandlung von MOFCOM ... 91
cc. Ein subjektiver Bestandteil? – Der Fall der umgekehrten Übernahme ... 92
c) Unternehmen mit VIE-Struktur bei Fusionskontrolle ... 95
aa. Die VIE-Struktur ... 95
bb. Unternehmen mit VIE-Struktur bei Fusionskontrolle in der Praxis ... 95
6. Zusammenfassung ... 97

§ 3 Gemeinschaftsunternehmen ... 101

I. GU in der deutschen Fusionskontrolle ... 101
1. GU i. S. v. § 37 Abs. 1 GWB ... 101
2. Doppelkontrolle für GU ... 102
a) Der Grundsatz der Doppelkontrolle ... 102
b) Doppelkontrolle in der Praxis ... 104
aa. Konzentratives GU ... 104
bb. Kooperatives GU ... 105

II. GU im europäischen Recht ... 106
1. Vollfunktions-GU i. S. v. Art. 3 FKVO ... 106
2. Gründung eines Vollfunktions-GU gemäß Art. 3 Abs. 4 FKVO 108
a) Gründung ... 108
b) Merkmale der Vollfunktion ... 108
aa. Selbstständige wirtschaftliche Einheit auf dem Markt ... 108
bb. Dauerhaftigkeit ... 110
c) Änderung der Tätigkeit des GU ... 110
3. Sonderregeln für GU gemäß Art. 2 Abs. 4 und 5 FKVO ... 112
a) Allgemein ... 112
b) Voraussetzungen für die Anwendung des Art. 2 Abs. 4 und 5 FKVO ... 113

aa. Kandidatenmarkt 113
bb. Wahrscheinlichkeit/Anreiz 114
cc. Spürbarkeit 115
dd. Kausalität 116
c) Die praktische Bedeutung des Art. 2 Abs. 4 FKVO 116
d) Kollektive Marktbeherrschung 117
4. Vollfunktions-GU ohne gemeinschaftsweite Bedeutung 119
5. Teilfunktions-GU 120

III. GU im chinesischen Recht 121
1. GU als Gegenstand der Fusionskontrolle 121
a) Die historische Entwicklung 121
b) Entwicklung nach Art. 4 der Guideline 2014 122
2. Materielle Prüfung für Gemeinschaftsunternehmen 122
a) Das materielle Prüfungskriterium nach Art. 28 AMG 122
b) Ungleichbehandlung von konzentrativen und kooperativen GU? 124
c) Die Anwendbarkeit von Art. 13 und 14 AMG auf die Gründung eines GU 124
aa. Art. 13 u. 14 AMG als Grundlage zur Doppelkontrolle? 124
bb. Doppelte Kontrolle nach Art. 13 u. 14 AMG in der Praxis? 126
d) Begleitende Nebenbestimmung bei der Gründung eines GU 127
e) Freigabe mit Nebenbestimmung 128
3. GU-Prüfung in der Praxis 130
a) Der Fall Corun/Toyota China/PEVE/New Zhongyuan Group/Toyota Tsusho 130
b) Der Fall Henkel Hong Kong/Tiande Chemical 132
c) Der P3-Fall 133
4. Die GU-Gründung in der chinesischen Fusionskontrolle aus rechtsvergleichender Sicht 135
a) Der Begriff des GU i. S. d. chinesischen Fusionskontrolle 135

aa. Der Begriff des GU ... 135
bb. Der Anwendungsbereich der Fusionskontrolle über GU ... 136
b) Die materielle Prüfung von GU ... 139
c) Die Aufteilung der Zuständigkeiten der Verwaltungsbehörden im AMG und ihr Einfluss auf die praktische Behandlung von GU ... 141
5. Zusammenfassung ... 143

§ 4 Nicht-kontrollierende Minderheitsbeteiligung ... 145
I. Deutsches Recht ... 145
1. Anteilserwerb von 25 % gemäß § 37 Abs. 1 Nr. 3 lit. b GWB ... 145
2. Wettbewerblich erheblicher Einfluss gemäß § 37 Abs. 1 Nr. 4 GWB ... 146
a) Allgemein ... 146
b) Umfang der Minderheitsbeteiligung nach § 37 Abs. 1 Nr. 4 148
c) Gesellschaftsrechtlich vermittelte Unternehmensverbindung ... 148
d) Einflussmöglichkeit ... 149
e) Plus-Faktoren ... 151
f) Wettbewerbliche Erheblichkeit ... 152
g) Verhältnis zum Kontrollerwerb nach § 37 Abs. 1 Nr. 2 ... 153
h) Minderheitsbeteiligung mit unilateralem Effekt ... 154
II. Europäisches Recht ... 155
1. Nicht-kontrollierende Minderheitsbeteiligung nach geltender FKVO ... 155
2. Einführung eines Regimes für die nicht-kontrollierende Minderheitsbeteiligung auf EU-Ebene? ... 156
a) Aktuelle Entwicklung ... 156
b) More Economic Approach ... 158
c) Die Anwendbarkeit der Art. 101 und 102 AEUV für den Erwerb einer nicht-kontrollierenden Minderheitsbeteiligung ... 160

3. Die vorgeschlagene Ausgestaltung der Kontrolle über den Erwerb einer nicht-kontrollierenden Minderheitsbeteiligung 161
a) Grundsätze für die Kontrolle der Minderheitsbeteiligung 161
b) Begriff der nicht-kontrollierenden Minderheitsbeteiligung .. 162
c) Verfahren – Das System der „gezielten" Transparenz 163
4. Vergleich zwischen der nicht-kontrollierenden Minderheitsbeteiligung nach § 37 Abs. 1 Nr. 4 und der nach dem Weißbuch 164
III. Chinesisches Recht 165
1. „Entscheidender Einfluss" nach Art. 20 Abs. 3 AMG 165
2. Erweiterung der Zuständigkeit von MOFCOM auf die nicht-kontrollierende Minderheitsbeteiligung? 166
IV. Zusammenfassung 167

§ 5 Die Erweiterung der Zuständigkeit der Fusionskontrolle auf dem Bereich der Digitalwirtschaft 169
I. Die Erweiterung der Zuständigkeit der deutschen Fusionskontrolle durch die 9. GWB-Novelle 169
1. Die 9. GWB-Novelle 169
2. Die Gegenleistung als neu eingeführtes Aufgreifkriterium 172
II. Die Zuständigkeit der chinesischen Fusionskontrolle auf den Bereich der Digitalwirtschaft 174
1. Ausgangsfälle 175
a) Die beteiligten Unternehmen 175
b) Der Fall DiDi/Kuaidi 176
c) Der Fall DiDi/Uber China 177
aa. Der Zusammenschluss 177
bb. Der Umsatz in dem Fall 177
cc. Marktanteil 178
dd. Die Aktionärsstruktur von DiDi 179

2. Zuständigkeit der Fusionskontrolle für die Fälle? ... 180
aa. Die Umsatzschwelle in der chinesischen Fusionskontrolle ... 181
bb. Art. 4 der Bestimmung zur Anwendungsschwelle der Fusionskontrolle als Grundlage der Zuständigkeit von MOFCOM? ... 181
cc. Einführung eines neuen Aufgreifkriteriums? ... 182
III. Zusammenfassung ... 184

§ 6 Konzerninterne Umstrukturierungen ... 187
I. Deutsches Recht ... 187
1. § 36 Abs. 2 GWB (Verbund- und Mehrmütterklausel) ... 187
a) Die Verbundklausel i. S. v. § 36 Abs. 2 S. 1 GWB ... 187
b) Die Mehrmütterklausel i. S. v. § 36 Abs. 2 S. 2 GWB ... 189
2. Konzerninterne Umstrukturierung im Hinblick auf § 37 Abs. 2 GWB ... 190
II. Europäisches Recht ... 191
III. Chinesisches Recht ... 192
1. „Konzern“ im chinesischen Recht ... 192
2. Art. 22 des chinesischen AMG ... 195
3. Stellungnahme zum Art. 22 AMG aus rechtsvergleichender Sicht ... 195
IV. Umstrukturierung der staatlichen Unternehmen ... 197
1. Deutsches Recht ... 197
2. Europäisches Recht ... 198
3. Umstrukturierung der SOE in China ... 199
a) Die Anwendbarkeit des AMG auf SOE mit Rücksicht auf Art. 7 AMG ... 199
b) Die Notwendigkeit der Anwendung der Fusionskontrolle auf den Zusammenschluss von SOE ... 202
c) Klassifizierung der SOE und die Anwendung des AMG ... 203
d) SOE untereinander und zusammen mit SASAC als wirtschaftliche Einheit? ... 205

aa. Der Fall EDF/CGN/NNB ... 205
bb. Die Reform der SOE ... 206
e) Gleiche Anwendung von Art. 22 AMG auf alle Unternehmen? ... 207
f) Zusammenschluss von SOE: konzerninterne Umstrukturierung nach Art. 22 AMG oder neuer Zusammenschluss nach Art. 20 AMG? ... 208
g) Der Konflikt von Industriepolitik und Wettbewerbspolitik um SOE bei Fusionskontrolle ... 209
aa. Die aktuelle Reform der SOE im Rahmen der Industriepolitik ... 209
bb. Materielle Prüfung bei einem Zusammenschluss von SOE und der Konflikt zwischen Wettbewerbspolitik und Industriepolitik ... 211
V. Zusammenfassung ... 214

§ 7 Zusammenfassung ... 217

Literaturverzeichnis ... 221

Abkürzungsverzeichnis

ABl.	Amtsblatt der Europäischen Union
Abs.	Absatz
AEUV	Der Vertrag über die Arbeitsweise der Europäischen Union
a. F.	alte Fassung
AG	Aktiengesellschaft
AIG	Ausländisches Investitionsgesetz
AktG	Aktiengesellschaftsrecht
AMG	Anti-Monopol-Gesetz
Art.	Artikel
Aufl.	Auflage
Begr.	Begründung
BGH	Bundesgerichtshof
BKartA	Bundeskartellamt
BT-Drucks.	Drucksache des Deutschen Bundestages
bzw.	beziehungsweise
CAAC	Civil Aviation Administration of China
CASS	Chinese Academy of Social Sciences
CBRC	China Banking Regulatory Commission
CCCPC	Central Committee of the Communist Party of China
CIRC	China Insurance Regulatory Commission
Co., Ltd.	Company Limited
CRn	Concentration Ratio
CSRC	China Securities Regulatory Commission
d. h.	das heißt
DStR	Deutsches Steuerrecht (Zeitschrift)
ECLR	European Competition Law Review
EG	Europäische Gemeinschaft
EGKSV	Vertrag zur Gründung der Europäischen Gemeinschaft für Kohle und Stahl
EU	Europäische Union
EuG	Gericht der Europäischen Union
EuGH	Europäischer Gerichtshof
EuZW	Europäische Zeitschrift für Wirtschaftsrecht
EWeRK	Zeitschrift des Instituts für Energie- und Wettbewerbsrecht in der Kommunalen Wirtschaft e.V.

f.	folgende (Seite)
ff.	folgende (Seiten)
FKVO	Fusionskontrollverordnung
GEB	Growth Enterprise Board
GGG	Gesetzgebungsgesetz der VR China
GmbH	Gesellschaft mit beschränkter Haftung
GRUR Int.	Gewerblicher Rechtsschutz und Urheberrecht Internationaler Teil (Zeitschrift)
GWB	Gesetz gegen Wettbewerbsbeschränkungen
HHI	Herfindahl-Hirschman-Index
Hrsg.	Herausgeber
Hs.	Halbsatz
i. S. d.	im Sinne des/der
i. S. v.	im Sinne von
IIC	International Review of Intellectual Property and Competition Law
IPO	Initial Public Offering
KG	Kammergericht
KgG	Das Kapitalgesellschaftsgesetz der VR China
KOMM	Europäische Kommission
lit.	litera/Buchstabe
m. E.	meines Erachtens
M&A	Mergers and Acquisitions
Mio.	Millionen
MOF	Ministry of Finance of the People's Republic of China
MOFCOM	Ministry of Commerce of the People's Republic of China
MOT	Ministry of Transport of the People's Republic of China
Mrd.	Milliarden
NDRC	National Development and Reform Commission
NEEQ	National Equities Exchange and Quotations
Nr.	Nummer
NZKart	Neue Zeitschrift für Kartellrecht
O.V.	Ohne Verfasser
OECD	Organisation for Economic Co-operation and Development
OLG	Oberlandesgericht
ORC	Origin Receiving Charge
PBOC	The People's Bank of China
RefE	Referentenentwurf
RegE	Regierungsentwurf

RIW	Recht der Internationalen Wirtschaft (Zeitschrift)
RMB	Renminbi (die Währung der Volksrepublik China)
Rn.	Randnummer
Rspr.	Rechtsprechung
S.	Seite(n)
s.	Siehe
SAIC	State Administration for Industry and Commerce of the People's Republic of China
SASAC	State-owned Assets Supervision and Administration Commission of the State Council
SAT	State Administration of Taxation
SHSE	Shanghai Stock Exchange
SIEC	Significant Impediment to Effective Competition
SME	Small and Medium Enterprises
SOE	State-owned Enterprise (chinesisches)
sog.	sogenannt
ST	Special Treatment
SZSE	Shenzhen Stock Exchange
THC	Terminal Handling Charge
Tz.	Textziffer
u.	und
UPP	Upward Pricing Pressure
usw.	und so weiter
VG	Das Vertragsgesetz der VR China
vgl.	vergleiche
VIE	Variable Interest Entities
VO	Verordnung
WFOE	Wholly Foreign Owned Enterprise
WuW	Wirtschaft und Wettbewerb (Zeitschrift)
WuW/E DE-R	Wirtschaft und Wettbewerb – Entscheidungssammlung – Deutschland Rechtsprechung
z. B.	zum Beispiel

Einleitung

Mit dem Erlass des chinesischen Anti-Monopol-Gesetzes wurde 2008 die Fusionskontrolle (Art. 20 ff. AMG) im chinesischen Rechtssystem eingeführt. Das chinesische Handelsministerium MOFCOM ist die zuständige Behörde[1] für die Fusionskontrolle in China. Seit 2008 werden dort immer mehr Fälle eingereicht und geprüft.[2] Gleichzeitig findet sowohl im deutschen als auch im chinesischen Schrifttum eine rege Diskussion über die Aufgreifkriterien der chinesischen Fusionskontrolle statt.[3] Viele Fragen zum Thema sind allerdings noch offen. Die vorliegende Arbeit möchte dazu beitragen, diese Lücken zu schließen. Im Folgenden werden die Aufgreifkriterien der chinesischen Fusionskontrolle vor dem Hintergrund der aktuellen Bestimmungen sowie der Praxis der zuständigen Behörde MOFCOM diskutiert. Des Weiteren werden die Vorschriften und praktischen Erfahrungen hinsichtlich der chinesischen Fusionskontrolle mit denen der deutschen und europäischen Behörden hinsichtlich § 37 GWB sowie Art. 3 FKVO verglichen.

Ein Zusammenschluss liegt nach Art. 20 AMG vor, wenn zwei oder mehr Unternehmen miteinander fusionieren, Kontrolle über ein Zielunternehmen erwerben oder bestimmenden Einfluss auf dieses ausüben können. Die Aufgreifkriterien stellen die Eintrittsschwelle für die Fusionskontrolle dar. Sie entscheiden, welche Fälle einer Kontrolle unterzogen werden und welche nicht.

Die europäische und die deutsche Fusionskontrolle spielen als Vorbilder eine wichtige Rolle bei der Gesetzgebung und Konkretisierung der chinesischen Fusionskontrolle. Art. 20 AMG erweckt den Eindruck, dass die Formulierung der formellen Aufgreifkriterien der chinesischen Fusionskontrolle der in der deutschen und europäischen Gesetzgebung ähnelt. Tatsächlich wurde Art. 20 AMG stark vom deutschen und europäischen Recht beeinflusst, insbesondere

---

1 Diese Dissertation wurde Ende 2017 offiziell eingereicht. Im April 2018, nach der Umstrukturierung und Reform der chinesischen Regierungsabteilungen, fusionierte die für die Fusionskontrolle zuständige Behörde – eine Abteilung vom Handelsministerium MOFCOM – mit der neu eingerichteten Staatlichen Verwaltung für Marktregulierung und wurde deren untergeordnete Abteilung.

2 Bericht online unter: http://www.gov.cn/jrzg/2013-07/31/content_2459043.htm (zuletzt aufgerufen am 12.11.2017).

3 Dazu Jin, Aufgreifkriterien in der Fusionskontrolle; Lorenz, WuW 2008, S. 814, 820 f.; Masseli, Handbuch chinesische Fusionskontrolle; zur aktuellen chinesischen Fusionskontrolle auch: Ritzenhoff, GRUR Int. 2014, S. 33.

von § 37 GWB und Art. 3 FKVO. In der Praxis werden die Aufgreifkriterien jedoch unterschiedlich gehandhabt. Die Unterschiede werden in der vorliegenden Dissertation eingehend erörtert.

Die Arbeit umfasst insgesamt sechs Teile. Im ersten Teil (§ 1) werden alle seit 2008 erlassenen Guidelines und Bestimmungen bezüglich der Aufgreifkriterien der Fusionskontrolle präsentiert. Dieser Teil zeigt somit die aktuelle Entwicklung der Aufgreifkriterien der chinesischen Fusionskontrolle.

Der zweite Teil der Arbeit (§ 2) behandelt den Kernbegriff der Aufgreifkriterien in der chinesischen Fusionskontrolle, den Kontrollerwerb. Wie Unternehmen durch Fusion eine Fusionskontrolle durch MOFCOM auslösen, ist klar und wird als bekannt vorausgesetzt.[4] Neben der Gesetzgebung von Art. 20 AMG werden die angelegten Kriterien, wie die Unternehmen eine Kontrolle über Zielunternehmen erlangen, durch eine neue Guideline ergänzt und konkretisiert. Die Ergänzung wird in diesem Teil ausführlich dargestellt.

Die Gründung eines Gemeinschaftsunternehmens (GU) ist eine wichtige Fallgruppe für die Fusionskontrolle. Das Thema GU wird im dritten Teil (§ 3) erörtert. Die Arbeit konzentriert sich dabei auf zwei Fragen: zum einen, welche GU der Gegenstand von Fusionskontrolle sind; zum anderen, ob und gegebenenfalls wie die Gründung eines GU einer materiellen Doppelkontrolle unterliegt.

Weiterhin diskutiert die Arbeit die Erweiterungsmöglichkeit der Zuständigkeit von Fusionskontrolle. Der vierte Teil (§ 4) erörtert, ob und gegebenenfalls wie eine Minderheitsbeteiligung ohne Kontrollbegründung der Fusionskontrolle unterfallen kann.

Im fünften Teil (§ 5) werden die Erweiterung der Zuständigkeit auf die Digitalwirtschaft und die damit verbundenen neuen Herausforderungen behandelt.

Der letzte Teil (§ 6) führt das Thema der Konzernumstrukturierung aus. Dabei wird auch auf die Frage eingegangen, wie die Umstrukturierung der chinesischen staatlichen Unternehmen (SOE) in die Fusionskontrolle einzubeziehen ist.

---

4 Dazu eingehend Jin, Aufgreifkriterien in der Fusionskontrolle, S. 120 ff.

§ 1 Aktuelle Bestimmungen in der chinesischen Fusionskontrolle

Der Erlass des chinesischen Anti-Monopol-Gesetzes 2008 stellt einen Meilenstein für das chinesische Wettbewerbsrecht dar. Die chinesische Fusionskontrolle wurde damals neu eingerichtet. Die Gesetzgebung zu dieser ist allerdings sehr abstrakt und vermittelt daher keine ausreichende Rechtssicherheit. Sie wird deshalb beständig weiterentwickelt und durch Bestimmungen und Guidelines ergänzt. Die Bestimmungen und Guidelines betreffen sämtliche Aspekte der Fusionskontrolle und dienen dem Zweck, eine besser durchsetzbare und detaillierter geregelte Fusionskontrolle aufzubauen.

Im Folgenden werden alle wichtigen Gesetzgebungsakte und nicht verbindlichen Anleitungen, bezogen auf die Fusionskontrolle nach 2008, ausgeführt:

- Formelles Aufgreifkriterium für die Fusionskontrolle:
  Guideline (Anleitung) zur Anmeldung der Fusionskontrolle[5]
- Anwendungsbereich der Fusionskontrolle:
  Bestimmung zur Anwendungsschwelle der Fusionskontrolle[6]

Methode zur Zurechnung des Umsatzes für die Fusionskontrolle im Bereich der finanziellen Unternehmen[7]

---

5 商务部反垄断局 [MOFCOM], 《关于经营者集中申报的指导意见》 (06.06.2014). Diese Dissertation wurde Ende 2017 offiziell eingereicht. Im April 2018, nach der Umstrukturierung und Reform der chinesischen Regierungsabteilungen, fusionierte die für die Fusionskontrolle zuständige Behörde – eine Abteilung vom Handelsministerium MOFCOM – mit der neu eingerichteten Staatlichen Verwaltung für Marktregulierung und wurde deren untergeordnete Abteilung. Nach der Einrichtung der staatlichen Verwaltung für Marktregulierung wurde eine revidierte Fassung einiger Bestimmungen und Guidelines neu herausgegeben. Die revidierte Fassung von 2018 änderte nur die erlassende Behörde, und der wesentlichen Inhalt bliebt unverändert. Diese Guideline wurde am 29. September 2018 revidiert.

6 国务院 [Staatsrat], 《经营者集中申报标准的规定》 (03.08.2008); eine englische Fassung findet sich unter: http://fldj.mofcom.gov.cn/article/c/200903/20090306071501.shtml (zuletzt aufgerufen am 12.11.2017). s. Fußnote 5, diese Bestimmung wurde am 18. September 2018 revidiert.

7 商务部/中国人民银行/中国银行业监督管理委员会/中国证券监督管理委员会/中国保险监督管理委员会[MOFCOM/PBOC/CBRC/CSRC/CIRC], 《金融业经营者集中申报营业额计算办法》 (15.07.2009).

Bestimmung über die Anmeldung der Fusionskontrolle[8]

- Materielle Prüfung der Fusionskontrolle:
- Vorläufige Bestimmung zur Beurteilung des Einflusses auf den Wettbewerb bei einem Zusammenschluss[9]
- Verfahren:
  Bestimmung zum Verfahren der Fusionskontrolle[10]
  Vorläufige Bestimmungen über den Maßstab der Anwendung des Verfahrens für einfache Fälle[11]
  Anleitung zur Anmeldung der einfachen Fälle (Probeversion)[12]
  Bestimmung über die Freigabe mit Nebenbestimmungen (Probeversion)[13]
- Haftung:
  Vorläufige Bestimmung über die Haftung bei Verletzung der Anmeldepflicht bei einem Zusammenschluss[14]

I. Formelle Aufgreifkriterien der chinesischen Fusionskontrolle

Gemäß dem Art. 20 AMG aus dem Jahr 2008 liegt ein Zusammenschluss vor, wenn[15]

- Unternehmen fusionieren,
- ein Unternehmen durch Anteilserwerb oder Vermögenswerte die Kontrolle über andere Unternehmen erlangt
- oder ein Unternehmen durch Verträge oder auf andere Weise die Kontrolle über andere Unternehmen gewinnt bzw. einen entscheidenden Einfluss auf diese ausüben kann.

---

8 商务部[MOFCOM],《经营者集中申报办法》(21.11.2009).

9 商务部[MOFCOM],《关于评估经营者集中竞争影响的暂行规定》(29.08.2011).

10 商务部[MOFCOM],《经营者集中审查办法》(24.11.2009).

11 商务部[MOFCOM],《关于经营者集中简易案件适用标准的暂行规定》(11.02.2014).

12 商务部[MOFCOM],《关于经营者集中简易案件申报的指导意见（试行）》(18.04.2014). s. Fußnote 5, diese Anleitung wurde am 29. September 2018 revidiert.

13 商务部[MOFCOM],《关于经营者集中附加限制性条件的规定（试行）》(17.12.2014).

14 商务部[MOFCOM],《未依申报经营者集中调查处理暂行办法》(30.12.2011).

15 Eine deutsche Übersetzung des Gesetzes findet sich unter: http://www.chinas-recht.de/070830.htm (zuletzt aufgerufen am 12.11.2017).

Die formellen Aufgreifkriterien der Fusionskontrolle von 2008 sind abstrakt. Eine Konkretisierung der Kriterien, insbesondere über den Begriff „Kontrollerwerb", ist ein wichtiges und dringendes Thema für die chinesische Fusionskontrolle. Eine dahingehende Auslegung gab es erst 2014 durch die Guideline zur Anmeldung der Fusionskontrolle.

Nach Art. 3 der Guideline kann die Kontrolle allein oder gemeinsam begründet werden. Die Beurteilung der Kontrollbegründung erfolgt unter Berücksichtigung vieler Elemente und Informationen. Hierzu zählen

- das Ziel des Vorgangs (Zusammenschluss) und zukünftigen Plans,
- die Aktionärsstruktur des Zielunternehmens vor und nach dem Zusammenschluss,
- Abstimmungsregeln, die Angelegenheiten zur Abstimmung und die historische Präsenz bei der Hauptversammlung des Zielunternehmens,
- die Zusammensetzung von Vorstand oder Aufsichtsrat und die Abstimmungsregeln des Zielunternehmens,
- Benennung und Abberufung hochrangiger Manager des Zielunternehmens,
- die Beziehung der Aktionäre/Vorstandsmitglieder, Proxy Voting, gemeinsame Behandlung,
- wichtige Geschäftsbeziehungen und Kooperationsvereinbarungen zwischen den Zielunternehmen und anderen Unternehmen.

Darüber hinaus wird die Gründung eines GU von der Guideline als Zusammenschluss gesehen. Diese wird im Wortlaut des Art. 20 AMG nicht explizit erwähnt, macht aber von Anfang an einen der wichtigsten Fälle in der Praxis aus.[16]

II. Die Umsatzschwelle für die Anwendung der Fusionskontrolle

Die Umsatzschwelle für die Anwendung der Fusionskontrolle wird im chinesischen Recht als „wählbares doppeltes Kriterium" bezeichnet. Die Schwelle besteht darin, dass alle Beteiligten zusammen einen Umsatz über 10 Mrd. RMB in der Welt und mindestens zwei der Beteiligten einen Umsatz über 400 Mio. RMB in China oder alle Beteiligten zusammen einen Umsatz über 2 Mrd. RMB und zwei der Beteiligten einen Umsatz über 400 Mio. RMB in China erzielen. Zur Anwendung der Fusionskontrolle ist die Erfüllung einer dieser Schwellen

16 Vgl. Jin, Aufgreifkriterien in der Fusionskontrolle, S. 247 ff.

erforderlich. Die Formulierung „in China" bedeutet, dass der Käufer die Produkte oder Dienstleistungen in China besitzt, was den Import aus dem Ausland nach China beinhaltet, aber nicht die Ausfuhr.

Zur Berechnung des Umsatzes werden nicht nur die beteiligten Unternehmen, sondern auch die mit ihnen zusammenhängenden Unternehmen herangezogen. Dies sind[17]

- das einzelne Unternehmen (A),
- die Unternehmen (B), die mittelbar oder unmittelbar von diesem beteiligten Unternehmen (A) kontrolliert werden,
- die Unternehmen (C), die mittelbar oder unmittelbar die beteiligten Unternehmen (A) kontrollieren,
- die Unternehmen (D), die mittelbar oder unmittelbar von dem Unternehmen (C) kontrolliert werden,
- die von zwei oder mehreren der genannten Unternehmen (A, B, C, D) gemeinsam kontrollierten Unternehmen.

III. Einführung des Verfahrens für einfache Fälle

Eine wichtige Änderung der chinesischen Fusionskontrolle betrifft die Einführung eines Verfahrens für einfache Fälle. MOFCOM hat 2014 zwei Bestimmungen hinsichtlich der Einführung eines Verfahrens für einfache Fälle erlassen: die „Vorläufige Bestimmung über den Maßstab der Anwendung des Verfahrens für einfache Fälle"[18] und die „Anleitung zur Anmeldung der einfachen Fälle (Probeversion)"[19]. Wenn ein Zusammenschluss eine der Voraussetzungen von Art. 2 der „Vorläufigen Bestimmung über den Maßstab der Anwendung des Verfahrens für einfache Fälle" erfüllen kann, ist der Zusammenschluss als einfacher Fall zu verstehen. Als Voraussetzungen gelten:

17 Eine überlappende Berechnung des Umsatzes ist zu vermeiden, s. Art. 6 Guideline zur Anmeldung der Fusionskontrolle, auf Chinesisch商务部反垄断据 [MOFCOM], 《关于经营者集中申报的指导意见》(06.06.2014).

18 Auf Chinesisch商务部[MOFCOM],《关于经营者集中简易案件适用标准的暂行规定》(11.02.2014).

19 Auf Chinesisch商务部[MOFCOM],《关于经营者集中简易案件申报的指导意见（试行）》(18.04.2014). s. Fußnote 5, diese Guideline wurde am 29. September 2018 revidiert.

- Der Erwerber und das Zielunternehmen sind auf dem gleichen Markt tätig und besitzen zusammen einen Marktanteil von maximal 15 %.
- Die beteiligten Unternehmen sind auf dem vor- und nachgelagerten Markt tätig, aber jedes besitzt weniger als 25 % des Marktanteils.
- Die beteiligten Unternehmen sind weder am gleichen noch am vor- und nachgelagerten Markt angesiedelt und besitzen einen Marktanteil von weniger als 25 % in jedem einzelnen Markt.
- Das neu gegründete Unternehmen betreibt noch keinen Handel in China.
- Es handelt sich um eine Übernahme der Anteile oder Vermögenswerte eines ausländischen Unternehmens, das in China keinen Handel betreibt.
- Es handelt sich um eine Verengung des Kreises von gemeinsam kontrollierenden Muttergesellschaften eines GU oder eine Änderung von gemeinsamer Kontrolle zu alleiniger Kontrolle ohne Eintritt einer neuen Muttergesellschaft.

Die Bestimmung trägt somit dem Umstand Rechnung, dass der Zusammenschluss weniger wettbewerbsbeschränkende Wirkung entfalten kann, wenn die beteiligten Unternehmen nur einen geringen Marktanteil besitzen oder gar keinen Handel in China betreiben.

In Art. 3 der „Vorläufigen Bestimmung zum Maßstab der Anwendung des Verfahrens für einfache Fälle" werden sechs Ausnahmen geregelt, die trotz Erfüllung der Voraussetzungen von Art. 2 nicht nach einfachem Verfahren behandelt werden.

IV. Die Rechtsnatur der Bestimmungen

Die Rechtsnatur der Bestimmungen der chinesischen Fusionskontrolle ist ähnlich wie die der Konsolidierten Mitteilung zu den Zuständigkeitsfragen der Kommission zu verstehen.[20] Die Europäische Kommission erklärt ihre praktische Erfahrung in ihrer Konsolidierten Mitteilung zu den Zuständigkeitsfragen. Obwohl die Mitteilung der Kommission nicht verbindlich ist, stellt sie sowohl eine Selbstbindung für die Kommission als auch eine „quasi-verbindliche" Anleitung für die Praxis dar.[21]

Viele der oben vorgestellten aktuellen Bestimmungen werden als Anleitung, Bestimmung oder Guideline bezeichnet. Dies bedeutet, dass sie, auch wenn sie in der Praxis bedeutend sind, nicht als rechtsverbindliche Gesetzgebung aufgefasst

---

20 Vgl. 李俊峰 [LI, Junfeng], 《国际经贸探索》 [Internationale Wirtschafts- und Handelsforschung], 09/2010, S. 57.

21 Körber, in: Immenga/Mestmäcker, EU/Teil 2, 5. Aufl., Art. 3 FKVO Rn. 5.

werden können. Manche Bestimmungen oder Anleitungen tragen „Vorläufig“ oder „Probeversion“ in ihrem Namen. Dies bedeutet, dass sie durch spätere offizielle Gesetzgebung ersetzt werden können.

§ 2 Kontrollerwerb

I. Kontrollerwerb im europäischen Recht

Kontrollerwerb ist der Kernbegriff des Zusammenschlusses in der FKVO. Art. 3 Abs. 1 lit. b FKVO definiert einen Zusammenschluss folgendermaßen: „Ein Zusammenschluss wird dadurch bewirkt, dass eine dauerhafte Veränderung der Kontrolle in der Weise stattfindet, dass eine oder mehrere Personen, die bereits mindestens ein Unternehmen kontrollieren, oder ein oder mehrere Unternehmen durch den Erwerb von Anteilsrechten oder Vermögenswerten, durch Vertrag oder in sonstiger Weise die unmittelbare oder mittelbare Kontrolle über die Gesamtheit oder über die Teile eines oder mehrerer anderer Unternehmen erwerben".

In Art. 3 Abs. 2 FKVO heißt es weiterhin: „Die Kontrolle wird durch Rechte, Verträge oder andere Mittel begründet, die einzeln oder zusammen unter Berücksichtigung aller tatsächlichen oder rechtlichen Umstände die Möglichkeit gewähren, einen bestimmenden Einfluss auf die Tätigkeit eines Unternehmens auszuüben".

1. Begriff der Kontrolle

a) Überblick

Der Kontrollbegriff i. S. v. Art. 3 FKVO ist ein eigenständiger Begriff.[22] Er ist weder ein Begriff des Gesellschaftsrechts der Mitgliedstaaten noch in einem anderen Rechtsgebiet angesiedelt, sondern entstammt der nicht mehr geltenden Vorschrift des Art. 66 § 1 EGKSV.[23] Eine konkrete Definition für den Begriff des Kontrollerwerbs findet sich weder in der FKVO noch in der Konsolidierten Mitteilung der Kommission zu Zuständigkeitsfragen, stattdessen ist der Kontrollerwerb ein qualitatives Kriterium, das viele unterschiedliche Möglichkeiten

---

22 Körber, in: Immenga/Mestmäcker, EU/Teil 2, 5. Aufl., Art. 3 FKVO Rn. 27; Käseberg, in: Langen/Bunte, Kartellrecht Bd. 2, 12. Aufl., Art. 3 FKVO Rn. 4.

23 Körber, in: Immenga/Mestmäcker, EU/Teil 2, 5. Aufl., Art. 3 FKVO Rn. 27; Käseberg, in: Langen/Bunte, Kartellrecht Bd. 2, 12. Aufl., Art. 3 FKVO Rn. 4: Der Kontrollbegriff des Art. 3 FKVO ist auch nicht identisch mit der in Art. 5 Abs. 4 geregelten Möglichkeit, die für die Umsatzberechnung maßgeblich ist; Mestmäcker/Schweitzer, Europäisches Wettbewerbsrecht, 3. Aufl., § 25 Rn. 11.

beinhaltet.[24] Zur Auslegung des Begriffs Kontrollerwerb sind auch die gesammelten behördlichen und gerichtlichen Praxiserfahrungen nützlich. Der umfassende Begriff wird nicht nur durch den Gesetzestext, sondern auch durch zahlreiche Fälle und die Konsolidierte Mitteilung der Kommission zu Zuständigkeitsfragen hinreichend verständlich gemacht.[25] Dennoch ist zur Klärung, ob eine Kontrolle im Einzelfall begründet wird, eine Gesamtwürdigung erforderlich und notwendig.[26] Nur nach einer Gesamtschau aller rechtlichen und faktischen Umstände im Einzelfall kann festgestellt werden, ob ein Vorgang die Voraussetzungen des qualitativen Kriteriums Kontrollerwerb erfüllt.[27]

b) Bestimmender Einfluss

Nach dem Wortlaut von Art. 3 Abs. 2 FKVO begründet der Erwerber eine Kontrolle über Teile oder die Gesamtheit eines Unternehmens, wenn er eine Möglichkeit gewährleistet, einen bestimmenden Einfluss auf die Tätigkeit eines Unternehmens auszuüben. Die Kontrolle i. S. v. Art. 3 FKVO ist dabei nicht identisch mit dem Begriff „Control" im angloamerikanischen Gesellschafts- und Wettbewerbsrecht.[28] Dieser ist eher mit dem Begriff der Abhängigkeit in § 17 AktG im deutschen Recht vergleichbar.[29] Bei der Gesamtwürdigung eines Kontrollerwerbs reicht in der Praxis bereits eine abgesicherte Möglichkeit aus.[30] Solange die Möglichkeit besteht, ist es für die Kontrollbegründung unerheblich, ob sie tatsächlich ausgeübt wird oder nicht.[31] Die Möglichkeit kann sowohl durch gesetzliches Recht oder Vereinbarung als auch durch faktische Umstände begründet werden.[32] Der bestimmende Einfluss kann sowohl positiv als auch negativ ausgeübt werden, muss jedoch die strategische Entscheidung

---

24 Käseberg, in: Langen/Bunte, Kartellrecht Bd. 2, 12. Aufl., Art. 3 FKVO Rn. 23; Körber, in: Immenga/Mestmäcker, EU/Teil 2, 5. Aufl., Art. 3 FKVO Rn. 27.

25 Thomas, in: Immenga/Mestmäcker, GWB/Teil 1, 5. Aufl., § 37 Rn. 80; Begr. RegE 6. GWB-Novelle BT-Drucks. 13/9720 S. 57.

26 Konsolidierte Mitteilung der Kommission zu Zuständigkeitsfragen Tz. 16; Körber, in: Immenga/Mestmäcker, EU/Teil 2, 5. Aufl., Art. 3 FKVO Rn. 27.

27 Konsolidierte Mitteilung der Kommission zu Zuständigkeitsfragen Tz. 16.

28 Mestmäcker/Schweitzer, Europäisches Wettbewerbsrecht, 3. Aufl., § 25 Rn. 14.

29 Mestmäcker/Schweitzer, Europäisches Wettbewerbsrecht, 3. Aufl., § 25 Rn. 15.

30 Konsolidierte Mitteilung der Kommission zu Zuständigkeitsfragen Tz. 16; Körber, in: Immenga/Mestmäcker, EU/Teil 2, 5. Aufl., Art. 3 FKVO Rn. 30; Käseberg, in: Langen/Bunte, Kartellrecht Bd. 2, 12. Aufl., Art. 3 FKVO Rn. 24.

31 Mestmäcker/Schweitzer, Europäisches Wettbewerbsrecht, § 25 Rn. 17.

32 Konsolidierte Mitteilung der Kommission zu Zuständigkeitsfragen Tz. 56, 59 ff.

des Zielunternehmens betreffen.[33] Eine Einflussnahme bedeutet, dass das Zielunternehmen aufgrund selbiger seinen Willen nicht frei bilden und der Erwerber seine Interessen durchsetzen kann.[34] Eine Einflussmöglichkeit auf alltägliche Entscheidungen sowie das Recht, die Satzung zu ändern, stellen keinen bestimmenden Einfluss i. S. v. Art. 3 Abs. 2 FKVO dar.[35] Das typische Recht für Minderheitsgesellschafter oder ein reines Überwachungsrecht können ebenfalls keine Kontrolle über das Zielunternehmen begründen.[36]

aa. Positiver und negativer Einfluss

Der bestimmende Einfluss auf das Zielunternehmen kann nach der Konsolidierten Mitteilung der Kommission zu Zuständigkeitsfragen sowie der Praxis der FKVO positiv oder negativ erfolgen.[37] Ein positiver Einfluss bedeutet, dass der Erwerber die strategische Entscheidung des Zielunternehmens aktiv bestimmt, während ein negativer Einfluss meint, dass der Erwerber die strategische Entscheidung blockiert.[38]

bb. Strategische Entscheidung

Die Einflussnahme auf das Zielunternehmen sollte sich auf wichtige Unternehmensentscheidungen beziehen. Solche Entscheidungen werden als strategische Entscheidungen bezeichnet. In Bezug auf die Bestimmung als „strategische Entscheidung" bietet die Gesetzgebung keine festen Kriterien. Sowohl in der Konsolidierten Mitteilung der Kommission zu Zuständigkeitsfragen als auch in der Praxis der Kommission werden lediglich einige Beispiele für strategische Entscheidungen geboten.[39] Wichtige Entscheidungen, die darin als „strategische

---

33 Körber, in: Immenga/Mestmäcker, EU/Teil 2, 5. Aufl., Art. 3 FKVO Rn. 33 ff.

34 Körber, in: Immenga/Mestmäcker, EU/Teil 2, 5. Aufl., Art. 3 FKVO Rn. 28; vgl. Käseberg, in: Langen/Bunte, Kartellrecht Bd. 2, 12. Aufl., Art. 3 FKVO Rn. 4.

35 Körber, in: Immenga/Mestmäcker, EU/Teil 2, 5. Aufl., Art. 3 FKVO Rn. 33 ff.

36 Konsolidierte Mitteilung der Kommission zu Zuständigkeitsfragen Tz. 66; Körber, in: Immenga/Mestmäcker, EU/Teil 2, 5. Aufl., Art. 3 FKVO Rn. 36.

37 Konsolidierte Mitteilung der Kommission zu Zuständigkeitsfragen Tz. 65; Körber, in: Immenga/Mestmäcker, EU/Teil 2, 5. Aufl., Art. 3 FKVO Rn. 33; Thomas, in: Immenga/Mestmäcker, GWB/Teil 1, 5. Aufl., § 37 Rn. 103.

38 Konsolidierte Mitteilung der Kommission zu Zuständigkeitsfragen Tz. 65; Körber, in: Immenga/Mestmäcker, EU/Teil 2, 5. Aufl., Art. 3 FKVO Rn. 33; Thomas, in: Immenga/Mestmäcker, GWB/Teil 1, 5. Aufl., § 37 Rn. 103.

39 Im Einzelnen Tz. 16 ff. der Konsolidierten Mitteilung der Kommission zu Zuständigkeitsfragen.

Entscheidung“ anerkannt wurden, sind z. B. wesentliche Fragen der Geschäftsführung, des Geschäftsplans, der Geschäftspolitik[40] und der Finanzplanung[41], wesentliche Investitionsentscheidungen[42], grundlegende marktspezifische Entscheidungen[43] sowie die Besetzung leitender Organe[44].

c) *Dauerhaftigkeit*

Der Wortlaut des Art. 3 Abs. 1 lit. b FKVO beinhaltet, dass die Änderung der Kontrolle dauerhaft sein muss, weil die Fusionskontrolle im Gegensatz zur Verhaltenskontrolle nach Art. 101 und 102 AEUV eine Strukturkontrolle ist.[45] Im Rahmen der FKVO prüft die Kommission alle Handlungen, die eine dauerhafte Änderung der Kontrolle herbeiführen und damit die Marktstruktur verändern können, ohne dabei die Absicht der Handlung zu berücksichtigen. Das heißt, eine Fusionskontrolle kann auch von einem Dritten ausgelöst und eine Kontrolle kann tatsächlich begründet werden.[46] Wenn der Vorgang nicht dauerhaft ist, sieht die Kommission diese Handlung nicht als Zusammenschluss an. Wenn die erworbenen Anteile oder Vermögen als Durchgangsstadium einer Transaktion grundsätzlich nicht länger als ein Jahr bestehen und dann an den endgültigen Erwerber übergeben werden, sieht die Kommission den ersten Erwerb nicht als Zusammenschluss an.[47]

---

40 Körber, in: Immenga/Mestmäcker, EU/Teil 2, 5. Aufl., Art. 3 FKVO Rn. 34; Konsolidierte Mitteilung der Kommission zu Zuständigkeitsfragen Tz. 65 ff.

41 Konsolidierte Mitteilung der Kommission zu Zuständigkeitsfragen Tz. 69; Körber, in: Immenga/Mestmäcker, EU/Teil 2, 5. Aufl., Art. 3 FKVO Rn. 34.

42 Konsolidierte Mitteilung der Kommission zu Zuständigkeitsfragen Tz. 71; Körber, in: Immenga/Mestmäcker, EU/Teil 2, 5. Aufl., Art. 3 FKVO Rn. 34.

43 Konsolidierte Mitteilung der Kommission zu Zuständigkeitsfragen Tz. 72; Körber, in: Immenga/Mestmäcker, EU/Teil 2, 5. Aufl., Art. 3 FKVO Rn. 34.

44 Konsolidierte Mitteilung der Kommission zu Zuständigkeitsfragen Tz. 69; Körber, in: Immenga/Mestmäcker, EU/Teil 2, 5. Aufl., Art. 3 FKVO Rn. 34: Dabei genügt bereits der Einfluss auf die Besetzung dieser Organe. Eine unmittelbare Führung über das Zielunternehmen ist i. S. d. Kontrolle von FKVO nicht erforderlich.

45 Käseberg, in: Langen/Bunte, Kartellrecht Bd. 2, 12. Aufl., Art. 3 FKVO Rn. 2.

46 Körber, in: Immenga/Mestmäcker, EU/Teil 2, 5. Aufl., Art. 3 FKVO Rn. 31; Konsolidierte Mitteilung der Kommission zu Zuständigkeitsfragen Tz. 21.

47 Konsolidierte Mitteilung der Kommission zu Zuständigkeitsfragen Tz. 31; vgl. dazu auch Konsolidierte Mitteilung der Kommission zu Zuständigkeitsfragen Tz. 34; Körber, in: Immenga/Mestmäcker, EU/Teil 2, 5. Aufl., Art. 3 FKVO Rn. 63 ff.

2. Kontrollerwerb

a) Erwerbsmittel

Kontrolle kann durch den Erwerb von Anteilsrechten oder Vermögenswerten, durch Vertrag oder in sonstiger Weise erfolgen. Entscheidend ist nicht die Art des Erwerbsmittels, sondern vielmehr das Maß an Einflussnahme, das das Erwerbsmittel ermöglicht.[48]

Anteilserwerb und der Erwerb von Vermögenswert stellen zwei typische Arten des Kontrollerwerbs dar. Ein Anteilserwerb erfolgt über Kapitalbeteiligung sowie Stimmrecht.[49] Sowohl eine Mehrheits- als auch eine Minderheitsbeteiligung können in Verbindung mit anderen abgesicherten rechtlichen oder faktischen Umständen einen Kontrollerwerb bedingen.[50]

Vermögenserwerb ist im europäischen Recht ein umfassender Begriff.[51] Gegenstand eines Vermögenserwerbs kann nach Art. 3 Abs. 2 lit. a FKVO nicht nur der Erwerb des gesamten Unternehmensvermögens, sondern auch der Erwerb von Eigentums- oder Nutzungsrechten an Teilen des Vermögens sein. Immaterialgüterrechte, Kundenbeziehungen und Streckenrechte sowie bestimmte Fälle von Outsourcing unternehmerischer Aktivitäten werden als Vermögenserwerb angesehen.[52] Obwohl es nach europäischem Recht keine explizite Regelung gibt, welche Arten des Vermögenserwerbs die Fusionskontrolle auslösen, wird eine „Wesentlichkeit des Vermögens" nach Meinung des Schrifttums in der FKVO vorausgesetzt, weil zur Anmeldung eines Zusammenschlusses eine hohe zweite Umsatzschwelle von 250 bzw. 100 Mio. Euro vorgesehen ist, womit nur gewichtige Vermögenserwerbe die Voraussetzung erfüllen können.[53]

Der Vertrag ist eine weitere im Wortlaut des Gesetzes genannte Möglichkeit des Kontrollerwerbs. Er muss, ähnlich wie der Anteilserwerb oder der Erwerb

---

48 Körber, in: Immenga/Mestmäcker, EU/Teil 2, 5. Aufl., Art. 3 FKVO Rn. 43 ff.; Käseberg, in: Langen/Bunte, Kartellrecht Bd. 2, 12. Aufl., Art. 3 FKVO Rn. 29 ff.

49 Konsolidierte Mitteilung der Kommission zu Zuständigkeitsfragen Tz. 17; Körber, in: Immenga/Mestmäcker, EU/Teil 2, 5. Aufl., Art. 3 FKVO Rn. 44; Käseberg, in: Langen/Bunte, Kartellrecht Bd. 2, 12. Aufl., Art. 3 FKVO Rn. 29 u. 46 ff.

50 Körber, in: Immenga/Mestmäcker, EU/Teil 2, 5. Aufl., Art. 3 FKVO Rn. 45.

51 Körber, in: Immenga/Mestmäcker, EU/Teil 2, 5. Aufl., Art. 3 FKVO Rn. 49, 59 ff.

52 Konsolidierte Mitteilung der Kommission zu Zuständigkeitsfragen Tz. 24 ff.; Körber, in: Immenga/Mestmäcker, EU/Teil 2, 5. Aufl., Art. 3 FKVO Rn. 49, 59 ff.; Käseberg, in: Langen/Bunte, Kartellrecht Bd. 2, 12. Aufl., Art. 3 FKVO Rn. 30.

53 Körber, in: Immenga/Mestmäcker, EU/Teil 2, 5. Aufl., Art. 3 FKVO Rn. 134; Käseberg, in: Langen/Bunte, Kartellrecht Bd. 2, 12. Aufl., Art. 3 FKVO Rn. 30.

von Vermögenswerten, die Möglichkeit bieten, die strategischen Entscheidungen des Zielunternehmens dauerhaft beeinflussen zu können.[54] Dabei ist nicht begrenzt, welche Arten von Vertrag als Erwerbsmittel fungieren. Als denkbare Beispiele sind Beherrschungsverträge im Verweis auf §§ 291 ff. AktG[55], Betriebsüberlassungs-, Betriebsführungs-[56] sowie Betriebspachtverträge zu nennen.[57] Im Ausnahmefall können auch Gewinnabführungsverträge sowie Teilgewinnabführungsverträge und Gewinngemeinschaften eine Kontrolle über Zielunternehmen bewirken.[58] Uneinigkeit besteht hinsichtlich der Frage, ob Gewinnabführungsverträge sowie Teilgewinnabführungsverträge schon allein oder nur zusammen mit einem Beherrschungsvertrag eine Kontrolle begründen können.[59]

Ferner wird eine Auffangnorm in der Formulierung „in sonstiger Weise" geregelt, die zum Zweck einer lückenlosen Anwendung der Fusionskontrolle in allen möglichen Fällen dient.[60] Mit „in sonstiger Weise" wird zuerst eine wirtschaftliche Abhängigkeit zwischen dem Erwerber und dem Zielunternehmen gemeint.[61] Durch eine langfristige Vertragsbeziehung, z. B. im Rahmen eines Liefer-, Franchise-, Lizenz-, Herstellungs-, Servicevereinbarungs- oder Darlehensvertrages, kann der Erwerber auch eine Kontrolle über das Zielunternehmen begründen.[62] In der Praxis prüft die Kommission aber sorgfältig, ob im Einzelfall

54 Körber, in: Immenga/Mestmäcker, EU/Teil 2, 5. Aufl., Art. 3 FKVO Rn. 50; Käseberg, in: Langen/Bunte, Kartellrecht Bd. 2, 12. Aufl., Art. 3 FKVO Rn. 31; Konsolidierte Mitteilung der Kommission zu Zuständigkeitsfragen Tz. 18.

55 Konsolidierte Mitteilung der Kommission zu Zuständigkeitsfragen Tz. 18; Wessely/Wegner, in: MünchKomm, Art. 3 Rn. 48; Körber, in: Immenga/Mestmäcker, EU/Teil 2, 5. Aufl., Art. 3 FKVO Rn. 51.

56 Körber, in: Immenga/Mestmäcker, EU/Teil 2, 5. Aufl., Art. 3 FKVO Rn. 51.

57 Karl, Der Zusammenschlussbegriff in der europäischen Fusionskontrollverordnung, S. 206 ff.; Körber, in: Immenga/Mestmäcker, EU/Teil 2, 5. Aufl., Art. 3 FKVO Rn. 51.

58 Körber, in: Immenga/Mestmäcker, EU/Teil 2, 5. Aufl., Art. 3 FKVO Rn. 52; Stockenhuber, Die Europäische Fusionskontrolle, S. 129 ff.; Riesenkampff/Steinbarth, in: Loewenheim/Meesen/Riesenkampff/Kersting/Meyer-Lindemann, Kartellrecht, 3. Aufl., Art. 3 FKVO Rn. 27; zurückhaltend Schröer in: Frankfurter Kommentar, Art. 3 FKVO Rn. 61.

59 Körber, in: Immenga/Mestmäcker, EU/Teil 2, 5. Aufl., Art. 3 FKVO Rn. 52.

60 Körber, in: Immenga/Mestmäcker, EU/Teil 2, 5. Aufl., Art. 3 FKVO Rn. 55; Käseberg, in: Langen/Bunte, Kartellrecht Bd. 2, 12. Aufl., Art. 3 FKVO Rn. 32.

61 Körber, in: Immenga/Mestmäcker, EU/Teil 2, 5. Aufl., Art. 3 FKVO Rn. 55 f.; Käseberg, in: Langen/Bunte, Kartellrecht Bd. 2, 12. Aufl., Art. 3 FKVO Rn. 32.

62 Konsolidierte Mitteilung der Kommission zu Zuständigkeitsfragen Tz. 20; Körber, in: Immenga/Mestmäcker, EU/Teil 2, 5. Aufl., Art. 3 FKVO Rn. 55 f.; Käseberg, in: Langen/Bunte, Kartellrecht Bd. 2, 12. Aufl., Art. 3 FKVO Rn. 32.

eine Kontrolle tatsächlich durch wirtschaftliche Abhängigkeit begründet werden kann.[63] Wenn die Vertragsbeziehung auf einen kurzen Zeitraum beschränkt ist, kann sie die Kontrolle nicht begründen.[64] Ein weiteres Beispiel für ein Erwerbsmittel der Kategorie „in sonstiger Weise" ist eine personelle Verflechtung mit dem Organ, das die Geschäftsführung berufen kann. In der Praxis ist sie normalerweise mit anderen Faktoren, z. B. mit einer Kapitalbeteiligung, kombiniert.[65]

b) Mittelbarer Kontrollerwerb

aa. Allgemein

Eine Kontrolle kann unmittelbar (Abs. 3 lit. a) oder mittelbar (Abs. 3 lit. b) erworben werden. Im Fall der unmittelbaren Kontrolle ist klar, dass der Erwerber und der Inhaber der erworbenen Rechte die gleiche Person/das gleiche Unternehmen sind.[66] Im Gegensatz dazu ist eine mittelbare Kontrolle gegeben, wenn der Erwerber nicht mit dem Inhaber identisch ist.[67] Die Einbeziehung der mittelbaren Kontrolle als eine Art des Kontrollerwerbs dient praktisch einer Umgehung des Gesetzes, indem der tatsächliche Kontrolleur willentlich eine Kontrollbeteiligung mithilfe Dritter erwirbt.[68] Eine mittelbare Kontrolle ist gegeben, wenn der Inhaber nicht Erwerber der kontrollbegründeten Rechte ist, aber dennoch über die ausgegebenen Rechte verfügt.[69] Der Umfang der mittelbaren Kontrolle ist in der FKVO weit gefasst, unter anderem fallen darunter Tatbestände wie Treuhand-[70], Strohmann- und Geschäftsführungsverhältnisse.[71] Dass der Tatbestand der mittelbaren Kontrolle in die FKVO aufgenommen wurde, zeigt, dass zur Kontrollbegründung das Unternehmen, das einen tatsächlichen Einfluss ausübt,

---

63 Vgl. Körber, in: Immenga/Mestmäcker, EU/Teil 2, 5. Aufl., Art. 3 FKVO Rn. 56.

64 Vgl. Körber, in: Immenga/Mestmäcker, EU/Teil 2, 5. Aufl., Art. 3 FKVO Rn. 63.

65 Vgl. Stockenhuber, Die Europäische Fusionskontrolle, S. 135 f.

66 Konsolidierte Mitteilung der Kommission zu Zuständigkeitsfragen Tz. 13; Körber, in: Immenga/Mestmäcker, EU/Teil 2, 5. Aufl., Art. 3 FKVO Rn. 38.

67 Staudenmayer, Der Zusammenschlussbegriff in Artikel 3 der EG-FusionskontrollVO, S. 125 ff.: Ausschlaggebend ist der der Erwerbsvorgang. Körber, in: Immenga/Mestmäcker, EU/Teil 2, 5. Aufl., Art. 3 FKVO Rn. 39.

68 Konsolidierte Mitteilung der Kommission zu Zuständigkeitsfragen Tz. 13; Körber, in: Immenga/Mestmäcker, EU/Teil 2, 5. Aufl., Art. 3 FKVO Rn. 39.

69 Körber, in: Immenga/Mestmäcker, EU/Teil 2, 5. Aufl., Art. 3 FKVO Rn. 38 f.

70 Vgl. dazu Staudenmayer, Der Zusammenschlussbegriff in Artikel 3 der EG-FusionskontrollVO, S. 140 f.

71 Körber, in: Immenga/Mestmäcker, EU/Teil 2, 5. Aufl., Art. 3 FKVO Rn. 39 ff.

als Kontrolleur angesehen wird.[72] Einen Anknüpfungspunkt für mittelbare Kontrolle können z. B. Beteiligungen, Vertragsbeziehungen, Finanzierungsquellen oder Verwandtschaftsbeziehungen bieten.[73] Um zu klären, ob eine mittelbare Kontrolle begründet wird, ist eine umfassende Beurteilung aus wirtschaftlicher und wettbewerbsrechtlicher Sicht erforderlich.[74]

bb. Erwerb der Kontrolle durch eine Tochtergesellschaft oder ein GU

Der Umfang der unmittelbaren Kontrolle ist eine wichtige Voraussetzung für die Zurechnung der beteiligten Unternehmen zu einem Zusammenschluss und dahingehend bedeutend für die Berechnung des Umsatzes. Typische Fälle von mittelbarer Kontrolle sind der Kontrollerwerb durch eine Tochtergesellschaft oder ein GU. Wird Kontrolle durch eine Tochtergesellschaft oder ein GU erworben, stellt sich jedoch die Frage, wie der Umsatz berechnet werden soll. Die in der Praxis bei beiden Konstellationen gängige Zurechnungsregelung stellt nur eine praktische Lösung dar.[75] Sofern die Tochtergesellschaft nicht nur als ein Erwerbsvehikel für den Zusammenschluss neu gegründet wird, sieht die Kommission lediglich die Tochtergesellschaft als beteiligtes Unternehmen an.[76] Die Anmeldung des Zusammenschlusses dürfte aber durch die Muttergesellschaft erfolgen, weil die Muttergesellschaft und die Tochtergesellschaft eine wirtschaftliche Einheit bilden.[77] Auch wenn die Muttergesellschaft kein beteiligtes Unternehmen ist, werden ihre Umsätze sowie diejenigen anderer Konzerngesellschaften nach der Verbundklausel des Art. 5 Abs. 4 der Tochtergesellschaft zugerechnet.[78]

Erfolgt der Erwerb der Kontrolle durch ein GU, so wird entschieden, ob das GU ein Vollfunktions-GU oder nur ein Erwerbsvehikel ist.[79] In der Praxis

---

72 Körber, in: Immenga/Mestmäcker, EU/Teil 2, 5. Aufl., Art. 3 FKVO Rn. 39; vgl. Ebenroth/Rösler RIW 1994, 538.

73 Konsolidierte Mitteilung der Kommission zu Zuständigkeitsfragen Tz. 13; Körber, in: Immenga/Mestmäcker, EU/Teil 2, 5. Aufl., Art. 3 FKVO Rn. 41.

74 S. Ebenroth/Rösler, RIW 1994, 537.

75 Vgl. Körber, in: Immenga/Mestmäcker, EU/Teil 2, 5. Aufl., Art. 1 FKVO Rn. 33 bzw. 36 ff.

76 Konsolidierte Mitteilung der Kommission zu Zuständigkeitsfragen Tz. 135; Körber, in: Immenga/Mestmäcker, EU/Teil 2, 5. Aufl., Art. 1 FKVO Rn. 33.

77 Konsolidierte Mitteilung der Kommission zu Zuständigkeitsfragen Tz. 135; Körber, in: Immenga/Mestmäcker, EU/Teil 2, 5. Aufl., Art. 1 FKVO Rn. 33.

78 Körber, in: Immenga/Mestmäcker, EU/Teil 2, 5. Aufl., Art. 1 FKVO Rn. 33.

79 Konsolidierte Mitteilung der Kommission zu Zuständigkeitsfragen Tz. 145 ff.; Körber, in: Immenga/Mestmäcker, EU/Teil 2, 5. Aufl., Art. 1 FKVO Rn. 39 ff.

behandelt die Kommission den Erwerb durch ein GU – wenn es ein bereits auf dem Markt tätiges Vollfunktions-GU ist – grundsätzlich wie den Fall des Erwerbs durch eine Tochtergesellschaft, womit nur das GU und das Zielunternehmen in diesem Fall zur Anmeldung verpflichtet sind.[80]

Im Unterschied dazu werden Muttergesellschaften als beteiligte Unternehmen angesehen, insbesondere dann, wenn das GU nur zum Zweck des Erwerbes gegründet wird.[81] Dies bedeutet allerdings nicht, dass die Muttergesellschaft generell nicht als beteiligtes Unternehmen angesehen wird, wenn das GU ein Vollfunktions-GU ist.[82] Wenn nachgewiesen werden kann, dass die Muttergesellschaft das Verhalten des GU z. B. hinsichtlich Einleitung, Organisation und Finanzierung erheblich beeinflusst, sieht die Kommission das GU nur als ein Erwerbsvehikel an.[83] Ähnliches gilt, wenn der Erwerb nicht im Einklang mit der Tätigkeit des GU steht.[84]

cc. *Investmentfonds*

Die Kontrolle durch Investmentfonds wird grundsätzlich als mittelbare Kontrolle angesehen.[85] Die Investmentgesellschaft verfügt normalerweise über die Kontrolle.[86] Wird der Investmentfonds typischerweise als KG eingerichtet, ist der Komplementär gewöhnlich der mittelbare Kontrolleur.[87]

Die Besonderheit von Investmentfonds liegt bei der Berechnung des Umsatzes. Nach Maßgabe der Kommission gelten die Sonderregelungen aus Art. 5 Abs. 3, die für die Umsatzberechnung bei Kredit- und sonstigen Finanzinstituten sowie bei Versicherungsunternehmen vorausgesetzt werden, grundsätzlich auch für Investmentfonds, die sich ähnlich wie ein Finanzinstitut

---

80 Konsolidierte Mitteilung der Kommission zu Zuständigkeitsfragen Tz. 146; Körber, in: Immenga/Mestmäcker, EU/Teil 2, 5. Aufl., Art. 1 FKVO Rn. 39; vgl. KOMM. 14.10.1994, M. 497 – „Matra-Marconi Space/Satcomms" = WuW 1995, 209.

81 Körber, in: Immenga/Mestmäcker, EU/Teil 2, 5. Aufl., Art. 1 FKVO Rn. 40.

82 Körber, in: Immenga/Mestmäcker, EU/Teil 2, 5. Aufl., Art. 1 FKVO Rn. 40.

83 Konsolidierte Mitteilung der Kommission zu Zuständigkeitsfragen Tz. 147; Körber, in: Immenga/Mestmäcker, EU/Teil 2, 5. Aufl., Art. 1 FKVO Rn. 40; aus der Praxis s. KOMM. 2.12. 1991, M. 102 Tz. 10 – „TNT/Canada Post, DBP Postdienst, La Poste, La Poste, PTT Post und Sweden Post".

84 Körber, in: Immenga/Mestmäcker, EU/Teil 2, 5. Aufl., Art. 1 FKVO Rn. 40; KOMM. 18.5.1992, M. 218 Tz. 12 „Eucom/Digital".

85 Konsolidierte Mitteilung der Kommission zu Zuständigkeitsfragen Tz. 189.

86 Körber, in: Immenga/Mestmäcker, EU/Teil 2, 5. Aufl., Art. 3 FKVO Rn. 42.

87 Körber, in: Immenga/Mestmäcker, EU/Teil 2, 5. Aufl., Art. 3 FKVO Rn. 42.

betätigen.[88] Anstatt eine eigene Umsatzschwelle einzusetzen, sieht die FKVO bei der Sonderregelung für solche Finanzinstitute nur besondere Methoden zur Umsatzberechnung vor.[89] Als Umsatz hat die FKVO in Art. 5 Abs. 3 lit. a und in der Richtlinie 86/635/EWG Ertragsposten definiert. Aufgezählt sind Zinserträge, Erträge aus Wertpapieren, Provisionserträge, Nettoerträge aus Finanzgeschäften und sonstige betriebliche Erträge. Die nach Abzug der Mehrwertsteuer und sonstiger direkt auf diese Erträge erhobener Steuern übrige Summe stellt den Umsatz dar. Als Erträge für Investmentfonds werden auch Provisionen einbezogen.[90] Die Verbundklausel von Art. 5 Abs. 4 FKVO ist ebenfalls anwendbar, wenn die Gesellschaft nicht lediglich an dem anderen Unternehmen beteiligt ist, sondern auch Einfluss genommen hat.[91] Die Anwendung der Verbundklausel ist auch denkbar, wenn eine Investmentgesellschaft mehrere Investmentfonds verwaltet.[92]

c) Alleinige Kontrolle

Hinsichtlich der Kontrolle differenziert man zwischen der alleinigen und der gemeinsamen Kontrolle. Die Unterscheidung spielt zwar keine Rolle bei der Annahme der Kontrollrechte, ist aber in der Praxis von Bedeutung für die Umsatzberechnung.[93] Der wesentliche Unterschied zwischen beiden Kontrollarten besteht darin, dass die Ausübung der gemeinsamen Kontrolle nur über die Einigung mit anderen Gesellschaftern und Beteiligten möglich ist, während der alleinige Kontrolleur die wichtigsten Entscheidungen selbst treffen kann.[94] Eine alleinige Kontrolle kann entweder rechtlich abgesichert sein oder nur aufgrund eines faktischen Umstandes begründet werden.[95] Die Kontrolle kann nicht nur positiv, sondern auch negativ erfolgen.[96]

---

88 Körber, in: Immenga/Mestmäcker, EU/Teil 2, 5. Aufl., Art. 5 FKVO Rn. 90; Konsolidierte Mitteilung der Kommission zu Zuständigkeitsfragen Tz. 217.

89 Körber, in: Immenga/Mestmäcker, EU/Teil 2, 5. Aufl., Art. 5 FKVO Rn. 82 ff.

90 Körber, in: Immenga/Mestmäcker, EU/Teil 2, 5. Aufl., Art. 5 FKVO Rn. 90.

91 Körber, in: Immenga/Mestmäcker, EU/Teil 2, 5. Aufl., Art. 5 FKVO Rn. 90.

92 Konsolidierte Mitteilung der Kommission zu Zuständigkeitsfragen Tz. 189 ff.; Körber, in: Immenga/Mestmäcker, EU/Teil 2, 5. Aufl., Art. 5 FKVO Rn. 90.

93 Körber, in: Immenga/Mestmäcker, EU/Teil 2, 5. Aufl., Art. 3 FKVO Rn. 79.

94 Körber, in: Immenga/Mestmäcker, EU/Teil 2, 5. Aufl., Art. 3 FKVO Rn. 81.

95 Konsolidierte Mitteilung der Kommission zu Zuständigkeitsfragen Tz. 54 ff.; Körber, in: Immenga/Mestmäcker, EU/Teil 2, 5. Aufl., Art. 3 FKVO Rn. 81.

96 Körber, in: Immenga/Mestmäcker, EU/Teil 2, 5. Aufl., Art. 3 FKVO Rn. 82; Käseberg, in: Langen/Bunte, Kartellrecht Bd. 2, 12. Aufl., Art. 3 FKVO Rn. 46; Konsolidierte Mitteilung der Kommission zu Zuständigkeitsfragen Tz. 54.

Die Begründung einer alleinigen Kontrolle ist unabhängig von der Beteiligungshöhe.[97] Die Beteiligungshöhe ist jedoch relevant, wenn die alleinige Kontrolle durch gesetzliches Recht erlangt wird. Je höher die Beteiligung ist, desto wahrscheinlicher ist eine positive alleinige Kontrolle begründet. Ein typischer Fall der alleinigen Kontrolle ist durch Stimmrechtsmehrheit begründet, indem der Inhaber allein die strategische Entscheidung des Zielunternehmens bestimmen kann.[98] Eine Stimmrechtsmehrheit von über 50 % (50 % plus eine Aktie) oder 100 %[99] begründet grundsätzlich eine alleinige Kontrolle.[100]

Eine paritätische Beteiligung (50 % : 50 %) kann ausnahmsweise eine alleinige Kontrolle begründen, wenn der Beteiligte das „letzte Wort" hat.[101] Wenn die Gesellschafter über die gleiche Kapitalbeteiligung verfügen, einem aber mehr Stimmrechte zukommen, kann in dem Fall statt gemeinsamer Kontrolle ebenfalls eine alleinige Kontrolle begründet werden.[102] Ein weiteres Beispiel nennt die Konsolidierte Mitteilung der Kommission zu Zuständigkeitsfragen: Der Erwerber kann durch eine Beteiligung in Höhe von 50 % eine negative alleinige Kontrolle begründen, wenn 1) die übrigen 50% Anteile sich auf mehrere Minderheitsgesellschafter aufteilen oder 2) der Erwerber ein Vetorecht gegenüber der strategischen Entscheidung ausüben kann, weil dafür eine Einstimmigkeit vorgeschrieben ist.[103]

---

97 Körber, in: Immenga/Mestmäcker, EU/Teil 2, 5. Aufl., Art. 3 FKVO Rn. 80 u. 84 ff.; Käseberg, in: Langen/Bunte, Kartellrecht Bd. 2, 12. Aufl., Art. 3 FKVO Rn. 48 ff.

98 Konsolidierte Mitteilung der Kommission zu Zuständigkeitsfragen Tz. 54, 56 ff.; Körber, in: Immenga/Mestmäcker, EU/Teil 2, 5. Aufl., Art. 3 FKVO Rn. 84; Käseberg, in: Langen/Bunte, Kartellrecht Bd. 2, 12. Aufl., Art. 3 FKVO Rn. 49.

99 Körber, in: Immenga/Mestmäcker, EU/Teil 2, 5. Aufl., Art. 3 FKVO Rn. 84: Nach einer Sonderregel in dem Vertrag kann ein 100%iger Anteilserwerb auch noch eine gemeinsame Kontrolle begründen, KOMM. 24.2.1993 M. 304 Tz. 4 „Volkswagen AG/V.A.G. UK LTD".

100 Käseberg, in: Langen/Bunte, Kartellrecht Bd. 2, 12. Aufl., Art. 3 FKVO Rn. 48; Körber, in: Immenga/Mestmäcker, EU/Teil 2, 5. Aufl., Art. 3 FKVO Rn. 84.

101 KOMM. 17.6.1997, M. 845 Tz. 8 „BASF/Hoechst"; Körber, in: Immenga/Mestmäcker, EU/Teil 2, 5. Aufl., Art. 3 FKVO Rn. 85.

102 Körber, in: Immenga/Mestmäcker, EU/Teil 2, 5. Aufl., Art. 3 FKVO Rn. 85; Käseberg, in: Langen/Bunte, Kartellrecht Bd. 2, 12. Aufl., Art. 3 FKVO Rn. 52.

103 Konsolidierte Mitteilung der Kommission zu Zuständigkeitsfragen Tz. 58; vgl. KOMM. 29.7.2003, M. 3198 Tz. 1, 6 „VW-Audi/VW-Audi Vertriebszentren"; 27.4.2008. M. 3768 Tz. 3 – „BBVA/BNL"; KOMM. 8.5.2002, M. 2777 Tz. 8 – „Cinven limited/ Angel Street Holdings"; Körber, in: Immenga/Mestmäcker, EU/Teil 2, 5. Aufl., Art. 3 FKVO Rn. 33 u. 82.

Alleinige Kontrolle kann auch durch eine Minderheitsbeteiligung begründet werden. Hierfür ist jedoch mehr als eine reine Minderheitsbeteiligung erforderlich, d. h. eine Minderheitsbeteiligung mit Sonderrechten.[104] Typische Beispiele für Sonderrechte sind Vorzugsaktien, Mehrstimmrechte und andere besonders ausgestaltete Rechte.[105] Ein Minderheitsgesellschafter kann des Weiteren durch bestimmte Umstände eine faktische alleinige Kontrolle erlangen. In der Praxis kommt dies in erster Linie für den Fall in Betracht, dass die Hauptversammlungspräsenz gering ist.[106] Die Kommission hat in der Vergangenheit einige Fälle als faktische alleinige Kontrolle anerkannt.[107] Sie prüft dabei, ob eine niedrige Hauptversammlungspräsenz in den letzten zwei bis drei Jahren der Regelfall im Zielunternehmen war, zudem wird die Aktionärsstruktur einschließlich der wirtschaftlichen und verwandtschaftlichen Beziehungen der Aktionäre untereinander überprüft.[108] Nur wenn eine faktische Mehrheit keinen Zufall darstellt und auch künftig garantiert werden kann, wird eine faktische alleinige Kontrolle anerkannt.[109] Darüber hinaus kann ein Minderheitsgesellschafter auch alleinige Kontrolle erlangen, wenn die restlichen Anteile stark aufgesplittert sind und er dadurch eine faktische Mehrheit in der Hauptversammlung besitzt.[110]

---

104 Konsolidierte Mitteilung der Kommission zu Zuständigkeitsfragen Tz. 57; Körber, in: Immenga/Mestmäcker, EU/Teil 2, 5. Aufl., Art. 3 FKVO Rn. 87; Käseberg, in: Langen/Bunte, Kartellrecht Bd. 2, 12. Aufl., Art. 3 FKVO Rn. 53 f.

105 Körber, in: Immenga/Mestmäcker, EU/Teil 2, 5. Aufl., Art. 3 FKVO Rn. 87; Käseberg, in: Langen/Bunte, Kartellrecht Bd. 2, 12. Aufl., Art. 3 FKVO Rn. 54.

106 Körber, in: Immenga/Mestmäcker, EU/Teil 2, 5. Aufl., Art. 3 FKVO Rn. 89.

107 Beispiele: KOMM. 10.12.1990, M. 25 Tz. 4 – „Arjomari /Wiggins Teaple" (39 % Anteile); KOMM. 11.11.1998, M. 1157 Tz. 14, 15 – „Skanska/Scancem" (33,3 %); KOMM. 23.7.2008, M. 5250 Tz. 9 – „Porsche/Volkswagen" (35,52 %); KOMM. 17.6.2009, M. 5469 Tz. 5 – „Renova Industries/Sulzer" (31,1 %).
Körber, in: Immenga/Mestmäcker, EU/Teil 2, 5. Aufl., Art. 3 FKVO Rn. 89.

108 Konsolidierte Mitteilung der Kommission zu Zuständigkeitsfragen Tz. 59; Körber, in: Immenga/Mestmäcker, EU/Teil 2, 5. Aufl., Art. 3 FKVO Rn. 89; Käseberg, in: Langen/Bunte, Kartellrecht Bd. 2, 12. Aufl., Art. 3 FKVO Rn. 56 ff.

109 Konsolidierte Mitteilung der Kommission zu Zuständigkeitsfragen Tz. 59; Körber, in: Immenga/Mestmäcker, EU/Teil 2, 5. Aufl., Art. 3 FKVO Rn. 89; Käseberg, in: Langen/Bunte, Kartellrecht Bd. 2, 12. Aufl., Art. 3 FKVO Rn. 56 ff.

110 Käseberg, in: Langen/Bunte, Kartellrecht Bd. 2, 12. Aufl., Art. 3 FKVO Rn. 55; KOMM, 22.01.1997, M. 794 Tz. 6 „Coca Cola/Amalgamated Beverages GB", ABl. 11997 L 218/15; KOMM. 19.07.2001 „Allianz/Dresdner", WuW/E EU-V 676.

d) *Gemeinsame Kontrolle*

Die Beteiligungshöhe an dem Zielunternehmen ist auch nicht ausschlaggebend für die gemeinsame Kontrollbegründung. Die Mittel, mit denen die Kontrolle begründet wird, sind identisch.[111] Im Unterschied zur alleinigen setzt die gemeinsame Kontrolle jedoch eine gemeinsame dauerhafte Willensübereinstimmung voraus.[112] Anders als bei der alleinigen Kontrolle begründet der Erwerber eine gemeinsame Kontrolle meist durch Ausübung eines negativen Einflusses auf das Zielunternehmen.[113] Mit einem Vetorecht kann der Erwerber sowohl eine alleinige als auch eine gemeinsame Kontrolle begründen. Die Kontrollart hängt davon ab, ob nur einem Gesellschafter oder allen Gesellschaftern ein Vetorecht eingeräumt wird.[114] Die Begründung einer gemeinsamen Kontrolle verlangt aber nicht, dass jeder Kontrollinhaber dieselben Faktoren für diese geltend macht.[115]

aa. *Paritätische Beteiligung*

Paritätische Beteiligung ist der einfachste und klarste Fall für die gemeinsame Kontrolle.[116] Bei gleichen Beteiligungen verfügt jeder Gesellschafter über das gleiche Recht, sofern keinem der Gesellschafter ein Sonderrecht eingeräumt wird. Nicht nur die gleiche Kapitalbeteiligung, sondern auch die gleichen Stimmrechte können dadurch ein symmetrisches Verhältnis bilden.[117] Der typische Fall der paritätischen Beteiligung ist eine 50:50-Beteiligung von zwei Gesellschaftern.[118] Eine paritätische Beteiligung von jeweils unter 50 % der Anteile kann ebenfalls

---

111 Käseberg, in: Langen/Bunte, Kartellrecht Bd. 2, 12. Aufl., Art. 3 FKVO Rn. 62. Hierzu gehören z. B. gemeinsame Neugründung, neue Strukturierung der Kontrolle, Austausch einer Muttergesellschaft.

112 Konsolidierte Mitteilung der Kommission zu Zuständigkeitsfragen Tz. 62 f.; Körber, in: Immenga/Mestmäcker, EU/Teil 2, 5. Aufl., Art. 3 FKVO Rn. 90; vgl. EuG 23.2.2006, Rs. T-282/02, Slg. 2006, II-319 Tz. 42 ff. – „Cementbouw“; s. auch Köhler EuZW 1992, 634, 637.

113 Körber, in: Immenga/Mestmäcker, EU/Teil 2, 5. Aufl., Art. 3 FKVO Rn. 90; Käseberg, in: Langen/Bunte, Kartellrecht Bd. 2, 12. Aufl., Art. 3 FKVO Rn. 61.

114 Körber, in: Immenga/Mestmäcker, EU/Teil 2, 5. Aufl., Art. 3 FKVO Rn. 90.

115 Körber, in: Immenga/Mestmäcker, EU/Teil 2, 5. Aufl., Art. 3 FKVO Rn. 92.

116 Konsolidierte Mitteilung der Kommission zu Zuständigkeitsfragen Tz. 64; Körber, in: Immenga/Mestmäcker, EU/Teil 2, 5. Aufl., Art. 3 FKVO Rn. 96; Käseberg, in: Langen/Bunte, Kartellrecht Bd. 2, 12. Aufl., Art. 3 FKVO Rn. 63.

117 Körber, in: Immenga/Mestmäcker, EU/Teil 2, 5. Aufl., Art. 3 FKVO Rn. 96; Käseberg, in: Langen/Bunte, Kartellrecht Bd. 2, 12. Aufl., Art. 3 FKVO Rn. 63.

118 Körber, in: Immenga/Mestmäcker, EU/Teil 2, 5. Aufl., Art. 3 FKVO Rn. 96.

eine gemeinsame Kontrolle bilden, wenn der andere Gesellschafter unmöglich eine alleinige Kontrolle erlangen kann.[119] So wurden Beteiligungen von 49,9 %[120], 40 %[121] und 34 %[122] seitens der Kommission als gemeinsame Kontrolle angenommen.[123] Bei mehr als zwei Erwerbern ist es für die gemeinsame Kontrollbegründung erforderlich, dass die Mehrheit der betroffenen Gesellschafter dauerhaft ist.[124] Eine einfache wechselnde Mehrheit ohne abgesicherte Vereinbarung reicht für die Begründung einer gemeinsamen Kontrolle nicht aus.[125]

bb. Disparitätische Beteiligung

Eine zweite Variante der gemeinsamen Kontrolle basiert auf der Kontrollbegründung durch disparitätische Beteiligung. Ein Minderheitsgesellschafter kann auch mittels Sonderrecht oder aufgrund faktischer Umstände zusammen mit anderen Gesellschaftern eine gemeinsame Kontrolle begründen.[126] Das Sonderrecht kann sich entweder aus der Satzung oder aus einer vertraglichen Vereinbarung ergeben.[127] Als gemeinsame Kontrolleure müssen der Minderheitsgesellschafter und der andere Gesellschafter nicht dem gleichen Ziel nachgehen.[128] Auch ein erhebliches Gefälle der Beteiligungshöhe der Gesellschafter steht einer gemeinsamen Kontrolle nicht entgegen.[129] In der Praxis hat die Kommission eine Minderheitsbeteiligung mit nur 2,2 % Beteiligung als Begründung für eine gemeinsame Kontrolle anerkannt.[130]

Eine gemeinsame Kontrolle kann begründet werden, wenn die Erwerber zwar Beteiligungen unterschiedlicher Höhe halten, aber mit paritätischen Rechten

---

119 Körber, in: Immenga/Mestmäcker, EU/Teil 2, 5. Aufl., Art. 3 FKVO Rn. 96; Käseberg, in: Langen/Bunte, Kartellrecht Bd. 2, 12. Aufl., Art. 3 FKVO Rn. 63.
120 KOMM. 15.11.1993, M. 342 – „Fortis/CGER“.
121 KOMM. 17.10.1991, M. 122 Tz. 1, 7 „Paribas/MTH/MBH“.
122 KOMM. 18.06.1991, M. 98 Tz. 4 „Elf/BC/CEP-SA“.
123 Körber, in: Immenga/Mestmäcker, EU/Teil 2, 5. Aufl., Art. 3 FKVO Rn. 96.
124 Körber, in: Immenga/Mestmäcker, EU/Teil 2, 5. Aufl., Art. 3 FKVO Rn. 96.
125 Konsolidierte Mitteilung der Kommission zu Zuständigkeitsfragen Tz. 80; Körber, in: Immenga/Mestmäcker, EU/Teil 2, 5. Aufl., Art. 3 FKVO Rn. 96.
126 Körber, in: Immenga/Mestmäcker, EU/Teil 2, 5. Aufl., Art. 3 FKVO Rn. 97 ff.; Käseberg, in: Langen/Bunte, Kartellrecht Bd. 2, 12. Aufl., Art. 3 FKVO Rn. 65 ff.
127 Körber, in: Immenga/Mestmäcker, EU/Teil 2, 5. Aufl., Art. 3 FKVO Rn. 97 ff.; Käseberg, in: Langen/Bunte, Kartellrecht Bd. 2, 12. Aufl., Art. 3 FKVO Rn. 66 ff.
128 Käseberg, in: Langen/Bunte, Kartellrecht Bd. 2, 12. Aufl., Art. 3 FKVO Rn. 72.
129 Käseberg, in: Langen/Bunte, Kartellrecht Bd. 2, 12. Aufl., Art. 3 FKVO Rn. 67.
130 KOMM. 28.11.1994 M. 526 Tz. 71 ff. – „Sappi/DLJMB/UBS/Warren“, WuW 1995, 390.

ausgestattet sind.[131] In der Konsolidierten Mitteilung der Kommission zu Zuständigkeitsfragen werden gleiche Rechte zur Besetzung der Entscheidungsgremien als Beispiel angeführt.[132]

Das Vetorecht eines Minderheitsgesellschafters kann eine gemeinsame Kontrolle begründen. Nach Meinung der Kommission ist im Rahmen einer Gesamtschau aller Umstände zu klären, ob das Vetorecht dem Erwerber eine kontrollbegründete Einflussmöglichkeit verleiht.[133] Entscheidend ist, ob der Erwerber mit dem Vetorecht strategische Entscheidungen blockieren kann.[134] Die Bedeutung des Vetorechts i. S. d. Kontrollerwerbs muss über typische Rechte des Minderheitsgesellschafters, die zum Schutz seiner finanziellen Interessen vorgesehen sind, hinausgehen.[135] Andererseits darf das Vetorecht nicht alle wichtigen wirtschaftlichen Entscheidungen blockieren können.[136] Der Kommission zufolge ist eine gemeinsame Kontrolle gegeben, wenn dem Minderheitsgesellschafter eines GU ein Vetorecht eingeräumt wird; auch dann, wenn der andere Muttergesellschafter über eine „industrielle Führerschaft“ verfügt.[137] Grundsätzlich muss ein Vetorecht nicht tatsächlich ausgeübt werden.[138] Hat der Minderheitsgesellschafter jedoch keine Fachkenntnisse, keine marktbezogene Kompetenz oder kein Interesse daran, sein Vetorecht auszuüben, wird nicht automatisch eine gemeinsame Kontrolle angenommen.[139]

---

131 Käseberg, in: Langen/Bunte, Kartellrecht Bd. 2, 12. Aufl., Art. 3 FKVO Rn. 66; Körber, in: Immenga/Mestmäcker, EU/Teil 2, 5. Aufl., Art. 3 FKVO Rn. 97 mit Verweis auf KOMM. 28.11.1994 M. 526 Tz. 71 ff. – „Sappi/DLJMB/UBS/Warren“ mit einer Beteiligung von 87 %, 10,8 % und 2 %; KOMM. 14.7.1992, M. 229 Tz. 8 – „Thomas Cook/LTU/West LB“ mit einer Beteiligung von 10 % und 90 %.

132 Konsolidierte Mitteilung der Kommission zu Zuständigkeitsfragen Tz. 64.

133 Konsolidierte Mitteilung der Kommission zu Zuständigkeitsfragen Tz. 73.

134 Käseberg, in: Langen/Bunte, Kartellrecht Bd. 2, 12. Aufl., Art. 3 FKVO Rn. 66.

135 Körber, in: Immenga/Mestmäcker, EU/Teil 2, 5. Aufl., Art. 3 FKVO Rn. 99.

136 Konsolidierte Mitteilung der Kommission zu Zuständigkeitsfragen Tz. 68.

137 Konsolidierte Mitteilung der Kommission zu Zuständigkeitsfragen Tz. 81; Körber, in: Immenga/Mestmäcker, EU/Teil 2, 5. Aufl., Art. 3 FKVO Rn. 107; KOMM. 17.4.2000, M. 1814 Tz. 7 – „Bayer/Röhm/Makroform“.

138 Konsolidierte Mitteilung der Kommission zu Zuständigkeitsfragen Tz. 67.

139 Körber, in: Immenga/Mestmäcker, EU/Teil 2, 5. Aufl., Art. 3 FKVO Rn. 107; Käseberg, in: Langen/Bunte, Kartellrecht Bd. 2, 12. Aufl., Art. 3 FKVO Rn. 70: „Die Haltung der Kommission ist hier nicht einheitlich. Sie neigt heute eher dazu, in solchen Fallgestaltungen eine alleinige Kontrolle des Mehrheitsgesellschafters anzunehmen“.

cc. Gemeinsame Ausübung der Stimmrechte

Nach Meinung der Konsolidierten Mitteilung der Kommission zu Zuständigkeitsfragen können Minderheitsgesellschafter untereinander eine faktische Mehrheit bilden und durch gemeinsame Ausübung ihrer Stimmrechte eine gemeinsame Kontrolle erlangen.[140] Die gemeinsame Handlung kann nicht nur durch Vereinbarung, sondern auch aufgrund faktischer Umstände zustande kommen.[141] Im Einklang mit dem Zweck der Fusionskontrolle muss eine gemeinsame Ausübung dauerhaft abgesichert sein. Eine wechselnde Mehrheit begründet keine gemeinsame Kontrolle.[142]

Bei einer rechtlich abgesicherten gemeinsamen Handlung ist der Fall eindeutig. Eine gemeinsame Ausübung der Stimmrechte ist möglich, wenn die Minderheitsgesellschafter gemeinsam eine Holdinggesellschaft bilden oder eine Pooling- oder Stimmbindungsvereinbarung getroffen haben.[143]

Schwieriger ist der Fall, wenn eine faktische gemeinsame Handlung vorliegt. Nach Erfahrung der Kommission ist eine faktische gemeinsame Handlung nicht der Regelfall.[144] Die einfachen gemeinsamen Interessen der Minderheitsgesellschafter bieten laut Kommission keine Absicherung für eine dauerhafte gemeinsame Handlung, vielmehr sind starke gemeinsame Interessen erforderlich.[145] In erster Linie kommt eine gegenseitige Abhängigkeit als starkes gemeinsames Interesse in Betracht, bei der jeder Minderheitsgesellschafter unverzichtbare Beiträge – die andere nicht leisten können – einbringt, wie z. B. eine unersetzliche

---

140 Konsolidierte Mitteilung der Kommission zu Zuständigkeitsfragen Tz. 74.

141 Körber, in: Immenga/Mestmäcker, EU/Teil 2, 5. Aufl., Art. 3 FKVO Rn. 102 ff.; Käseberg, in: Langen/Bunte, Kartellrecht Bd. 2, 12. Aufl., Art. 3 FKVO Rn. 75 ff.

142 Konsolidierte Mitteilung der Kommission zu Zuständigkeitsfragen Tz. 80; Körber, in: Immenga/Mestmäcker, 5. Aufl., Art. 3 FKVO Rn. 102; Käseberg, in: Langen/Bunte, Kartellrecht Bd. 2, 12. Aufl., Art. 3 FKVO Rn. 75.

143 Konsolidierte Mitteilung der Kommission zu Zuständigkeitsfragen Tz. 75; Käseberg, in: Langen/Bunte, Kartellrecht Bd. 2, 12. Aufl., Art. 3 FKVO Rn. 75; Körber, in: Immenga/Mestmäcker, EU/Teil 2, 5. Aufl., Art. 3 FKVO Rn. 103 mit Verweis auf KOMM. 19.7.1993, M. 334 Tz. 6 – „Costa Crociere/Chargeurs/Accor".

144 Konsolidierte Mitteilung der Kommission zu Zuständigkeitsfragen Tz. 76; Körber, in: Immenga/Mestmäcker, EU/Teil 2, 5. Aufl., Art. 3 FKVO Rn. 104; vgl. Langen/Bunte, Kartellrecht Bd. 2, 12. Aufl., Art. 3 FKVO Rn. 76.

145 Konsolidierte Mitteilung der Kommission zu Zuständigkeitsfragen Tz. 77; Körber, in: Immenga/Mestmäcker, EU/Teil 2, 5. Aufl., Art. 3 FKVO Rn. 104; Käseberg, in: Langen/Bunte, Kartellrecht Bd. 2, 12. Aufl., Art. 3 FKVO Rn. 76.

Kapitalbeteiligung oder notwendiges Know-how.[146] Wenn die Minderheitsgesellschafter beim Erwerb der Kontrolle gemeinsam vorgehen, sieht die Kommission darin ein Anzeichen für starke gemeinsame Interessen.[147] Auch wenn die Gesellschafter in den vergangenen fünf Jahren gemeinsam ihre Stimmrechte ausgeübt haben, sieht die Kommission darin eine Begründung der gemeinsamen Kontrolle.[148] Gemeinsame Renditeinteressen hingegen sind nach Erfahrung der Kommission keine dauerhaften gemeinsamen Interessen.[149]

3. Wirtschaftliche Abhängigkeit

Gemäß Art. 3 Abs. 1 lit. b kann eine Kontrolle auch in sonstiger Weise begründet werden.[150] Als Erwerbsmittel kommen im Einzelfall Liefer-, Franchise-, Lizenz- oder Darlehensvertragsbeziehungen in Betracht.[151] Die Begründung des Kontrollerwerbs durch wirtschaftliche Abhängigkeit ist nach Meinung des Schrifttums problematisch, weil die Grenze zwischen alltäglicher Entscheidung und strategischer Entscheidung – die für eine Kontrollbegründung ausschlaggebend ist – nicht immer klar verläuft.[152] Im Schrifttum wird deshalb dafür plädiert, dass für den Kontrollerwerb durch wirtschaftliche Abhängigkeit strenge Kriterien vorgesehen werden sollen.[153]

---

146 Konsolidierte Mitteilung der Kommission zu Zuständigkeitsfragen Tz. 78; KOMM. 22.9.1997, M. 967 Tz. 5 ff. – „KLM/Air UK"; KOMM. 13.2.2006, M. 4085 Tz. 10 ff. – „Acelor/Oyek/Erdemir"; Körber, in: Immenga/Mestmäcker, EU/Teil 2, 5. Aufl., Art. 3 FKVO Rn. 104; Käseberg, in: Langen/Bunte, Kartellrecht Bd. 2, 12. Aufl., Art. 3 FKVO Rn. 77.

147 Konsolidierte Mitteilung der Kommission zu Zuständigkeitsfragen Tz. 79; Körber, in: Immenga/Mestmäcker, EU/Teil 2, 5. Aufl., Art. 3 FKVO Rn. 105; Käseberg, in: Langen/Bunte, Kartellrecht Bd. 2, 12. Aufl., Art. 3 FKVO Rn. 78: Wenn die Muttergesellschaften schon vor dem Erwerb in einer geschäftlichen Beziehung stehen, kann dies ein Indiz für ein starkes gemeinsames Interesse sein. Gleiches gilt für die gemeinsame Begründung eines GU sowie die gemeinsame Aufstellung des Businessplans.

148 Körber, in: Immenga/Mestmäcker, EU/Teil 2, 5. Aufl., Art. 3 FKVO Rn. 106; Käseberg, in: Langen/Bunte, Kartellrecht Bd. 2, 12. Aufl., Art. 3 FKVO Rn. 78.

149 Konsolidierte Mitteilung der Kommission zu Zuständigkeitsfragen Tz. 79; Körber, in: Immenga/Mestmäcker, EU/Teil 2, 5. Aufl., Art. 3 FKVO Rn. 105.

150 Konsolidierte Mitteilung der Kommission zu Zuständigkeitsfragen Tz. 20; Körber, in: Immenga/Mestmäcker, EU/Teil 2, 5. Aufl., Art. 3 FKVO Rn. 55 u. 111; Ebenroth/Rösler, RIW 1994, 541.

151 Karl, Der Zusammenschlussbegriff in der Europäischen Fusionskontrollverordnung, S. 221 ff.; Körber, in: Immenga/Mestmäcker, EU/Teil 2, 5. Aufl., Art. 3 FKVO Rn. 55.

152 Körber, in: Immenga/Mestmäcker, EU/Teil 2, 5. Aufl., Art. 3 FKVO Rn. 111.

153 Körber, in: Immenga/Mestmäcker, EU/Teil 2, 5. Aufl., Art. 3 FKVO Rn. 111.

4. Änderung der Kontrollverhältnisse

Die FKVO benutzt die Formulierungen „Erwerb“ sowie „Begründung“, eine Kontrolle kann nach dem Wortlaut nur einmal begründet werden.[154] Eine nachträgliche Änderung des Inhalts einer bestehenden Kontrolle löst keine neue Fusionskontrolle aus; anders verhält es sich, wenn eine Änderung das Kontrollverhältnis betrifft.[155]

Eine Änderung der Art der Kontrolle (namentlich ein Wechsel zwischen alleiniger und gemeinsamer Kontrolle) begründet einen neuen Zusammenschluss.[156] In diesem Fall ist die Grundlage der Kontrolle verändert, wodurch eine neue Qualität der Kontrolle geschaffen wird.[157] Eine Verengung des Kreises der Kontrollinhaber begründet grundsätzlich keine neue Kontrolle.[158] Anders verhält es sich, wenn die Art der Kontrolle bereits durch die Verengung geändert wird.[159] Das Gegenteil ist der Fall, wenn der Kreis einer bestehenden Kontrolle erweitert wird.[160] Der Eintritt eines neuen Gesellschafters begründet für die Kommission grundsätzlich einen neuen Zusammenschluss.[161] Zu beachten ist, dass bei einem Zusammenschluss der neu eintretende Gesellschafter auch Kontrolle über das Zielunternehmen erlangen muss.[162]

---

154 Körber, in: Immenga/Mestmäcker, EU/Teil 2, 5. Aufl., Art. 3 FKVO Rn. 112; Käseberg, in: Langen/Bunte, Kartellrecht Bd. 2, 12. Aufl., Art. 3 FKVO Rn. 40.

155 Körber, in: Immenga/Mestmäcker, EU/Teil 2, 5. Aufl., Art. 3 FKVO Rn. 112 ff.; Käseberg, in: Langen/Bunte, Kartellrecht Bd. 2, 12. Aufl., Art. 3 FKVO Rn. 41 ff.

156 Konsolidierte Mitteilung der Kommission zu Zuständigkeitsfragen Tz. 83; Körber, in: Immenga/Mestmäcker, EU/Teil 2, 5. Aufl., Art. 3 FKVO Rn. 117; Käseberg, in: Langen/Bunte, Kartellrecht Bd. 2, 12. Aufl., Art. 3 FKVO Rn. 41 f.

157 Körber, in: Immenga/Mestmäcker, EU/Teil 2, 5. Aufl., Art. 3 FKVO Rn. 117.

158 Konsolidierte Mitteilung der Kommission zu Zuständigkeitsfragen Tz. 90; Käseberg, in: Langen/Bunte, Kartellrecht Bd. 2, 12. Aufl., Art. 3 FKVO Rn. 43; Körber, in: Immenga/Mestmäcker, EU/Teil 2, 5. Aufl., Art. 3 FKVO Rn. 118; gemeinsame Kontrolle zu alleiniger Kontrolle: KOMM. 28.11.1990, M. 23 Tz. 1 ff. – „ICI/Tioxide“; alleinige Kontrolle zu gemeinsamer Kontrolle: KOMM. 10.8.1992, M. 249 Tz. 1 ff. – „Northern Telecom/Matra Telecommunication“.

159 Konsolidierte Mitteilung der Kommission zu Zuständigkeitsfragen Tz. 89 f.; Körber, in: Immenga/Mestmäcker, EU/Teil 2, 5. Aufl., Art. 3 FKVO Rn. 118.

160 Körber, in: Immenga/Mestmäcker, EU/Teil 2, 5. Aufl., Art. 3 FKVO Rn. 112.

161 Körber, in: Immenga/Mestmäcker, EU/Teil 2, 5. Aufl., Art. 3 FKVO Rn. 119.

162 Körber, in: Immenga/Mestmäcker, EU/Teil 2, 5. Aufl., Art. 3 FKVO Rn. 119.

II. Kontrollerwerb im deutschen Recht

1. Allgemein

Der Kontrollerwerb wird im deutschen Recht in § 37 Abs. 1 Nr. 2 GWB geregelt. Ein Zusammenschluss liegt vor, wenn der Erwerb eine unmittelbare oder mittelbare Kontrolle durch ein oder mehrere Unternehmen über die Gesamtheit oder Teile eines oder mehrerer anderer Unternehmen durch Rechte, Verträge oder andere Mittel begründet (§ 37 Abs. 1 Nr. 2). Eine Kontrolle ist unter Berücksichtigung aller tatsächlichen und rechtlichen Umstände eine gewährleistete Möglichkeit, einen bestimmenden Einfluss auf die Tätigkeit eines Unternehmens auszuüben (§ 37 Abs. 1 Nr. 2). Der Begriff „Kontrollerwerb" wurde in Anlehnung an Art. 3 FKVO im deutschen Recht eingeführt, der Inhalt des § 37 Abs. 1 Nr. 2 GWB stimmt im Wesentlichen mit Art. 3 Abs. 1 lit. b FKVO überein.[163]

Einige Umstände des Kontrollerwerbs von § 37 Abs. 1 Nr. 2 wurden bereits in den genannten Beispielfällen des § 23 Abs. 2 GWB a. F. angesprochen.[164] Die Entscheidungspraxis von § 23 Abs. 2 a. F. kann auch künftig noch eine Hilfe zur Auslegung des Begriffs Kontrollerwerb bieten.[165] Laut Gesetzgeber orientiert sich das deutsche Recht nicht nur an der Gesetzgebung der FKVO, sondern auch an der Auslegung und Konkretisierung des Kontrollbegriffs in der Praxis der Kommission und des EuGH.[166] Eine umstrittene Frage im deutschen Recht lautet, ob und inwieweit diese Mitteilungen sowie Entscheidungspraxen der Kommission und des EuGH eine Bindungswirkung für die Auslegung des deutschen Rechts aufweisen.[167]

Aus diesem Grund wird der Begriff des Kontrollerwerbes i. S. v. § 37 Abs. 1 Nr. 2 GWB in dieser Arbeit nur knapp dargelegt. Stattdessen konzentrieren sich die Abschnitte stärker auf die einzelnen Aspekte des Kontrollerwerbs, speziell im deutschen Recht.

---

163 Thomas, in: Immenga/Mestmäcker, GWB/Teil 1, 5. Aufl., § 37 Rn. 72; Ruppelt, in: Langen/Bunte, Kartellrecht Bd. 1, 12. Aufl., § 37 GWB Rn. 15.

164 Thomas, in: Immenga/Mestmäcker, GWB/Teil 1, 5. Aufl., § 37 Rn. 76; Ruppelt, in: Langen/Bunte, Kartellrecht Bd. 1, 12. Aufl., § 37 GWB Rn. 15.

165 Thomas, in: Immenga/Mestmäcker, GWB/Teil 1, 5. Aufl., § 37 Rn. 76; Ruppelt, in: Langen/Bunte, Kartellrecht Bd. 1, 12. Aufl. § 37 GWB Rn. 16.

166 Begr. RegE 6. GWB-Novelle zu § 37 Abs. 1, BT-Drucks. 13/9720, S. 67; Thomas, in: Immenga/Mestmäcker, GWB/Teil 1, 5. Aufl., § 37 Rn. 80; Ruppelt, in: Langen/Bunte, Kartellrecht Bd. 1, 12. Aufl., § 37 GWB Rn. 15.

167 Hierzu s. Thomas, in: Immenga/Mestmäcker, GWB/Teil 1, 5. Aufl., § 37 Rn. 81 ff.; vgl. BGH 19.6.2007 WuW/E DE-R 2161, 2163 – „Tariftreuerklärung III".

2. Das Verhältnis zwischen § 37 Abs. 1 Nr. 2 und § 37 Abs. 1 Nr. 4 GWB

Vor der Einführung der Gesetzgebung zum Kontrollerwerb wurde der Begriff Zusammenschluss im deutschen Recht im Verweis auf das Gesellschaftsrecht begründet.[168] Vermögenserwerb und Anteilserwerb waren zwei wichtige Arten des Zusammenschlusses. § 37 Abs. 1 Nr. 3 GWB nennt für den Anteilserwerb zwei Aufgreifschwellen aufgrund der Beteiligungshöhe, die bei jeweils 25% und 50 % der Anteile oder Stimmrechte liegen. Eine Minderheitsbeteiligung am Zielunternehmen unter 25 % kann aber auch die deutsche Fusionskontrolle auslösen, wenn der Vorgang die Voraussetzungen der Auffangnorm von § 37 Abs. 1 Nr. 4 erfüllt. Im Gegensatz dazu zielt der Kontrollerwerb auf einen von der Beteiligungshöhe unabhängigen Einfluss auf Zielunternehmen. Mit anderen Worten, auch eine Minderheitsbeteiligung unter 25 % kann eine Kontrolle über Zielunternehmen begründen, wenn der Erwerber die unternehmerische Führung beeinflussen kann. Eine Beteiligung unter 25 % kann in dem Fall in die Anwendungsbereiche von § 37 Abs. 1 Nr. 2 und § 37 Abs. 1 Nr. 4 fallen.[169] Vor der Einführung des Kontrollerwerbs in Nr. 2 waren viele Fälle Gegenstand von Nr. 4.[170] Nr. 2 hat nun Vorrang vor Nr. 4; wenn eine Minderheitsbeteiligung bereits eine Kontrolle etabliert hat, ist die Anwendung von Nr. 4 ausgeschlossen.[171] Das Vorliegen beider Vorschriften ist jedoch nicht überflüssig, da sie jeweils einen eigenen Anwendungsbereich haben.[172] Der wettbewerblich erhebliche Einfluss gemäß Nr. 4 muss aufgrund einer gesellschaftsrechtlichen Verbindung zwischen dem Erwerber und dem Unternehmen ausgeübt werden, diese ist für den Kontrollerwerb nach Nr. 2 nicht erforderlich.[173] Des Weiteren findet der Kontrollerwerb von Nr. 2 auch Anwendung beim Abschluss von Unternehmensverträgen und beim Wechsel zwischen alleiniger und gemeinsamer Kontrolle.[174]

168 Vgl. Thomas, in: Immenga/Mestmäcker, GWB/Teil 1, 5. Aufl., § 37 Rn. 73 ff.
169 Thomas, in: Immenga/Mestmäcker, GWB/Teil 1, 5. Aufl., § 37 Rn. 75, 154.
170 Thomas, in: Immenga/Mestmäcker, GWB/Teil 1, 5. Aufl., § 37 Rn. 75.
171 Thomas, in: Immenga/Mestmäcker, GWB/Teil 1, 5. Aufl., § 37 Rn. 75.
172 Thomas, in: Immenga/Mestmäcker, GWB/Teil 1, 5. Aufl., § 37 Rn. 75.
173 Thomas, in: Immenga/Mestmäcker, GWB/Teil 1, 5. Aufl., § 37 Rn. 75.
174 Bechtold NJW 1998, 2769, 2772; vgl. Bach, in: MünchKomm, GBW § 37 Rn. 33.

3. Mittelbare Kontrolle

Der Begriff der mittelbaren Kontrolle wird im europäischen Recht weit ausgelegt.[175] Nach Auffassung des Schrifttums sollte das deutsche Recht den Begriff enger als die FKVO auslegen.[176] Als typische Beispiele für mittelbare Kontrolle werden im Schrifttum zwei Fälle vorgestellt.[177] Zum einen der Erwerb durch weisungsgebundene Strohmänner oder Treuhänder.[178] Zum anderen der folgende Fall: A hat eine Minderheitsbeteiligung (ohne Kontrolle zu begründen) an B, C ist eine kontrollierte Tochtergesellschaft von B. Erlangt A trotz Minderheitsbeteiligung so viele Kontrollrechte an B wie B an C, kontrolliert A mittelbar C.[179] Ansonsten kann die mittelbare Kontrolle nur zwischen Zielunternehmen und dem Erwerber, der Erwerbsmittel besitzt, begründet werden.[180] Eine weite Auslegung der mittelbaren Kontrolle kann in der deutschen Fusionskontrolle problematisch sein, wenn auf die Regelung der Umsatzzurechnung in § 36 Abs. 2 verwiesen wird, insbesondere im Fall des Erwerbs durch eine Tochtergesellschaft.[181] Die Verbund- und Mehrmütterklausel des § 36 Abs. 2 setzt für die Anwendung dieser Zurechnungsform – im Verweis auf das Gesellschaftsrecht – einen beherrschenden Einfluss voraus, der eine andere Bedeutung als die Rechtsfigur „Kontrolle“ hat. Ein Erwerb durch eine Tochtergesellschaft, bei dem die Muttergesellschaft nur eine nicht beherrschungsbegründende Minderheitsbeteiligung an der Tochtergesellschaft hat und trotzdem als mittelbarer Erwerber angesehen wird, ist in zweierlei Hinsicht problematisch: Einerseits kann die Verbundklausel von § 36 Abs. 2 leerlaufen, wenn die Muttergesellschaften bereits aufgrund einer mittelbaren Kontrolle als beteiligte Unternehmen gelten und ihr Umsatz automatisch zugerechnet wird.[182] Andererseits kann eine weite Auslegung der mittelbaren Kontrolle eine erhebliche Rechtsunsicherheit und

---

175 Vgl. Mitteilung der Kommission zu Zuständigkeitsfragen Tz. 13; Thomas, in: Immenga/Mestmäcker, GWB/Teil 1, 5. Aufl., § 37 Rn. 89.

176 Vgl. Bechtold, GWB, 8. Aufl., § 37 Rn. 6; Thomas, in: Immenga/Mestmäcker, GWB/Teil 1, 5. Aufl., § 37 Rn. 89.

177 Vgl. Thomas, in: Immenga/Mestmäcker, GWB/Teil 1, 5. Aufl., § 37 Rn. 88.

178 Thomas, in: Immenga/Mestmäcker, GWB/Teil 1, 5. Aufl., § 37 Rn. 88.

179 Bechtold, GWB, 8. Aufl., § 37 Rn. 12; Thomas, in: Immenga/Mestmäcker, GWB/Teil 1, 5. Aufl., § 37 Rn. 88.

180 Thomas, in: Immenga/Mestmäcker, GWB/Teil 1, 5. Aufl., § 37 Rn. 89.

181 Thomas, in: Immenga/Mestmäcker, GWB/Teil 1, 5. Aufl., § 37 Rn. 89.

182 Thomas, in: Immenga/Mestmäcker, GWB/Teil 1, 5. Aufl., § 37 Rn. 90.

Belastung mit sich bringen, weil bei jedem Fall geprüft werden muss, ob die Muttergesellschaften tatsächlich eine mittelbare Kontrolle begründet haben.[183]

4. Wirtschaftliche Abhängigkeit als Kontrollmittel

Als weiteres Kontrollmittel kommt nach § 37 Abs. 1 Nr. 2 in erster Linie die „wirtschaftliche Abhängigkeit" in Betracht. Eine wirtschaftliche Abhängigkeit kann unter bestimmten Umständen ebenfalls eine Kontrolle begründen.[184] Voraussetzung ist, dass die wirtschaftliche Verbindung die Marktstruktur dauerhaft verändern kann und im Einzelfall die Führung des Zielunternehmens beeinflusst.[185]

III. Kontrollerwerb im chinesischen Recht

1. Historische Entwicklung der Gesetzgebung zum Kontrollerwerb

Nach Art. 20 AMG von 2008 liegt ein Zusammenschluss vor, wenn Unternehmen mit dem Erwerb von Anteilsrechten oder Vermögen (Abs. 2) oder durch Verträge oder auf andere Weise (Abs. 3) die Kontrolle über andere Unternehmen erlangen oder auf andere Unternehmen einen bestimmenden Einfluss ausüben können. Der Kontrollerwerb stellt somit bereits im Gesetzestext von 2008 ein wichtiges Aufgreifkriterium der chinesischen Fuisonskontrolle dar. Allerdings blieb die Gesetzgebung zum Kontrollerwerb im Anti-Monopol-Gesetz abstrakt. Nach dem Erlass des Anti-Monopol-Gesetzes wurde der unklare, aber trotzdem wichtige Begriff deshalb im Schrifttum rege diskutiert.[186] Eine erfolgreiche Konkretisierung des Begriffs des Kontrollerwerbs blieb jedoch lange aus.

Das MOFCOM versuchte daraufhin, eine Auslegung für den Begriff des Kontrollerwerbs zu geben. 2009 stellte es im Entwurf der Vorläufigen Methode zur Anmeldung von Unternehmenszusammenschlüssen[187] dar, dass eine Kontrolle nach Art. 20 Abs. 2 und 3 AMG dadurch begründet wird, dass

---

183 Thomas, in: Immenga/Mestmäcker, GWB/Teil 1, 5. Aufl., § 37 Rn. 90.

184 Thomas, in: Immenga/Mestmäcker, GWB/Teil 1, 5. Aufl., § 37 Rn. 161.

185 Thomas, in: Immenga/Mestmäcker, GWB/Teil 1, 5. Aufl., § 37 Rn. 162 u. 164.

186 Eingehend Jin, Aufgreifkriterien in der Fusionskontrolle, S. 161 ff. In der Arbeit werden auch unterschiedliche im chinesischen Schrifttum vertretene Meinungen zu der Frage angeführt.

187 《经营者集中申报暂行办法》（征求意见稿）, [Vorläufige Methode für die Anmeldung von Unternehmenszusammenschlüssen (Probeentwurf)], vorläufiger Inhalt s. Masseli, ZChinR 2009, S. 68.

- 1) ein Erwerb von 50 % der Stimmrechte oder des Vermögens des Zielunternehmens erfolgt
- 2) oder (wenn der Erwerber diese Voraussetzung nicht erfüllt) für den Erwerber durch Anteilserwerb, Vermögenserwerb, Vertrag oder auf andere Weise die Berechtigung besteht, einen oder mehrere Vorstandsmitglieder oder wichtige Geschäftsführer bestellen zu können oder das Budget, die Führung, den Vertrieb, die Preis-Festsetzung, wichtige Investitionen oder andere wichtige Management- und Geschäftsentscheidungen zu bestimmen.[188]

Die Auslegung des Kontrollerwerbs wurde wegen eines fehlenden Konsenses im endgültigen Entwurf gestrichen.[189] Die Einwände stehen leider nicht zur Verfügung.

In der Folge beauftragte MOFCOM die Renmin-Universität, ein Studienprojekt zum Kontrollerwerb in der Fusionskontrolle durchzuführen, mit dem Ziel, Erkenntnisse für die künftige Gesetzgebung zu sammeln. Die Studie wurde 2014 abgeschlossen. Die Untersuchung zum Begriff der Kontrolle umfasst nicht nur die Gesetzgebung verschiedener Staaten wie China, USA, europäische Staaten, Japan und Russland sowie von Gebieten wie Hong Kong und Taiwan, sondern auch unterschiedliche Gesetzesgebiete, namentlich das Kartellrecht, Gesellschaftsrecht, Wertpapierrecht und Bilanzrecht.[190] Der Studiengegenstand bezieht sich dabei sowohl auf die jeweiligen Gesetzestexte als auch auf die praktischen Erfahrungen aus den oben genannten Gebieten. Die Studie versuchte durch einen breiten Rechtsvergleich eine Lösung zu finden, wie der Kontrollerwerb i. S. v. Art. 20 AMG ausgelegt werden soll. Der genaue Inhalt der Studie ist wegen einer vertraglichen Geheimhaltungsklausel leider nicht öffentlich zugänglich.

2. Kontrollerwerb nach der Guideline von 2014

Die jüngste und zugleich wichtigste Entwicklung zur Konkretisierung von Art. 20 AMG stellt der Erlass der Guideline zur Anmeldung der Fusionskontrolle[191] im

---

188 Vgl. Vorläufige Methode für die Anmeldung von Unternehmenszusammenschlüssen (Probeentwurf), Masseli, ZChinR 2009, S. 68.

189 Vgl. Zhong Lun Kanzlei, „商务部最新修订《关于经营者集中申报的指导意见》解读“ [Über die aktuelle Guideline zur Anmeldung der Fusionskontrolle], 10.6.2014, Beitrag online unter: http://www.zhonglun.com/Content/2016/10-11/1530421434.html (zuletzt aufgerufen am 12.11.2017).

190 Zur Studie der Chinesischen Volksuniversität (chinesischer Titel:《经营者集中反垄断审查中的控制权问题研究》) s.: http://www.law.ruc.edu.cn/article/?46423.html (zuletzt aufgerufen am 12.11.2017).

191 Auf Chinesisch商务部反垄断局 [MOFCOM],《关于经营者集中申报的指导意见》(06.06.2014).

Jahr 2014 dar. Die Guideline ist die erste behördliche Auslegung zum Kontrollerwerb i. S. v. Art. 20 AMG seit 2008 und hat einen großen Beitrag zur Konkretisierung des Aufgreifkriteriums in der chinesischen Fusionskontrolle geleistet. Die Rechtsnatur der Guideline entspricht jener der Konsolidierten Mitteilung der Kommission zu Zuständigkeitsfragen in der europäischen Fusionskontrolle; auch wenn die Guideline nicht rechtsverbindlich ist, ist sie bedeutend für die Praxis der Fusionskontrolle.[192]

Die Auslegung des Kontrollbegriffs nach der Guideline 2014 ist allerdings lückenhaft. Die Guideline erklärt lediglich, welche Elemente zur Kontrollbegründung wichtig sind, definiert jedoch nicht, was eine Kontrolle über ein Zielunternehmen i. S. v. Art. 20 AMG ist. Nach Art. 3 der Guideline 2014 kann eine Kontrolle über Zielunternehmen nicht nur allein, sondern auch gemeinsam begründet werden. Eine Kontrolle kann des Weiteren unmittelbar oder mittelbar erworben werden. Als Erwerbsmittel bleiben nach Art. 3 Abs. 2 und 3 AMG der Anteilserwerb, Vermögenserwerb, Verträge und auf andere Weise. Ob eine Kontrolle[193] begründet wird, hängt nach Art. 3 der Guideline 2014 von einer Gesamtschau aller rechtlichen und faktischen Umstände des Zusammenschlusses ab. Die Vereinbarung zwischen den beteiligten Unternehmen und die Satzung des Zielunternehmens spielen nach der Meinung von MOFCOM eine wichtige Rolle bei der Kontrollbegründung, stellen jedoch nicht die einzige Grundlage für die Einzelfallprüfung dar. Wenn sich die Begründung einer Kontrolle nicht aus den Vereinbarungen oder Satzungen ergeben kann, prüft MOFCOM noch, ob eine faktische Kontrolle, z. B. wegen eines Streubesitzes der Anteile, begründet werden kann. Für die Prüfung des Kontrollerwerbs sind üblicherweise (aber nicht ausschließlich) die folgenden sieben Elemente zu berücksichtigen:

- Das Ziel des Vorgangs (Zusammenschluss) und der zukünftige Plan,
- die Anteilsstruktur des Zielunternehmens vor und nach dem Zusammenschluss,
- Abstimmungsregeln, die Abstimmungsthemen und die historische Präsenz bei der Hauptversammlung des Zielunternehmens,
- die Zusammensetzung von Vorstand oder Aufsichtsrat und die Abstimmungsregeln des Zielunternehmens,
- die Bestellung und Abberufung von hochrangigen Managern des Zielunternehmens,

192 Vgl. 李俊峰 [LI, Junfeng], 《国际经贸探索》 [Internationale Wirtschafts- und Handelsforschung], 09/2010, S. 57.

193 Der „bestimmte Einfluss" nach Art. 20 AMG wurde in der Guideline für die Anmeldung der Fusionskontrolle von 2014 ohne Unterscheidung als Kontrollgrund benannt.

- die Beziehung der Aktionäre/Vorstandsmitglieder, Proxy Voting und gemeinsame Verhandlungen,
- sowie wichtige Geschäftsbeziehungen und Kooperationsvereinbarungen zwischen den Zielunternehmen und anderen Unternehmen.

Diese Vorschriften aus der Guideline 2014 sind nicht vollkommen neu in der chinesischen Praxis der Fusionskontrolle. In einer alten Entscheidung hat MOFCOM die Würdigung einer Kontrollbegründung dahingehend geprüft, ob der Erwerber des Vorgangs aufgrund der Aktionärsstruktur, der Abstimmungsregeln in der Hauptversammlung, der historischen Präsenz bei der Hauptversammlung und der Besetzung des Vorstands sowie der Abstimmungsregeln des Zielunternehmens eine Möglichkeit erlangt hat, an der Geschäftstätigkeit des Zielunternehmens teilzunehmen oder diese zu beeinflussen.[194] Die in der Entscheidung von 2011 erklärten Kriterien weichen nicht von den Vorschriften der Guideline 2014 ab.

a) *Kontrollbegründung aufgrund einer Gesamtschau aller rechtlichen und faktischen Umstände*

Bereits in der Formulierung des Art. 20 AMG von 2008 hat das chinesische Recht bei der Gestaltung der Fusionskontrolle eine Prägung durch die europäische Gesetzgebung gezeigt.[195] Die Vorschriften werden ebenfalls von der Erfahrung der Kommission hinsichtlich Art. 3 FKVO beeinflusst. Wie das europäische Recht hat das chinesische Recht den Kontrollerwerb durch die Vorschrift der Guideline 2014 als qualitatives Aufgreifkriterium ausgelegt. Die Begründung einer Kontrolle erfolgt deswegen aufgrund einer Gesamtschau aller rechtlichen und faktischen Umstände. Die Kontrolle kann sich auf zwei Arten – jeweils alleine oder gemeinsam – ergeben. Nicht nur eine unmittelbare, sondern auch eine mittelbare Kontrolle ist Gegenstand der Fusionskontrolle, was ebenfalls der europäischen Praxis entspricht. Des Weiteren entsprechen die in Art. 3 der Guideline genannten Elemente – die für eine Kontrollbegründung wichtig sind – denen im europäischen Recht.

---

194 MOFCOM, Bekanntmachung Nr. 73, 2011, Fall freigegeben mit Nebenbestimmung.

195 Vgl. 叶军 [YE, Jun], 《中国法学》 [China Rechtswissenschaft], 05/2015, S. 223, 234 ff.; 尚明 [SHANG, Ming] (ehemaliger Leiter des Fusionskontrollamtes), Vortrag über M&A und die Anmeldung zur Fusionskontrolle, 20.05.2016, Beijing.

b) *Einzelfallprüfung*

Im Gegensatz zu den Vorschriften der Vorläufigen Methode zur Anmeldung von Unternehmenszusammenschlüssen[196], denen eine feste Schwelle mit Beteiligungshöhe als Aufgreifkriterium hinzuzufügen wäre, hat die Guideline 2014 nach ihrem Wortlaut ausdrücklich ein qualitatives formelles Aufgreifkriterium für die Fusionskontrolle gewählt. Daraus ergibt sich, dass für eine Anmeldung zur Fusionskontrolle eine Einzelfallprüfung erforderlich ist.

c) *Beziehung zum Gesellschaftsrecht*

Da die Begründung der Kontrolle nach Art. 3 der Guideline aufgrund einer Gesamtschau aller rechtlichen und faktischen Umstände erfolgt, ist die Beziehung zwischen Kontrollerwerb und Gesellschaftsrecht ähnlich wie im deutschen und im europäischen Recht, nach denen eine gesellschaftsrechtliche Verbindung nur dem Erwerber eine Möglichkeit anbieten kann, einen Einfluss auf das Zielunternehmen auszuüben.[197] Kein Gesetz oder Guideline von MOFCOM hat bislang darauf hingewiesen, dass eine gesellschaftsrechtliche Grundlage eine notwendige Voraussetzung zur Auslösung der Fusionskontrolle darstellt. Die Fusionskontrolle im chinesischen Recht konzentriert sich somit mehr auf den wirtschaftlichen Zusammenschluss.[198]

Der Kontrollbegriff im europäischen Recht ist unabhängig von dem Gesellschaftsrecht der Mitgliedstaaten.[199] Dadurch bietet die Fusionskontrolle der Kommission eine Möglichkeit, trotz der Rechtsvielfalt der Mitgliedstaaten ein einheitliches Kriterium der Wettbewerbsstruktur zu überwachen.[200] Diese Überlegung ist auch für die chinesische Fusionskontrolle sinnvoll, weil viele große chinesische Unternehmen aus finanziellen Motiven nicht in China gegründet werden und deshalb nicht unter das chinesische Gesellschaftsrecht fallen.[201]

---

196 《经营者集中申报暂行办法》（征求意见稿）, [Vorläufige Methode für die Anmeldung von Unternehmenszusammenschlüssen (Probeentwurf)], Masseli, ZChinR 2009, S. 68.

197 Thomas, in: Immenga/Mestmäcker, GWB/Teil 1, 5. Aufl., § 37 Rn. 104, 105; 王先林 [WANG, Xianlin], 《中国工商报》 [Chinas Industrie und Handel], 15.10.2014.

198 S. auch: Jin, Aufgreifkriterien in der Fusionskontrolle, S. 120 ff.

199 Körber, in: Immenga/Mestmäcker, EU/Teil 2, 5. Aufl., Art. 3 FKVO Rn. 6; Mestmäcker/Schweitzer, § 25 Rn. 14.

200 Körber, in: Immenga/Mestmäcker, EU/Teil 2, 5. Aufl., Art. 3 FKVO Rn. 6; Mestmäcker/Schweitzer, § 25 Rn. 14.

201 Unternehmen, deren Geschäftsführer Chinesen sind und die hauptsächlich in China tätig sind, sind z. B. Sina China, Baidu, Alibaba und Tencent.

Darüber hinaus sollte der Gesetzgeber auch berücksichtigen, dass ein Zusammenschluss ausländischer Unternehmen ebenfalls Gegenstand einer chinesischen Fusionskontrolle werden kann, wenn er eine Auswirkung auf den chinesischen Markt nach Art. 3 der Bestimmung über die Anwendungsschwelle einer Fusionskontrolle[202] zeitigen kann, welche sogar einen Regelfall der aktuellen chinesischen Praxis darstellt.[203] Wenn das Aufgreifkriterium des Zusammenschlusses ausschließlich im Verweis auf chinesisches Gesellschaftsrecht eine feste Aufgreifschwelle feststellt, ist eine lückenlose Anwendung der Fusionskontrolle in allen Fällen nicht einfach zu erreichen. Dies kann auch ein Grund sein, wieso die Auslegung der Kontrolle nach der Vorläufigen Methode zur Anmeldung von Unternehmenszusammenschlüssen aktuell aufgegeben wird.[204]

3. Schwierigkeit der Konkretisierung eines qualitativen Aufgreifkriteriums für die chinesische Fusionskontrolle

Obwohl die Guideline 2014 zweifellos einen Beitrag zur Konkretisierung des formellen Aufgreifkriteriums der chinesischen Fusionskontrolle leistet, bietet sie für die Anmeldung zur Fusionskontrolle tatsächlich nur einige Grundsätze. Im Unterschied zur Konsolidierten Mitteilung der Kommission zu Zuständigkeitsfragen enthält die Guideline 2014 keine detaillierte Darstellung oder Beispiele für die in Art. 3 genannten Elemente, die im Einzelfall zur Kontrollbegründung herangezogen werden. Eine weitere Konkretisierung des Kontrollerwerbs als Aufgreifkriterium ist für die chinesische Fusionskontrolle notwendig, kann aber angesichts der Gegebenheiten auf Schwierigkeiten stoßen.

a) Konkretisierung durch Erlass der Verwaltungsgrundsätze von MOFCOM?

aa. Rechtsstellung der für die Fusionskontrolle zuständigen Behörde

Die Frage der Rechtsstellung der Verwaltungsbehörde für das Anti-Monopol-Gesetz war von Anfang an ein Thema im chinesischen Recht: Soll die Verwaltungsbehörde als normale Verwaltungsbehörde (nur Exekutive) oder mit zusätzlichen Rechten/Befugnissen (auch Legislative und Gerichtsbarkeit) aufgebaut werden?

---

202 Auf Chinesisch国务院 [Staatsrat],《经营者集中申报标准的规定》(03.08.2008).

203 Vgl. 王晓晔 [Wang, Xiaoye],《法学杂志》 [Zeitschrift für Rechtswissenschaft], 01/2008, S. 2 ff.; 尚明 [SHANG, Ming],《中国法律发展报告》[Entwicklungsbericht des chinesischen Gesetzes], 03/2010, S. 41, 42.

204 S. § 2 III. 1.

Hinsichtlich dieser Frage finden sich im chinesischen Schrifttum kontroverse Meinungen. Eine Ansicht lautet, dass die zuständige Behörde, die sich mit konkreten Fällen beschäftigt, über deutlich mehr vom Gesetz eingeräumte Rechte und Selbstständigkeit verfügen müsse, weil sie bei der Einzelfallprüfung Spielraum benötigt.[205] Andere Stimmen in der Literatur sprechen sich dagegen aus, dass der zuständigen Verwaltungsbehörde zusätzliche Rechte eingeräumt werden, insbesondere das Recht, eine rechtsverbindliche Auslegung vorzunehmen.[206] Die Gegenmeinung resultiert daraus, dass das Interesse des Staates in der chinesischen Kultur immer Vorrang vor dem Interesse privater Personen hat.[207] Sollte die Verwaltungsbehörde über viel Spielraum verfügen, so könnte der Fall eintreten, dass die staatlichen Interessen bei einem Interessenskonflikt grundsätzlich Vorrang erhalten.[208] Zudem muss das Recht, eine rechtsverbindliche Auslegung oder Guideline zu erlassen, den Kritikern zufolge ausschließlich dem Gesetzgeber vorbehalten sein, da sonst ein Missbrauch der Macht seitens der Verwaltungsbehörden möglich ist.[209] Es sollte demnach kein Regelfall sein, dass eine Verwaltungsbehörde anstatt des Gesetzgebers Guidelines oder Ausführungsbestimmungen erlässt.[210] Letztlich ist die zuständige Behörde für die Durchsetzung des Anti-Monopol-Gesetzes lediglich als eine normale Verwaltungsbehörde mit begrenzter Befugnis eingerichtet worden.

bb. Die Befugnis der zuständigen Behörde zur Konkretisierung des Begriffs im AMG

Wie bereits oben erwähnt, ist eine weitere Konkretisierung oder Auslegung der Vorschrift für die Durchsetzung und Rechtssicherheit der chinesischen Fusionskontrolle erforderlich. Die Frage lautet jedoch, wer diese Aufgabe übernehmen kann und außerdem die Befugnis hat, eine rechtsverbindliche Auslegung zum Begriff im AMG geben zu können.

---

205 Vgl. 王晓晔 [WANG, Xiaoye], 《东岳论丛》, [Dong Yue Forum], 01/2007, S. 30, 37 ff.

206 Vgl. 黄勇/江山 [HUANG, Yong/JIANG, Shan], 《江西社会科学》 [Jiangxi Sozialwissenschaften], 07/2008, S. 13, 17.

207 Vgl. 黄勇/江山 [HUANG, Yong/JIANG, Shan], 《江西社会科学》 [Jiangxi Sozialwissenschaften], 07/2008, S. 13, 17.

208 Vgl. 黄勇/江山 [HUANG, Yong/JIANG, Shan], 《江西社会科学》 [Jiangxi Sozialwissenschaften], 07/2008, S. 13, 17.

209 Vgl. 黄勇/江山 [HUANG, Yong/JIANG, Shan], 《江西社会科学》 [Jiangxi Sozialwissenschaften], 07/2008, S. 13, 17.

210 黄勇/江山 [HUANG, Yong/JIANG, Shan], 《江西社会科学》 [Jiangxi Sozialwissenschaften], 07/2008, S. 13, 17.

Das Recht, das Gesetz zu konkretisieren oder eine gesetzliche Auslegung im Rahmen des AMG zu geben, wird allgemein im GGG geregelt und zusätzlich durch die Vorschriften des AMG ergänzt.[211] Der Nationale Volkskongress und der Ständige Ausschuss üben nach Art. 7 S. 1 des GGG die staatliche Gesetzgebungsgewalt aus.[212] Der Ständige Ausschuss des Nationalen Volkskongresses übt nach Art. 45 GGG das Recht zur Auslegung der Gesetze aus, wenn

- es erforderlich ist, eine konkrete Bedeutung der Vorschrift im Gesetz näher festzulegen oder
- nach Erlass eines Gesetzes neue Umstände aufgetreten sind, die es erforderlich machen, den Geltungsbereich des Gesetzes klarzustellen.[213]

Gemäß Art. 9 AMG wird der Antimonopolkommission das Recht eingeräumt, die Leitlinien für das Anti-Monopol-Gesetz zu bestimmen und zu erlassen. MOFCOM wird keine zusätzliche Befugnis zur Auslegung oder Konkretisierung eines Begriffes eingeräumt.

Nach Aussage von Herrn Shang, dem ehemaligen Leiter des Amtes für Fusionskontrolle von MOFCOM, besteht zwischen MOFCOM und dem Ständigen Ausschuss des Nationalen Volkskongresses keine einheitliche Meinung darüber, wer die Aufgabe übernehmen soll und darf, das Aufgreifkriterium der Fusionskontrolle von Art. 20 AMG auszulegen und zu konkretisieren.[214] Gemäß Art. 45 GGG behält der Gesetzgeber – der Ständige Ausschuss des Nationalen Volkskongresses – sich die Befugnis zur Auslegung vor, wenn eine nähere Festlegung eines Begriffs im Gesetz erforderlich ist. Nach Ansicht des MOFCOM fällt eine Konkretisierung oder Auslegung des Begriffs Aufgreifkriterium nach Art. 20 AMG unter Art. 45 Nr. 1 GGG, weil die Rechtsfigur Kontrollerwerb nach

211 Vgl. 吴宏伟/董笃笃 [WU, Hongwei/DONG, Dudu], 《中国竞争法律与政策研究报告2013》 [Bericht zum Wettbewerbsgesetz und Wettbewerbspolitik], S. 127.

212 Eine deutsche Übersetzung des Gesetzes findet sich unter: http://www.chinas-recht.de/000315b.htm. Die Übersetzung basiert auf einer alten Fassung. Das Gesetz wurde 2015 novelliert.

213 Eine deutsche Übersetzung des Gesetzes findet sich unter: http://www.chinas-recht.de/000315b.htm. Die Übersetzung basiert auf einer alten Fassung. Das Gesetz wurde 2015 novelliert. Art. 45 entspricht Art. 42 der alten Fassung.

214 尚明 [SHANG, Ming] (ehemaliger Leiter des Fusionskontrollamtes), Vortrag über M&A und die Anmeldung zur Fusionskontrolle, 20.05.2016, Beijing; dazu王先林 [WANG, Xianlin], 《中国社会科学报》 [Chinesisches Journal der Sozialwissenschaften], 23.02.2010: Wang zufolge ist es derzeit praktischer für die weitere Entwicklung des chinesischen AMG, wenn die zuständige Behörde statt des Gesetzgebers das chinesische Anti-Monopol-Gesetz konkretisiert.

Art. 20 AMG vollkommen unklar und abstrakt ist.[215] Wie in Art. 45 GGG vorgesehen, solle deshalb der Ständige Ausschuss des Nationalen Volkskongresses die Aufgabe übernehmen. Die aktuelle Rechtsstellung der zuständigen Behörde als Verwaltungsbehörde beinhalte, dass ihre Befugnis sowie ihr Ermessensspielraum durch die Vorschrift des Verwaltungsrechts beschränkt werden müsse. Dahingegen meinte der Ständige Ausschuss des Nationalen Volkskongresses, dass MOFCOM die Aufgabe selbst übernehmen könne. Nach einem vom Ständigen Ausschuss des Nationalen Volkskongresses erlassenen Beschluss über die Aufteilung der Befugnis zur Auslegung[216] wird das Recht zur Auslegung der zuständigen Verwaltungsbehörde eingeräumt, wenn sie im Einzelfall eine konkrete Frage hinsichtlich der Durchsetzung eines Gesetzes zu beantworten hat.[217] Ob der Erwerber eine Kontrolle über Zielunternehmen aufgrund aktueller Gesetzgebung begründet hat, ist nach Ansicht des Ständigen Ausschusses des Nationalen Volkskongresses als „konkrete Frage im Einzelfall" zu verstehen.[218]

Die kontroversen Meinungen bezüglich des Rechts zur Auslegung führten dazu, dass MOFCOM bei der Ausarbeitung der Guideline 2014 über die Anmeldung der Fusionskontrolle eine Definition der Kontrolle über das Zielunternehmen unterließ.[219] Bei dem oben genannten Fall[220] aus dem Jahr 2011 hat MOFCOM dies in der Entscheidung nicht ausführlich begründet, aber darauf hingewiesen, dass die Kontrolle über ein Zielunternehmen eine Möglichkeit darstellen kann, die Geschäftstätigkeit des Zielunternehmens zu beeinflussen. Die Guideline 2014 hat die Auslegung über die Kontrolle dennoch nicht in die Vorschrift aufgenommen. Ein von MOFCOM genannter Grund lautet, dass

---

215 尚明 [SHANG, Ming] (ehemaliger Leiter des Fusionskontrollamtes), Vortrag über M&A und die Anmeldung zur Fusionskontrolle, 20.05.2016, Beijing.

216 Auf Chinesisch全国人民代表大会常务委员会 [Ständiger Ausschuss des Nationalen Volkskongresses],《全国人民代表大会常务委员会关于加强法律解释工作的决议 [Beschluss des Ständigen Ausschusses des Nationalen Volkskongresses über Stärkung der Arbeit der Rechtsauslegung], 10.06.1981.

217 Vgl. 尚明 [SHANG, Ming] (ehemaliger Leiter des Fusionskontrollamtes), Vortrag über M&A und die Anmeldung zur Fusionskontrolle, 20.05.2016, Beijing.

218 尚明 [SHANG, Ming] (ehemaliger Leiter des Fusionskontrollamtes), Vortrag über M&A und die Anmeldung zur Fusionskontrolle, 20.05.2016, Beijing.

219 尚明 [SHANG, Ming] (ehemaliger Leiter des Fusionskontrollamtes), Vortrag über M&A und die Anmeldung zur Fusionskontrolle, 20.05.2016, Beijing: Das Fusionskontrollamt ist der Meinung, dass es keine Befugnis habe, den Begriff „Kontrolle" auszulegen oder zu definieren, wie z. B. so zu definieren, dass eine Kontrolle eine Einflussmöglichkeit zur strategischen Entscheidung des Zielunternehmens ist.

220 MOFCOM, Bekanntmachung Nr. 73, 2011.

„Kontrolle“ ein gesetzlicher Begriff[221] sei und eine gesetzliche Auslegung des Begriffs die Befugnis einer Verwaltungsbehörde übersteige.[222] In der abschließenden Fassung der Guideline 2014 erklärt MOFCOM lediglich, welche Elemente zum Kontrollerwerb i. S. v. Art. 20 AMG wichtig sind. Seit 2008 hat der Gesetzgeber keine weitere Gesetzgebung zur Fusionskontrolle zur Verfügung gestellt. Zudem hat die Antimonopolkommission bislang noch keine Leitlinien zur Fusionskontrolle erlassen.

b) *Konkretisierung durch gesammelte behördliche und gerichtliche Erfahrungen?*

aa. *Einstellung von MOFCOM zur Durchsetzung des Aufgreifkriteriums nach Art. 20 AMG*

Das Fehlen einer gesetzlichen Auslegung zum Begriff der Kontrolle führt in der Praxis dazu, dass in Fällen, in denen eine Begründung der Kontrolle nicht ganz eindeutig oder selbstverständlich ist (z. B. Kontrollerwerb durch Minderheitsbeteiligung), hinsichtlich der Anwendbarkeit der Fusionskontrolle auf diese Fälle keine Rechtssicherheit besteht. Bezüglich der Anwendbarkeit der Fusionskontrolle nach Art. 20 AMG erklärte der ehemalige Abteilungsleiter von MOFCOM Herr Shang, dass MOFCOM die Anmeldung auch dann annimmt, wenn im Einzelfall die Begründung eines Kontrollerwerbs zweifelhaft ist, solange der Zusammenschluss die Umsatzschwelle der Fusionskontrolle nach Art. 21 AMG sowie Art. 3 zur Bestimmung der Anwendungsschwelle der Fusionskontrolle erreicht. Er begründet dies damit, dass in der chinesischen Fusionskontrolle eine rechtsverbindliche Gesetzgebung zum Begriff der Kontrolle fehlt.[223] Herr Shang Ming schlägt ferner vor, dass die beteiligten Unternehmen den Vorgang auch dann bei MOFCOM anmelden sollten, wenn sie hinsichtlich der Anmeldung zur Fusionskontrolle Zweifel haben, um eine Sicherheit in den Vorgang zu bringen.[224]

---

221 Hier wird der Rechtsvorrang gemeint.

222 Vgl. O.V. „商务部召开“2012年反垄断工作进展”新闻发布会“ [Die aktuelle Praxis der Fusionskontrolle 2012], Beitrag online unter: http:// www.gov.cn/gzdt/2012-12/30/content_2302199.htm (zuletzt aufgerufen am 12.11.2017); 尚明 [SHANG, Ming] (ehemaliger Leiter des Fusionskontrollamtes), Vortrag über M&A und die Anmeldung zur Fusionskontrolle, 20.05.2016, Beijing.

223 尚明 [SHANG, Ming] (ehemaliger Leiter des Fusionskontrollamtes), Vortrag über M&A und die Anmeldung zur Fusionskontrolle, 20.05.2016, Beijing.

224 尚明 [SHANG, Ming] (ehemaliger Leiter des Fusionskontrollamtes), Vortrag über M&A und die Anmeldung zur Fusionskontrolle, 20.05.2016, Beijing.

Die Praxis von MOFCOM ist sichtlich problematisch. Wenn MOFCOM im Zweifelsfall keine positive Würdigung über den Kontrollerwerb vornimmt, ist das formelle Aufgreifkriterium sinnlos. MOFCOM muss so ohne Hilfe formeller Kriterien als Filter mehr Fälle einer materiellen Prüfung unterziehen, was einen hohen Verwaltungsaufwand nach sich zieht. Auf der anderen Seite wird der Anwendungsumfang der Fusionskontrolle durch gesammelte Vorfeldfälle der Praxis nicht klarer.[225] So kann die Vorgehensweise von MOFCOM dem Unternehmen zusätzliche Kosten und Mühen aufbürden, wenn ein Vorgang tatsächlich kein Gegenstand der Fusionskontrolle ist.

bb. Fälle mit Verwaltungsstrafe wegen eines Verstoßes gegen die Meldepflicht nach Art. 20 AMG

Wenn ein Zusammenschluss die Voraussetzungen der Fusionskontrolle erfüllt, sind die beteiligten Unternehmen verpflichtet, den Vorgang anzumelden. Nach Art. 48 AMG darf MOFCOM bei einem Verstoß gegen die Meldepflicht den Zustand vor dem Zusammenschluss mit erforderlichen Maßnahmen wiederherstellen und eine Geldbuße von bis zu 500.000 RMB verhängen.[226] Eine erforderliche Maßnahme i. S. v. Art. 48 AMG ist z. B., den Zusammenschluss einzustellen, für einen befristeten Zeitraum über die Anteile/ Vermögen zu verfügen sowie den Betrieb an ein anderes Unternehmen zu übertragen.[227]

In den bis Ende 2016 bekannt gegebenen Entscheidungen von MOFCOM finden sich insgesamt sieben Fälle, die wegen eines Verstoßes gegen die Meldepflicht mit einer Geldbuße belegt wurden. Vier[228] der sieben Fälle betreffen die neue Gründung eines GU. Nach der Guideline 2014 ist die Gründung eines GU anmeldepflichtig, wenn das GU gemeinsam kontrolliert wird. Andere bestrafte Fälle werden in diesem Abschnitt nicht erörtert, weil sie hinsichtlich der Kontrollbegründung unrelevant sind.

Im Fall Beijing CNR Corporation Limited[229]/HITACHI[230] vereinbarten Beijing CNR und HITACHI, ein GU zu bilden, wobei Beijing CNR mit 51 %

225 Vgl. 叶军 [YE, Jun], 《中国法学》, [China Rechtswissenschaft], 05/2015, S. 223, 245 ff.

226 Eine deutsche Übersetzung des Gesetzes findet sich unter: http://www.chinas-recht.de/070830.htm (zuletzt aufgerufen am 12.11.2017).

227 Eine deutsche Übersetzung des Gesetzes findet sich unter: http://www.chinas-recht.de/070830.htm (zuletzt aufgerufen am 12.11.2017).

228 MOFCOM, Fall Nr. 175, 2016; Fall Nr. 174, 2016; Fall Nr. 670, 2015; Fall Nr. 671, 2015.

229 Beijing CNR Corporation Limited ist eine 100%ige Tochtergesellschafter von China CNR Group, die am 1.6.2015 mit CSR zu CRRC fusionierte.

230 MOFCOM, Fall Nr. 175, 2016.

Beteiligung, HITACHI mit 39 % Beteiligung und eine chinesische Tochtergesellschaft von HITACHI mit 10 % Beteiligung vorgesehen waren. Die Vereinbarung bezog sich auch auf das Bestellungsrecht der Vorstandsmitglieder und Manager. Das GU wurde eingerichtet, ohne eine Fusionskontrolle bei MOFCOM anzumelden. Der Vorgang wurde wegen Verstoßes gegen die Meldepflicht bestraft. MOFCOM ließ in seiner Entscheidung offen, wie es eine gemeinsame Kontrolle in dem Fall begründete.

Im Fall New United Group[231]/Bombardier Sweden[232], beides Muttergesellschaften, wurde vereinbart, mit jeweils 50 % Beteiligung gemeinsam ein GU zu gründen. Den Muttergesellschaften wurde durch Vereinbarung eingeräumt, die Vorstandsmitglieder und Manager des GU zu bestellen.

Im Fall CSR Nanjing Puzhen Rolling Stock Co., Ltd[233]/Bombardier Sweden[234] erfolgte die Gründung eines GU ebenfalls mit einer paritätischen Beteiligung von jeweils 50 % und einem Nennungsrecht.

Im Fall Bestv New Media Co., Ltd[235]/Microsoft[236], den Muttergesellschaften, wurde vereinbart, ein GU mit einer Beteiligung von 51 % und 49 % zu gründen.

Zwei der vier Fälle betreffen eine paritätische Beteiligung mit jeweils 50 % der Anteile, was eine typische Fallgruppe der gemeinsamen Kontrolle darstellt. Zwei Fälle weisen eine disparitätische Beteiligung auf, wobei die Beteiligungshöhen mit jeweils 49 % und 51 % sehr nah beisammen liegen. Keiner der Fälle beinhaltet einen komplizierten Umstand, der zur Würdigung der Kontrollbegründung eine Gesamtschau aller rechtlichen und faktischen Umstände erforderlich macht, insbesondere eine Kontrollbegründung durch eine niedrige Minderheitsbeteiligung. Die vier Fälle zeigen leider nicht, ob und wie eine niedrige Minderheitsbeteiligung bei einem Kontrollerwerb nach Art. 20 AMG hineinspielt. Dennoch wird deutlich: Aufgrund der fehlenden klaren Auslegung des Kontrollerwerbs – insbesondere der Kontrollbegründung durch Minderheitsbeteiligung – bestraft das MOFCOM nur Fälle, in denen eine Kontrollbegründung eindeutig und klar ersichtlich ist. Insbesondere wenn ein Zusammenschluss mit

---

231 New United Group ist ein Konzern mit den Geschäftsbereichen Bahnverkehr, neue Energie und CNC-Steuerung.

232 MOFCOM, Fall Nr. 174, 2016.

233 CSR Nanjing Puzhen Rolling Stock Co., Ltd. ist eine 100%ige Tochtergesellschaft der China CSR Group, die am 1.6.2015 mit CNR zu CRRC fusionierte.

234 MOFCOM, Fall Nr. 670, 2015.

235 Bestv New Media Co., Ltd. fusionierte 2015 zur Shanghai Oriental Pearl Media Co., Ltd.

236 MOFCOM, Fall Nr. 671, 2015.

Minderheitsbeteiligung keine erhebliche wettbewerbsbeschränkende Wirkung zeitigen kann, stellt der Vorgang für MOFCOM keinen Gegenstand der Bestrafung dar.

cc. Die Rolle der gerichtlichen Entscheidung bei der Konkretisierung und Auslegung der Aufgreifkriterien von Art. 20 AMG

Sind die beteiligten Unternehmen mit der Entscheidung von MOFCOM unzufrieden, können sie vor Gericht dagegen klagen. Die Rechtsklage stellt im chinesischen Recht theoretisch auch bei der Fusionskontrolle als Rechtsmittel zur Verfügung.

Der Gesetzgeber sieht kein eigenständiges Verfahren für die Fusionskontrolle vor. Im Hinblick auf die Rechtsstellung der Verwaltungsbehörden von MOFCOM fallen Entscheidungen hinsichtlich eines Zusammenschlusses als Verwaltungsentscheidung unter die Verwaltungsverfahren. Nach Art. 53 AMG und Art. 41 VVG setzt im chinesischen Recht vor der gerichtlichen Anklage eine verwaltende Revision ein, d. h., dass die Entscheidung zuerst von der übergeordneten Verwaltungsbehörde (für die Entscheidung des Zusammenschlusses ist wieder MOFCOM zuständig) überprüft werden muss. Wenn die beteiligten Unternehmen mit der überprüften Entscheidung noch unzufrieden sind, können sie gegen die Entscheidung vor Gericht klagen. Die Entscheidung des Zusammenschlusses von MOFCOM darf nach aktueller Gesetzgebung somit – anders als im deutschen Recht oder eine Zivilklage im chinesischen Recht – nicht direkt vor Gericht gebracht werden. Obwohl eine Entscheidung letztendlich vor Gericht verhandelt werden kann, spielt das Gericht in der Praxis nur eine sehr begrenzte Rolle bei ihrer Überprüfung.[237] Da die Entscheidung über die Fusionskontrolle nur als eine Verwaltungsentscheidung angesehen wird und dem VVG unterfällt, darf das Gericht nach dem VVG grundsätzlich nur die Rechtmäßigkeit der Entscheidung überprüfen. Das heißt, auch wenn die Entscheidung über einen Zusammenschluss formell Gegenstand des gerichtlichen Prozesses ist, bleibt der substantielle Gehalt der Entscheidung durch die gerichtliche Entscheidung unberührt.

Darüber hinaus ist MOFCOM die einzige Behörde für die Fusionskontrolle im chinesischen Recht. Das Wort „einzige“ bedeutet nicht nur, dass es im chinesischen Recht nur eine zuständige Behörde gibt, sondern auch, dass nur dieses

---

237 Vgl. 王晓晔 [WANG, Xiaoye], 《东岳论丛》 [Dong Yue Forum], 01/2007, S. 30, 32 f.; 张永忠 [ZHANG, Yongzhong], 《武汉大学学报（哲学社会科学版）》 [Journal der Universität Wuhan (Philosophie und Sozialwissenschaften)], 06/2010, S. 916, 918 ff.

Amt über Erfahrungen und Fachkenntnisse bezüglich der Fusionskontrolle verfügt. Im Gerichtshof existiert kein spezieller Senat für die Fusionskontrolle oder das Wettbewerbsrecht. Es kann von einem Verwaltungssenat nicht erwartet werden, eine hinlängliche Entscheidung hinsichtlich der Fusionskontrolle zu treffen.[238] Im Vergleich mit dem deutschen und europäischen Recht kann die Rechtsprechung für den Zusammenschluss in der chinesischen Fusionskontrolle schwer eine vergleichbare Bedeutung erlangen.

In der Literatur wird mitunter plädiert, dass der Schwerpunkt des Rechtsmittels zur Entscheidung über die Fusionskontrolle nicht auf der Rechtsklage liegen sollte, da das Gericht über keine Fachkenntnisse und Erfahrungen bezüglich der Fusionskontrolle verfüge; des Weiteren sei die Transparenz und Rechtssicherheit der Entscheidung wegen fehlender Unabhängigkeit des Richters fraglich.[239] Diese Begründung ist m. E. aber nicht überzeugend, weil das gleiche Problem auch bei einer Verwaltungsbehörde besteht.

c) *Stellungnahme zur Konkretisierung des Aufgreifkriteriums Kontrollerwerb in der chinesischen Fusionskontrolle*

Nach Art. 3 FKVO gewährleistet die Kontrolle über ein anderes Unternehmen die Möglichkeit, einen bestimmenden Einfluss auf die Tätigkeit eines Unternehmens auszuüben. Ein wichtiges Merkmal der Kontrolle im europäischen Recht ist, dass sie als qualitatives Kriterium eine Einzelfallprüfung erfordert. Die Auslegung des Kontrollbegriffs wird neben dem Gesetz durch hinreichende praktische Erfahrungen der Kommission konkretisiert und beschränkt. Im Hinblick darauf, dass die Formulierung der chinesischen Fusionskontrolle in Art. 20 AMG durch Art. 3 FKVO und § 37 GWB beeinflusst ist, stellt sich die Frage, ob es möglich ist, die Auslegung des Kontrollerwerbs nach Art. 3 FKVO in chinesisches Recht zu übertragen. Nach der aktuellen Vorschrift der Guideline 2014 ist der Kontrollerwerb in der chinesischen Fusionskontrolle ebenfalls ein qualitatives Kriterium. MOFCOM ist allerdings der Meinung, dass die chinesische Fusionskontrolle den Auslegungen des Art. 3 FKVO zur Kontrolle nicht folgen solle, da das Kriterium darin nicht präzise geregelt sei.[240]

---

238 Vgl. 王晓晔 [WANG, Xiaoye], 《东岳论丛》, [Dong Yue Forum], 01/2007, S. 30, 33.

239 王晓晔 [WANG, Xiaoye], 《东岳论丛》 [Dong Yue Forum], 01/2007, S. 30, 32 f.; 游钰 [YOU, Yu], 《中国法学》 [China Rechtswissenschaft], 06/2013, S. 34, 36 ff.; vgl. auch黄勇/江山 [HUANG, Yong/ JIANG, Shan], 《江西社会科学》, [Jiangxi Sozialwissenschaften], 07/2008, S. 13, 15 f.

240 尚明 [SHANG, Ming] (ehemaliger Leiter des Fusionskontrollamtes), Vortrag über M&A und die Anmeldung zur Fusionskontrolle, 20.05.2016, Beijing.

Die Feststellung einer Kontrolle über Unternehmen ist auch Studiengegenstand der Betriebswirtschaft. Viele Schriften aus dem Bereich der Wirtschaft diskutieren das Thema und versuchen zu umschreiben, was eine Kontrolle über ein anderes Unternehmen ausmacht und welche Elemente zur Begründung einer Kontrolle berücksichtigenswert sind. Einige chinesische Schriften greifen dabei die Arbeiten und Theorien angloamerikanischer Wissenschaftler zum Thema auf.[241] Zahlreiche chinesische Schriften haben sich auch weitergehend mit dem Thema beschäftigt.[242] Obwohl der Begriff der Kontrolle in den meisten Arbeiten unterschiedlich definiert wird, ist der Ausgangspunkt jeweils gleich, und zwar, dass sich die Kontrolle über ein Unternehmen aus dem Zusammenspiel vieler Elemente ergeben kann. Der Unterschied liegt nur darin, welche Faktoren berücksichtigt werden muss.

Wenn die einzige Befürchtung hinsichtlich der Einführung einer Definition der Kontrolle darin besteht, dass sich schwer eine eindeutige Definition finden

241 叶建宏 [YE, Jianhong], „基于控制权的股东行为与公司决策研究" [Das Verhalten von Aktionären aufgrund des Kontrollrechts und das Treffen der Entscheidung], Dissertation (Zhejiang Universität 2015), S. 1 f., 9 ff.: Die Studie zur Kontrolle über Unternehmen begann 1932 mit der Arbeit von Berle und Means. Eine Kontrolle wurde damals als Entscheidungsrecht und Stimmrecht von Aktionären definiert. Rafael La Porta, Florencio Lopez-de-Silanes, Andrei Shleifer und Robert Vishy brachten in ihrer Arbeit den Begriff endgültige Kontrolle ein. Ein endgültig kontrollierender Aktionär ist demnach der, der unmittelbar oder mittelbar an Zielunternehmen beteiligt ist und dadurch eine faktische Kontrolle begründen kann. Alchain und Demsetz beschrieben in ihrer Arbeit die Gegenstände von Kontrollbegründung. Hierunter fallen ihnen zufolge das Entscheidungsrecht, Überwachungsrecht, das Recht, die Satzung zu verändern, Besetzungsrecht und bestimmendes Recht über Herstellung usw. Aghion, Tirole und Zingales differenzierten hinsichtlich der Kontrolle zwischen faktischer Kontrolle und nomineller Kontrolle. Eine nominelle Kontrolle wird durch Gesetzgebung und Vereinbarung eingeräumt, während für die Begründung einer faktischen Kontrolle noch andere Faktoren berücksichtigt werden.

242 Ausführlich: 叶建宏 [YE, Jianhong], „基于控制权的股东行为与公司决策研究" [Das Verhalten von Aktionären aufgrund des Kontrollrechts und das Treffen der Entscheidung], Dissertation (Zhejiang Universität 2015), S. 3 u. 11 ff.; 周其仁 [ZHOU, Qiren] sieht in einer Kontrolle insbesondere das Recht, die Investitionen und wirtschaftliche Tätigkeit eines Unternehmens zu bestimmen. 刘少波 [LIU, Shaobo] führt den Begriff der übrigbleibenden Kontrolle ein, die trotz fehlender Vereinbarung eine Bestimmungsmöglichkeit bieten kann. 朱国泓/杜兴强 [ZHU, Guohong/DU, Xingqiang] meint, dass Faktoren wie die persönliche Autorität des Aktionärs und die kulturelle Umwelt einen Einfluss auf die Kontrollbegründung ausüben können; dazu auch 赵晶/郭海 [ZHAO, Jing/GUO, Hai], 《管理世界》 [Management Welt], 09/2014, S. 160.

lässt, ist diese Befürchtung m. E. obsolet, weil ein qualitatives Kriterium im Gesetzestext per se nicht eindeutig formuliert werden kann.

Die Aufnahme des Kontrollerwerbs als formelles Aufgreifkriterium bedeutet, dass das chinesische Recht bei der Fusionskontrolle wie das europäische und deutsche Recht stärker auf einen tatsächlichen wirtschaftlichen Zusammenschluss abzielt. Der Wortlaut der Guideline 2014 legt auch ausdrücklich fest, dass eine Kontrollbegründung aus einer Gesamtschau aller rechtlichen und faktischen Umstände zu erfolgen hat. Die Rechtsfigur „Kontrollerwerb" in der Fusionskontrolle ist kein typischer juristischer Begriff. Solange das Kriterium ein quantitatives ist, ist es nahezu unmöglich, eine einfache und deutliche Schwelle für alle Fälle einzusetzen.[243] Soll allerdings die Klarheit des Kriteriums an erster Stelle stehen, muss gut überlegt werden, ob ein qualitatives formelles Aufgreifkriterium die beste Wahl für die chinesische Fusionskontrolle ist.[244]

d) Zwischenergebnis

Art. 3 der Guideline 2014 von MOFCOM ist die wichtigste Vorschrift zur Auslegung des Aufgreifkriteriums der chinesischen Fusionskontrolle in Art. 20 AMG. Sie stellt allerdings lediglich dar, welche Elemente zur Kontrollbegründung bei einer Einzelfallprüfung wichtig sind, erklärt jedoch nicht, was eigentlich eine Kontrolle über ein Zielunternehmen ist und wie die Kontrolle nach einer Gesamtschau aller Umstände begründet werden kann. Eine weitere Konkretisierung des Aufgreifkriteriums des Art. 20 AMG ist erforderlich, angesichts der Gegebenheiten jedoch nicht einfach.

Eine Schwierigkeit besteht darin, dass noch keine Einigung dahingehend erreicht wurde, ob die zuständige Behörde, MOFCOM, oder der Gesetzgeber, der Ständige Ausschuss des Nationalen Volkskongresses, die Befugnis hat und die Aufgabe übernehmen soll, dem Begriff des Kontrollerwerbs i. S. v. Art. 20 AMG eine rechtsverbindliche und ausführliche Auslegung zu geben. Eine Folge davon ist, dass aktuell weder MOFCOM noch der Gesetzgeber einen positiven Beitrag zur Entwicklung und Konkretisierung des Aufgreifkriteriums des Art. 20 AMG leisten. Ferner ist unklar, wie viel Ermessensspielraum MOFCOM im Hinblick auf eine Einzelfallprüfung zukommt.

---

243 Vgl. 沈敏荣 [SHEN, Minrong], „法律的不确定性：反垄断法规则分析" [Die Unsicherheit des Gesetzes: eine Analyse der Vorschriften des Wettbewerbsrechts], 2001, S. 71; vgl. 游钰 [YOU, Yu], 《中国法学》 [China Rechtswissenschaft], 06/2013, S. 34 f.

244 Vgl. 叶军 [YE, Jun], 《中国法学》, [China Rechtswissenschaft], 05/2015, S. 223, 243 ff.

Unabhängig der Frage der Befugnis zur Auslegung ist es m. E. nicht angebracht, die Konkretisierung des Aufgreifkriteriums i. S. v. Art. 20 AMG ausschließlich der zuständigen Behörde MOFCOM zu überlassen. Die Rechtsfigur „Kontrollerwerb" i. S. v. Art. 3 der Guideline 2014 kein typischer gesetzlicher Begriff und existierte vorher im chinesischen Rechtssystem nicht. Eine Auslegung und Konkretisierung mit Verweis auf die Erfahrung in anderen Reichsgebieten ist deswegen nicht möglich. Ohne Erfahrungen aus anderen Rechtsgebieten und hinreichende praktische Erfahrungen kann die zuständige Verwaltungsbehörde die Vorschrift der Fusionskontrolle jedoch im Wesentlichen nicht angemessen weiterentwickeln.

Ein anderer Grund besteht darin, dass es für den chinesischen Gesetzgeber selbst schwierig zu beurteilen, wie der Kontrollerwerb i. S. v. Art. 20 AMG auszulegen ist. Nach Art. 20 AMG sowie Art. 3 der Guideline 2014 stellt der Kontrollerwerb in der chinesischen Fusionskontrolle ein qualitatives Aufgreifkriterium dar. M. E. ist es möglich, die Auslegung und Erfahrungen hinsichtlich des Kontrollerwerbs von Art. 3 FKVO in das chinesische Rechtssystem zu übertragen.[245] Im Unterschied zu anderen Rezeptionen des ausländischen Rechts müsste der Gesetzgeber in diesem Fall bei der Übertragung nicht zwingend auf den Unterschied zwischen dem chinesischen und europäischen Rechtssystemen sowie unterschiedliche soziale Umwelten eingehen, weil die Rechtsfigur „Kontrollerwerb" i. S. v. Art. 3 FKVO keine typische Rechtsfigur und unabhängig vom nationalen Gesellschaftsrecht ist.[246] MOFCOM hat allerdings bekannt gegeben, dass die Auslegung des Kontrollerwerbs i. S. v. Art. 20 AMG nicht der Auslegung des Art. 3 FKVO folgen wird. MOFCOM will stattdessen ein eindeutiges Kriterium für den Kontrollerwerb finden. Dies ist jedoch schwierig, weil der Kontrollerwerb i. S. v. Art. 20 AMG ein qualitatives Kriterium darstellt und wegen der Unterschiedlichkeit des Einzelfalls eine Würdigung immer notwendig ist, ein solches Kriterium kann nicht so eindeutig wie ein quantitatives Kriterium, z. B. der Anteilserwerb nach § 37 Abs. 1 Nr. 3 GWB, sein.

Obwohl m. E. eine weitere Konkretisierung des Begriffs des Kontrollerwerbs von der zuständigen Verwaltungsbehörde (MOFCOM) nicht leicht zu bewerkstelligen ist, ist MOFCOM durchaus dazu in der Lage, Vorschläge zur

245 Zur Rechtsrezeption in China vgl. 耀建宗/栾兆星 [YAO, Jianzong/Luan, Zhaoxing], 《新疆师范大学学报（哲学社会科学版）》 [Zeitschrift der Xinjiang Normal-Universität (Philosophie und Sozialwissenschaften)], 1/2015, S. 75.

246 Hierzu vgl. 何勤华 [HE, Qinghua], 《中国法学》 [China Rechtswissenschaft], 04/2011, S. 43; 王启梁 [WANG, Qiliang], 《云南大学学报法学版》 [Zeitschrift der Yunnan Universität (Rechtswissenschaft)], 03/ 2010, S. 130.

Konkretisierung und Auslegung des Begriffes zu geben, denn einerseits behandelt es seit 2008 immer mehr Fälle von Zusammenschlüssen und konnte dadurch Erfahrungen sammeln, andererseits stehen alle zur Beurteilung eines Zusammenschlusses notwendigen Informationen ausschließlich dieser Behörde zur Verfügung. In den bekannt gegebenen Entscheidungen von MOFCOM werden Informationen nur eingeschränkt offengelegt. MOFCOM nimmt in der Praxis allerdings alle angemeldeten Fälle an und prüft sie, sofern der Zusammenschluss die Umsatzschwelle übersteigt und bei MOFCOM angemeldet ist. Dabei bleibt unberücksichtigt, ob eine Kontrolle über Zielunternehmen tatsächlich begründet wird, was MOFCOM damit rechtfertigt, dass einerseits der Gesetzgeber keine offizielle Definition des Kontrollerwerbs i. S. v. Art. 20 AMG zur Verfügung stelle und es andererseits selbst keine Befugnis habe, einen gesetzlichen Begriff auszulegen. In der Folge bieten die bekannt gegebenen Entscheidungen von MOFCOM kaum verwertbare Informationen hinsichtlich der Frage, was ein Aufgreifkriterium der Fusionskontrolle in der Praxis ist. Gleichfalls kann das Aufgreifkriterium durch gerichtliche Entscheidung konkretisiert werden, weil eine von MOFCOM getroffene Entscheidung über einen Zusammenschluss nach der aktuellen chinesischen Rechtslage nur nach dem Verwaltungsrecht geprüft werden kann.

4. Minderheitsbeteiligung

Im Unterschied zu den quantitativen Kriterien ist die Kontrollbegründung nach einem qualitativen Aufgreifkriterium unabhängig von der Kapitalbeteiligung, d. h., auch eine Minderheitsbeteiligung kann durch zusätzliche Rechte oder faktische Umstände eine Kontrolle über das Zielunternehmen erlangen. Nach der Erfahrung der Europäischen Kommission kommt hierfür vor allem das Sonderrecht in Betracht, insbesondere das Vetorecht von Minderheitsgesellschaftern. Grundsätzlich ist die Minderheitsbeteiligung ebenfalls Gegenstand der chinesischen Fusionskontrolle. Das Gesetz und die Ausführungsbestimmungen regeln aber noch nicht genau, wie MOFCOM im Fall einer Minderheitsbeteiligung einen Kontrollerwerb feststellen kann. In Art. 3 der Guideline 2014 werden einige Elemente zur Würdigung erwähnt: die Anteilsstruktur des Zielunternehmens vor und nach dem Zusammenschluss, die Abstimmungsregeln, die historische Präsenz bei der Hauptversammlung, die Zusammensetzung von Vorstand oder Aufsichtsrat, das Bestellungs- und Abberufungsrecht von hochrangigen Managern des Zielunternehmens und die Beziehung der Aktionäre/Vorstandsmitglieder sowie die Vereinbarung über Proxy Voting und gemeinsame Verhandlungen. Alle diese Elemente können nach der Erfahrung der Europäischen

Kommission in Verbindung mit einer Minderheitsbeteiligung eine Kontrolle begründen. In diesem Abschnitt werden einige Regeln der Guideline im Kontext des chinesischen Gesellschaftsrechts diskutiert.

a) *Die Praxis von MOFCOM bei Minderheitsbeteiligungen*

MOFCOM liefert aktuell nur bei Verboten oder Freigaben mit Nebenbestimmung konkrete Details, ob und wie der Vorgang die Voraussetzung des Aufgreifkriteriums der Fusionskontrolle nach Art. 20 AMG erfüllt. Seit 2008 werden viele Fälle, die sich auf eine Minderheitsbeteiligung mit weniger als 50 % der Anteile oder Stimmrechte des Zielunternehmens beziehen, bei MOFCOM zur Fusionskontrolle angemeldet. Allerdings war darunter bislang noch kein Fall, der nach der Prüfung von MOFCOM mit Nebenbestimmungen freigegeben oder verboten wurde.[247] Das bedeutet, dass bislang kein Beispiel für eine Minderheitsbeteiligung vorliegt, in dem MOFCOM darlegt, ob und wie eine Kontrolle durch Minderheitsbeteiligung begründet werden kann.

Obwohl eine bekannt gegebene Entscheidung aus dem Jahr 2012 mit dem Titel „Eine Übernahme an New Haven Holdings von Wal-Mart in Höhe von 33.6 % der Anteile“[248] versehen war, ist der Fall weder ein Beispiel für Kontrollbegründung durch Minderheitsbeteiligung, die im europäischen Recht nach Art. 3 FKVO geprüft wird, noch ein Beispiel für Minderheitsbeteiligung ohne Kontrollbegründung, die im deutschen Recht entweder Gegenstand von § 37 Abs. 1 Nr. 3 oder § 37 Abs. 1 Nr. 4 GWB ist. In dem Fall New Haven Holdings/Wal-Mart begründet der Erwerber eine Kontrolle über das Zielunternehmen durch eine Mehrheitsbeteiligung in Höhe von insgesamt 51,3 %, indem die Beteiligung um 33,6 % erhöht wurde.[249]

Seit dem vierten Quartal 2012 veröffentlicht MOFCOM alle Fälle, die angemeldet und freigegeben wurden.[250] In der Bekanntmachung werden nur die Zeit und ein Titel des Zusammenschlusses veröffentlicht. Bei vielen dieser Fälle deutet der Titel darauf hin, dass es sich um einen Fall einer Minderheitsbeteiligung handelt. Viele von ihnen zeigen eine sehr niedrige Kapitalbeteiligung. In dem Fall „ON Semiconductor übernahm das neu eingerichtete Unternehmen von

247 Insgesamt gab es bis Ende September 2016 26 Fälle, die entweder mit Nebenbestimmungen freigegeben oder verboten wurden.

248 MOFCOM, Bekanntmachung Nr. 49, 2012.

249 MOFCOM, Bekanntmachung Nr. 49, 2012.

250 MOFCOM, Bekanntmachung, freigegebene Fälle finden sich unter: http://fldj.mofcom.gov.cn/article/zcfb/ (zuletzt aufgerufen am 12.11.2017).

Fujitsu Semiconductor“ aus dem Jahr 2014 bezieht sich der Zusammenschluss auf eine Beteiligung in Höhe von nur 10 % der Anteile.[251] Ein ähnliches Beispiel bietet der Fall „Sojitz übernahm Wuhan Tajiaqi Aoto Parts Co., Ltd“ mit einer Beteiligung von lediglich 8,5 %.[252] Nach der von dem beteiligten Unternehmen veröffentlichten Information besitzt Sojitz jedoch tatsächlich insgesamt 34 % der Anteile an Wuhan Tajiaqi Aoto Parts Co., Ltd., weil Sojitz neben der unmittelbaren Beteiligung das Zielunternehmen noch mittelbar beeinflussen kann; diese Information wird allerdings in der Bekanntmachung von MOFCOM nicht gegeben.[253] Das Beispiel deutet darauf hin, dass aus einer niedrigen Beteiligungshöhe in den Titeln der bekannt gegebenen Fälle nicht zwingend folgt, dass so eine niedrige Beteiligung als Kontrollerwerb in der chinesischen Fusionskontrolle angenommen wird. Diese Folgerung legt auch der Fall Teijin Frontier Co., Ltd / Zhejiang Wanfang Johnson Textile Technology Co., Ltd. mit einer Beteiligung in Höhe von 10 % nahe.[254]

Obwohl schon viele Fälle mit Minderheitsbeteiligung bei MOFCOM angemeldet wurden, resultieren daraus nur wenige Erfahrungen, wie MOFCOM solche behandelt. Einerseits liegen für die Fälle anstatt ausführlicher Begründungen nur Bekanntmachungen vor, welche nicht beinhalten, wie die Kontrolle durch Minderheitsbeteiligung begründet wird. Andererseits ist wie im Fall New Haven Holdings/Wal-Mart oben nicht klar, ob die Kontrolle wirklich durch eine Minderheitsbeteiligung begründet wird. Der Titel des Zusammenschlusses in einer Bekanntmachung von MOFCOM lässt lediglich erkennen, wie hoch die Beteiligungen in dem angemeldeten Vorgang sind.

b) Das Sonderrecht der Gesellschafter mit Verweis auf das chinesische Gesellschaftsrecht

aa. Chinesische GmbH

Im KgG finden sich insgesamt fünf Artikel mit Bezug auf die Abstimmungsregeln in einer chinesischen GmbH. Grundsätzlich wird den Aktionären einer

251 MOFCOM, Bekanntmachung, freigegebene Fälle Nr. 51, viertes Quartal 2014.

252 MOFCOM, Bekanntmachung, freigegebene Fälle Nr. 36, erstes Quartal 2015.

253 Diese Information stammt aus einem veröffentlichten japanischen Dokument, das offenlegt, dass Sojitz an einer gemeinsam kontrollierenden Muttergesellschaft des Zielunternehmens beteiligt ist. Online verfügbar unter: http://www.sojitz-planet.com/jp/news/pdf/news20150812_02.pdf (zuletzt aufgerufen am 12.11.2017).

254 MOFCOM, Bekanntmachung, freigegebene Fälle Nr. 39, erstes Quartal 2015.

chinesischen GmbH nach dem Gesellschaftsrecht ein relativ großer Spielraum zur Vereinbarung eingeräumt, insbesondere im Vergleich mit einer AG.[255]

Nach Art. 42 KgG dürfen die Aktionäre selbst durch Satzung eigene Abstimmungsregeln vereinbaren; falls es keine Vereinbarung gibt, entspricht die Anzahl der Stimmrechte eines jeden Aktionärs seiner Beteiligungshöhe an dem Zielunternehmen. Allerdings steht es den Aktionären einer chinesischen GmbH nach dem KgG nicht frei, hinsichtlich aller Angelegenheiten eine eigene Abstimmungsregel zu bestimmen. Art. 43 KgG sieht vor, dass die Entscheidungen über einige Grundfragen mit zwei Dritteln der Stimmen von den Aktionären genehmigt werden müssen. Die Entscheidungen betreffen die Änderung der Satzung, die Kapitalerhöhung/-reduzierung, die Fusion sowie die Auflösung und Umwandlung des Unternehmens. Strategische Entscheidungen und das Budget, die nach Art. 3 FKVO wichtige Gegenstände zur Kontrollbegründung sind, fallen nicht unter den Wortlaut des Art. 43 KgG.

Anders gilt für die Abstimmungsregeln beim Vorstand. Gemäß Art. 48 Abs. 3 KgG verfügt jedes Vorstandsmitglied bei Beschlüssen nur über ein Stimmrecht. Das Abstimmungsverfahren vom Vorstand kann jedoch durch Vereinbarung bestimmt werden (Art. 48 Abs. 1 KgG).

Ferner werden, obwohl dem Aktionär einer chinesischen GmbH Spielraum zur Vereinbarung eingeräumt wird, die Entscheidungsbereiche der Hauptversammlung und des Vorstands durch Art. 37[256] und Art. 46[257] KgG beschränkt.

---

255 叶勇/徐秋子 [YE, Yong/XU, Qiuzi], 《中国外资》 [Ausländische Investitionen in China], 01/ 2014, S. 216, 219.

256 Nach Art. 37 KgG ist die Hauptversammlung mit den folgenden Kompetenzen ausgestattet: 1) die Geschäftspolitik und Investitionspläne zu beschließen; 2) die Wahl und Ersetzung der Vorstandsmitglieder und Aufsichtsräte (außer Arbeitnehmervertreter) und ihre Vergütung zu beschließen; 3) Prüfung und Genehmigung des Vorstandsberichts; 4) Prüfung und Genehmigung des Aufsichtsratsberichts; 5) Prüfung und Genehmigung des Jahresfinanzhaushaltes und Endabrechnung; 6) Prüfung und Genehmigung des Gewinnbeteiligungsplans; 7) Kapitalerhöhung und -kürzung zu beschließen; 8) die Ausgabe von Unternehmensanleihen zu beschließen; 9) Fusion, Spaltung, Auflösung, Liquidation oder eine Änderung der Gesellschaftsform zu beschließen; 10) die Satzung zu verändern; 11) weitere in der Satzung festgelegte Kompetenzen wahrzunehmen.

257 Nach Art. 46 KgG ist der Vorstand verantwortlich für die Hauptversammlung und mit den folgenden Kompetenzen ausgestattet: 1) Einberufung der Hauptversammlung und und Bericht an die Aktionäre; 2) Durchsetzung der Beschlüsse der Hauptversammlung; 3) Businessplan und Investitionsplan zu beschließen; 4) Ausarbeitung des Jahresfinanzhaushaltes und Endabrechnung; 5) Ausarbeitung des Gewinnbeteiligungsplans und des Plans zur Abdeckung von Verlusten; 6) Ausarbeitung des

Nach Art. 37 Nr. 1 KgG bestimmt die Hauptversammlung die Richtung und Grundlinien der Investitionen für die Gesellschaft, während nach Art. 46 Nr. 3 KgG der Vorstand berechtigt ist, einen konkreten Plan für Investitionen zu erstellen und durchzuführen. Nach Art. 46 Nr. 4 KgG stellt der Vorstand das Budget auf, während die Hauptversammlung nach Art. 37 Nr. 5 KgG das letzte Wort hinsichtlich des Budgets hat. Die Vorstandsmitglieder und Aufsichtsräte werden von der Hauptversammlung gewählt, während der Vorstand die Befugnis innehat, hochrangige Leiter zu bestellen (Art. 46 Nr. 9 KgG).

bb. Chinesische AG[258]

Anders als bei der GmbH gilt für die AG nach Art. 103 S. 1 KgG als zwingende Norm, dass eine Aktie nur einem Stimmrecht entsprechen darf. Dass eine Aktie ein Stimmrechtsprinzip aufweist, darf nicht durch die Satzung verändert werden. Nach Art. 103 S. 2 KgG erfolgt ein Beschluss der Hauptversammlung einer chinesischen AG durch eine einfache Mehrheit der anwesenden Aktionäre. Wie bei der chinesischen GmbH ist bei einem besonderen Beschluss, namentlich bei einer Änderung der Satzung, Kapitalerhöhung/-reduzierung, Fusion, Auflösung oder Umwandlung des Unternehmens, eine Mehrheit von zwei Dritteln erforderlich. Die Abstimmung im Vorstand einer AG wird in Art. 108 KgG im Verweis auf Art. 46 und 47 KgG zur GmbH geregelt. Bei einer AG ist für jede Entscheidung des Vorstands eine einfache Mehrheit aller Vorstandsmitglieder erforderlich (Art. 111 KgG). Jedes Vorstandsmitglied verfügt dabei nur über ein Stimmrecht (Art. 111 KgG).

Im Vergleich mit den Vorschriften der chinesischen GmbH wird die Autonomie für die chinesische AG stärker durch zwingende Regelungen begrenzt. Hinsichtlich der Frage, ob ein Aktionär der AG über ein Vetorecht verfügen darf, gibt es zwei gegensätzliche Auffassungen.[259] Die Befürworter argumentieren, dass ein

---

Plans für Kapitalerhöhung und -kürzung sowie Ausgabe von Unternehmensanleihen; 7) Ausarbeitung des Plans für eine Fusion, Spaltung, Auflösung, Liquidation oder Änderung der Gesellschaftsform; 8) die Einrichtung der inneren Verwaltungsbehörden zu beschließen; 9) Ernennung und Entlassung hochrangiger Manager und ihre Vergütung zu beschließen; 10) das Verwaltungssystem des Unternehmens zu beschließen; 11) weitere in der Satzung festgelegte Kompetenzen wahrzunehmen.

258 尚明 [SHANG, Ming],《中国法律发展报告》[Bericht zur chinesischen Gesetzgebung], 03/2010, S. 41, 42: In ungefähr 80 % aller angemeldeten Fälle von Zusammenschluss ist ein beteiligtes Unternehmen an der Börse notiert.

259 S. 薛义忠 [XUE, Yizhong], „"一票否决权"之中国境内民商领域适用" [Die Anwendung des Vetorechts im Zivil- und Handelsbereich], Beitrag online unter: http://

faktisches Vetorecht gegeben ist, wenn die Satzung regelt, dass eine bestimmte Entscheidung eine bestimmte Mehrheit braucht.[260] Diese Vereinbarung verstoße nicht gegen das Prinzip Eine Aktie, ein Stimmrecht.[261] Die Gegenmeinung vertritt die Auffassung, dass eine von der Satzung geregelte bestimmte Mehrheit für den Beschluss nicht im Einklang mit der Regelung des Art. 103 S. 2 KgG steht, wonach für einen Beschluss der Hauptversammlung nur eine einfache Mehrheit notwendig ist.[262] Im KgG wird nicht geregelt, ob die Regelung von Art. 103 S. 2 KgG durch die Satzung verändert werden darf.

Die Regelungen der CSRC und des Börsenmarkts sind für eine chinesische AG dann unumgänglich, wenn es am chinesischen Börsenmarkt notiert ist oder beabsichtigt, am chinesischen Börsenmarkt zu notieren.[263] Dem NEEQ zufolge ist es dem Erwerber nicht gestattet, ohne ordentliches Entscheidungsverfahren, also direkt, ein oder mehrere Vorstandsmitglieder zu bestellen, des Weiteren darf dem Aktionär kein Vetorecht über die strategische Entscheidung eingeräumt werden.[264]

cc. Partnerschaft

Nach dem chinesischen Partnerschaftsgesetz genießt eine Partnerschaft hinreichende Autonomie. Gemäß Art. 30 des Partnerschaftsgesetzes kann die

---

www.grandall.com.cn/grandall-research-institute/legal-study/grandall-forum/140715160508.htm (zuletzt aufgerufen am 12.11.2017).

260 S. 薛义忠 [XUE, Yizhong], „"一票否决权"之中国境内民商领域适用" [Die Anwendung des Vetorechts im Zivil- und Handelsbereich], Beitrag online unter: http://www.grandall.com.cn/grandall-research-institute/legal-study/grandall-forum/140715160508.htm (zuletzt aufgerufen am 12.11.2017).

261 S. 薛义忠 [XUE, Yizhong], „"一票否决权"之中国境内民商领域适用" [Die Anwendung des Vetorechts im Zivil- und Handelsbereich], Beitrag online unter: http://www.grandall.com.cn/grandall-research-institute/legal-study/grandall-forum/140715160508.htm (zuletzt aufgerufen am 12.11.2017).

262 S. 薛义忠 [XUE, Yizhong], „"一票否决权"之中国境内民商领域适用" [Die Anwendung des Vetorechts im Zivil- und Handelsbereich], Beitrag online unter: http://www.grandall.com.cn/grandall-research-institute/legal-study/grandall-forum/140715160508.htm (zuletzt aufgerufen am 12.11.2017).

263 vgl. Chen, Die Leitung und Überwachung der chinesischen und der deutschen Aktiengesellschaft, 2015, S. 54 ff.

264 全国中小企业股份转让系统 [NEEQ], „关于发布《挂牌公司股票发行常见问题解答（三）——募集资金管理、认购协议中特殊条款、特殊类型挂牌公司融资》的通知", [FAQs (3) zur Ausgabe von Aktien börsennotierter Unternehmen, betreffend die Fragen: Fondsmanagement, Sonderklauseln in der Zeichnungsvereinbarung, Finanzierung von besonderen börsennotierten Unternehmen] (8.8.2016).

Partnerschaft durch Partnerschaftsvereinbarungen selbst über Abstimmungsregeln bestimmen. Wenn es keine Vereinbarung über die Abstimmung gibt, gilt nach dem Partnerschaftsgesetz, dass jeder Partner über ein Stimmrecht verfügt und jede Entscheidung durch eine einfache Mehrheit genehmigt werden muss. Ferner setzt das Partnerschaftsgesetz einige wichtige Entscheidungen voraus, dies sind im Einzelnen die 1) Änderung des Namens der Partnerschaft, 2) Änderung des Geschäftsbereichs, des Sitzes der Gesellschaft, 3) Entscheidung über Immobilien, 4) Entscheidung über Vermögen und geistiges Eigentum, 5) Bürgschaft im Namen der Partnerschaft, 6) Ernennung einer Führungskraft. Eine Einigung muss jeweils durch alle Partner erfolgen (Art. 31 Partnerschaftsgesetz). Nach dem Partnerschaftsgesetz kann der einzelne Partner ein Vetorecht innehaben, sofern die Entscheidung nicht die in Art. 31 gelisteten Punkte betrifft.

dd. Das Sonderrecht in der Literatur

Die zwingende Norm Eine Aktie, ein Stimmrecht wird in der Literatur diskutiert.[265] Die Regelung begrenzt die Autonomie der Gesellschaft und stehe nicht im Einklang mit den sich verändernden Bedürfnissen der Aktionäre chinesischer Unternehmen.[266] Mit der Entwicklung des Kapitalmarkts in China und der Eigenkapitalfinanzierung von Gesellschaften sei die Zusammensetzung der Aktionäre komplexer geworden, was dazu führt, dass die Interessen der unterschiedlichen Aktionäre variieren. Des Weiteren erlaube das Prinzip dem Minderheitsbeteiligten nicht, eigene Interessen durch Einräumung von besonderen Rechten zu gewährleisten oder eine Kontrolle zu begründen.[267] Zahlreiche private Unternehmen und neu gegründete innovative Gesellschaften, in denen die

265 Dazu: 冯果 [FENG, Guo],《政法论坛》[Tribüne für Politikwissenschaft und Recht], 04/2016, S. 126; 汪青松 [WANG, Qingsong],《比较法研究》[Zeitschrift für Rechtsvergleich], 01/2015, S. 48; 汪青松/赵万一 [WANG, Qingsong/ZHAO, Wanyi],《现代法学》[Moderne Rechtswissenschaft], 03/2011, S. 32; 朱慈蕴/在朝晖 [ZHU, Ciyun/ZAI, Zhaohui],《中国社会科学》[Chinesische Sozialwissenschaft], 09/2013, S. 147; 李燕/郭青青 [LI, Yan/GUO, Qingqing],《现代法学》[Moderne Rechtswissenschaft], 02/2016, S. 72; 任尔昕 [REN, Erxin],《中国法学》[China Rechtswissenschaft], 06/2010, S. 100; 叶勇/徐秋子 [YE, Yong/XU, Qiuzi],《中国外资》[Ausländische Investitionen in China], 01/ 2014, S. 216.

266 Vgl. Chen, Die Leitung und Überwachung der chinesischen und der deutschen Aktiengesellschaft, S. 288; 冯果 [FENG, Guo],《政法论坛》[Tribüne für Politikwissenschaft und Recht], 04/2016, S. 126, 130 ff.; 汪青松 [WANG, Qingsong],《比较法研究》[Zeitschrift für Rechtsvergleich], 01/2015, S. 48 ff.

267 Vgl. 汪青松 [WANG, Qingsong],《比较法研究》, [Zeitschrift für Rechtsvergleich], 1/2015, S. 48, 58.

Gründer ihre Kontrolle über die Gesellschaft nicht verlieren würden, bauen deswegen eine pyramidenförmige Struktur auf oder versuchen auf andere Weise, die Kontrolle des Unternehmens zu behalten.[268]

c) Gemeinsame Handlung/ Ausübung der Stimmrechte

aa. Gemeinsame Handlung

Die gemeinsame Ausübung der Stimmrechte ist Thema von Art. 3 FKVO, insbesondere bei der Beurteilung einer Begründung einer gemeinsamen Kontrolle mit Minderheitsbeteiligung.[269] Gemäß Art. 3 der Guideline kann eine durch Stimmrechtsvollmacht gemeinsam handelnde Person das beteiligte Unternehmen bei der Kontrollbegründung unterstützen. Die Guideline erklärt im Wortlaut nicht, was eine „gemeinsame Handlung" im Sinne der Fusionskontrolle bedeutet. Die Rechtsfigur „Gemeinsame Handlung" ist aber kein fremder Begriff im chinesischen Recht. Nach Art. 83 der Verordnung zur Übernahme der börsennotierten Unternehmen[270] ist eine gemeinsame Handlung eine durch Vereinbarungen oder auf andere Weise zwischen Investoren geschaffene Tatsache, die darauf abzielt, dass die Aktionäre mehr Stimmrechte über das Zielunternehmen erhalten.[271] Ob und inwieweit MOFCOM bei einer Aufnahme der gemeinsamen Ausübung der Stimmrechte in die Kontrollbegründung im Einzelfall auf die Vorschriften von Art. 83 verweisen würde oder kann, lässt sich aktuell nicht abschätzen.

Obgleich eine gemeinsame Handlung eine rechtliche oder faktische Tatsache ist, gilt die Annahme einer gemeinsam handelnden Person nach Art. 83 als Vermutung.[272] Falls keine gegenteiligen Beweise vorliegen, gelten als gemeinsam handelnde Personen:

---

268 汪青松 [WANG, Qingsong],《比较法研究》, [Zeitschrift für Rechtsvergleich], 1/2015, S. 48, 58; 证监会 [CSRC],《优先股试点管理办法》, [Verwaltungsmethode zur Vorzugsaktien] 21.03.2014) ist ein Versuch für Einführung des Sonderrechts.

269 S. § 2 I. 2 d) cc).

270 证监会 [CSRC],《上市公司收购管理办法》(23.10.2014).

271 Vgl. 谈萧 [TAN, Xiao], „一致行动人的比较法考察" [Die gemeinsam handelnde Person aus rechtsvergleichender Sicht],《证券市场导报》 [Zeitschrift für Wertpapiermarkt], 06/2006, S. 16, 18; Die historische Entwicklung der Gesetzgebung zu gemeinsam handelnden Personen s. 邵贞 [SHAO, Zhen],《法制与社会》 [Recht und Gemeinschaft], 05/2014, S. 282, 283 ff.

272 Vgl. 邵贞 [SHAO, Zhen],《法制与社会》[Recht und Gemeinschaft], 05/2014, S. 282, 289: Die Bejahung der gemeinsam handelnden Personen wird vermutet, weil eine abgestimmte Handlung ohne schriftliche Vereinbarung schwer zu beweisen wäre. Die Vermutung kann aber durch gegenteilige Beweise verworfen werden.

- Investoren, die Beteiligungen besitzen und dadurch Kontrolle begründen,
- Investoren, die von einem anderen kontrolliert werden,
- Investoren, bei denen eine personale Verflechtung der Vorstandsmitglieder, der Mitglieder des Aufsichtsrats und der hochrangigen Manager vorliegt,
- Investoren, die bei einem anderen Investor beteiligt sind und damit Einfluss auf seine wichtigen Entscheidungen nehmen,
- Investoren, Unternehmen oder natürliche Personen, die dem Investor die Beteiligung finanzieren,
- Investoren, die eine wirtschaftliche Beziehung pflegen, z. B. eine Partnerschaft oder Kooperation,
- Investoren und natürliche Personen, die an dem Investor eine 30%ige Beteiligung besitzen und zugleich an dem gleichen Zielunternehmen beteiligt sind,
- Vorstandsmitglieder, Aufsichtsräte und Geschäftsleiter des Investors, die Aktien von derselben börsennotierten Gesellschaft wie der Investor besitzen,
- natürliche Personen, die an dem Investor mit über 30 % beteiligt sind, sowie Vorstandsmitglieder, Aufsichtsräte und Geschäftsleiter des Investors und ihre Verwandtschaft, die Aktien von derselben börsennotierten Gesellschaft wie der Investor besitzen,
- Vorstandsmitglieder, Aufsichtsräte und Geschäftsleiter des Investors und ihre Verwandtschaft, die Aktien des Investors besitzen oder deren von ihnen unmittelbar oder mittelbar kontrolliertes Unternehmen Aktien des Investors besitzt,
- Vorstandsmitglieder, Aufsichtsräte, Geschäftsleiter und Mitarbeiter der börsennotierten Unternehmen, deren von ihnen kontrollierte (oder in einer Vertrauensbeziehung stehende) Unternehmen Aktien derselben börsennotierten Unternehmen wie sie besitzen sowie
- Investoren, zwischen denen eine andere Beziehung vorliegt.

Nach der Verordnung werden alle Aktien von gemeinsam handelnden Personen zusammen berechnet.[273] Vergleicht man die Vorschrift von Art. 83 und die Behandlung der gemeinsamen Ausübung der Stimmrechte nach Art. 3 FKVO, so ist der Umfang der „gemeinsam handelnden Personen" nach Art. 83 der Verordnung zur Übernahme der börsennotierten Unternehmen sehr viel weiter. Dies liegt primär daran, dass der Zweck der Gesetzgebung bei den beiden

273 Vgl. 邵贞 [SHAO, Zhen],《法制与社会》[Recht und Gemeinschaft], 05/2014, S. 282, 289: Der Begriff der gemeinsam handelnden Personen i. S. v. Art. 83 der Verordnung zur Übernahme der börsennotierten Unternehmen aus dem Jahr 2006 ist weit auszulegen.

Vorschriften unterschiedlich ist.[274] Eine vertragliche Vereinbarung kann sowohl im europäischen als auch im chinesischen Recht eine gemeinsame Ausübung der Stimmrechte absichern. Der wesentliche Unterschied betrifft die Anerkennung der faktischen gemeinsamen Behandlung. Die Anerkennung einer faktischen gemeinsamen Behandlung unterliegt strengen Kriterien und kommt in der Praxis der Kommission deshalb kaum vor.[275] Im Gegensatz dazu können nach Art. 83 Personen auch aufgrund wechselseitiger Beteiligung, personeller Verflechtung, Verwandtschaft oder finanzieller Beziehung als gemeinsam handelnde Personen verstanden werden.

bb. Cumulated Voting Rule (Kumulative Wahlregel)

Bei der Beurteilung, ob die gemeinsame Ausübung der Stimmrechte eine gemeinsame Kontrolle begründet, spielt auch die Anwendung der Cumulated Voting Rule eine Rolle. Das chinesische Gesellschaftsrecht hat in Art. 105 eine besondere Abstimmungsregel, die „Cumulative Voting Regel", vorgesehen. Nach Art. 105 kann eine chinesische AG aufgrund ihrer Satzung oder durch einen Beschluss die Cumulatived Voting Rule zur Bestellung der Vorstandsmitglieder und des Aufsichtsrates anwenden. Nach dem kumulativen Wahlsystem im chinesischen Gesellschaftsrecht berechtigt jede Aktie zu einer Anzahl Stimmrechte, die der Anzahl der auszuwählenden Vorstandsmitglieder oder Aufsichtsräte entspricht.[276] Die letztliche Summe der Stimmrechte eines Aktionärs kann ausschließlich für einen Kandidaten verwendet oder auf verschiedene Kandidaten aufgeteilt werden. Die Regelung dient zum Schutz der Minderheitsbeteiligten.[277] Der Minderheitsgesellschafter kann alle seine Stimmrechte für einen Kandidaten

274 Vgl. dazu auch 雒欣 [LUO, Xin], 《华北金融》 [Huabei Finanzen], 03/2014, S. 63 f.

275 Körber, in: Immenga/Mestmäcker, EU/Teil 2, 5. Aufl., Art. 3 FKVO Rn. 104; Konsolidierte Mitteilung der Kommission zu Zuständigkeitsfragen Tz. 76.

276 Ein Beispiel: Eine AG hat 10 Aktionäre mit insgesamt 1000 Aktien, der größte Aktionär besitzt 510 Aktien und die anderen 9 Aktionäre besitzen 490 Aktien. Die AG hat vor, 5 Vorstandsmitglieder zu wählen. Wenn die kumulative Regel nicht angewandt wird, kann der größte Aktionär alle 5 Vorstandsmitglieder benennen, weil er eine Mehrheit besitzt. Wird hingegen die kumulative Regel angewandt, genießt der größte Aktionär 2550 Stimmrechte und die Minderheitsaktionäre insgesamt 2450 Stimmrechte. Das Beispiel findet sich unter: http://baike.baidu.com/item/%E7%B4%AF%E7%A7%AF%E6%8A%95%E7%A5%A8%E5%88%B6 (zuletzt aufgerufen am 12.11.2017).

277 Vgl. 陈敏 [CHEN, Min], 《证券市场导报》 [Zeitschrift für den Wertpapiermarkt], 02/2007, S. 26, 27 f.: Ein Minderheitsbeteiligter kann trotz Cumulated Voting Rule nur schwer Vorstandsmitglieder oder Aufsichtsräte stellen.

verwenden oder zusammen mit anderen Minderheitsgesellschaftern einen oder mehr Vorstandsmitglieder benennen. Die Regel gewährleistet dem Minderheitsgesellschafter somit, mindestens ein Vorstandsmitglied benennen zu können, wenn der Hauptaktionär über keine überwiegende Mehrheit verfügt.

cc. Fall aus der Praxis von MOFCOM

Im Fall des Zusammenschlusses von Anheuser-Busch InBev/SAB Miller[278] aus dem Jahr 2016 hat MOFCOM erstmals in einer Entscheidung eine „gemeinsam handelnde Person" aufgenommen. In dem Fall übernahm der Erwerber Anheuser-Busch InBev Group 100 % der Beteiligung sowie Stimmrechte von SAB Miller. Nach der Entscheidung ist die Stiftung Anheuser-Busch InBev zusammen mit sieben Unternehmens der Kontrolleur der Anheuser-Busch InBev Group mit einer Beteiligung in Höhe von 52.56 % und wird als „gemeinsam handelnde Person" angesehen. In der Entscheidung hat MOFCOM nicht erklärt, nach welchem Kriterium diese Zuordnung erfolgte. Der Fall ist mit der Erfahrung im europäischen Recht zu vergleichen, dass die Bildung einer Holdinggesellschaft eine rechtsverbindliche gemeinsame Ausübung der Stimmrechte darstellt, während ein gemeinsamer Erwerber ein Indiz für den Fall einer faktischen gemeinsamen Ausübung ist.[279] Der Fall könnte darauf hinweisen, dass eine mittelbare Kontrollbegründung durch einen gemeinsamen Erwerber in der Regel eine gemeinsame Handlung darstellt.

d) Geringe Hauptversammlungspräsenz

Ähnlich wie im europäischen Recht kann auch die Hauptversammlungspräsenz nach der Guideline 2014 die Kontrollbegründung unterstützen. Gemäß Art. 3 der Guideline 2014 sind die Abstimmungsregeln, die Angelegenheiten zur Abstimmung und die historische Präsenz bei der Hauptversammlung des Zielunternehmens Würdigungsgrundlagen zur Kontrollbegründung. Eine Studie über chinesische börsennotierte AGs zeigt, dass die Hauptversammlungspräsenz in chinesischen AGs in der Regel niedrig ist; auch die Einführung eines Online-Abstimmungssystems für börsennotierte AG 2005 erhöht die Präsenz nicht.[280] In den letzten sechs Jahren lag die Wahlbeteiligung bei der Hauptversammlung

---

278 MOFCOM, Bekanntmachung Nr. 38, 2016.

279 S. § 2 I. 2 d) cc).

280 叶建宏 [YE, Jianhong], „基于控制权的股东行为与公司决策研究" [Das Verhalten von Aktionären aufgrund des Kontrollrechts und das Treffen der Entscheidung], Dissertation (Zhejiang Universität 2015), S. 51.

bei Präsenz der Hauptaktionäre durchschnittlich zwischen 48 % und 54 % und ohne den größten Aktionär lediglich bei 14 % bis 18 %.[281] Die Studie zeigt, dass eine niedrige Hauptversammlungspräsenz zumindest bei den börsennotierten AGs der Regelfall ist. Bei einer Minderheitsbeteiligung (unter 50 %) eine Kontrolle durch eine niedrige Hauptversammlungspräsenz zu begründen, ist somit sowohl nach der aktuellen Vorschrift der Guideline als auch im Hinblick auf die Praxis der Hauptversammlung eine reale Möglichkeit für chinesische Unternehmen.

e) Personelles Bestellungsrecht

Die Guideline 2014 sieht im Wortlaut ausdrücklich vor, dass das Recht zur Bestellung und Abberufung hochrangiger Manager die Kontrollbegründung unterstützen kann. Zwei Fragen sind diesbezüglich wichtig: erstens, welche hochrangigen Manager zur Kontrollbegründung ausschlaggebend sind; zweitens, wie viele Manager der Erwerber zur Kontrollbegründung bestellen muss. Die Guideline 2014 bietet zu diesen Fragen keine eindeutige Antwort.

Wie das Recht zur personellen Bestellung eine Kontrolle über Zielunternehmen begründen kann, wird in Art. 18 AIG geregelt. Art. 18 des Entwurfs des AIG sieht vor, dass ein Unternehmen als Kontrolleur über das Zielunternehmen anzusehen ist, wenn es

- 1) das Recht hat, mittelbar oder unmittelbar die Hälfte der Vorstandsmitglieder oder ähnliche Entscheidungsorgane zu bestellen oder
- 2) eine abgesicherte Möglichkeit hat, über die Hälfte der Vorstandsmitglieder oder ähnliche Entscheidungsorgane mit seinen aufgestellten Kandidaten stellen zu können.

Art. 84 Abs. 3 der Verordnung zur Übernahme der börsennotierten Unternehmen[282] sieht auch vor, dass der Investor eine Kontrolle über das börsennotierte Unternehmen begründet, wenn er durch verfügbare Stimmrechte über die Hälfte der Vorstandsmitglieder bestimmen kann.

Die Regelungen der beiden Gesetze gelten selbstverständlich nicht automatisch im Fall der Fusionskontrolle. Inwieweit MOFCOM bei der Einzelfallprüfung auf die Vorschriften zurückgreift, ist nach den zugänglichen Informationen

---

281 叶建宏 [YE, Jianhong], „基于控制权的股东行为与公司决策研究", [Das Verhalten von Aktionären aufgrund des Kontrollrechts und das Treffen der Entscheidung], Dissertation (Zhejiang Universität 2015), S. 52.

282 证监会 [CSRC], 《上市公司收购管理办法》 (23.10.2014).

unklar. Aus der Vorschrift der Verordnung ergibt sich jedoch, dass im chinesischen Recht der Vorstand das wichtigste Organ im Hinblick auf die Kontrollbegründung durch das Recht zur personellen Bestellung ist und das Recht, über die Hälfte der Mitglieder zu bestellen, erforderlich ist.[283] Die Voraussetzung, über die Hälfte der Mitglieder bestellen zu können, ist angesichts des Prinzips Eine Aktie, ein Stimmrecht verständlich; nur so ist sichergestellt, dass der Erwerber das Zielunternehmen mit einer Mehrheit im Vorstand kontrollieren kann. Außerdem ist der Aufsichtsrat in einem chinesischen Unternehmen kein gleichwertiges Leitungsorgan wie im deutschen Recht.[284]

Im chinesischen Gesellschaftsrecht gibt es neben dem Vorstand noch unabhängige leitende Verwaltungsratsmitglieder (independent director). Sie sollen als unabhängiges Aufsichtsorgan in chinesischen Unternehmen fungieren. In der Praxis ist der Einfluss eines unabhängigen leitenden Verwaltungsratsmitglieds auf das Unternehmen jedoch beschränkt. Weil das Bestellungsrecht des unabhängigen leitenden Verwaltungsratsmitglieds beim Vorstandsvorsitzenden liegt, kann der Hauptaktionär die Bestellung des unabhängigen Direktors stark beeinflussen.[285]

Das Recht, hochrangige Manager zu bestellen, kann nur schwer eine unabhängige Rolle bei der Kontrollbegründung ohne Verbindung mit der Kapitalbeteiligung bei chinesischen Unternehmen spielen. Ferner ist es fast unmöglich, dass eine reine personelle Verflechtung eine Kontrolle über Zielunternehmen begründen kann.

---

283 Vgl. dazu auch Chen, Die Leitung und Überwachung der chinesischen und der deutschen Aktiengesellschaft, 2015, S. 28 ff.

284 Vgl. Chen, Die Leitung und Überwachung der chinesischen und der deutschen Aktiengesellschaft, 2015, S. 27 f. u. 298: „Der Aufsichtsrat ist ein reines Überwachungsorgan mit begrenzten Einwirkungsmöglichkeiten."

285 Vgl. 叶康涛/祝继高/陆正飞/张然 [YE, Kangtao/ZHU, Jigao/LU, Zhengfei/ZHANG, Ran],《经济研究》[Studie zur Wirtschaft], 01/2011, S. 126; vgl. 刘诚/杨继东/周斯洁 [LIU, Cheng/YANG, Jidong/ZHOU, Sijie],《世界经济》[Weltwirtschaft], 12/2012, S. 83, 99; vgl. dazu auch 祝继高/叶康涛/陆正非 [ZHU, Jigao/YE, Kangtao/LU, Zhengfei],《经济研究》[Studie zur Wirtschaft], 09/2015, S. 170, 178 ff.

f) Die Typische Aktionärsstruktur in chinesischen Unternehmen und ihr Einfluss auf das Recht von Minderheitsgesellschaftern

Die Beherrschung von Zielunternehmen durch den Großaktionär ist eine wesentliche Eigenschaft der Aktionärsstruktur im chinesischen Unternehmen, insbesondere bei einer chinesischen AG.[286] Zwar wurde in China 2005 eine SOE-Reform[287] bei staatlichen Unternehmen durchgeführt, die Tatsache, dass Unternehmen in der Regel vom größten Aktionär beherrscht werden, änderte sich durch die Reform jedoch leider nicht.[288] In der Studie zur chinesischen Aktionärsstruktur ist die Lehre der Wirtschaftswissenschaft zur Auslegung dahingehend zu verwenden, dass die Aktionärsstruktur eines Unternehmens auf dem Markt, auf dem der gesetzliche Rechtsschutz für Investoren nicht ausreichend ist, kein Ergebnis der eigenen Wahl der Aktionäre darstellt, sondern es auf viele unterschiedliche Umstände ankommt.[289] Das Phänomen, dass die Aktien sich bei den größten Aktionären konzentrieren, sei aufgrund des unzulänglichen Rechtschutzes im chinesischen Rechtssystem für Aktionäre ein Ersatzmechanismus, um Kontrolle über Zielunternehmen zu begründen oder zu behalten.[290] Die Studien über chinesische börsennotierte Unternehmen zeigen, dass es Ende 2007 insgesamt 1552 börsennotierte AGs[291] gab, wobei der größte Einzelaktionär durchschnittlich 36.04 % der Aktien in seinem Besitz hatte.[292] Laut dem Wirtschaftsbericht der Shanghai Stock Exchange besaß 2005 auch bei privaten Unternehmen der Hauptaktionär durchschnittlich 32.64 % der Aktien.[293] Diese

286 Chen, Die Leitung und Überwachung der chinesischen und der deutschen Aktiengesellschaft, 2015, S. 44 f.

287 中国证券监督管理委员会/国有资产管理委员会 /财政部/中国人民银行/商务部 [CSRC/ SASAC/MOF/PBOC/ MOFCOM]《关于上市公司股权分置改革的指导意见》[Anleitung zur Handelbarkeit der Aktien von börsennotierten Unternehmen] (23.08.2005).

288 Für eine Einführung in die Geschichte des chinesischen Wertpapiermarkts s. Chen, Die Leitung und Überwachung der chinesischen und der deutschen Aktiengesellschaft, 2015, S. 43, 44.

289 Vgl.陈凌/叶长兵/鲁莉劼 [CHEN, Lin/YE, Changbing/LU, Lijie],《浙江社会科学》[Zhejiang Sozialwissenschaften], 05/2009, S. 8, 10 ff.; 肖作平 [XIAO/Zuoping],《南开管理评论》[Nankai Management], 05/2010, S. 144, 145.

290 S. 肖作平 [XIAO/Zuoping],《南开管理评论》[Nankai Management], 05/2010, S. 144 f.

291 Private und staatliche Unternehmen.

292 许文彬 [XU, Wenbin],《中国工商经济》[Chinas Industrieökonomie], 02/2009, S. 120, 121. Es gibt hinsichtlich der Daten geringfügige Differenzen in der Literatur.

293 余澳 [YU, Ao],《经济纵横》[Wirtschaftsbericht], 05/2010, S. 122, 123.

Struktur ist auch in kleineren Unternehmen erkennbar. Die größten Aktionäre besitzen im Schnitt 37.48 % der Aktien von Unternehmen im SME-Segment[294] und 33.91 % der Aktien von wachsenden Unternehmen im zweiten Segment[295].[296]

Die Beherrschung durch einen einzigen großen Aktionär führt im chinesischen Unternehmen zu „Internen Governance".[297] In der Praxis sind herrschende Aktionäre typischerweise auch Vorstandsmitglieder eines Unternehmens; die herrschenden Aktionäre verfügen gleichzeitig über die überwiegenden Stimmrechte im Vorstand.[298] Die aktuelle Gesetzgebung bietet nicht viele Möglichkeiten für die Aktionäre, die Wahlregel des Vorstands zu bestimmen. Der größte Aktionär verfügt über mehr Stimmrecht und kann deswegen automatisch mehr Einfluss auf die Bestellung und Abberufung der Vorstandsmitglieder ausüben.

g) Zwischenergebnis

Minderheitsbeteiligung kann nach Art. 20 AMG und sowie Art. 3 der Guideline 2014 eine Kontrolle über Zielunternehmen begründen. Zwei Fragen sind hinsichtlich der Kontrollbegründung durch Minderheitsbeteiligung in der chinesischen Fusionskontrolle bedeutend. Zum einen, ob einem Minderheitsbeteiligten im chinesischen Rechtssystem ein Sonderrecht eingeräumt werden darf, damit er trotz einer niedrigen Beteiligung Einfluss auf ein Zielunternehmen ausüben kann. Zum anderen, inwiefern die in Art. 3 der Guideline 2014 genannten Elemente eine Rolle für die Kontrollbegründung durch Minderheitsbeteiligung spielen.

Das Sonderrecht, insbesondere das Vetorecht, ist nach der Erfahrung des europäischen Rechts ein wichtiges Thema für die Kontrollbegründung durch eine Minderheitsbeteiligung. Diese Erfahrung kann m. E. theoretisch eine Anwendung bei der Beurteilung der Kontrollbegründung in der chinesischen Fusionskontrolle finden. Anders verhält es sich, wenn die Vorschriften des

---

294 SME-Segment in SZSE.

295 GEB -Segment in SZSE.

296 叶建宏 [YE, Jianhong], „基于控制权的股东行为与公司决策研究" [Das Verhalten von Aktionären aufgrund des Kontrollrechts und das Treffen der Entscheidung], Dissertation (Zhejiang Universität 2015), S. 2.

297 Vgl. Chen, Die Leitung und Überwachung der chinesischen und der deutschen Aktiengesellschaft, 2015, S. 49 f.: „Die interne Governance bezeichnet die Kontrollausübung im Rahmen der innergesellschaftlichen Informations-, Überwachungs- und Entscheidungsrechte.".

298 余澳 [YU, Ao], 《经济纵横》 [Wirtschaftsbericht], 05/2010, S. 122, 124 f.

chinesischen Gesellschaftsrechts berücksichtigt werden.[299] Da das chinesische Gesellschaftsrecht zwingende Vorschriften für die Abstimmungsregeln sowie das Prinzip Eine Aktie, ein Stimmrecht vorsieht, wird den Aktionären/Gesellschaftern nicht immer ein Spielraum zur Ausgestaltung ihrer Rechte eingeräumt. Infolgedessen kann ein Minderheitsbeteiligter im chinesischen Rechtssystem auch nicht immer per Sonderrecht eine alleinige Kontrolle oder zusammen mit anderen Aktionären/Gesellschaftern eine gemeinsame Kontrolle begründen.

Unterschiedliche Gesellschaftsformen genießen im chinesischen Recht einen abgestuften Spielraum bei der Gestaltung des Rechts von Aktionären oder Vorstandsmitgliedern.[300] Die Partner in einer Partnerschaft können frei bestimmen, wer welches Recht innehat. Grundsätzlich verfügt jeder Gesellschafter einer chinesischen GmbH über so viele Stimmrechte wie seine Beteiligungshöhe an dem Zielunternehmen ausfällt. Wenn in der Satzung die Entscheidungsregel für die Hauptversammlung anders geregelt wird, findet die Regelung der Satzung eine vorrangige Anwendung als gesetzliche Vorschrift. Anders verhält es sich bei dem Vorstand in der chinesischen GmbH, wo nach dem Gesellschaftsrecht jedes Vorstandsmitglied nur ein Stimmrecht hat. In einer chinesischen AG ist das Prinzip Eine Aktie, ein Stimmrecht des chinesischen Gesellschaftsrechts sowohl bei der Hauptversammlung als auch beim Vorstand verankert. Nach dem Prinzip Eine Aktie, ein Stimmrecht ist ein vereinbartes Vetorecht selbstverständlich verboten. Die Frage lautet dann, wie gegebenenfalls dem Aktionär/Gesellschafter ein faktisches Vetorecht eingeräumt wird, wenn die Einwilligung zu einer bestimmten Entscheidung nach der Vereinbarung durch eine bestimmte Mehrheit ermöglicht werden muss. Die Gegenmeinung dazu lautet, dass ein faktisches Vetorecht auch einen Verstoß gegen das Prinzip Eine Aktie, ein Stimmrecht darstellen soll, weil dem Aktionär nach der Vereinbarung unterschiedliche Rechte eingeräumt werden, welche nicht im Einklang mit dem Prinzip „Eine Aktie, ein Stimmrecht" stehen. Wenn im Fall des Zusammenschlusses der beteiligten Unternehmen ein Sonderrecht durch Vereinbarung eingeräumt wird, kann es sein, dass vor einer materiellen Prüfung zuerst geprüft wird, ob die Vereinbarung über Sonderrecht im chinesischen Rechtssystem gültig ist.[301]

---

299 s. 薛义忠 [XUE, Yizhong], „"一票否决权"之中国境内民商领域适用" [Die Anwendung des Vetorechts im Zivil- und Handelsbereich], Beitrag online unter: http://www.grandall.com.cn/grandall-research-institute/legal-study/grandall-forum/140715160508.htm (zuletzt aufgerufen am 12.11.2017).

300 Vgl. dazu 李燕/郭青青 [LI, Yan/GUO, Qingqing], 《现代法学》 [Moderne Rechtswissenschaft], 02/2016, S. 72, 76.

301 Vgl. 尚明 [SHANG, Ming] (ehemaliger Leiter des Fusionskontrollamtes), Vortrag über M&A und die Anmeldung zur Fusionskontrolle, 20.05.2016, Beijing.

Die Vorschrift des chinesischen Gesellschaftsrechts gilt aber nur bei Unternehmen, die in China eingetragen sind. Viele große chinesische Unternehmen[302] sind aus finanziellen Gründen nicht in China angemeldet und fallen deswegen nicht unter das chinesische Gesellschaftsrecht. Die Beschränkung über die Vereinbarung des Sonderrechts findet somit auch keine Anwendung für solche Unternehmen. Gleiches gilt für ausländische Gesellschaften. Dazu, wie in der chinesischen Fusionskontrolle die Vereinbarung über das Vetorecht aussieht, findet sich weder in der Gesetzgebung noch in der Praxis eine offizielle Auslegung. Die Antwort hängt davon ab, ob eine negative Kontrolle mit Vetorecht als Kontrollerwerb in der chinesischen Fusionskontrolle anerkannt ist, und ferner, ob eine Vereinbarung oder ein faktisches Vetorecht der Gesellschafter nach chinesischem Gesellschaftsrecht gültig ist.

Die Minderheitsgesellschafter können auch durch gemeinsame Handlung eine Kontrolle begründen. Der Begriff „gemeinsame Handlung" findet sich nicht im chinesischen Anti-Monopol-Gesetz. Gemäß Art. 83 der Verordnung zur Übernahme der börsennotierten Unternehmen[303] ist die „gemeinsame Handlung" so zu regeln, dass sie eine durch Vereinbarungen oder auf andere Weise zwischen Investoren geschaffene Tatsache ist, damit die Aktionäre mehr Stimmrechte hinsichtlich des Zielunternehmens erhalten können. Inwieweit MOFCOM bei der Prüfung auf das Kriterium verweisen muss, ist noch unklar. Außerdem wäre m. E. der Umfang der gemeinsamen Handlung nach Art. 83 der Verordnung zur Übernahme der börsennotierten Unternehmen[304] zu weit für die Fusionskontrolle.

Daneben kann der Minderheitsgesellschafter durch die Auswahl der kumulativen Wahlregel zusammen mit anderen Gesellschaftern sowohl eine vereinbarte als auch eine faktische gemeinsame Ausübung der Stimmrechte erreichen.

Weiterhin kann theoretisch eine geringe Hauptversammlungspräsenz die Begründung der Kontrolle durch Minderheitsbeteiligung unterstützen. Mit Rücksicht auf die typische Aktionärstruktur der chinesischen Unternehmen kann der Minderheitsbeteiligte mit weniger als 50 % der Anteile eine Kontrolle über Zielunternehmen wegen geringer Hauptversammlungspräsenz begründen, In der Regel muss der Minderheitsbeteiligte dafür jedoch ein großer Aktionär

302 Also Unternehmen, deren wichtigste Aktionäre Chinesen und die hauptsächlich in China tätig sind.

303 Auf Chinesisch证监会 [CSRC],《上市公司收购管理办法》(23.10.2014).

304 Auf Chinesisch证监会 [CSRC],《上市公司收购管理办法》(23.10.2014).

sein. Ein kleiner Aktionär mit niedriger Beteiligung kann so nur schwer eine Kontrolle begründen.

Die Guideline von 2014 sieht nach dem Wortlaut ausdrücklich vor, dass das Recht zur Bestellung und Abberufung der hochrangigen Manager die Kontrollbegründung unterstützen kann. Im chinesischen Rechtssystem ist der Vorstand das wichtigste diesbezügliche Leitungsorgan.

Ob der Erwerber mit dem Recht, die Vorstandsmitglieder und hochrangige Manager zu bestellen, eine Kontrolle über ein chinesisches Unternehmen begründen kann, hängt sowohl theoretisch als auch praktisch sehr stark von seiner Beteiligungshöhe am Zielunternehmen ab. Das Recht, hochrangige Manager zu bestellen, könnte schwer eine unabhängige Rolle bei der Kontrollbegründung ohne Berücksichtigung der Kapitalbeteiligung bei chinesischen Unternehmen spielen. Eine andere Frage ist, ob eine reine personelle Verflechtung eine Kontrolle begründen kann. Weder die Gesetzgebung noch die Praxis von MOFCOM haben diese Frage bislang beantwortet. Denkbar ist jedoch, dass zumindest eine Kontrollbegründung ausschließlich durch personelle Verflechtung keinen Regelfall für die chinesischen Unternehmen darstellt.

5. Offene Fragen zum Kontrollerwerb

a) Mittelbare Kontrolle

Nach der Guideline 2014 kann eine Kontrolle mittelbar oder unmittelbar erlangt werden. Über die mittelbare Kontrolle gibt es in der Guideline keine weitere Regelung. Ob eine mittelbare Kontrolle im chinesischen Recht eng oder weit ausgelegt werden sollte, ist entscheidend für die Frage, welche Unternehmen als beteiligte Unternehmen zur chinesischen Fusionskontrolle angenommen werden.

aa. Die typische Aktionärsstruktur in chinesischen Unternehmen

Bei einer Diskussion der Frage der mittelbaren Kontrolle muss die Aktionärsstruktur im chinesischen Unternehmen berücksichtigt werden. Nach der empirischen Studie, insbesondere über die Aktionärsgesellschaft, ist eine pyramidenförmige Struktur mit mittelbarer Kontrolle die typische Aktionärsstruktur chinesischer Unternehmen.[305] Eine pyramidenförmige Struktur ist nicht nur in

305 Vgl. 朱冬琴/陈文浩 [ZHU, Dongqin/CHEN, Wenhao], 《财经研究》 [Finanzen und Wirtschaft], 2/2010, S. 121, 122; 陈凌/叶长兵/鲁莉劼 [CHEN, Lin/YE, Changbing/LU, Lijie], 《浙江社会科学》 [Zhejiang Sozialwissenschaften], 05/2009, S. 8, 10; 余澳 [YU, Ao], 《经济纵横》 [Wirtschaftsbericht], 05/2010, S. 122, 124; Zur

Staatsunternehmen, sondern auch in privaten Unternehmen üblich. Im Vergleich mit Staatsunternehmen ist der Aufbau der pyramidenförmigen Struktur in privaten Unternehmen komplizierter.[306] Eine Studie zeigt, dass nur 101 von insgesamt 618 am Börsenmarkt notierten privaten Unternehmen unmittelbar von den Aktionären kontrolliert werden.[307]

bb. Stellungnahme

Nach europäischem Recht wird, wenn der Erwerber mit dem Inhaber des Rechts nicht identisch ist, eine mittelbare Kontrolle bejaht, d. h., dass eine mittelbare Kontrolle im europäischen Recht weiter als ein Treuhand-, Strohmann- und Geschäftsführungsverhältnis geht.[308] Wem die Rechte nach der europäischen Fusionskontrolle endgültig zugeordnet werden, hängt von vielen wirtschaftlichen Umständen wie Beteiligungen, Vertragsbeziehungen usw. ab.[309]

In der Literatur findet sich die Meinung, dass die mittelbare Kontrolle im deutschen Recht – trotz einer notwendigen Angleichung des deutschen an das europäische Recht – eng ausgelegt werden sollte.[310] Eine weite Auslegung stehe nicht im Einklang mit der Verbund- und Mehrmütterklausel von § 36 Abs. 2 GWB.[311] Nach § 36 Abs. 2 GWB werden die verbundenen Unternehmen als einheitliches Unternehmen angesehen, wenn ein beteiligtes Unternehmen ein abhängiges oder beherrschendes Unternehmen im Sinne des § 17 AktG oder ein Konzernunternehmen im Sinne des § 18 AktG ist.

Obwohl eine Einzelfallprüfung bei einer Fusionskontrolle erforderlich ist, können die von der empirischen Studie ermittelten Umstände auch eine Berücksichtigung bei der Auslegung der mittelbaren Kontrolle in der chinesischen

---

pyramidenförmigen Struktur von staatlichen Unternehmen s. Chen, Die Leitung und Überwachung der chinesischen und der deutschen Aktiengesellschaft, 2015, S. 46, 47.

306 朱冬琴/陈文浩 [ZHU, Dongqin/CHEN, Wenhao],《财经研究》[Finanzen und Wirtschaft], 2/2010, S. 121, 122; 陈凌/叶长兵/鲁莉劼 [CHEN, Lin/YE, Changbing/LU, Lijie],《浙江社会科学》[Zhejiang Sozialwissenschaften], 05/2009, S. 8, 10 ff.

307 余澳 [YU, Ao],《经济纵横》[Wirtschaftsbericht], 05/2010, S. 122, 124: Als private Unternehmen gelten in dieser Arbeit Unternehmen, deren endgültige Kontrolle einer privaten Person oder privaten juristischen Person unterliegt.

308 S. § 2 I. 2 b).

309 S. § 2 I. 2 b).

310 Bechtold, GWB, 7. Aufl., § 37 Rn. 6; Thomas, in: Immenga/Mestmäcker, GWB/Teil 1, 5. Aufl., § 37 Rn. 89.

311 Bechtold, GWB, 7. Aufl., § 37 Rn. 6; Thomas, in: Immenga/Mestmäcker, GWB/Teil 1, 5. Aufl., § 37 Rn. 89.

Fusionskontrolle finden. Wenn eine pyramidenförmige Struktur eine regelmäßige Aktionärsstruktur für chinesische Unternehmen ist, kann ein mittelbarer Kontrollerwerb durch beteiligte Unternehmen, insbesondere durch eine Tochtergesellschaft oder ein GU, ein typischer Fall für einen Zusammenschluss sein.

Mit Rücksicht auf die pyramidenförmige Struktur der chinesischen Unternehmen sollte m. E. die mittelbare Kontrolle der chinesischen Fusionskontrolle weiter ausgelegt werden, ansonsten kann eine tatsächliche Änderung der Kontrolle nicht richtig beschrieben werden.

Gegebenenfalls gibt es im chinesischen Recht keine dem Verbund und der Mehrmutterklausel von § 36 Abs. 2 GWB entsprechende Vorschrift.[312] Die Einbeziehung einer weiten Auslegung der mittelbaren Kontrolle würde zu keinem Konflikt mit den Artikeln des AMG führen. In der chinesischen Fusionskontrolle können die mittelbare Kontrolle und die Umsatzberechnung als zwei getrennte unabhängige Fragen behandelt werden. Nach Art. 5 der Guideline über den Anmeldungsnamen des Zusammenschlusses aus dem Jahr 2017[313] gilt: wenn A und B durch eine Zweckgesellschaft E die Anteile von C erwerben, werden A, B und C als die beteiligten Unternehmen genommen.[314]

b) Vermögenserwerb

Nach dem Wortlaut von Art. 20 AMG kann eine Kontrolle durch Vermögenserwerb begründet werden. Es ist nicht einfach, sich ein konkretes Beispiel vorzustellen, in dem der Erwerber lediglich durch Vermögenserwerb die Kontrolle über ein Zielunternehmen erwirbt.[315] Nach der Meinung im Schrifttum sowie der Erfahrung von MOFCOM ist der Vermögenserwerb i. S. v. Art. 20 AMG allerdings weit zu verstehen.[316]

---

312 Eingehend hierzu § 5 III. 1, 2.

313 Auf Chinesisch商务部 [MOFCOM],《关于规范经营者集中案件申报名称的指导意见》(14.02.2017).

314 Vgl. 尚明/孔玲/叶军 [SHANG, Ming/KONG, Ling/YE, Jun],《法律适用》[Rechtsanwendung], 04/2012, S. 39 ff.

315 Vgl. 尚明/孔玲/叶军 [SHANG, Ming/KONG, Ling/YE, Jun],《法律适用》[Rechtsanwendung], 04/2012, S. 39, 43.

316 Vgl. 尚明/孔玲/叶军 [SHANG, Ming/KONG, Ling/YE, Jun],《法律适用》[Rechtsanwendung], 04/2012, S. 39, 42 f.; dazu eingehend auch Jin, Aufgreifkriterien in der Fusionskontrolle, S. 262 ff.

aa. Fälle des Vermögenserwerbs von MOFCOM

Der Vermögenserwerb hat keinen großen Anteil an allen Zusammenschlussfällen in der chinesischen Fusionskontrolle. Von allen freigegebenen Fällen betrafen im vierten Quartal 2012 fünf (8,5 %), im Jahr 2013 zwölf (5,7 %) und in den ersten drei Quartalen 2014 elf Fälle (7 %) einen Vermögenserwerb.[317] Von den 25 Fällen, die bis Ende 2016 mit Nebenbestimmung freigegeben wurden, weisen lediglich zwei Fälle einen Vermögenserwerb auf – Seagate übernahm 2011 das Festplattengeschäft von Samsung Electronics Co., Ltd.[318] und Microsoft übernahm 2014 die Anlage und den Dienst von Nokia[319]. Im ersten Fall verkaufte Samsung alle Anlagen, Geräte und Vermögensgegenstände aus den Bereichen Forschung und Entwicklung sowie Produktion und Verkauf des Festplattengeschäfts an Seagate. Im zweiten Fall übernahm Microsoft sämtliche Anlagen und Dienste von Nokia, Nokia behielt nach dem Einkauf alle Patente in Bezug auf Kommunikation und Smartphone.

Der Vermögenserwerb beinhaltet in der Praxis im Wesentlichen drei Arten: den Erwerb aller Vermögenswerte des Zielunternehmens, den Erwerb der Geräte oder Dienste des Zielunternehmens und den Erwerb von Teilen des Vermögens des Zielunternehmens. Davon ist der Erwerb aller Geräte oder Dienste des Zielunternehmens ein Regelfall. Alle Fälle, die sich auf den Erwerb eines Teils des Vermögens der Zielunternehmen beziehen, sind freigegeben, als Beispiele seien „Flextronics International Ltd übernahm den Vermögenswert von Motorola Mobile Limited“[320]; „China Molybdenum Co., Ltd erwarb die Beteiligung und zugehörigen Vermögenswerte von Northern Mining Shares Limited in Australien Nord Parkes-Mine[321]“ und „Hitachi-LG Data Storage erwarb einen Teil des Dienstes von Hitachi Media-Electronics Co., Ltd“[322] genannt.

bb. Praktische Behandlung von MOFCOM

Nach der Meinung des MOFCOM sollte der Vermögenserwerb im chinesischen Recht nicht grammatisch ausgelegt werden, denn nur, wenn der Erwerber durch Vermögenserwerb das Zielunternehmen kontrolliert, liegt ein Zusammenschluss vor; als Gegenstand eines Vermögenserwerbs sind auch der Erwerb

317 Die Daten basieren auf den Bekanntmachungen von MOFCOM.
318 MOFCOM, Bekanntmachung Nr. 90, 2011.
319 MOFCOM, Bekanntmachung Nr. 24, 2014.
320 MOFCOM, Bekanntmachung, freigegebene Fälle Nr. 7, zweites Quartal 2013.
321 MOFCOM, Bekanntmachung, freigegebene Fälle Nr. 7, viertes Quartal 2013.
322 MOFCOM, Bekanntmachung, freigegebene Fälle Nr. 38, viertes Quartal 2013.

von ganzen oder wesentlichen Teilen des Vermögens des Zielunternehmens zu betrachten.[323] Die Praxis bei Fällen des Vermögenserwerbs von MOFCOM steht im Einklang mit der geäußerten Meinung. Die aufgenommenen Anmeldungen beschränken sich nicht auf eine Kontrollbegründung durch Vermögenserwerb im engeren Sinn.

Die Praxis hinsichtlich des Vermögenserwerbs in der chinesischen Fusionskontrolle kann im Verweis auf die Erfahrung von Art. 3 Abs. 2 lit. b FKVO verstanden werden. Im europäischen Recht ist, obgleich nicht geregelt ist, welcher Vermögenserwerb die Fusionskontrolle auslösen kann, nach der Meinung des Schrifttums ein „ungeschriebenes Wesentlichkeitskriterium" des erworbenen Vermögens gegeben: da zur Anmeldung eine hohe Umsatzschwelle von 250 bzw. 100 Mio. Euro des Vorgangs vorausgesetzt wird, können nur gewichtige Vermögenserwerbe die Voraussetzung erfüllen.[324] Wenngleich es in der chinesischen Fusionskontrolle noch kein klares Kriterium für die Anwendung des Vermögenserwerbs gibt, ist die praktische Behandlung der Fälle des Vermögenserwerbs durch MOFCOM nicht sehr abweichend von der Erfahrung der europäischen Fusionskontrolle.

cc. Ein subjektiver Bestandteil? – Der Fall der umgekehrten Übernahme

Von einer umgekehrten Übernahme (auf Englisch „reverse takeover" oder „back door listing") spricht man bei einer Transaktion, bei der der Erwerber seine wesentlichen Vermögenswerte einem börsennotierten Unternehmen übergibt und umgekehrt die Beteiligungen des Zielunternehmens erhält, wodurch er ferner eine Kontrolle über das Unternehmen begründet. Als Zielunternehmen werden normalerweise solche mit niedrigem Marktwert oder sogar ST[325]-Gesellschaften ausgewählt, die weniger Marktwert haben. Das Hauptziel der umgekehrten Übernahme dient meist nicht einer Vereinigung der Ressourcen der beteiligten Unternehmen.

---

323 尚明 [SHANG, Ming] (ehemaliger Leiter des Fusionskontrollamtes), Vortrag über M&A und die Anmeldung zur Fusionskontrolle, 20.05.2016, Beijing; vgl. 尚明/孔玲/叶军 [SHANG, Ming/KONG, Ling/YE, Jun], 《法律适用》 [Rechtsanwendung], 04/2012, S. 39, 43; 吴振国/刘新宇 [WU, Zhengguo/LIU, Xinyu], „企业并购反垄断审查制度之理论与实践" [Theorie und Praxis der Fusionskontrolle bei M&A], 2012, S. 309 f.

324 S. § 2 I. 2 a).

325 Das ST wurde am 22. April 1998 vom Shanghai und Shenzhen Stock Exchange eingeführt. ST ist die Abkürzung für Special Treatment, welches solche AG betrifft, die eine schlechte finanzielle oder auf andere Weise zweifelhafte Anlage sind. ST stellt ein Alarmzeichen für Investoren dar.

Umgekehrte Übernahme stellt einen typischen Fall für den chinesischen Markt dar, weil viele chinesische Unternehmen eine Finanzierung durch IPO betreiben, aufgrund des aktuellen Systems von IPO jedoch normalerweise sehr lange Zeit warten müssen. Durch die umgekehrte Übernahme kann ein Unternehmen schneller und günstiger am Börsenmarkt notieren, sie wird folglich von chinesischen Unternehmen als eine Alternative zum IPO genommen. In der Praxis gibt es für die umgekehrte Übernahme viele unterschiedliche Handlungsmuster, einschließlich Ausschreibungsangebot, Vereinbarung, mittelbare Kontrolle, Asset Tausch oder Vollmacht von anderen Aktionären.[326]

Die Anwendung der chinesischen Fusionskontrolle bei einer umgekehrten Übernahme ist umstritten. In der Literatur dreht sich die Kontroverse primär um die Frage, ob die Anwendung der Fusionskontrolle einen subjektiven Tatbestand vom Erwerber verlangt.[327]

Grundsätzlich ist der Geschäftszweck für die Fusionskontrolle nicht entscheidend.[328] Eine Ausnahme liegt bei einem Vermögenserwerb nach § 37 Abs. 1 Nr. 1 GWB vor. Im Schrifttum wird überwiegend die Meinung vertreten, dass im deutschen Recht ein subjektiver Bestandteil für den Vermögenserwerb von § 37 Abs. 1 Nr. 1 GWB erforderlich sei. Nur wenn der Erwerber beim Vermögenserwerb beabsichtige, den Vermögensgegenstand auf demselben Markt weiter fortzuführen, läge ein Zusammenschluss vor, weil es sonst an einer Veränderung der Marktstruktur zugunsten des Erwerbers fehle.[329] Allerdings spricht einiges dafür, dass nur im Fall des Erwerbs eines wesentlichen Vermögensteils ein subjektiver Tatbestandteil erforderlich ist, weil lediglich in diesem Fall eine subjektive Absicht zur Begründung einer marktstrukturrelevanten Veränderung sinnvoll wäre.[330]

---

326 Vgl. 蒋丽华 [JIANG, Lihua], „对买壳上市相关问题的研究" [Studie über IPO durch Umgekehrte Übernahme], Masterarbeit (Südwest-Universität für Politikwissenschaft für Finanzen und Wirtschaft 2003), S. 7 ff.; 赵婧轩 [ZHAO, Jingxuan], „我国企业借壳上市模式与效果研究" [IPO durch Umgekehrte Übernahme und der Effekt für chinesische Unternehmen], Masterarbeit (Nanjing Universität für Wissenschaft und Technologie 2015), S. 4f.

327 Vgl. 杨科 [YANG, Ke], „你知道吗—借壳也需要经营者集中审查？" [Die Anwendung von Fusionskontrolle bei der umgekehrten Übernahme], 23.7.2015, Beitrag online unter: http://www.tylaw.com.cn/CN/news_content.aspx?contentID=00000000000000001535&Lan=CN&MenuID=00000000000000000005 (zuletzt aufgerufen am 12.11.2017).

328 Thomas, in: Immenga/Mestmäcker, GWB/Teil 1, 5. Aufl., § 37 Rd. 54.

329 Richter/Steinvorth, in: Wiedemann, Kartellrecht, 3. Aufl., § 19 Rn. 83; Thomas, in: Immenga/Mestmäcker, GWB/Teil 1, 5. Aufl., § 37 Rd. 53.

330 Thomas, in: Immenga/Mestmäcker, GWB/Teil 1, 5. Aufl., § 37 Rd. 54.

M. E. ist der Zweck der umgekehrten Übernahme kein Hindernis für die Anwendung der chinesischen Fusionskontrolle. Obwohl das Ziel der umgekehrten Übernahme im chinesischen Markt üblicherweise in der Finanzierung durch Stock Exchange liegt, ist das Vorgehen anders als bei einer normalen IPO. Bei einer umgekehrten Übernahme ist eine Vereinigung von zwei oder mehr beteiligten Unternehmen durch unterschiedliche Mittel möglich, die im Wesentlichen das Aufgreifkriterium der Fusionskontrolle erfüllen kann.[331] Dies ist vergleichbar mit einem Investmentfonds, bei dem der Hauptzweck in der Investitionsrendite liegt. Wenn ein Vorgang das Aufgreifkriterium der Fusionskontrolle nach Art. 20 AMG erfüllt, ist das beteiligte Unternehmen zur Anmeldung verpflichtet. Ob ein Zusammenschluss tatsächlich oder beabsichtigt den Wettbewerb durch Änderung der Marktstruktur beeinträchtigen kann, fällt lediglich unter die materielle Prüfung.

Ferner kann gemäß Art. 2 der vorübergehenden Anleitung zur Anwendung des vereinfachten Verfahrens in der Fusionskontrolle[332] ein Zusammenschluss nach vereinfachtem Verfahren angemeldet werden, wenn die beteiligten Unternehmen weder am gleichen Markt noch am vor- oder nachgelagerten Markt angesiedelt sind und weniger als 25 % des Marktanteils in jedem betroffenen Markt besitzen. Wenn eine umgekehrte Übernahme nur zum Finanzierungszweck erfolgt und die beteiligten Unternehmen lediglich über einen kleinen Marktanteil verfügen, erfüllt die Transaktion genau die Voraussetzungen zur Anwendung des vereinfachten Verfahrens. Für eine Anmeldung nach vereinfachtem Verfahren genügt ein Einschreiben, was keinen großen Aufwand für das beteiligte Unternehmen darstellt. Im Hinblick auf die Einführung des vereinfachten Verfahrens hat eine Differenzierung der subjektiven Absicht eines Zusammenschlusses weniger praktische Bedeutung. Die umgekehrte Übernahme nach dem vereinfachten Verfahren bei MOFCOM anzumelden, ist praktischer und einfacher als im Einzelfall zu prüfen, ob ein subjektiver Bestandteil erforderlich ist.

---

331 Nach der ökonomischen Literatur bezweckt die umgekehrte Übernahme nicht immer ausschließlich eine Finanzierung: vgl. dazu 冯根福/吴林江 [FENG, Genfu/WU, Linjiang], 《经济研究》 [Studie zur Wirtschaft], 01/2002, S. 54, 61; 王皓 [WANG, Hao], „我国A股市场企业借壳上市相关问题研究“ [Studie zur Umgekehrten Übernahme am A-Aktienmarkt], Masterarbeit (Universität für Finanzwesen und Wirtschaft Südwestchina), 2013; 张新 [ZHANG, Xin], 《经济研究》 [Studie zur Wirtschaft], 06/2003, S. 20 f.

332 商务部[MOFCOM], auf Chinesich 《关于经营者集中简易案件申报的指导意见（试行）》 (18.04.2014).

c) Unternehmen mit VIE-Struktur bei Fusionskontrolle

aa. Die VIE-Struktur

VIE ist die Abkürzung des englischen Begriffes „Variable Interest Entities" und aktuell ein großes Thema in China. VIE ist auch als Kontrollbegründung durch VIE-Vereinbarung bekannt geworden. Die VIE-Struktur ist eine grenzüberschreitende Unternehmensstruktur. Unter dem Dach der VIE-Struktur befindet sich eine Unternehmensgruppe, die sich in der Regel hauptsächlich aus einem Offshore-Unternehmen, der von dem Offshore-Unternehmen eingerichteten WFOE und chinesischen Unternehmen, die tatsächlich ihre Geschäfte in China führen, zusammensetzt. Die vertragliche Vereinbarung besteht zwischen der WFOE und dem chinesischen Unternehmen, das in China Handel betreibt. Nach der Vereinbarung kontrolliert der WFOE das chinesische Unternehmen ohne eigene Kapitalbeteiligung. Das Offshore-Unternehmen der Unternehmensgruppe wiederum betätigt sich ausschließlich als Holdinggesellschaft. Als erstes baute ein Internet-Unternehmen eine VIE-Struktur auf, um aus Finanzierungszwecken am ausländischen Börsenmarkt notieren zu können, aber trotzdem die Geschäfte des Unternehmens in China zu behalten; der Grund war, dass viele Geschäfte in der Internetbranche nach chinesischem Recht für ausländische Unternehmen (sowie Unternehmen mit ausländischen Investitionen) beschränkt oder gar nicht erlaubt sind.[333] Inzwischen wird die VIE-Struktur auch in anderen Branchen genutzt.

bb. Unternehmen mit VIE-Struktur bei Fusionskontrolle in der Praxis

In der Praxis ist die Prüfung von Unternehmen mit VIE-Struktur in der chinesischen Fusionskontrolle problematisch, viele Vorgänge von Internet-Unternehmen mit VIE-Struktur sind bei MOFCOM nicht angemeldet.[334] Es wird deswegen als „verdeckte Spielregeln" bezeichnet, dass Unternehmen mit VIE-Struktur kein Gegenstand von chinesischer Fusionskontrolle sind.[335]

---

333 Vgl. 薛乾 [XUE, Qian], 《现代商业》 [Moderne Geschäfte], 21/2012, S. 193; 薛胜男 [XUE, Shengnan], 《法制与社会》 [Recht und Gemeinschaft], 06/2015, S. 254; XUE Shengnan, Legal System and Society (Zeitschrift), 2015 Heft 6, S. 254–256.

334 Vgl. 姜丽勇 [JIANG, Liyong], „互联网企业的竞争和反垄断若干热点问题分析" [Brennende Fragen zum Wettbewerbsrecht für Internetunternehmen], Beitrag online unter: http://jiangliyong.baijia.baidu.com/article/336695 (zuletzt aufgerufen am 12.11.2017).

335 Vgl. 王晓晔 [WANG, Xiaoye], „谈滴滴优步合并案" [Stellungnahme zum Zusammenschluss von DiDi und Uber], 4.9.2016, Beitrag online unter http://www.iolaw.org.cn/showNews.aspx?id=53126 (zuletzt aufgerufen am 12.11.2017).

Der ehemalige Abteilungsleiter von MOFCOM Herr Shang hat in einem Vortrag über die Fusionskontrolle geäußert, dass MOFCOM nie explizit ausgesprochen hat, dass der Vorgang von Unternehmen mit VIE-Struktur nicht unter die Fusionskontrolle fallen kann.[336] Herr Shang Ming nannte bezüglich der Frage das Beispiel der Übernahme der Focus Media durch Sina. Der Zusammenschluss war erst bei MOFCOM angemeldet und dann vor einer materiellen Prüfung zurückgezogen worden.[337] Nach Meinung des MOFCOM besteht das Hindernis zur Fusionskontrolle in einem solchen Fall darin, dass die Rechtmäßigkeit der VIE-Struktur im chinesischen Rechtssystem unklar ist, weil es sich beim Aufbau einer VIE-Struktur um eine Gesetzumgehung handelt.[338] MOFCOM würde durch die Annahme der Anmeldung des Zusammenschlusses zur Fusionskontrolle mittelbar die Gültigkeit der VIE-Struktur anerkennen. Die Feststellung der Rechtmäßigkeit der VIE-Struktur im chinesischen Rechtssystem liegt jedoch außerhalb der Zuständigkeit von MOFCOM.[339]

Die Gesetzeslücke zur VIE-Struktur kann nach dem Erlass des neuen Gesetzes über ausländische Investitionen als geschlossen. Am 19. Januar 2015 hat MOFCOM den Entwurf des Gesetzes über ausländische Investitionen erlassen, in dem der Begriff „ausländische Investition" neu ausgelegt wird. Nach Art. 15 Abs. 6 des Entwurfs wird eine Investition als ausländische Investition angesehen, wenn ein ausländischer Investor mittelbar oder unmittelbar durch Vertrag oder Trust oder auf andere Weise die Kontrolle über ein chinesisches Unternehmen erlangt oder in den Besitz der Rechte und Interessen eines chinesischen Unternehmens gelangt. In Art. 18 hat der Entwurf darüber hinaus den Begriff „Kontrolle" im Rahmen des Gesetzes ausgelegt: Eine Kontrolle liegt vor, wenn ein Unternehmen im Hinblick auf ein anderes Unternehmen

---

336 尚明 [SHANG, Ming] (ehemaliger Leiter des Fusionskontrollamtes), Vortrag über M&A und die Anmeldung zur Fusionskontrolle, 20.05.2016, Beijing.

337 尚明 [SHANG, Ming] (ehemaliger Leiter des Fusionskontrollamtes), Vortrag über M&A und die Anmeldung zur Fusionskontrolle, 20.05.2016, Beijing.

338 尚明 [SHANG, Ming] (ehemaliger Leiter des Fusionskontrollamtes), Vortrag über M&A und die Anmeldung zur Fusionskontrolle, 20.05.2016, Beijing; vgl. 李敏 [LI, Min],《重庆邮电大学学报（社会科学版）》[Zeitschrift der Chongqing Universität der Post und Telekommunikation (Sozialwissenschaft)], 04/2015, S. 35; 赵馨/程璇 [ZHAO, Xin/CHEN, Xuan],《中共青岛市党校青岛行政学院学报》[Zeitschrift der Parteischule von Qingdao], 01/2015, S. 69, 70 ff.

339 尚明 [SHANG, Ming] (ehemaliger Leiter des Fusionskontrollamtes), Vortrag über M&A und die Anmeldung zur Fusionskontrolle, 20.05.2016, Beijing.

- 1) mittelbar oder unmittelbar über 50 % der Aktien, Vermögenswerte, Stimmrechte oder andere ähnliche Rechte besitzt,
- 2) die Voraussetzung von Nr. 1 nicht erfüllt, es aber a) mittelbar oder unmittelbar über die Hälfte der Mitglieder im Vorstand oder ähnlicher Leitungsorgane bestellen kann oder b) ein abgesichertes Recht innehat, die Hälfte der Sitze der Mitglieder im Vorstand oder ähnlicher Leitungsorgane zu erhalten oder c) aufgrund der Stimmrechte eine erhebliche Wirkung auf die Entscheidung der Hauptversammlung oder des Vorstands ausüben kann,
- 3) durch Vertrag oder Trust oder auf andere Weise eine erhebliche Wirkung auf den Betrieb, die Finanzierung, die personelle Bestellung oder die Technik des Zielunternehmens ausüben kann.

Nach der Einführung eines materiellen Kriteriums zur Differenzierung zwischen ausländischer und innerer Investition kann ein Unternehmen mit einer VIE-Struktur nun als ausländische Investition ausgelegt werden, was dazu führt, dass eine Gesetzumgehung mittels Aufbau einer VIE-Struktur nicht mehr funktioniert.[340] Eine Schwierigkeit bleibt jedoch in der Frage bestehen, ob die Unternehmen mit VIE-Struktur, die schon vor Erlass des Entwurfs begründet wurden, ebenfalls nicht rechtmäßig sind, weil die Vorschrift des neuen Gesetzes über ausländische Investitionen nur für neu gegründete Unternehmensgruppen mit VIE-Struktur gültig ist. Diese Frage steht aktuell zur Diskussion.

Das Thema VIE-Struktur als Beispiel einer speziellen Frage in der chinesischen Fusionskontrolle hat gezeigt, dass es hinsichtlich einer gleichen Anwendung der Fusionskontrolle in allen Fällen nicht nur darauf ankommt, ob das Aufgreifkriterium nach Art. 20 AMG klar und deutlich ist. Gesetzeslücken oder Schwierigkeiten in anderen Gesetzgebieten des chinesischen Rechtssystems können ebenfalls Herausforderungen für die Durchsetzung der Fusionskontrolle mit sich bringen.

6. Zusammenfassung

Kontrollerwerb stellt den wichtigsten Tatbestand eines Aufgreifkriteriums für die Fusionskontrolle dar, sowohl im deutschen Recht nach § 37 Abs. 1 GWB, im europäischen Recht nach Art. 3 FKVO als auch im chinesischen Recht nach Art. 20 AMG. Nach der aktuellen Gesetzgebung sind zwei Artikel für die Auslegung des Begriffs „Kontrollerwerb" in der chinesischen Fusionskontrolle

340 Vgl. 林国 [LIN, Guo], 《法制博览》 [Rechtsvision], 05/2016, S. 96, 97; 薛胜男 [XUE, Shengnan], 《法制与社会》 [Recht und Gemeinschaft], 06/2015, S. 254, 255 f.

bedeutend: Art. 20 AMG und Art. 3 der Guideline 2014 von MOFCOM. Nach Art. 20 AMG kann der Erwerber durch Anteilserwerb, Vermögenserwerb, Verträge sowie auf sonstige Weise eine Kontrolle über Zielunternehmen begründen. Nach Art. 3 der Guideline 2014 erfolgt die Würdigung einer Kontrollbegründung aufgrund einer Gesamtschau aller rechtlichen und faktischen Umstände eines Zusammenschlusses. Für den Kontrollerwerb sind folgende Elemente bedeutend: das Ziel des Vorgangs (Zusammenschluss) und der zukünftige Plan, die Anteilsstruktur des Zielunternehmens vor und nach dem Zusammenschluss, Abstimmungsregeln, die Angelegenheiten zur Abstimmung und die historische Präsenz bei der Hauptversammlung des Zielunternehmens, die Zusammensetzung von Vorstand und Aufsichtsrat, Bestellung und Abberufung von hochrangigen Managern des Zielunternehmens, die Beziehung der Aktionäre/Vorstandsmitglieder, Proxy Voting, gemeinsame Verhandlung sowie wichtige Geschäftsbeziehungen und Kooperationsvereinbarungen zwischen dem Zielunternehmen und anderen Unternehmen. Nach Art. 3 der Guideline 2014 ist Kontrollerwerb i. S. v. Art. 20 AMG ein qualitatives Aufgreifkriterium und unabhängig vom chinesischen Gesellschaftsrecht. Darüber hinaus kann die Kontrolle über Zielunternehmen nicht nur alleine, sondern auch gemeinsam begründet werden, wenn sowohl eine unmittelbare als auch eine mittelbare Kontrolle der Gegenstand von Fusionskontrolle ist.

Die Guideline 2014 beinhaltet lediglich Verwaltungsgrundsätze des MOFCOM zum Aufgreifkriterium der Fusionskontrolle. Die Rechtsnatur der Guideline ist vergleichbar mit der Konsolidierten Mitteilung der Kommission zu Zuständigkeitsfragen: selbst wenn sie nicht rechtsverbindlich ist, ist sie doch bedeutend für die Praxis. Seit einigen Jahren werden zur chinesischen Fusionskontrolle anstatt offizieller Gesetzgebung zahlreiche Guidelines und Ausführungsbestimmungen zur Durchführung des chinesischen Anti-Monopol-Gesetzes erlassen.

Obwohl das Aufgreifkriterium der chinesischen Fusionskontrolle von Art. 20 AMG nach Erlass der Guideline 2014 konkreter geworden ist, gewährleistet ihre Auslegung des Aufgreifkriteriums „Kontrollerwerb" noch keine ausreichende Rechtssicherheit und Transparenz. Art. 3 der Guideline 2014 erklärt lediglich, welche Elemente für die Begründung eines Kontrollerwerbs wichtig sind, es wird darin jedoch nicht dargelegt, was eine Kontrolle über Zielunternehmen ist und wie eine Kontrolle im Einzelfall begründet werden kann.

Eine Minderheitsbeteiligung ist nach dem Wortlaut des Art. 20 AMG sowie Art. 3 der Guideline 2014 ein Gegenstand der chinesischen Fusionskontrolle. Nach Art. 3 der Guideline 2014 können ein Erwerber mit Minderheitsbeteiligung zugunsten der Abstimmungsregel des Zielunternehmens, die niedrige Präsenz bei der Hauptversammlung, das Recht zur Bestellung oder Abberufung von hochrangigen Managern des Zielunternehmens und die Vereinbarung über gemeinsame Verhandlungen eine Kontrolle über Zielunternehmen begründen. Das Vetorecht, welches nach der Erfahrung der Europäischen Kommission für die Kontrollbegründung von Minderheitsbeteiligungen ausschlaggebend ist, spielt in der chinesischen Fusionskontrolle eine weniger bedeutende Rolle. Nach chinesischem Gesellschaftsrecht kann ein chinesisches Unternehmen nicht immer die Freiheit haben, einem Gesellschafter/Aktionär durch Vereinbarung ein Sonderrecht einzuräumen.

In Art. 3 der Guideline von 2014 werden daneben noch zwei Elemente erwähnt: jeweils die Aktionärsstruktur und die Beziehung der Aktionäre oder Vorstandsmitglieder. M. E. sind diese beiden Elemente für chinesische Unternehmen zur Würdigung eines Kontrollerwerbs sinnvoll. Nach hinreichenden empirischen Studien ist die pyramidenförmige Struktur die typische Aktionärsstruktur chinesischer Unternehmen und die Beherrschung von Unternehmen durch einzelne große Aktionäre der Regelfall. Ob ein Erwerber mit Minderheitsbeteiligung die Kontrolle über Zielunternehmen begründen kann, hängt stark davon ab, wie die Aktionärsstruktur und die Beziehung der Aktionäre oder Vorstandsmitglieder sind.

Auch nach Erlass der Guideline 2014 bleibt die Anwendbarkeit des Aufgreifkriteriums nach Art. 20 AMG für einige Fallgruppen problematisch, weil aus den veröffentlichten Entscheidungen nicht ersichtlich wird, wie genau MOFCOM im Fall einer Minderheitsbeteiligung vorgeht. Weder für eine alleinige Kontrollbegründung durch einen Minderheitsbeteiligten noch für eine gemeinsame Kontrollbegründung mit Minderheitsbeteiligtem bieten die Gesetzgebung sowie die praktischen Erfahrungen von MOFCOM ein klares Kriterium. Dasselbe gilt für den Fall, in dem eine faktische Kontrolle begründet wird. Bis jetzt gibt es allerdings noch keinen Fall mit Minderheitsbeteiligung, in dem ein Zusammenschluss nach der materiellen Prüfung verboten oder mit Nebenbestimmung freigegeben wurde. Gleichfalls gibt es keinen Fall mit Minderheitsbeteiligung, in dem das Unternehmen wegen Verstoßes gegen die Anmeldepflicht nach Art. 20 AMG bestraft wurde.

Um die Rechtssicherheit und Transparenz der chinesischen Fusionskontrolle zu voranzutreiben, ist eine weitere Entwicklung der Aufgreifkriterien von Art. 20 AMG begrüßenswert, die aber im chinesischen Rechtssystem auf Schwierigkeiten stoßen könnte. Der Gesetzgeber und die zuständige Verwaltungsbehörde haben keine Einigung darüber erreicht, wer die Befugnis besitzt, das Aufgreifkriterium von Art. 20 AMG auszulegen und weiter zu konkretisieren. Infolgedessen hat MOFCOM in Art. 3 der Guideline 2014 nicht geregelt, was eine Kontrolle über ein Unternehmen ist. Als Grund führt es an, dass Kontrolle ein gesetzlicher

Begriff des AMG ist und das Recht, einen gesetzlichen Begriff auszulegen, nach Art. 45 GGG dem Gesetzgeber, dem Ständigen Ausschuss des Nationalen Volkskongresses, vorbehalten ist. Weiterhin stellt die Auslegung des Kontrollerwerbs, insbesondere in einem Fall mit Minderheitsbeteiligung, auch ungeachtet der Befugnis zur Auslegung eine Schwierigkeit für die chinesische Fusionskontrolle dar. Die Rechtsstellung der für die Fusionskontrolle zuständigen Behörde führt weiter dazu, dass die Entscheidung über eine Fusionskontrolle nur nach dem VVG überprüft werden kann. Das Gericht prüft lediglich die Rechtmäßigkeit der Entscheidung, der substantielle Gehalt der Entscheidung ist grundsätzlich kein Gegenstand der gerichtlichen Prüfung. Die gerichtliche Entscheidung spielt deswegen keine Rolle für die Konkretisierung und Auslegung des Begriffs in der chinesischen Fusionskontrolle.

Vor diesem Hintergrund ist m. E. nicht zu erwarten, dass es in naher Zukunft eine ausführlichere Auslegung als die Guideline 2014 zum Aufgreifkriterium der chinesischen Fusionskontrolle geben wird. Angesicht der aktuellen Gesetzgebung empfiehlt MOFCOM, in einem Fall, in dem die Kontrollbegründung nicht eindeutig ist, der Zusammenschluss jedoch die Umsatzschwelle der chinesischen Fusionskontrolle übersteigt, den Vorgang bei MOFCOM anzumelden oder wegen einer Anmeldung zur Fusionskontrolle mit MOFCOM Kontakt aufzunehmen, um eine Rechtssicherheit für den Vorgang zu erlangen.

§ 3 Gemeinschaftsunternehmen

I. GU in der deutschen Fusionskontrolle

1. GU i. S. v. § 37 Abs. 1 GWB

Eine Legaldefinition für GU ist nach der 6. GWB-Novelle von 1999 in der deutschen Fusionskontrolle nicht mehr vorhanden.[341] Allgemein gesprochen kann ein GU gebildet werden, wenn sich zwei oder mehrere Unternehmen gemeinsam an einem anderen Unternehmen beteiligen, womit GU in der deutschen Fusionskontrolle einen umfassenden Begriff darstellt.[342] Die Gründung eines GU ist deswegen weit zu verstehen.[343] Ob das GU mit allen Funktionen oder nur mit Teilfunktionen aufgebaut wird, macht bei der Anmeldung zur Fusionskontrolle nach § 37 GWB keinen Unterschied.[344]

Wenn die Muttergesellschaften ein Unternehmen gemeinsam kontrollieren, unterfällt diese Konstellation eines GU dem § 37 Abs. 1 Nr. 2 GWB.[345] Ferner stellt ein reiner Erwerb der Anteile oder Stimmrechte in Höhe von 25 % oder 50 % eines anderen Unternehmens durch mehrere Unternehmen gleichzeitig oder nacheinander eine Konstellation eines GU dar. In diesem Fall fingiert der Gesetzgeber nach § 37 Abs. 1 Nr. 3 S. 3 GWB jedoch neben einem vertikalen Zusammenschluss von GU und Muttergesellschaften noch einen horizontalen Zusammenschluss zwischen den beteiligten Muttergesellschaften untereinander hinsichtlich der Märkte, auf denen das Zielunternehmen tätig ist.[346] Im Fall der Begründung eines GU durch Anteilserwerb nach § 37 Abs. 1 Nr. 3 ist es nicht erforderlich, dass die beteiligten Muttergesellschaften einen gemeinsamen Zweck verfolgen.[347] Die Erstreckung des Zusammenschlussbegriffs nach

---

341 Kallfaß, in: Langen/Bunte, Kartellrecht Bd. 1, 12. Aufl., § 37 GWB Rn. 43; Schulte, Fusionskontrolle, 2. Aufl., Rn. 58; Richter/Steinvorth, in: Wiedemann, Kartellrecht, 3. Aufl., § 19 Rn. 93.

342 Kallfaß, in: Langen/Bunte, Kartellrecht Bd. 1, 12. Aufl., § 37 GWB Rn. 291; Zimmer, in: Immenga/Mestmäcker, GWB/Teil 1, 5. Aufl., § 1 Rn. 285.

343 Zimmer, in: Immenga/Mestmäcker, GWB/Teil 1, 5. Aufl., § 1 Rn. 286.

344 Thomas, in: Immenga/Mestmäcker, GWB/Teil 1, 5. Aufl., § 37 Rn. 289 ff.

345 Krauß, in: Langen/Bunte, Kartellrecht Bd. 1, 12. Aufl., § 1 GWB Rn. 291.

346 Bechtold/Bosch, GWB, 8 Aufl., § 37 Rn. 32; Schulte, Fusionskontrolle, 2. Aufl., Rn. 158; Thomas, in: Immenga/Mestmäcker, GWB/Teil 1, 5. Aufl., § 37 Rn. 287 ff.; Richter/Steinvorth, in: Wiedemann, Kartellrecht, 3. Aufl., § 19 Rn. 93.

347 Schulte, Fusionskontrolle, 2. Aufl., Rn. 158; Kallfaß, in: Langen/Bunte, Kartellrecht Bd. 1, 12. Aufl., § 37 GWB Rn. 43; Bechtold/Bosch, GWB, 8. Aufl., § 37 Rn. 32.

§ 37 Abs. 1 Nr. 3 S. 3 auf die beteiligten Muttergesellschaften untereinander zielt darauf ab, dass die Fusionskontrolle auch den Wettbewerb zwischen den Muttergesellschaften, den sog. Gruppeneffekt, berücksichtigt.[348] Nach der Gruppeneffekt-Theorie kann eine gemeinsame Beteiligung am Zielunternehmen zu einer Koordinierung zwischen den Muttergesellschaften sowie zwischen den Muttergesellschaften und dem GU auf dem GU-tätigen Markt sowie auf anderen Märkten führen.[349] Darüber hinaus hat die Fiktion der Teilfusion der Gesellschafter eines GU noch eine zusätzliche Bedeutung für die §§ 35 und 39 hinsichtlich der Berechnung der Umsätze von Muttergesellschaften und Marktanteilen.[350] Zudem kann eine gemeinsame Ausübung des wettbewerblich erheblichen Einflusses nach § 37 Abs. 4 GWB auch als eine Konstellation zur GU-Gründung ausgelegt wird.[351]

Die Fusionskontrolle kann noch einmal ausgelöst werden, wenn die Muttergesellschaften wesentliches Vermögen oder andere Ressourcen an das GU übertragen und dadurch die Geschäftsfähigkeit des GU auf andere sachliche oder räumliche Märkte erweitern.[352]

2. Doppelkontrolle für GU

a) Der Grundsatz der Doppelkontrolle

Die materielle Prüfung von GU folgt in der deutschen Fusionskontrolle dem Grundsatz der Doppelkontrolle.[353] Die Besonderheit von GU führt dazu, dass

---

348 Kallfaß, in: Langen/Bunte, Kartellrecht Bd. 1, 12. Aufl., § 37 GWB Rn. 43; Richter/Steinvorth, in: Wiedemann, Kartellrecht, 3. Aufl., § 19 Rn. 94.

349 Schulte, Fusionskontrolle, 2. Aufl., Rn. 159; Richter/Steinvorth, in: Wiedemann, Kartellrecht, 3. Aufl., § 19 Rn. 94; Begr.RegE zur 2. GWB-Novelle, BT-Drucks. VI/2520, S. 27.

350 Schulte, Fusionskontrolle, 2. Aufl., Rn. 160; Bechtold/Bosch, GWB, 8 Aufl., § 37 Rn. 33; Thomas, in: Immenga/Mestmäcker, GWB/Teil 1, 5. Aufl., § 37 Rn. 290, 291; Richter/Steinvorth, in: Wiedemann, Kartellrecht, 3. Aufl., § 19 Rn. 94.

351 Schulte, Fusionskontrolle, 2. Aufl., Rn. 162.

352 Kallfaß, in: Langen/Bunte, Kartellrecht Bd. 1, 12. Aufl., § 37 GWB Rn. 46; Thomas, in: Immenga/Mestmäcker, GWB/Teil 1, 5. Aufl., § 37 Rn. 296: anders als in der europäischen Fusionskontrolle stellt die Änderung oder Erweiterung der Tätigkeit eines GU keinen neuen Zusammenschluss i. S. v. § 37 dar.

353 Krauß, in: Langen/Bunte, Kartellrecht Bd. 1, 12. Aufl., § 1 GWB Rn. 288; Thomas, in: Immenga/Mestmäcker, GWB/Teil 1, 5. Aufl., § 36 Rn. 695, 697. Schulte, Fusionskontrolle, 2. Aufl., Rn. 163 ff.; Wiedemann, Kartellrecht, 3. Aufl., § 20 Rn. 191; Beispielfall: BGH WuW/E BGH 2169 „Mischwerke" mit Zweischrankentheorie statt Trennungstheorie.

für viele Fälle weder eine Einstufung des Vorgangs allein als Zusammenschluss nach § 35 ff. GWB noch allein als Kartellverbot nach § 1 GWB sachgerecht wäre, weil die Gründung eines GU zwei Sachverhalte enthalten kann, welche gleichzeitig die Voraussetzung von § 1 GWB und § 37 GWB erfüllen können.[354] Ferner kann der Teil des Kartellverbots vom Teil des Zusammenschlusses in einem konkreten Fall nicht immer klar und erfolgreich getrennt werden.[355] Der BGH hat in zahlreichen Fällen entschieden, dass bei der Gründung eines GU sowohl die Fusionskontrolle als auch das Kartellverbot nebeneinander angewandt werden können.[356] Nach § 36 Abs. 1 GWB ist zuerst zu prüfen, ob ein möglicher horizontaler, vertikaler oder konglomerater Effekt durch den Zusammenschluss bewirkt werden kann; daneben ist zu prüfen, ob eine gemeinsame Beteiligung an einem GU den Wettbewerb der Muttergesellschaften abschwächt (Gruppeneffekt).[357] Außerdem ist nach § 1 GWB zu prüfen, ob durch die Gründung eines GU oder die Beteiligung an einem GU eine Koordinierung von Muttergesellschaften erfolgt.[358] Ein eindeutiges Kriterium zur Beurteilung, auf welche Fälle eine Doppelkontrolle angewendet werden muss, fehlt in der deutschen Fusionskontrolle. Nach der praktischen Erfahrung des Kartellamts sowie der gerichtlichen Erfahrung ist eine Gesamtwürdigung im Einzelfall dafür entscheidend, ob ergänzend zur Fusionskontrolle eine Verhaltenskontrolle für ein GU anzuwenden ist.[359] Das Kartellverbot ist aber nur anzuwenden, wenn die Gründung eines GU die Voraussetzung von § 1 GWB erfüllt.[360]

---

354 Krauß, in: Langen/Bunte, Kartellrecht Bd. 1, 12. Aufl., § 1 Rn. 287 f.; Wiedemann, Kartellrecht, 3. Aufl., § 20 Rn. 191; Zimmer, in: Immenga/Mestmäcker, GWB/Teil 1, 5. Aufl., § 1 Rn. 285 u. 290.

355 Krauß, in: Langen/Bunte, Kartellrecht Bd. 1, 12. Aufl., § 1 GWB Rn. 288.

356 Krauß, in: Langen/Bunte, Kartellrecht Bd. 1, 12. Aufl., § 1 GWB Rn. 288 ff.; Beispielfälle: BGH 4.3.2008 WuW/E DE-R 2361 – „Nord-KS/Xella"; BGH 23.06.2009, WuW/E DE-R 2742 – „Gratiszeitung Hallo"; BGH 8.5.2001 WuW/E DE-R 711 – „Ost-fleisch"; BGH 1.10.1985 – „Mischwerke".

357 Thomas, in: Immenga/Mestmäcker, GWB/Teil 1, 5. Aufl., § 36 Rn. 694, 696.

358 Thomas, in: Immenga/Mestmäcker, GWB/Teil 1, 5. Aufl., § 36 Rn. 695.

359 Krauß, in: Langen/Bunte, Kartellrecht Bd. 1, 12. Aufl., § 1 GWB Rn. 293; Wiedemann, Kartellrecht, 3. Aufl., § 20 Rn. 193.

360 Krauß, in: Langen/Bunte, Kartellrecht Bd. 1, 12. Aufl., § 1 GWB Rn. 289; Wiedemann, Kartellrecht, 3. Aufl., § 20 Rn. 195.

b) Doppelkontrolle in der Praxis

Um ein Kriterium für die Behandlung von GU festzustellen und damit seine Zuständigkeit klarzumachen, hat das BKartA im Jahr 1978 in seinem Tätigkeitsbericht einen Verwaltungsgrundsatz veröffentlicht, in dem er zwischen kooperativen und konzentrativen GU differenziert.[361] Eine Differenzierung von konzentrativen und kooperativen Unternehmen wird noch geltend gemacht; sie erleichtert die materielle Prüfung eines GU allerdings nur im Hinblick auf die Frage, ob in dem Fall eine Doppelkontrolle anzuwenden ist oder nicht.[362] Eine Einstufung als konzentratives GU bedeutet in der Praxis allerdings nicht, dass eine Anwendung des § 1 GWB auf das GU ausgeschlossen ist.[363] Ebenso fällt das kooperative GU nicht zwingend unter die Prüfung nach § 1 GWB.[364] Entscheidend ist immer noch die materielle Auswirkung jedes konkreten Falls.[365]

Wenn die Nebenbestimmung einer GU-Vereinbarung das Wettbewerbsverhalten des Unternehmens betrifft, kann die Nebenbestimmung auch Gegenstand des Kartellverbots nach § 1 GWB sein.[366] Falls die Vereinbarung aber in „sachlicher, räumlicher und zeitlicher Hinsicht“[367] für die Tätigkeit des GU notwendig ist, ist die Vereinbarung gerechtfertigt.

aa. Konzentratives GU

Ein typisches Beispiel für ein konzentratives GU ist der Fall „Mischwerke“.[368] Ein aus diesem Fall hervorgegangenes Kriterium für die Trennung eines konzentrativen von einem kooperativen GU betrifft die Selbstständigkeit des GU. Wenn

---

361 Schulte, Fusionskontrolle, 2. Aufl., Rn. 171 ff.; Thomas, in: Immenga/Mestmäcker, GWB/Teil 1, 5. Aufl., § 36 Rn. 698.

362 Wiedemann, Kartellrecht, 3. Aufl., § 20 Rn. 192; vgl. Krauß, in: Langen/Bunte, Kartellrecht Bd. 1, 12. Aufl., § 1 GWB Rn. 294; vgl. Thomas, in: Immenga/Mestmäcker, GWB/Teil 1, 5. Aufl., § 36 Rn. 697.

363 Wiedemann, Kartellrecht, 3. Aufl., § 20 Rn. 192: der Autor nennt als zwei weitere Voraussetzungen: „Vollfunktionen“ und ohne Wettbewerbsverhältnis zu den Müttergesellschaftern; Zimmer, in: Immenga/Mestmäcker, GWB/Teil 1, 5. Aufl., § 1 GWB Rn. 296.

364 Wiedemann, Kartellrecht, 3. Aufl., § 20 Rn. 192.

365 Krauß, in: Langen/Bunte, Kartellrecht Bd. 1, 12. Aufl., § 1 GWB Rn. 294; Wiedemann, Kartellrecht, 3. Aufl., § 20 Rn. 192.

366 Krauß, in: Langen/Bunte, Kartellrecht Bd. 1, 12. Aufl., § 1 GWB Rn. 300; Wiedemann, Kartellrecht, 3. Aufl., § 20 Rn. 191.

367 Krauß, in: Langen/Bunte, Kartellrecht Bd. 1, 12. Aufl., § 1 GWB Rn. 300.

368 BGH 1.10.1985 – „Mischwerke“.

ein GU über eine eigene Autonomie bezogen auf die Planfeststellung, Entscheidung und Tätigkeit verfügt, wird es als konzentratives GU angesehen.[369] Nach einem anderen typischen Fall ist ein konzentratives GU auch gegeben, „wenn es sämtliche Funktionen eines selbstständigen Unternehmens wahrnimmt, marktbezogene Leistungen erbringt und nicht ausschließlich oder überwiegend auf einer vor- oder nachgelagerten Stufe für die Muttergesellschaft sowie nicht auf demselben Markt wie die Mütter tätig ist".[370] In dem Fall, dass ein GU auf einem vor- oder nachgelagerten Markt der Muttergesellschaften tätig ist und Geschäfte überwiegend mit denselben Muttergesellschaften vollzieht, kann das Verhältnis zwischen den GU und seinen Muttergesellschaften bei der materiellen Prüfung problematisch sein, weil ein derartiges Verhältnis verschiedene Auswirkungen durch das Kartellrecht in Form von Sanktionen nach sich ziehen kann, wie z. B. die Kosten anzugleichen oder den Markt abzuschotten.[371]

Zu berücksichtigen ist, dass ein konzentratives GU in der deutschen Fusionskontrolle, obwohl es dort ebenfalls alle Funktionen innehat, nicht die gleiche Rechtsfigur wie ein Vollfunktions-GU nach Art. 3 Abs. 4 FKVO besitzt.[372] Die Beurteilung eines konzentrativen GU zielt in der deutschen Fusionskontrolle neben Selbstständigkeit und Vollfunktionsfähigkeit vor allem auf das Wettbewerbsverhältnis zwischen Muttergesellschaften und GU ab.[373]

bb. Kooperatives GU

Ein kooperatives GU ist gegeben, wenn die Muttergesellschaften (Wettbewerber) und das GU auf dem gleichen sachlichen und räumlichen Markt tätig sind.[374] Auch wenn keine Aussage zur beabsichtigten Koordinierung getroffen

369 BGH 1.10.1985 – „Mischwerke"; Schulte, Fusionskontrolle, 2. Aufl., Rn. 170; Wiedemann, Kartellrecht, 3. Aufl., § 20 Rn. 192; Thomas, in: Immenga/Mestmäcker, GWB/Teil 1, 5. Aufl., § 36 Rn. 698.

370 Vgl. BGH 8.5.2001 WuW/E DE-R 711 – „Ostfleisch"; Krauß, in: Langen/Bunte, Kartellrecht Bd. 1, 12. Aufl., § 1 GWB Rn. 294, 299; Wiedemann, Kartellrecht, 3. Aufl., § 20 Rn. 192.

371 Krauß, in: Langen/Bunte, Kartellrecht Bd. 1, 12. Aufl., § 1 GWB Rn. 299.

372 Krauß, in: Langen/Bunte, Kartellrecht Bd. 1, 12. Aufl., § 1 GWB Rn. 294.

373 Krauß, in: Langen/Bunte, Kartellrecht Bd. 1, 12. Aufl., § 1 GWB Rn. 294.

374 Schulte, Fusionskontrolle, 2. Aufl., Rn. 170; Krauß, in: Langen/Bunte, Kartellrecht Bd. 1, 12. Aufl., § 1 GWB Rn. 296; Wiedemann, Kartellrecht, 3. Aufl., § 20 Rn. 193; Thomas, In: Immenga/Mestmäcker, GWB/Teil 1, 5. Aufl., § 36 Rn. 698; Beispielfälle: BGH 4.3.2008 WuW/E DE-R 2361 – „Nord-KS/Xella", „BGH 8.5.2001 WuW/E DE-R 711 – „Ostfleisch", BGH 23.06.2009, WuW/E DE-R 2742, 2744 – „Gratiszeitung Hallo".

wird, kann in dem Fall gegen das Kartellverbot verstoßen werden, weil der sog. Gruppeneffekt es den Wettbewerbern prinzipiell ermöglicht, den Wettbewerb durch bewusste Abstimmung ihres Verhaltens den Wettbewerb abzuschwächen.[375] Ferner können die Muttergesellschaften in dem Fall weniger Anreiz zum Konkurrieren haben, weil ihr Verlust durch eine Beteiligung an einem GU auf dem gleichen Markt ausgeglichen werden kann.[376] Je höher die Beteiligung ist, desto wahrscheinlicher wird es, dass eine Koordinierungswirkung auftritt.[377] Des Weiteren erleichtert eine gemeinsame Beteiligung am GU es den Muttergesellschaften, sensible wettbewerbsrelevante Informationen auszutauschen.[378]

Ein kooperatives GU ist typischerweise auch denkbar, wenn das GU nur über Teilfunktionen verfügt, also z. B. nur die Aufgabe des Einkaufs, des Verkaufs oder andere Hilfsfunktionen für die Muttergesellschaften wahrnimmt.[379] Dies bedeutet allerdings nicht, dass ein GU, wenn es als kooperatives GU klassifiziert wird, automatisch gegen das Kartellverbot nach § 1 GWB verstößt.[380]

II. GU im europäischen Recht

1. Vollfunktions-GU i. S. v. Art. 3 FKVO

Die Gründung eines GU, das auf Dauer alle Funktionen einer selbstständigen wirtschaftlichen Einheit erfüllt, unterfällt nach Art. 3 Abs. 4 FKVO der Kontrolle von FKVO.[381] Statt einer Definition wird der Begriff des GU vorausgesetzt.[382] Die Gründung eines GU i. S. v. Art. 3 FKVO setzt zuerst die gemeinsame Kontrolle der Muttergesellschaften voraus. Weil der Begriff des Kontrollerwerbs nach Art. 3 Abs. 1 b) FKVO weit ausgelegt wird, ist der Anwendungsbereich

---

375 Krauß, in: Langen/Bunte, Kartellrecht Bd. 1, 12. Aufl., § 1 GWB Rn. 296.

376 Krauß, in: Langen/Bunte, Kartellrecht Bd. 1, 12. Aufl., § 1 GWB Rn. 298.

377 Krauß, in: Langen/Bunte, Kartellrecht Bd. 1, 12. Aufl., § 1 GWB Rn. 298.

378 Krauß, in: Langen/Bunte, Kartellrecht Bd. 1, 12. Aufl., § 1 GWB Rn. 298; Wiedemann, Kartellrecht, 3. Aufl., § 20 Rn. 194: „Informationsfluss" stellt schon nach der Rechtsprechung des BGH eine Wettbewerbsbeschränkung dar.

379 Krauß, in: Langen/Bunte, Kartellrecht Bd. 1, 12. Aufl., § 1 GWB Rn. 294; Schulte, Fusionskontrolle, 2. Aufl., Rn. 177; Wiedemann, Kartellrecht, 3. Aufl., § 20 Rn. 192; Beispielfälle: „Ostfleisch" 08.05.2001 WuW/E DE-R 711; „Carpenter" 13.01.1989 WuW/E DE-R 115, 116.

380 Schulte, Fusionskontrolle, 2. Aufl., Rn. 170.

381 Vgl. Käseberg, in: Langen/Bunte, Kartellrecht Bd. 2, 12. Aufl., Art. 3 FKVO Rn. 101; vgl. Wiedemann, in: Wiedemann, Kartellrecht, 3. Aufl., § 15 Rn. 60.

382 Körber, in: Immenga/Mestmäcker, EU/Teil 2, 5. Aufl., Art. 3 FKVO Rn. 124.

der Fusionskontrolle mit Einführung des Begriffs der Vollfunktion nach Art. 3 Abs. 4 FKVO auf Vollfunktions-GU zu beschränken.[383]

Die Unterscheidung zwischen konzentrativen und kooperativen GU findet sich auch in der europäischen Fusionskontrolle.[384] In der alten Fassung der FKVO ist nur das konzentrative GU Gegenstand der Fusionskontrolle.[385] Die Kategorisierung in konzentrative und kooperative GU hat eine erhebliche Unsicherheit in der Rechtsanwendung mit sich gebracht und zugleich den Verwaltungsaufwand nicht nur für die Kommission, sondern auch für die beteiligten Unternehmen erhöht.[386] Mit der Novellierung der FKVO 1997 wird die Trennung zwischen konzentrativen und kooperativen GU durch die Einführung der neuen Formulierung des Vollfunktions-GU aufgehoben.[387] Die beteiligten Unternehmen erhalten dadurch einen Verfahrensvorteil, da die Gründung eines Vollfunktions-GU ausschließlich unter das Verfahren der FKVO fallen kann.[388] Eine Prüfung nach dem Verfahren der Fusionskontrolle wird innerhalb einer überschaubaren Frist abgeschlossen und ist wegen der Rechtssicherheit für die beteiligten Unternehmen begrüßenswert.[389] Eine ausschließliche Anwendung des Verfahrens der Fusionskontrolle bedeutet aber nicht zugleich, dass nur das materielle Kriterium der Fusionskontrolle für die Gründung eines GU geltend gemacht wird. Wenn ein Vollfunktions-GU einen Gruppeneffekt bewirken oder bezwecken könnte, ist dieses GU gemäß Art. 2 Abs. 4 und 5 FKVO zusätzlich im Verweis auf Art. 101 Abs. 1 und 3 AEUV zu beurteilen.[390]

---

383 Käseberg, in: Langen/Bunte, Kartellrecht Bd. 2, 12. Aufl., Art. 3 FKVO Rn. 96.

384 Vgl. Körber, in: Immenga/Mestmäcker, EU/Teil 2, 5. Aufl., Art. 3 FKVO Rn. 120; Pohlmann, WuW 2003, 473; Schroeder WuW 2004, 893.

385 Käseberg, in: Langen/Bunte, Kartellrecht Bd. 2, 12. Aufl., Art. 3 FKVO Rn. 89; Körber, in: Immenga/Mestmäcker, EU/Teil 2, 5. Aufl., Art. 3 FKVO Rn. 121.

386 Käseberg, in: Langen/Bunte, Kartellrecht Bd. 2, 12. Aufl., Art. 3 FKVO Rn. 90.

387 Käseberg, in: Langen/Bunte, Kartellrecht Bd. 2, 12. Aufl., Art. 3 FKVO Rn. 90; Körber, in: Immenga/Mestmäcker, EU/Teil 2, 5. Aufl., Art. 3 FKVO Rn. 122.

388 Konsolidierte Mitteilung der Kommission zu Zuständigkeitsfragen Tz. 81; Käseberg, in: Langen/Bunte, Kartellrecht Bd. 2, 12. Aufl., Art. 3 FKVO Rn. 95 ff.

389 Körber, in: Immenga/Mestmäcker, EU/Teil 2, 5. Aufl., Art. 3 FKVO Rn. 166.

390 Körber, in: Immenga/Mestmäcker, EU/Teil 2, 5. Aufl., Art. 3 FKVO Rn. 165.

2. Gründung eines Vollfunktions-GU gemäß Art. 3 Abs. 4 FKVO

a) Gründung

Nach der konsolidierten Mitteilung der Kommission zu Zuständigkeitsfragen ist der Begriff „Gründung" weit zu verstehen. Darunter ist zuerst die Konstellation gemeint, dass ein gänzlich neues GU gegründet wird.[391] Außerdem liegt ein Zusammenschluss vor, wenn ein bestehendes GU durch Einbringung des Vermögens von Muttergesellschaften ausgebaut wird.[392]

b) Merkmale der Vollfunktion

Das GU muss gemäß Art. 3 Abs. 4 FKVO auf Dauer alle Funktionen einer selbstständigen wirtschaftlichen Einheit erfüllen. Die Vollfunktionsfähigkeit wird nach den gesammelten praktischen Erfahrungen von der Kommission konkretisiert. Die folgenden Merkmale sind hinsichtlich der Annahme einer Vollfunktionsfähigkeit bedeutend: die Selbstständigkeit, die Beziehung zu den Muttergesellschaften und die Dauerhaftigkeit des GU.[393]

aa. Selbstständige wirtschaftliche Einheit auf dem Markt

Ein selbstständiges GU muss eine eigene Marktpräsenz aufweisen und so wie andere Unternehmen in diesem Markt handeln.[394] Selbstständigkeit betrifft in erster Linie die Fähigkeit, selbst Entscheidungen treffen zu können.[395] Weil bei GU eine gemeinsame Kontrolle vorausgesetzt wird, ist die Selbstständigkeit nur in operativer Hinsicht notwendig, in strategischer Hinsicht muss das GU nicht unabhängig von den Muttergesellschaften sein.[396] Das Kriterium der Vollfunktionsfähigkeit verlangt auch nicht, dass das GU eine eigene Rechtspersönlichkeit

---

391 Konsolidierte Mitteilung der Kommission zu Zuständigkeitsfragen Tz. 92; Käseberg, in: Langen/Bunte, Kartellrecht Bd. 2, 12. Aufl., Art. 3 FKVO Rn. 97.

392 Konsolidierte Mitteilung der Kommission zu Zuständigkeitsfragen Tz. 92; Käseberg, in: Langen/Bunte, Kartellrecht Bd. 2, 12. Aufl., Art. 3 FKVO Rn. 97; Körber, in: Immenga/Mestmäcker, EU/Teil 2, 5. Aufl., Art. 3 FKVO Rn. 125.

393 Konsolidierte Mitteilung der Kommission zu Zuständigkeitsfragen Tz. 94 ff.; Käseberg, in: Langen/Bunte, Kartellrecht Bd. 2, 12. Aufl., Art. 3 FKVO Rn. 100 ff.; Körber, in: Immenga/Mestmäcker, EU/Teil 2, 5. Aufl., Art. 3 FKVO Rn. 128 ff.

394 Konsolidierte Mitteilung der Kommission zu Zuständigkeitsfragen Tz. 94, 95.

395 Vgl. Konsolidierte Mitteilung der Kommission zu Zuständigkeitsfragen Tz. 93.

396 Konsolidierte Mitteilung der Kommission zu Zuständigkeitsfragen Tz. 93; Käseberg, in: Langen/Bunte, Kartellrecht Bd. 2, 12. Aufl., Art. 3 FKVO Rn. 104; Körber, in: Immenga/Mestmäcker, EU/Teil 2, 5. Aufl., Art. 3 FKVO Rn. 130.

aufweist.[397] Allerdings muss ein Vollfunktions-GU ausreichende Ressourcen für seine eigenständige Marktpräsenz zur Verfügung haben.[398] Ausreichende Ressourcen sind z. B. finanzielle Mittel, Betriebsangehörige sowie materielle und immaterielle Vermögenswerte, welche die Tätigkeit des GU langfristig unterstützen können.[399] Welche Ressource erforderlich ist, ist nach dem Geschäftsmodell und der Branche des GU im konkreten Fall festzulegen.[400] Entscheidend ist eine Gesamtwürdigung aller Umstände im Einzelfall.[401]

Als ein selbstständiger Träger auf dem Markt darf das GU nicht nur eine bestimmte Funktion der Geschäftstätigkeit der Muttergesellschaften übernehmen oder lediglich ein Hilfsinstrument der Muttergesellschaften sein.[402] Ob ein GU eine selbstständige wirtschaftliche Einheit darstellt, hängt auch von seiner Beziehung zu den Muttergesellschaften ab. Wenn die Muttergesellschaft und das GU in einem vor- oder nachgelagerten Markt angesiedelt sind und überwiegend eine Kauf- oder Verkaufsbeziehung aufweisen, ist zu prüfen, ob das GU noch ein selbstständiger Träger auf dem Markt ist.[403] Laut der Kommission ist es nicht möglich, eine spezifische Kennzahl für den Umsatz eines GU, welches mit Muttergesellschaften verbunden ist, festzulegen, um die Beziehung zwischen den Muttergesellschaften und dem GU richtig zu beurteilen und weiter das GU als Voll- oder Teilfunktions-GU zu bestimmen.[404] Wenn das GU die Hälfte seines Umsatzes durch andere Unternehmen erzielt, wird es normalerweise als Vollfunktionsunternehmen angesehen.[405] je mehr Umsatz durch Dritte erfolgt, desto eher ist die Eigenschaft der Vollfunktion zu bejahen.[406] Nach Meinung der Kommission sollte ein Vollfunktions-GU wenigstens 20 % des Umsatzes durch Dritte

397 Wiedemann, in: Wiedemann, Kartellrecht, 3. Aufl., § 15 Rn. 61.

398 Konsolidierte Mitteilung der Kommission zu Zuständigkeitsfragen Tz. 94.

399 Konsolidierte Mitteilung der Kommission zu Zuständigkeitsfragen Tz. 94; Käseberg, in: Langen/Bunte, Kartellrecht Bd. 2, 12. Aufl., Art. 3 FKVO Rn. 106 ff.; Körber, in: Immenga/Mestmäcker, EU/Teil 2, 5. Aufl., Art. 3 FKVO Rn. 133 ff.

400 Käseberg, in: Langen/Bunte, Kartellrecht Bd. 2, 12. Aufl., Art. 3 FKVO Rn. 106.

401 Käseberg, in: Langen/Bunte, Kartellrecht Bd. 2, 12. Aufl., Art. 3 FKVO Rn. 110; Körber, in: Immenga/Mestmäcker, EU/Teil 2, 5. Aufl., Art. 3 FKVO Rn. 132.

402 Mitteilung Zuständigkeitsfragen Tz. 95; Käseberg, in: Langen/Bunte, Kartellrecht Bd. 2, 12. Aufl., Art. 3 FKVO Rn. 103, 105, 113.

403 Konsolidierte Mitteilung der Kommission zu Zuständigkeitsfragen Tz. 97 ff.

404 Konsolidierte Mitteilung der Kommission zu Zuständigkeitsfragen Tz. 98; Käseberg, in: Langen/Bunte, Kartellrecht Bd. 2, 12. Aufl., Art. 3 FKVO Rn. 114.

405 Konsolidierte Mitteilung der Kommission zu Zuständigkeitsfragen Tz. 98.

406 Konsolidierte Mitteilung der Kommission zu Zuständigkeitsfragen Tz. 98; vgl. Käseberg, in: Langen/Bunte, Kartellrecht Bd. 2, 12. Aufl., Art. 3 FKVO Rn. 114.

erzielen. In der Praxis wird der unsichere Umfang der Geschäftsbeziehung zwischen GU und Muttergesellschaften kritisiert.[407] Wenn umgekehrt das GU die Produktionen der Muttergesellschaften verkauft, ist die Selbstständigkeit des GU umso wahrscheinlicher zu bejahen, je höher die Wertschöpfung durch den Verkauf der Waren oder Dienstleistungen ausfällt.[408]

bb. Dauerhaftigkeit

Die Gründung eines Vollfunktions-GU muss dauerhaft sein. Allerdings findet sich weder in der konsolidierte Mitteilung der Kommission zu Zuständigkeitsfragen noch in der Praxis der Kommission eine feste Schwelle, wie lange ein GU bestehen muss.[409] Ein Nachweis für die Dauer eines GU ist nach Meinung der Kommission die Übertragung hinreichender Ressourcen von den Muttergesellschaften an das GU, damit dieses seine Tätigkeit langfristig ausführen kann.[410] Als Beispiel für fehlende Dauer ist die Gründung eines GU zu nennen, welches lediglich für einen bestimmten Zweck und für eine kurze Zeit eingerichtet wird, z. B. für den Bau eines Kraftwerks.[411] Ein dauerhaftes Projekt wird ausnahmsweise auch als Zusammenschluss nach Art. 3 Abs. 4 FKVO angenommen.[412] Nach Meinung der Kommission bedingt eine Auflösungsklausel oder Rückzugsklausel in der GU-Vereinbarung aber keine Ablehnung der Dauer des GU.[413]

c) Änderung der Tätigkeit des GU

Weiterhin erfasst der Begriff der Gründung nicht nur die Bildung eines GU, sondern auch die Änderung der Tätigkeit eines GU.[414] Die konsolidierte Mitteilung der Kommission zu Zuständigkeitsfragen hat diesbezüglich drei unterschiedliche Konstellationen dargestellt. Kritiker bemängeln daran, dass die Einführung neuer Fallgruppen der konsolidierten Mitteilung der Kommission zu Zuständigkeitsfragen zu neuen Abgrenzungsproblemen führen kann.[415]

---

407 Käseberg, in: Langen/Bunte, Kartellrecht Bd. 2, 12. Aufl., Art. 3 FKVO Rn. 114.
408 Konsolidierte Mitteilung der Kommission zu Zuständigkeitsfragen Tz. 101.
409 Käseberg, in: Langen/Bunte, Kartellrecht Bd. 2, 12. Aufl., Art. 3 FKVO Rn. 120; Wiedemann, in: Wiedemann, Kartellrecht, 3. Aufl., § 15 Rn. 67.
410 Konsolidierte Mitteilung der Kommission zu Zuständigkeitsfragen Tz. 103; Käseberg, in: Langen/Bunte, Kartellrecht Bd. 2, 12. Aufl., Art. 3 FKVO Rn. 118.
411 Konsolidierte Mitteilung der Kommission zu Zuständigkeitsfragen Tz. 104.
412 Käseberg, in: Langen/Bunte, Kartellrecht Bd. 2, 12. Aufl., Art. 3 FKVO Rn. 118.
413 Konsolidierte Mitteilung der Kommission zu Zuständigkeitsfragen Tz. 93.
414 Konsolidierte Mitteilung der Kommission zu Zuständigkeitsfragen Tz. 107, 108, 109.
415 Wiedemann, in: Wiedemann, Kartellrecht, 3. Aufl., § 15 Rn. 69a.

Eine Ausweitung der Tätigkeit des GU durch den Erwerb der Gesamtheit oder eines Teils eines anderen Unternehmens oder durch Übertragung der Ressourcen von Muttergesellschaften kann erneut die Fusionskontrolle auslösen. Im ersten Fall ist die Ausweitung der Tätigkeit ein neuer Kontrollerwerb i. S. v. Art. 3 Abs. 1 lit. b FKVO.[416] Im zweiten Fall, wenn das GU durch Übertragung von Ressourcen, z. B. Vermögenswerte, Know-how oder Rechte, in die Lage versetzt wird, seine Tätigkeit sachlich oder räumlich auf dem Markt auszuweiten, kann nach Meinung der Kommission von einer neuen Gründung eines GU durch die Muttergesellschaften ausgegangen werden.[417] In dem Fall muss aber das GU mit den übertragenen Ressourcen wieder ein Vollfunktions-GU sein.[418] Im Gegensatz ist ein internes Wachstum des GU ohne Übertragung der Ressourcen von Dritten kein neuer Zusammenschluss.[419]

Ein Zusammenschluss liegt auch vor, wenn sich ein bestehendes Teilfunktions-GU durch Änderung seiner organisatorischen Struktur zu einem Vollfunktions-GU entwickelt.[420] Eine Erweiterung der Tätigkeit auf Dritte außerhalb der Muttergesellschaften kann damit ebenfalls das Vollfunktionskriterium erfüllen.[421] Auch wenn ein GU mit wichtigem Input erstmals dem Markt beitritt, handelt es sich um einen Zusammenschluss.[422] Eine solche Änderung erfolgt in der Praxis meist durch einen entsprechenden Beschluss der Gesellschaften oder der Unternehmensleitung.[423] Der neue Zusammenschluss liegt vor, sobald der betreffende Beschluss vorgenommen wird.[424]

416 Konsolidierte Mitteilung der Kommission zu Zuständigkeitsfragen Tz. 106.

417 Konsolidierte Mitteilung der Kommission zu Zuständigkeitsfragen Tz. 107.

418 Konsolidierte Mitteilung der Kommission zu Zuständigkeitsfragen Tz. 107.

419 Konsolidierte Mitteilung der Kommission zu Zuständigkeitsfragen Tz. 108.

420 Konsolidierte Mitteilung der Kommission zu Zuständigkeitsfragen Tz. 109; vgl. Käseberg, in: Langen/Bunte, Kartellrecht Bd. 2, 12. Aufl., Art. 3 FKVO Rn. 98; Wiedemann, in: Wiedemann, Kartellrecht, 3. Aufl., § 15 Rn. 69b.

421 Konsolidierte Mitteilung der Kommission zu Zuständigkeitsfragen Tz. 109; Wiedemann, in: Wiedemann, Kartellrecht, 3. Aufl., § 15 Rn. 69b.

422 Konsolidierte Mitteilung der Kommission zu Zuständigkeitsfragen Tz. 109; Wiedemann, in: Wiedemann, Kartellrecht, 3. Aufl., § 15 Rn. 69b.

423 Wiedemann, in: Wiedemann, Kartellrecht, 3. Aufl., § 15 Rn. 69b.

424 Wiedemann, in: Wiedemann, Kartellrecht, 3. Aufl., § 15 Rn. 69b.

3. Sonderregeln für GU gemäß Art. 2 Abs. 4 und 5 FKVO

a) Allgemein

Die Einführung der Verhaltenskontrolle für GU wird begleitet von der neuen Vorschrift für GU, wonach kooperativen und konzentrativen GU für das formelle Aufgreifkriterium der Fusionskontrolle keine Rolle mehr spielt.[425] Das Abgrenzungsproblem zwischen kooperativen und konzentrativen GU wird durch die Einführung des Begriffs der Vollfunktions-GU jedoch nicht völlig gelöst, bei einer materiellen Prüfung eines GU kommt es weiterhin zum Tragen.[426] Ein GU gilt als kooperatives GU, wenn es eine Verhaltenskoordinierung unabhängiger Muttergesellschaften bezwecken oder bewirken kann.[427] Mit der Einführung des neuen Begriffs der Vollfunktions-GU kann ein kooperatives GU auch Gegenstand der Fusionskontrolle werden, weil es trotz koordinierter Wirkung weiterhin als dauerhafte selbstständige wirtschaftliche Einheit auf dem Markt behandelt werden kann.[428] Die Anwendung des Art. 2 Abs. 4 und 5 FKVO wird grundsätzlich ausschließlich auf ein kooperatives Vollfunktions-GU beschränkt, d. h., für ein solches GU ist eine Doppelkontrolle zu erwarten – die materielle Kontrolle der Fusionskontrolle gemäß Art. 2 Abs. 2 und 3 FKVO und eine Verhaltenskontrolle gemäß Art. 2 Abs. 4 und 5 FKVO mit Verweis auf Art. 101 Abs. 1 und 3 AEUV.[429] Obwohl umstritten, gilt Art. 2 Abs. 4 und 5 FKVO in Ausnahmefällen noch für die Teilfunktions-GU, wie z. B. Produktions- oder Einkaufsgemeinschaften.[430]

Bislang gibt es noch keine ausführliche Mitteilung über das Anwendungskriterium von Art. 2 Abs. 4 FKVO.[431] Um kooperative und konzentrative GU voneinander abzugrenzen, wird auf die alte Bekanntmachung der Kommission[432] verweisen, weil die inhaltliche Bedeutung der Koordinierung i. S. v. Art. 2 Abs. 4 u. 5 FKVO der in Art. 3 Abs. 2 a. F. entspricht.[433] Hilfreich ist noch das

425 Käseberg, in: Langen/Bunte, Kartellrecht Bd. 2, 12. Aufl., Art. 2 FKVO Rn. 337; Körber, in: Immenga/Mestmäcker, EU/Teil 2, 5. Aufl., Art. 2 FKVO Rn. 609.

426 Wiedemann, in: Wiedemann, Kartellrecht, 3. Aufl., § 15 Rn. 69.

427 Käseberg, in: Langen/Bunte, Kartellrecht Bd. 2, 12. Aufl., Art. 2 FKVO Rn. 337.

428 Käseberg, in: Langen/Bunte, Kartellrecht Bd. 2, 12. Aufl., Art. 2 FKVO Rn. 338.

429 Käseberg, in: Langen/Bunte, Kartellrecht Bd. 2, 12. Aufl., Art. 2 FKVO Rn. 339 f.; Körber, in: Immenga/Mestmäcker, EU/Teil 2, 5. Aufl., Art. 2 FKVO Rn. 617; Wagemann, in: Wiedemann, Kartellrecht, 3. Aufl., § 16 Rn. 136.

430 Wagemann, in: Wiedemann, Kartellrecht, 3. Aufl., § 16 Rn. 136.

431 Käseberg, in: Langen/Bunte, Kartellrecht Bd. 2, 12. Aufl., Art. 2 FKVO Rn. 343.

432 ABl. 1994 C 385/1 ff.

433 Wagemann, in: Wiedemann, Kartellrecht, 3. Aufl., § 16 Rn. 137.

Grünbuch[434] von 2001, in dem insgesamt 47 Fälle nach Art. 2 Abs. 4 FKVO von 1998 bis Ende 2000 erfasst werden.[435] Nach Art. 2 Abs. 4 FKVO ist durch eine Doppelkontrolle ausschließlich die Koordinierung des Verhaltens der Muttergesellschaften „außerhalb des GU" zu prüfen.[436] Die Beziehung zwischen Muttergesellschaft und GU ist lediglich nach Art. 2 Abs. 2 und 3 FKVO zu prüfen.[437]

Die Praxis der Kommission zeigt, dass fast die Hälfte aller angemeldeten Fälle die Gründung eines GU betrifft, davon rufen 15 % der Fälle wettbewerbsrechtliche Bedenken hervor.[438] Unter allen nach Art. 2 Abs. 4 FKVO behandelten Fällen gibt es nur sechs, die nach der Prüfung der Kommission ein Koordinierungsrisiko aufweisen.[439]

b) Voraussetzungen für die Anwendung des Art. 2 Abs. 4 und 5 FKVO

In ihrer Entscheidungspraxis prüft die Kommission im Einzelfall, ob die Gründung eines GU eine Koordinierungswirkung bezwecken oder bewirken könnte. Die Anwendung von Art. 2 Abs. 4 FKVO muss drei Voraussetzungen erfüllen: Wahrscheinlichkeit, Spürbarkeit und Kausalität.[440]

aa. Kandidatenmarkt

Es ist nicht einfach zu begründen, ob die Muttergesellschaften durch die Gründung des GU eine Koordinierungswirkung bewirkt haben.[441] Hinsichtlich der Frage, ob und wie die Muttergesellschaften eine Koordinierung bewirken, ist

---

434 Grünbuch über die Revision der Verordnung (EWG) Nr. 4064/89 des Rates vom 11. 12. 2001, KOMM. (2001) 745/6 endgültig, Rn. 114ff.

435 Wagemann, in: Wiedemann, Kartellrecht, 3. Aufl., § 16 Rn. 138.

436 Käseberg, in: Langen/Bunte, Kartellrecht Bd. 2, 12. Aufl., Art. 2 FKVO Rn. 341; Wagemann, in: Wiedemann, Kartellrecht, 3. Aufl., § 16 Rn. 142.

437 Käseberg, in: Langen/Bunte, Kartellrecht Bd. 2, 12. Aufl., Art. 2 FKVO Rn. 341; Wiedemann, in: Wiedemann, Kartellrecht, 3. Aufl., § 15 Rn. 68f.

438 Wagemann, in: Wiedemann, Kartellrecht, 3. Aufl., § 16 Rn. 138.

439 Wagemann, in: Wiedemann, Kartellrecht, 3. Aufl., § 16 Rn. 139: KOMM. 30.9.1999 JV. 22, Tz. 62ff. – „Fujitsu/Siemens"; KOMM. 30.3.1999 IV/JV. 30, Tz. 165ff. – „BT/AT & T"; KOMM. 20.7.2000 JV. 48, Tz. 86ff. – „Vodafone/Vivendi/Canal Plus"; KOMM. 3.12.1998, M. 1327 Tz. 17ff. – „NC/Kanal +/CDPQ/Bank America"; KOMM. 6.10.2004, M. 3099 Tz. 222ff. – „Areva/Urenco/ETC JV"; KOMM. 7.7.2005, M. 3817, Tz. 62f. – „Wegener/PCM/JV".

440 Körber, in: Immenga/Mestmäcker, EU/Teil 2, 5. Aufl., Art. 2 FKVO Rn. 631 f.; Käseberg, in: Langen/Bunte, Kartellrecht Bd. 2, 12. Aufl., Art. 2 FKVO Rn. 348.

441 Körber, in: Immenga/Mestmäcker, EU/Teil 2, 5. Aufl., Art. 2 FKVO Rn. 622 u. 630.

eine Einzelfallprüfung erforderlich, die Begründung muss für jeden betroffenen Markt des GU erfolgen.[442] Betroffene Märkte sind im Einzelfall beispielsweise: 1) der sachliche und räumliche Markt des GU, 2) der vor- oder nachgelagerte Markt des GU sowie 3) der benachbarte oder eng verknüpfte Markt des GU.[443]

bb. Wahrscheinlichkeit/Anreiz

Um zu entscheiden, ob eine Koordinierungswirkung vorliegt, folgt Art. 2 Abs. 4 FKVO einer „Prognose" des künftigen Verhaltens der Muttergesellschaften. Die Voraussetzungen für die Annahme einer Wahrscheinlichkeit sind streng.[444] Eine reine Möglichkeit genügt hierfür nicht, die Möglichkeit zur Verhaltenskoordinierung muss konkret sein.[445] Die Gründung eines GU reicht folglich als Indiz für eine Koordinierungsmöglichkeit nicht aus.[446] Ausschlaggebend für das Vorliegen einer Wahrscheinlichkeit ist in der Praxis von Kommission, dass die Muttergesellschaft einen „Anreiz" hat, ihr Verhalten zu koordinieren, und dass eine Koordinierung für die Muttergesellschaften wertvoll ist.[447]

Dem Schrifttum zufolge kann eine Wahrscheinlichkeit nach der praktischen Erfahrung durch zwei Ausgangspunkte sichergestellt werden: aufgrund eines Anreizes aus dem Markt und eines Anreizes aus dem GU selber.[448] Je größer die Marktmacht der Muttergesellschaften an den betroffenen Märkten ausfällt und je ebenbürtiger ihr Verhältnis zueinander ist, desto wahrscheinlicher werden sie eine Koordinierung vornehmen.[449] Allerdings stellt die Struktur der betroffenen

---

442 Körber, in: Immenga/Mestmäcker, EU/Teil 2, 5. Aufl., Art. 2 FKVO Rn. 632ff.

443 Körber, in: Immenga/Mestmäcker, EU/Teil 2, 5. Aufl., Art. 2 FKVO Rn. 620; vgl. Wagemann, in: Wiedemann, Kartellrecht, 3. Aufl., § 16 Rn. 142 ff.; Käseberg, in: Langen/Bunte, Kartellrecht Bd. 2, 12. Aufl., Art. 2 FKVO Rn. 344 u. 345.

444 Körber, in: Immenga/Mestmäcker, EU/Teil 2, 5. Aufl., Art. 2 FKVO Rn. 632.

445 Kling/Thomas, Kartellrecht, EU, 2. Aufl., Rn. 332; Körber, in: Immenga/Mestmäcker, EU/Teil 2, 5. Aufl., Art. 2 FKVO Rn. 632; Wagemann, in: Wiedemann, Kartellrecht, 3. Aufl., § 16 Rn. 146.

446 Körber, in: Immenga/Mestmäcker, EU/Teil 2, 5. Aufl., Art. 2 FKVO Rn. 622 u. 632.

447 Kling/Thomas, Kartellrecht, EU, 2. Aufl., Rn. 332; Körber, in: Immenga/Mestmäcker, EU/Teil 2, 5. Aufl., Art. 2 FKVO Rn. 632; Wagemann, in: Wiedemann, Kartellrecht, 3. Aufl., § 16 Rn. 148; Käseberg, in: Langen/Bunte, Kartellrecht Bd. 2, 12. Aufl., Art. 2 FKVO Rn. 351.

448 Körber, in: Immenga/Mestmäcker, EU/Teil 2, 5. Aufl., Art. 2 FKVO Rn. 633 ff.; vgl. Käseberg, in: Langen/Bunte, Kartellrecht Bd. 2, 12. Aufl., Art. 2 FKVO Rn. 349 ff.: die Wahrscheinlichkeit hängt von der Marktstruktur ab; vgl. Wagemann, in: Wiedemann, Kartellrecht, 3. Aufl., § 16 Rn. 146.

449 Körber, in: Immenga/Mestmäcker, EU/Teil 2, 5. Aufl., Art. 2 FKVO Rn. 633.; vgl. Käseberg, in: Langen/Bunte, Kartellrecht Bd. 2, 12. Aufl., Art. 2 FKVO Rn. 350.

Märkte aktuell nicht das einzige Element bei der Prüfung der Wahrscheinlichkeit zur Koordinierung dar.[450] Die Interessen und das Verhalten der Muttergesellschaften, Informationsaustausch, der Konzentrationsgrad des Marktes und andere Faktoren können ebenfalls einen Anreiz zur Koordinierung bieten.[451] Wenn der Zutritt zum Markt schwierig ist, kann das zu einem koordinierten Verhalten der Muttergesellschaften führen, zeigt der Markt ein großes Wachstum, ist eine Koordinierung weniger wahrscheinlich.[452]

Des Weiteren bietet ein bestimmtes Verhältnis zwischen den Muttergesellschaften und dem GU einen Anreiz zur Koordinierung.[453] Die Muttergesellschaften stimmen ihr Verhalten eher ab, wenn die Aktivität des GU für sie wichtig ist.[454] Wie im deutschen Recht kann ein Wettbewerbsverhältnis zwischen Muttergesellschaften und GU zur Koordinierungswirkung beitragen.[455] Ähnliches gilt, wenn die Muttergesellschaften und das GU auf einem vor- oder nachgelagerten Markt angesiedelt sind.[456] Grundsätzlich ist die Kommission in der Praxis zurückhaltend, wenn es darum geht, ein koordiniertes Risiko anzunehmen.[457]

cc. Spürbarkeit

Die zweite Voraussetzung betrifft die Spürbarkeit. Art. 2 Abs. 4 FKVO ist nur anwendbar, wenn die intendierte Wettbewerbsbeschränkung spürbar ist.[458] Zur Auslegung der Spürbarkeit werden die Grundsätze von Art. 101 Abs. 1 AEUV geltend gemacht.[459] Darüber hinaus steht die De-minimis-Bekanntmachung der Kommission[460] zur Verfügung.[461] Eine spürbare Wirkung bedeutet nicht nur, dass der Wettbewerb wegen der Koordinierungswirkung spürbar beschränkt, sondern auch, dass eine spürbare Wirkung zwischen den Mitgliedstaaten bewirkt

---

450 Körber, in: Immenga/Mestmäcker, EU/Teil 2, 5. Aufl., Art. 2 FKVO Rn. 634 f.; Käseberg, in: Langen/Bunte, Kartellrecht Bd. 2, 12. Aufl., Art. 2 FKVO Rn. 350 ff.

451 Körber, in: Immenga/Mestmäcker, EU/Teil 2, 5. Aufl., Art. 2 FKVO Rn. 634 f.

452 Käseberg, in: Langen/Bunte, Kartellrecht Bd. 2, 12. Aufl., Art. 2 FKVO Rn. 350.

453 Körber, in: Immenga/Mestmäcker, EU/Teil 2, 5. Aufl., Art. 2 FKVO Rn. 639 ff.

454 Körber, in: Immenga/Mestmäcker, EU/Teil 2, 5. Aufl., Art. 2 FKVO Rn. 639.

455 Körber, in: Immenga/Mestmäcker, EU/Teil 2, 5. Aufl., Art. 2 FKVO Rn. 641.

456 Ausführlich hierzu s. Körber, in: Immenga/Mestmäcker, EU/Teil 2, 5. Aufl., Art. 2 FKVO Rn. 643 u. 644.

457 Wagemann, in: Wiedemann, Kartellrecht, 3. Aufl., § 16 Rn. 150 ff.

458 Körber, in: Immenga/Mestmäcker, EU/Teil 2, 5. Aufl., Art. 2 FKVO Rn. 645 ff.

459 Wagemann, in: Wiedemann, Kartellrecht, 3. Aufl., § 16 Rn. 154.

460 ABl. 2014 Nr. C 291/1.

461 Wagemann, in: Wiedemann, Kartellrecht, 3. Aufl., § 16 Rn. 154; Käseberg, in: Langen/Bunte, Kartellrecht Bd. 2, 12. Aufl., Art. 2 FKVO Rn. 354.

wird.[462] Ein hoher Marktanteil der Muttergesellschaften kann ein Indiz für Spürbarkeit sein.[463] Das bedeutet jedoch nicht, dass eine Koordinierungsmöglichkeit generell spürbar ist, wenn die Muttergesellschaften gemeinsam hohe Marktanteile besitzen.[464]

dd. Kausalität

Eine weitere Voraussetzung ist die Kausalität. Grundsätzlich ist Art. 2 Abs. 4 FKVO anzuwenden, wenn eine Koordinierungswirkung „unmittelbar" und „erstmals" durch die Gründung des GU verursacht wird.[465]

c) Die praktische Bedeutung des Art. 2 Abs. 4 FKVO

Im Schrifttum taucht mitunter die Frage auf, ob Art. 2 Abs. 4 FKVO bei der materiellen Prüfung für kooperative GU noch eine maßgebliche Rolle spielt.[466] Nach der Erfahrung der Kommission hat Art. 2 Abs. 4 FKVO bislang keine wichtige praktische Bedeutung gezeigt.[467] Aufgrund der komplizierten und strengen Voraussetzungen ist die Anwendung des Art. 2 Abs. 4 FKVO nicht erfolgreich.[468] Es gab bisher noch keinen Fall, der aufgrund Art. 2 Abs. 4 FKVO untersagt wurde, obwohl bereits ein paar Fälle die Voraussetzungen zur Anwendung des Art. 2 Abs. 4 FKVO erfüllt haben.[469] Ein Grund dafür ist die Einführung des SIEC-Tests als neues materielles Prüfungskriterium in der Fusionskontrolle.[470] In der Regel kann ein bei der Gründung eines GU auftretendes Verhaltensproblem zusammen mit dem strukturellen Problem des Vorgangs durch den SIEC-Test beseitigt

---

462 Käseberg, in: Langen/Bunte, Kartellrecht Bd. 2, 12. Aufl., Art. 2 FKVO Rn. 354.

463 Körber, in: Immenga/Mestmäcker, EU/Teil 2, 5. Aufl., Art. 2 FKVO Rn. 645 ff.; Käseberg, in: Langen/Bunte, Kartellrecht Bd. 2, 12. Aufl., Art. 2 FKVO Rn. 354.

464 Körber, in: Immenga/Mestmäcker, EU/Teil 2, 5. Aufl., Art. 2 FKVO Rn. 647.

465 Körber, in: Immenga/Mestmäcker, EU/Teil 2, 5. Aufl., Art. 2 FKVO Rn. 648 f.; Käseberg, in: Langen/Bunte, Kartellrecht Bd. 2, 12. Aufl., Art. 2 FKVO Rn. 356.

466 Schroeder, WuW 2004, 893, 905 f.; Körber, in: Immenga/Mestmäcker, EU/Teil 2, 5. Aufl., Art. 2 FKVO Rn. 638.

467 Käseberg, in: Langen/Bunte, Kartellrecht Bd. 2, 12. Aufl., Art. 2 FKVO Rn. 342; vgl. Pohlmann, WuW 2003, 473, 477.

468 Käseberg, in: Langen/Bunte, Kartellrecht Bd. 2, 12. Aufl., Art. 2 FKVO Rn. 342.

469 Käseberg, in: Langen/Bunte, Kartellrecht Bd. 2, 12. Aufl., Art. 2 FKVO Rn. 342; vgl. Wagemann, in: Wiedemann, Kartellrecht, 3. Aufl., § 16 Rn. 138.

470 Vgl. Schröder WuW 2004, 893, 905 f.; Körber, in: Immenga/Mestmäcker, EU/Teil 2, 5. Aufl., Art. 2 FKVO Rn. 638.

werden.[471] Ferner prüft die Kommission im Einzelfall sowohl die konzentrative als auch die kooperative Wirkung hinsichtlich der Gründung eines GU, ohne zusätzlich auf Art. 2 Abs. 4 FKVO zu verweisen.[472] Wenn Art. 2 Abs. 4 FKVO dennoch beibehalten wird, kann der Unterschied bei der materiellen Prüfung von Vollfunktions-GU ohne gemeinsame Bedeutung und Teilfunktions-GU verstärkt werden.[473]

d) Kollektive Marktbeherrschung

Die oligopolistische Marktbeherrschung, auch kollektive Marktbeherrschung genannt, bezieht sich auf die Konstellation, dass nicht einzelne, sondern zwei oder mehr Unternehmen gemeinsam eine marktbeherrschende Stellung begründen oder verstärken.[474] In dem Fall Nestlè/Perrier[475] wandte die Kommission Art. 2 FKVO erstmals auf die oligopolistische Marktstellung anzuwenden an.[476] Danach hat der EuGH im Fall Kali+Salz/MdK/Treuhandanstalt[477] die Anwendung ausdrücklich anerkannt.[478] Eine oligopolistische Marktbeherrschung kann sowohl der Gegenstand von Art. 2 Abs. 2 und 3 als auch der Gegenstand von Art. 2 Abs. 4 und 5 sein, als Sonderregeln finden Art. 2 Abs. 4 und 5 eine vorrangige Anwendung.[479]

Die Begründung einer oligopolistischen Marktbeherrschung setzt nicht voraus, dass eine Vereinbarung im Sinne von Art. 101 AEUV vorliegt, stattdessen reicht schon ein Parallelverhalten der Unternehmen aus, also dass „jedes Mitglied des betreffenden Oligopols es in Wahrnehmung der gemeinsamen Interessen für möglich, wirtschaftlich vernünftig und daher ratsam hält, dauerhaft

---

471 Körber, in: Immenga/Mestmäcker, EU/Teil 2, 5. Aufl., Art. 2 FKVO Rn. 638; Käseberg, in: Langen/Bunte, Kartellrecht Bd. 2, 12. Aufl., Art. 2 FKVO Rn. 342; KOMM. 20.07.2000 JV.48 – „Vodafone/Vivendi/Canal+": die Verhaltenskoordinierung ist in der Regel mit dem strukturellen Problem verknüpft.

472 Körber, in: Immenga/Mestmäcker, EU/Teil 2, 5. Aufl., Art. 2 FKVO Rn. 638; Beispielfall: KOMM. 19.5.2005, M. 3764 Tz. 29 f. – „Belgacom/Swisscom/JV".

473 Körber, in: Immenga/Mestmäcker, EU/Teil 2, 5. Aufl., Art. 2 FKVO Rn. 638.

474 Körber, in: Immenga/Mestmäcker, EU/Teil 2, 5. Aufl., Art. 2 FKVO Rn. 453; s. KOMM. 22.9.1999, M. 1524 Tz. 54. – „Airtours/First Choice".

475 KOMM. 22.7.1992, M. 190 – „Nestlè/Perrier".

476 Vgl. Körber, in: Immenga/Mestmäcker, EU/Teil 2, 5. Aufl., Art. 2 FKVO Rn. 460; Wagemann, in: Wiedemann, Kartellrecht, 3. Aufl., § 16 Rn. 101.

477 EuGH U. v. 31.3.1998, Slg. 1998, I-1375 Tz. 165 ff.

478 Wagemann, in: Wiedemann, Kartellrecht, 3. Aufl., § 16 Rn. 103.

479 Körber, in: Immenga/Mestmäcker, EU/Teil 2, 5. Aufl., Art. 2 FKVO Rn. 614.

einheitlich auf dem Markt vorzugehen".[480] Nach der umfangreichen Praxis der Kommission ist ein Parallelverhalten zu erwarten, wenn z. B. die Marktanteile stabil sind, die Transparenz des Markts nicht hoch ist, die Produkte auf dem Markt ähnlich sind, der Zutritt zum Markt schwierig oder der Wettbewerb auf dem Markt nicht spürbar ist.[481]

Angesichts der Unsicherheit der Prognoseentscheidung der Fusionskontrolle und der Schwierigkeit der Beweisführung ist der EuG der Meinung, dass die Anwendung des Art. 2 FKVO nur unter strengen Voraussetzungen auf die kollektive Marktbeherrschung angewendet werden soll.[482] Ein einfaches Bewusstsein hinsichtlich der gemeinsamen Reaktion reicht zur Annahme der kollektiven Marktbeherrschung nicht aus, vielmehr ist erforderlich, dass dem Unternehmen ein Mittel zur Verfügung steht, das Vorgehen des anderen Unternehmens zu erfahren.[483] Bislang gibt es noch keinen Fall, der wegen der kollektiven Marktbeherrschung untersagt wurde.[484] Es finden sich aber Fälle, die unter Bedingungen freigegeben wurden.[485]

Die Anwendung von Art. 2 FKVO auf den Fall der kollektiven Marktbeherrschung ist umstritten.[486] Kritiker monieren einerseits, dass die Anwendung abweichend von der Voraussetzung des Art. 101 AEUV besteht, der sich auf das Verhalten konzentriert.[487] Andererseits werde die Freistellung von Art. 101 AUEV in dem Fall nicht geltend gemacht.[488] Nach Einführung des neuen SIEC-Tests ist die Prüfung der koordinierten Effekte nur ein Zusatz zur nichtkoordinierten Wirkung.[489] Die Kommission zieht es wegen der Schwierigkeit der

---

480 Vgl. EuGH Rs. C-413/06 P, Slg. 2008, I-4951 Tz. 22 – „Bertelsmann und Sony Corporation of America/Impala"; vgl. auch Körber, in: Immenga/Mestmäcker, EU/Teil 2, 5. Aufl., Art. 2 FKVO Rn. 454 u. 457; Wagemann, in: Wiedemann, Kartellrecht, 3. Aufl., § 16 Rn. 103; Zimmer ZWeR 2004, 250, 254.

481 Wagemann, in: Wiedemann, Kartellrecht, 3. Aufl., § 16 Rn. 105.

482 Körber, in: Immenga/Mestmäcker, EU/Teil 2, 5. Aufl., Art. 2 FKVO Rn. 637 u. 460 ff.; Wagemann, in: Wiedemann, Kartellrecht, 3. Aufl., § 16 Rn. 109.

483 Körber, in: Immenga/Mestmäcker, EU/Teil 2, 5. Aufl., Art. 2 FKVO Rn. 467; vgl. Wagemann, in: Wiedemann, Kartellrecht, 3. Aufl., § 16 Rn. 109.

484 Körber, in: Immenga/Mestmäcker, EU/Teil 2, 5. Aufl., Art. 2 FKVO Rn. 470.

485 Körber, in: Immenga/Mestmäcker, EU/Teil 2, 5. Aufl., Art. 2 FKVO Rn. 470; KOMM. 11.7.2008, M. 5020 Tz. 42 ff. – „Lesaffre/GBI UK" u. KOMM. 19.1.2009, M. 5385 Tz. 44 ff. – „AVNET/ABACUS".

486 Körber, in: Immenga/Mestmäcker, EU/Teil 2, 5. Aufl., Art. 2 FKVO Rn. 460 u. 637.

487 Körber, in: Immenga/Mestmäcker, EU/Teil 2, 5. Aufl., Art. 2 FKVO Rn. 637.

488 Körber, in: Immenga/Mestmäcker, EU/Teil 2, 5. Aufl., Art. 2 FKVO Rn. 637.

489 Wagemann, in: Wiedemann, Kartellrecht, 3. Aufl., § 16 Rn. 113a.

Beweisführung vor, statt der koordinierten Effekte die unilateralen Effekte zu begründen.[490]

4. Vollfunktions-GU ohne gemeinschaftsweite Bedeutung

Vollfunktions-GU mit und solche ohne gemeinsame Bedeutung werden im europäischen Recht nach verschiedenen Verfahren behandelt.[491] Außerdem werden die Vollfunktions-GU ohne gemeinsame Bedeutung noch in zwei weitere Gruppen unterteilt.[492]

Wenn ein Vollfunktions-GU ohne gemeinsame Bedeutung ist und zugleich keinen Gruppeneffekt bezweckt oder bewirkt, ist es nicht nach dem FKVO-Verfahren zu prüfen.[493] Die Verordnung (EG) Nr. 1/2003 und drei weitere Ausführungsbestimmungen[494] sind ebenfalls von der Anwendung auf ein solches GU ausgenommen.[495] Die Zulässigkeit der Gründung des GU ist grundsätzlich nach nationalem Gesetz zu prüfen.[496] Art. 101 und im Verweis auf Art. 104 oder 105 AEUV bleiben jedoch noch anwendbar, wenn die Gründung des GU die Zwischenstaatlichkeitsklausel von Art. 3 Abs. 2 VO 1/2003 erfüllt.[497]

Eine Ausnahme gilt für das Vollfunktions-GU gemäß Art. 21 Abs. 1 2. Hs., wenn das GU ohne gemeinsame Bedeutung ist, wenn ein GU ohne gemeinsame Bedeutung die Schwelle von Art. 1 FKVO nicht erreicht, aber zugleich eine Koordinierung des Wettbewerbsverhaltens unabhängig bleibender Unternehmen bezweckt oder bewirkt. Die Verordnung 1/2003 und drei weitere Ausführungsbestimmungen sowie das europäische Kartellrecht sind anwendbar für das GU. Nach der Erklärung der Kommission sind für sie allerdings nur Fälle von Interesse, die eine erhebliche zwischenstaatliche Wirkung entfalten.[498]

---

490 Wagemann, in: Wiedemann, Kartellrecht, 3. Aufl., § 16 Rn. 113a.

491 Körber, in: Immenga/Mestmäcker, EU/Teil 2, 5. Aufl., Art. 3 FKVO Rn. 168.

492 Körber, in: Immenga/Mestmäcker, EU/Teil 2, 5. Aufl., Art. 3 FKVO Rn. 167 f.; Schulte, Fusionskontrolle, 2. Aufl., Rn. 1783 ff.

493 Schulte, Fusionskontrolle, 2. Aufl., Rn. 1784.

494 (EWG) Nr. 1017/68, (EWG) Nr. 4056/86, (EWG) Nr. 4056/83, (EWG) Nr. 3975/87.

495 Körber, in: Immenga/Mestmäcker, EU/Teil 2, 5. Aufl., Art. 3 FKVO Rn. 169.

496 Körber, in: Immenga/Mestmäcker, EU/Teil 2, 5. Aufl., Art. 3 FKVO Rn. 167.

497 Körber, in: Immenga/Mestmäcker, EU/Teil 2, 5. Aufl., Art. 3 FKVO Rn. 169; Schulte, Fusionskontrolle, 2. Aufl., Rn. 1784.

498 Körber, in: Immenga/Mestmäcker, EU/Teil 2, 5. Aufl., Art. 3 FKVO Rn. 168; Schulte, Fusionskontrolle, 2. Aufl., Rn. 1790.

5. Teilfunktions-GU

Die Gründung eines Teilfunktions-GU ist von der Anwendung der europäischen Fusionskontrolle ausgeschlossen, da sie die Voraussetzung von Art. 3 Abs. 4 FKVO nicht erfüllt und infolgedessen im europäischen Recht nicht als Zusammenschluss angesehen wird.[499] Folglich unterfällt die Gründung eines Teilfunktions-GU der nationalen Fusionskontrolle sowie potentiell den Vorschriften zum Kartellverbot.[500] Die kartellrechtliche Prüfung von Teilfunktions-GU wird aber anders als bei Vollfunktions-GU nicht auf den „Spill-over-Effekt" begrenzt.[501]

Ein Vorgang wird nach der konsolidierten Mitteilung der Kommission zu Zuständigkeitsfragen gleichfalls als Zusammenschluss angenommen, wenn eine Muttergesellschaft die alleinige Kontrolle über das Zielunternehmen durch mehrere Unternehmen erwirbt.[502] Selbst wenn das GU nicht als Vollfunktions-GU geplant und aufgebaut wird, ist die Kommission aufgrund Art. 3 Abs. 1 FKVO zuständig für den Fall.[503] Gleiches gilt für die Konstellation, dass mehrere Gesellschafter gemeinsam von Dritten die Kontrolle über das Zielunternehmen erlangen.[504] Die Vorschrift der konsolidierten Mitteilung der Kommission zu Zuständigkeitsfragen Tz. 91 zielt vermutlich darauf, eine mögliche Schutzlücke zu schließen.[505] Sie führt jedoch zugleich dazu, dass bestimmte Teilfunktions-GU

---

499 Schulte, Fusionskontrolle, 2. Aufl., Rn. 1791; Körber, in: Immenga/Mestmäcker, EU/Teil 2, 5. Aufl., Art. 3 FKVO Rn. 170; vgl. Wiedemann, in: Wiedemann, Kartellrecht, 3. Aufl., § 15 Rn. 60a.

500 Schulte, Fusionskontrolle, 2. Aufl., Rn. 1794; Körber, in: Immenga/Mestmäcker, EU/Teil 2, 5. Aufl., Art. 3 FKVO Rn. 171.

501 Schulte, Fusionskontrolle, 2. Aufl., Rn. 1792.

502 Konsolidierte Mitteilung der Kommission zu Zuständigkeitsfragen Tz. 101; Körber, in: Immenga/Mestmäcker, EU/Teil 2, 5. Aufl., Art. 3 FKVO Rn. 172; Käseberg, in: Langen/Bunte, Kartellrecht Bd. 2, 12. Aufl., Art. 3 FKVO Rn. 99; Wiedemann, in: Wiedemann, Kartellrecht, 3. Aufl., § 15 Rn. 60a. Vgl. Radicati di Brozolo/Gustafson ECLR 2003, 574 ff.

503 Konsolidierte Mitteilung der Kommission zu Zuständigkeitsfragen Tz. 91; vgl. Wiedemann, in: Wiedemann, Kartellrecht, 3. Aufl., § 15 Rn. 60a.

504 Konsolidierte Mitteilung der Kommission zu Zuständigkeitsfragen Tz. 101; Körber, in: Immenga/Mestmäcker, EU/Teil 2, 5. Aufl., Art. 3 FKVO Rn. 172; Käseberg, in: Langen/Bunte, Kartellrecht Bd. 2, 12. Aufl., Art. 3 FKVO Rn. 99; Wiedemann, in: Wiedemann, Kartellrecht, 3. Aufl., § 15 Rn. 60a; KOMM. 11.4.2011, M. 6068, Tz. 9.- „Eni/Acegasaps/JV".

505 Wiedemann, in: Wiedemann, Kartellrecht, 3. Aufl., § 15 Rn. 60a.

ebenfalls das Verfahren der Fusionskontrolle geltend machen können und nach Art. 2 Abs. 4 u. 5 FKVO geprüft werden.[506]

III. GU im chinesischen Recht

1. GU als Gegenstand der Fusionskontrolle

a) Die historische Entwicklung

Die Gesetzgebung von 2008 sah im Wortlaut des Gesetzestextes nicht ausdrücklich vor, dass die Gründung eines GU Gegenstand der Fusionskontrolle nach Art. 20 AMG ist. Die Frage wurde daraufhin im Schrifttum kontrovers diskutiert.[507] Die Gegenmeinung vertritt nicht die Auffassung, dass die Gründung eines GU nicht als Gegenstand in die Fusionskontrolle einbezogen werden sollte, argumentiert jedoch, dass die Gründung eines GU nach der aktuellen Gesetzgebung von Art. 20 AMG nicht als Zusammenschluss subsummiert werden könne.[508] Nach Art. 20 Nr. 2 AMG liegt ein Zusammenschluss vor, wenn das Unternehmen durch Anteilserwerb oder Vermögenswerte die Kontrolle über andere Unternehmen erlangt. Die Formulierung „andere Unternehmen" im Gesetztext bedeutet nach der Gegenmeinung, dass das Zielunternehmen eines Kontrollerwerbs i. S. v. Art. 20 AMG von 2008 ein bereits bestehendes Unternehmen sein muss, die gemeinsame Begründung eines neuen Unternehmens könne deswegen nicht als Zusammenschluss i. S. v. Art. 20 AMG ausgelegt werden.[509] Im Schrifttum wird mit Blick auf die Gesetzgebung gefordert, das GU eindeutig in die chinesische Fusionskontrolle einzuschließen. Obwohl es nach dem Wortlaut von Art. 20 AMG nicht klar ist, ob die Gründung eines GU der Gegenstand der chinesischen Fusionskontrolle ist, werden die Vorgänge um die Gründung eines GU seit dem Erlass des chinesischen AMG bei MOFCOM angemeldet.[510] Die Fallgruppe macht sogar einen großen Anteil aller angemeldeten Fälle zur Fusionskontrolle bei MOFCOM aus.[511]

---

506 S. Wiedemann, in: Wiedemann, Kartellrecht, 3. Aufl., § 15 Rn. 60a.

507 S. 江山/黄勇 [JIANG, Shan/HUANG, Yong], 《法学杂志》 [Zeitschrift für Rechtswissenschaft], 10/2012, S. 144.

508 江山/黄勇 [JIANG, Shan/HUANG, Yong], 《法学杂志》 [Zeitschrift für Rechtswissenschaft], 10/2012, S. 144, 148.

509 江山/黄勇 [JIANG, Shan/HUANG, Yong], 《法学杂志》 [Zeitschrift für Rechtswissenschaft], 10/2012, S. 144, 148.

510 MOFCOM, Fall Nr. 74, 2011.

511 谭袁 [TAN, Yuan], 《时代法学》 [Rechtswissenschaft aktuell], 05/2015, S. 44, 50: 267 von bis Ende 2014 über 1000 bei MOFCOM angemeldeten Fälle weisen einen Bezug zu GU auf.

b) *Entwicklung nach Art. 4 der Guideline 2014*

Im Lauf der Entwicklung der chinesischen Fusionskontrolle ist der Begriff Kontrollerwerb i. S. v. Art. 20 Nr. 2 AMG durch die Einführung der Ausführungsbestimmung sowie die behördliche Praxis von MOFCOM deutlicher geworden. Darüber hinaus wird in Art. 4 der Guideline 2014 erstmals seit Erlass des AMG 2008 eindeutig geregelt, dass die Gründung eines neuen GU Gegenstand der chinesischen Fusionskontrolle ist. Gemäß Art. 4 der Guideline unterfällt der Vorgang der Fusionskontrolle, wenn mindestens zwei Unternehmen gemeinsam ein neues GU begründen und kontrollieren. Der Art. 4 nennt zwei Voraussetzungen zur Anwendung des AMG:

- 1) Das GU wird neu gegründet und
- 2) das GU steht unter gemeinsamer Kontrolle.

Im Vergleich mit der Vorschrift des Art. 3 Abs. 4 FKVO ist der Anwendungsbereich der chinesischen Fusionskontrolle auf GU weiter, weil neben der gemeinsamen Kontrolle keine zusätzlichen Beschränkungen vorausgesetzt werden.

2. Materielle Prüfung für Gemeinschaftsunternehmen

a) *Das materielle Prüfungskriterium nach Art. 28 AMG*

Art. 28 AMG formuliert das materielle Prüfungskriterium eines Zusammenschlusses in der chinesischen Fusionskontrolle. Wenn ein Zusammenschluss den Wettbewerb ausschließen oder einschränken kann, muss der Zusammenschluss untersagt werden (Art. 28 AMG).[512] Da in der chinesischen Gesetzgebung keine Sonderregel für die Prüfung eines GU vorgesehen ist, gilt Art. 28 AMG als einziges Prüfungskriterium für GU.[513] Eine bisweilen geäußerte Kritik an dem Prüfungskriterium nach Art. 28 AMG lautet, das materielle Kriterium in der chinesischen Fusionskontrolle sei zu weit und streng; es mache

---

512 Einer Meinung des Schrifttums zufolge sieht das Kriterium weder eine Gründung oder Stärkung der marktbeherrschenden Stellung noch eine erhebliche Behinderung des wirksamen Wettbewerbs vor, s. 史建三/钱诗宇 [SHI, Jiansan/QIAN, Shiyu], 《中大管理研究》 [Zeitschrift der Zhongshan Universität für Management], 04/2009, S. 155, 158.

513 Vgl. 江山/黄勇 [JIANG, Shan/HUANG, Yong], 《法学杂志》 [Zeitschrift für Rechtswissenschaft], 10/2012, S. 144, 145; 刘学明 [LIU, Xueming], 《河北法学》 [Hebei Rechtswissenschaft], 02/2014, S. 178 f.

in der Praxis wenig Sinn, weil fast alle Zusammenschlüsse mehr oder weniger den Wettbewerb beschränken können.[514] 2011 hat MOFCOM die vorläufige Bestimmung zur Beurteilung des Einflusses auf den Wettbewerb bei einem Zusammenschluss erlassen.[515] Nach Art. 4 Abs. 1 der Bestimmung kommt bei der materiellen Beurteilung einer wettbewerbsbeschränkenden Wirkung eines Zusammenschlusses zuerst in Betracht, ob die Unternehmen einen Anreiz oder eine Möglichkeit haben, den Wettbewerb zu beschränken oder auszuschließen. Wenn sich auf dem betroffenen Markt nur wenige Wettbewerber befinden, ist ferner zu beurteilen, ob die beteiligten Unternehmen durch einen Zusammenschluss gemeinsam eine wettbewerbsbeschränkende Wirkung ausüben können (Art. 4 Abs. 2). Falls die beteiligten Unternehmen nicht auf dem gleichen Markt angesiedelt sind, ist zu berücksichtigen, ob der Zusammenschluss eine wettbewerbsbeschränkende Wirkung auf dem vor- und nachgelagerten Markt oder einem eng verknüpften Markt bewirken kann (Art. 4 Abs. 3). In Art. 5 hat die vorläufige Bestimmung geregelt, dass der Marktanteil der beteiligten Unternehmen zur Beurteilung der Marktstruktur wichtig ist. In Art. 6 wurden der HHI-Index[516] und der CRn-Index[517] als ein materielles Prüfungskriterium eingeführt, um den Konzentrationsgrad des betreffenden Marktes zu messen.[518] Im Allgemeinen gilt: je höher der Konzentrationsgrad auf dem Markt, desto wahrscheinlicher ist es, dass ein Zusammenschluss eine wettbewerbsbeschränkende Wirkung bewirken kann.

514 S. 魏华 [WEI, Hua],《河南师范大学学报（哲学社会科学版）》[Zeitschrift der Henan Universität (Philosophie und Sozialwissenschaften)], 01/2013, S. 55, 57; 史建三/钱诗宇 [SHI, Jiansan/QIAN, Shiyu],《中大管理研究》[Zeitschrift der Zhongshan Universität für Management], 04/2009, S. 155, 159.

515 商务部[MOFCOM],《关于评估经营者集中竞争影响的暂行规定》(29.08.2011); eingehend s. 慕亚平/肖小月 [MU, Yaping/XIAO, Xiaoyue],《学术研究》[Wissenschaftliche Forschung], 04/2010, S. 69, 73 ff.

516 Der HHI-Index errechnet sich aus der Summe der quadrierten Marktanteile eines jeden Unternehmens am betreffenden Markt.

517 Der CRn-Index errechnet sich aus der Summe der Marktanteile der n (Anzahl) größten Unternehmen am betreffenden Markt.

518 Obwohl der Gesetzgeber den CRn- und den HHI-Index eingeführt hat, wird nicht weiter geregelt, wie die Indizes bei einer materiellen Prüfung benutzt werden sollen; zur Bewertung des materiellen Kriteriums und der Anwendung auf die Praxis in China aus ökonomischer Ansicht eingehend s. 王继荣 [WANG, Jirong],《当代法学》[Rechtswissenschaft aktuell], 03/2016, S. 109, 111 ff.

b) Ungleichbehandlung von konzentrativen und kooperativen GU?

Anders als die deutsche und die europäische unterscheidet die chinesische Fusionskontrolle nicht zwischen konzentrativen und kooperativen GU, weder bei den formellen Aufgreifkriterien noch bei den materiellen Prüfungskriterien.[519] In der chinesischen Fusionskontrolle sind Art. 28 AMG und die vorläufige Bestimmung zur Beurteilung des Einflusses auf den Wettbewerb bei einem Zusammenschluss[520] die einzigen materiellen Kriterien für die Gründung eines GU und bei allen Zusammenschlussfällen zu berücksichtigen. Außerdem macht MOFCOM in der Praxis keinen Unterschied zwischen konzentrativen und kooperativen GU, um eine wettbewerbsbeschränkende Wirkung zu begründen.

c) Die Anwendbarkeit von Art. 13 und 14 AMG auf die Gründung eines GU

aa. Art. 13 u. 14 AMG als Grundlage zur Doppelkontrolle?

Entsprechend der Besonderheit eines GU unterfällt ein GU mit koordinierter Wirkung nach dem deutschen und europäischen Recht neben der strukturellen Kontrolle noch einer Verhaltenskontrolle bezogen auf den Gruppeneffekt oder ferner direkt einer Anwendung des Kartellverbots. Im deutschen Recht sind die Fusionskontrolle und das Kartellverbot nach dem Grundsatz der Doppelkontrolle nebeneinander auf die Gründung eines GU anwendbar, im europäischen Recht ist das Vollfunktions-GU mit koordinierter Wirkung noch nach Art. 2 Abs. 4 FKVO mit Verweis auf Art. 101 AUEV zu prüfen.[521] Der Vergleich mit dem deutschen und europäischen Recht wirft eine weitere Frage zur chinesischen Fusionskontrolle auf, und zwar, welche Rolle die Vorschrift des Kartellverbots im Anti-Monopol-Gesetz, nämlich Art. 13 und 14 AMG, für die Gründung eines GU spielt. Außerdem ist zu fragen, ob das Kartellverbot neben der Fusionskontrolle eine direkte Anwendung auf die Gründung eines GU finden kann.

Art. 13 und 14 AMG bilden die Kernvorschriften des Kartellverbots im chinesischen Kartellrecht, inhaltlich entsprechen sie Art. 101 AEUV und § 1 GWB. Nach Art. 13 AMG dürfen die Wettbewerber keine wettbewerbsbeschränkenden

---

519 Vgl. dazu auch江山/黄勇 [JIANG, Shan/HUANG, Yong], 《法学杂志》 [Zeitschrift für Rechtswissenschaft], 10/2012, S. 144, 147; 谭袁 [TAN, Yuan], 《时代法学》 [Rechtswissenschaft aktuell], 05/2015, S. 44.

520 Auf Chinesisch商务部 [MOFCOM], 《关于评估经营者集中竞争影响的暂行规定》 (29.08.2011).

521 S. § 4 I. 2 u. II. 3.

betreffenden Vereinbarungen treffen. Als wettbewerbsbeschränkende Vereinbarungen gelten nach Art. 13 solche, die

- 1) „Warenpreise festgelegen oder ändern,
- 2) Produktions- oder Absatzmengen von Waren einschränken,
- 3) Absatz- oder Beschaffungsmärkte aufteilen,
- 4) den Ankauf neuer Techniken und neuer Anlagen einschränken oder die Erschließung neuer Techniken und neuer Produkte einschränken,
- 5) [die Beteiligten] zum Boykott von Geschäften [mit Dritten] verbinden,
- 6) sonstige Vereinbarungen sind, für die vom Antimonopolrecht-Vollzugsorgan des Staatsrats festgestellt worden ist, dass es sich um Monopolvereinbarungen handelt."[522]

Nach Art. 14 AMG dürfen die Unternehmen mit Geschäftspartnern keine wettbewerbsbeschränkenden betreffenden Vereinbarungen treffen, die

- 1) „Preise für den Weiterverkauf von Waren an Dritte festlegen,
- 2) Mindestpreise für den Weiterverkauf von Waren an Dritte begrenzen,
- 3) sonstige Vereinbarungen sind, für die vom Antimonopolrecht-Vollzugsorgan des Staatsrats festgestellt worden ist, daß es sich um Monopolvereinbarungen handelt."[523]

Dass eine Doppelkontrolle von GU in der chinesischen Fusionskontrolle nicht ausdrücklich vorgesehen wird, bedeutet nicht, dass das Kartellverbot gemäß Art. 13 und 14 nicht direkt auf die Gründung eines GU angewendet werden kann. Wenn zwischen den Muttergesellschaften eine Vereinbarung über die Verhaltenskoordinierung getroffen wurde, ist das Kartellverbot anwendbar, solange eine Voraussetzung von Art. 13 und 14 AMG erfüllt wird.[524] Nach Art. 7 der Bestimmung des Obersten Volksgerichtshofs in China ist eine Vereinbarung gerechtfertigt, wenn das Unternehmen beweisen kann, dass die Vereinbarung keine wettbewerbsbeschränkende oder -ausschließende Wirkung entfalten kann.[525] Es stellt sich die Frage, ob die Art. 13 und 14 AMG als Grundlage zur

522 Eine deutsche Übersetzung des Gesetzes findet sich unter: http://www.chinas-recht.de/070830.htm (zuletzt aufgerufen am 12.11.2017).

523 Eine deutsche Übersetzung des Gesetzes findet sich unter: http://www.chinas-recht.de/070830.htm (zuletzt aufgerufen am 12.11.2017).

524 Vgl. 谭袁 [TAN, Yuan],《时代法学》[Rechtswissenschaft aktuell], 05/2015, S. 44, 51.

525 Auf chinesisch最高人民法院 [Oberster Volksgerichtshof],《最高人民法院关于审理因垄断行为引发的民事纠纷案件应用法律若干问题的规定》[Bestimmungen des Obersten Volksgerichtshofs über mehrere Fragen im Zusammenhang

Prüfung der kooperativen Wirkung von GU ausgelegt werden können.[526] Die Anwendung von Art. 13 und 14 AMG sieht als Voraussetzung vor, dass zwischen den Wettbewerbern oder den Geschäftspartnern eine Vereinbarung vorliegen muss. Die Schwierigkeit einer Anwendung der Art. 13 u. 14 AMG liegt aber darin, dass die Koordinierung von Muttergesellschaften eines GU nicht immer eine ausdrückliche Vereinbarung voraussetzt. Eine Verhaltenskontrolle nach Art. 13 und 14 AMG hinsichtlich eines Gruppeneffekts bei Muttergesellschaften eines GU kann wegen der fehlenden Voraussetzungserfüllung nur eine begrenzte Wirkung entfalten. Ob Art. 13 u. 14 AMG anwendbar sind, kommt noch darauf, wie der Begriff „koordiniertes / abgestimmtes Verhalten" i. S. v. Art. 13 und 14 AGM ausgelegt wird. Hinsichtlich der Anwendung der Art. 13 und 14 auf die Gründung eines GU ist im Schrifttum weiterhin zu diskutieren, ob bei einem kooperativen GU, das auf Forschung oder Innovationen abzielt, die Gründung aufgrund Art. 15 vom Kartellverbot freigestellt werden soll.[527]

bb. Doppelte Kontrolle nach Art. 13 u. 14 AMG in der Praxis?

Bislang gab es allerdings in der Praxis noch keinen Fall, in dem ein GU, entweder direkt wegen einer kartellrechtlichen Vereinbarung oder wegen einer koordinierten Wirkung der Muttergesellschaften, nach Art. 13 oder 14 AMG geprüft wurde.[528] Ein Grund dafür könnte sein, dass sich die Zuständigkeit für Kartellverbot und Zusammenschluss im chinesischen Rechtssystem auf

---

mit der Anwendung des Gesetzes bei der Verhandlung von zivilen Streitfällen, die sich aus dem monopolistischen Verhalten ergeben] (03.05.2012); vgl. Jindu Kanzlei, „合营合同中不竞争条款的反垄断法分析" [Wettbewerbsverbote betreffende Klauseln im Grundvertrag eines Gemeinschaftsunternehmens], 4.9.2016, Beitrag online unter: http://www.chinalawinsight.com/2013/08/articles/corporate/%E5%90%88%E8%90%A5%E5%90%88%E5%90%8C%E4%B8%AD%E4%B8%8D%E7%AB%9E%E4%BA%89%E6%9D%A1%E6%AC%BE%E7%9A%84%E5%8F%8D%E5%9E%84%E6%96%AD%E6%B3%95%E5%88%86%E6%9E%90/#_edn2 (zuletzt aufgerufen am 12.11.2017).

526 Dies bejahend曾雄 [ZENG, Xiong], „合营企业的反垄断规制研究" [Studie zu den Regelungen für GU im Antimonopol-Gesetz], Masterarbeit (CASS 2014), S. 21; 江山/苏竣 [JIANG, Shan/SU, Jun], 《东方法学》 [Orientalisches Recht], 02/2014, S. 84, 93.

527 江山/苏竣 [JIANG, Shan/SU, Jun], 《东方法学》 [Orientalisches Recht], 02/2014, S. 84, 93 f.

528 Vgl.谭袁 [TAN, Yuan], 《时代法学》 [Rechtswissenschaft aktuell], 05/2015, S. 44, 50 u. 51: In der Praxis ist MOFCOM momentan ausschließlich für den Fall der Gründung eines GU zuständig.

drei unterschiedliche Verwaltungsbehörden erstreckt: wenn eine Behörde die Zuständigkeit für einen Sachverhalt aufweist, wird der Vorgang wegen fehlender Koordinierung der Behörden nur von dieser Behörde – und somit ohne eine zweite Kontrolle seitens einer anderen Behörde – bearbeitet.[529]

d) Begleitende Nebenbestimmung bei der Gründung eines GU

Wie die begleitende Nebenbestimmung eines GU zu behandeln ist, dafür findet sich weder im Anti-Monopol-Gesetz noch in den Ausführungsbestimmungen von MOFCOM eine Vorschrift. Nach dem neuen angebotenen Anmeldeformular[530] für den Zusammenschluss verlangt MOFCOM, dass, wenn der Erwerber und das Zielunternehmen begleitende Nebenbestimmungen oder Wettbewerbsverbote betreffende Vereinbarungen treffen, alle Vereinbarungen bei der Anmeldung angezeigt werden müssen. Nach einer Ansicht aus der Praxis wird MOFCOM wahrscheinlich auf die Erfahrung der Europäischen Kommission verweisen, wenn es im Einzelfall die begleitende Nebenbestimmung zu prüfen hat.[531] Ob die begleitende Nebenbestimmung gerechtfertigt ist, kommt darauf an, ob die Vereinbarung direkt mit dem Zusammenschluss verbunden und ob die begleitende Nebenbestimmung erforderlich für den Zusammenschluss ist.[532] Wenn ein Zusammenschluss freigegeben ist, wird die zusätzlich erforderliche begleitende Nebenbestimmung ebenfalls freigegeben. Im Allgemeinen prüft MOFCOM nicht allein die begleitenden Nebenbestimmungen, solange ein

---

529 MOFCOM ist ausschließlich für Fusionskontrolle, SAIC und NDRC sind für das Kartellverbot zuständig.

530 Auf Chinesisch商务部 [MOFCOM],《经营者集中反垄断审查申报表》[Anmeldungsformular für Zusammenschluss] (06.06.2012).

531 Vgl. Jindu Kanzlei, „合营合同中不竞争条款的反垄断法分析“ [Wettbewerbsverbote betreffende Klauseln im Grundvertrag eines Gemeinschaftsunternehmens], 21.8.2013, Beitrag online unter: http://www.chinalawinsight.com/2013/08/articles/corporate/%E5%90%88%E8%90%A5%E5%90%88%E5%90%8C%E4%B8%AD%E4%B8%8D%E7%AB%9E%E4%BA%89%E6%9D%A1%E6%AC%BE%E7%9A%84%E5%8F%8D%E5%9E%84%E6%96%AD%E6%B3%95%E5%88%86%E6%9E%90/#_edn2 (zuletzt aufgerufen am 12.11.2017).

532 Vgl. Jindu Kanzlei, „合营合同中不竞争条款的反垄断法分析“ [Wettbewerbsverbote betreffende Klauseln im Grundvertrag eines Gemeinschaftsunternehmens], 21.8.2013, Beitrag online unter: http://www.chinalawinsight.com/2013/08/articles/corporate/%E5%90%88%E8%90%A5%E5%90%88%E5%90%8C%E4%B8%AD%E4%B8%8D%E7%AB%9E%E4%BA%89%E6%9D%A1%E6%AC%BE%E7%9A%84%E5%8F%8D%E5%9E%84%E6%96%AD%E6%B3%95%E5%88%86%E6%9E%90/#_edn2 (zuletzt aufgerufen am 12.11.2017).

Zusammenschluss selbst keine wesentliche wettbewerbsbeschränkende Wirkung zeitigen kann.[533] Die Vereinbarung, die die wettbewerbsbeschränkende betreffende Klausel beinhaltet, ist nicht automatisch nach Art. 13 u. 14 AMG zu behandeln.[534]

e) *Freigabe mit Nebenbestimmung*

Eine andere wichtige Vorschrift bezüglich des materiellen Prüfungskriteriums der GU-Gründung ist die Vorschrift über die Freigabe mit Nebenbestimmung. Gemäß Art. 29 AMG kann die zuständige Behörde (MOFCOM für den Zusammenschluss) der Freigabe eines Zusammenschlusses Nebenbestimmungen hinzufügen, wenn damit eine durch den Zusammenschluss herbeigeführte wettbewerbsbeschränkende Wirkung beseitigt werden kann und dieser folglich nicht verboten werden muss. Zur Ausführung wurde die Freigabe mit Nebenbestimmung durch eine neu erlassene Bestimmung weiter ausgebaut. 2014 hat MOFCOM eine interimistische Bestimmung zur Freigabe mit Nebenbestimmungen erlassen.[535] Nach Art. 3 der Bestimmung darf MOFCOM drei Arten von Nebenbestimmungen beschließen, nämlich:

- 1) strukturelle Bedingungen wie Veräußerung der materiellen oder immateriellen Vermögenswerte und Rechte,
- 2) Verhaltensbedingungen wie z. B. eine offene Plattform oder Grundeinstellung, die Genehmigung für Schlüsseltechnologie (Patent, geschützte oder eigene Technologie und andere Immaterialgüterrechte), die Beendigung einer Exklusivitätsvereinbarung usw. sowie
- 3) kombinierte Bedingungen mit strukturellen und Verhaltensbedingungen.

---

533 Bislang gibt es noch keine Kooperation zwischen SAIC oder DNRC und MOFCOM zum Thema GU, vgl. Jindu Kanzlei, „合营合同中不竞争条款的反垄断法分析" [Wettbewerbsverbote betreffende Klauseln im Grundvertrag eines Gemeinschaftsunternehmens], 21.8.2013, Beitrag online unter: http://www.chinalawinsight.com/2013/08/articles/corporate/%E5%90%88%E8%90%A5%E5%90%88%E5%90%8C%E4%B8%AD%E4%B8%8D%E7%AB%9E%E4%BA%89%E6%9D%A1%E6%AC%BE%E7%9A%84%E5%8F%8D%E5%9E%84%E6%96%AD%E6%B3%95-%E5%88%86%E6%9E%90/#_edn2 (zuletzt aufgerufen am 12.11.2017).

534 Die Anwendung des Kartellverbots auf Wettbewerbsverbote betreffende Vereinbarungen zwischen Muttergesellschaften und dem GU ist im chinesischen Recht nicht klar geregelt, zur Diskussion im Schrifttum vgl. 刘学明 [LIU, Xueming],《河北法学》[Hebei Rechtswissenschaft], 02/2014, S. 178, 179 ff.

535 Auf Chinesisch商务部[MOFCOM],《关于经营者集中附加限制性条件的规定（试行）》(17.12.2014).

Die Durchführung der hinzugefügten Nebenbestimmungen ist für das beteiligte Unternehmen nicht freiwillig, sondern wird von MOFCOM überwacht. Wenn das beteiligte Unternehmen gegen die hinzugefügten Nebenbestimmungen verstößt, macht nach der Praxis von MOFCOM der Art. 15 der Bestimmung zum Verfahren der Fusionskontrolle[536] geltend, über das Unternehmen gemäß Art. 48 AMG eine Geldbuße in Höhe von 500,000 RMB zu verhängen.[537]

Obwohl Art. 3 der interimistischen Bestimmung zur Anwendung der Freigabe mit Nebenbestimmungen regelt, dass die hinzugefügte Nebenbestimmung sowohl strukturelle- als auch Verhaltensbedingung sein kann, zeigt sich in der Praxis, dass MOFCOM es bevorzugt, Verhaltensbedingungen zu beschließen.[538] Laut den veröffentlichten Informationen von MOFCOM gab es bis Ende 2013 insgesamt 20 Fälle, die mit Nebenbestimmungen freigegeben wurden. 13 von ihnen betreffen horizontale, vier vertikale Zusammenschlüsse.[539] Darunter befinden sich insgesamt neun Fälle mit Verhaltensbedingungen und acht mit kombinierten Bedingungen, während nur drei Fälle ausschließlich strukturelle

---

536 Auf Chinesisch商务部[MOFCOM],《经营者集中审查办法》(24.11.2009).

537 Vgl. Junhe Kanzlei, „反垄断法律热点问题" [Hotspot im Wettbewerbsrecht], Beitrag online verfügbar unter: https://www.google.de/url?sa=t&rct=j&q=&esrc=s&source=web&cd=1&cad=rja&uact=8&ved=0ahUKEwienbXMubvTAhUJZ1AKHRASBj8QFggiMAA&url=http%3A%2F%2Fwww.junhe.com%2Fdownload%3FfilePath%3D%2Fupload%2Flaw-reviews%2Fc38256e85b2719ce0a712561e281d052.pdf%26fileName%3D%25E7%25A0%2594%25E7%25A9%25B6%25E7%25AE%2580%25E8%25AE%25AF-%25E3%2580%258A%25E5%2585%25B3%25E4%25BA%258E%25E6%25B1%25BD%25E8%25BD%25A6%25E4%25B8%259A%25E7%259A%2584%25E5%258F%258D%25E5%259E%2584%25E6%2596%25AD%25E6%258C%2587%25E5%258D%2597%25E3%2580%258B%25EF%25BC%2588%25E5%25BE%2581%25E6%25B1%2582%25E6%2584%258F%25E8%25A7%2581%25E7%25A8%25BF%25EF%25BC%2589%25E8%25A7%25A3%25E8%25AF%25BB%25EF%25BC%258820160330%25EF%25BC%2589.PDF&usg=AFQjCNHdb22yQoNcecOXo0jUL3h80wW5Ig (zuletzt aufgerufen am 12.11.2017) Der Autor ist allerdings der Meinung, dass MOFCOM den Gegenstand von Art. 48 u. 49 AMG weit ausgelegt hat. In der Praxis gab es bis Ende 2016 zwei Fälle, die wegen fehlender Einhaltung der Nebenbestimmung von MOFCOM bestraft wurden: MOFCOM, Fall Nr. 787, 2014; MOFCOM, Fall Nr. 786, 2014.

538 李煜 [LI, Yu],《经济法论坛》[Forum Wirtschaftsrecht], 08/2015, S. 83, 86; 袁日新 [YUAN, Rixin],《法律科学》[Wissenschaft des Rechts], 02/2016, S. 59 f.; 李俊峰 [LI, Junfeng],《国际经贸探索》[Internationale Wirtschafts- und Handelsforschung], 09/2010, S. 57, 63; 李俊峰 [LI, Junfeng],《当代法学》[Rechtswissenschaft aktuell], 02/2015, S. 65, 75.

539 李煜 [LI, Yu],《经济法论坛》[Forum Wirtschaftsrecht], 08/2015, S. 83 ff.

Bedingungen aufwiesen.[540] Verhaltensbedingungen wurden sowohl für vertikale als auch für horizontale Zusammenschlüsse beschlossen. Der horizontale Zusammenschluss macht 75 % aller Fälle aus, die mit Verhaltensbedingungen beschlossen wurden.[541]

3. GU-Prüfung in der Praxis

In diesem Abschnitt werden drei ausgewählte Fälle einer GU-Gründung präsentiert. In den Entscheidungen hat MOFCOM ausführlich geprüft, ob die Vorgänge die Voraussetzungen des Aufgreifkriteriums und einer wettbewerblichen Wirkung erfüllen, wodurch sich die Praxis von MOFCOM bei GU-Gründungen gut nachvollziehen lässt.

a) Der Fall Corun/Toyota China/PEVE[542]/New Zhongyuan Group/Toyota Tsusho[543]

Fünf Unternehmen, Corun, Toyota China, PEVE, New Zhongyuan Group und Toyota Tsusho, haben in diesem Fall vor, ein gemeinsames Unternehmen namens Corun PEVE Automotive Battery Co., Ltd.[544] einzurichten, die Beteiligung beträgt 40 %, 5 %, 41 %, 10 % und 4 %. Nach der GU-Vereinbarung stellt das GU NiMH-Batterie-Module (Nickel-Metallhydrid-Batterien) und Batterie-Pakete für PKW her. Das GU sitzt für einen Zeitraum von 15 Jahren in China. Die Frist kann nach Vereinbarung verlängert werden. Der Erwerber Corun ist ein am Shanghai Stock Exchange notiertes Unternehmen, welches sich in den Bereichen Energiespeichermaterial, Akkumulatoren und Energiespeichersysteme für elektrische Fahrzeuge hinsichtlich Forschung, Herstellung und Verkauf betätigt. Der andere Erwerber PEVE ist ein japanisches GU, das durch eine gemeinsame Beteiligung von Toyota (80.5 %) und Panasonic (19.5 %) eingerichtet wurde. PEVE ist Lieferant der NiMH-Batterie-Pakete für Hybrid-Fahrzeuge von Honda und Toyota. Toyota China ist eine 100-%-Tochtergesellschaft von Toyota. New Zhongyuan Group und Toyota Tsusho beteiligten sich ebenfalls an dem GU. Dies begründet aber noch keine Kontrolle über das GU.

In der Entscheidung hat MOFCOM die NiMH-Batterie-Module für Fahrzeuge und Hybrid-Fahrzeuge als sachliche relevante Märkte identifiziert. Der

540 李煜 [LI, Yu],《经济法论坛》[Forum Wirtschaftsrecht], 08/2015, S. 83, 85.
541 李俊峰 [LI, Junfeng],《当代法学》[Rechtswissenschaft aktuell], 02/2015, S. 65, 73.
542 PEVE ist die Abkürzung für Primearth EV Energy.
543 MOFCOM, Bekanntmachung Nr. 49, 2014.
544 Abgekürzt CPAB.

NiMH-Batterie-Modul-Markt stellt einen globalen Markt dar, während der Markt von Hybrid-Fahrzeugen auf China begrenzt ist. Nach Meinung von MOFCOM ist der Batteriemarkt für Fahrzeuge ein sehr konzentrierter Markt, in dem der Wettbewerb durch Gründung des GU beschränkt werden kann.[545] Aufgrund der hohen technischen Schranke kann ein drittes Unternehmen nicht einfach in den Markt eintreten.[546] Die Konzentrationsrate CR_4 des NiMH-Batterie-Markts beträgt durch die Marktanteile von PEVE, Panasonic, Corun und Johnson Controls insgesamt 97 %. Dabei sind zwei der vier Unternehmen, Corun und PEVE, mit Beteiligungen von 40 % und 41 % stark an dem neuen GU beteiligt. Panasonic beteiligt sich nicht direkt an dem GU, ist aber eine Muttergesellschaft von PEVE mit einer Beteiligung in Höhe von 19.5 %. MOFCOM war der Überzeugung, dass die drei Wettbewerber PEVE, Panasonic und Corun mit der Gründung des GU gemeinsame Interessen verfolgen und dadurch eine wettbewerbsbeschränkende Wirkung auf dem Markt erzeugen würden.[547]

Ferner hat MOFCOM in diesem Fall nicht nur die mögliche horizontale Wettbewerbsbeschränkung, sondern auch die mögliche vertikale Wettbewerbsbeschränkung geprüft. In der Entscheidung brachte MOFCOM die Sorge zum Ausdruck, dass Toyota nach dem Zusammenschluss eine stärkere Präsenz auf dem Hybrid-Fahrzeug-Markt zeigen und dadurch Abschottungseffekte auf dem chinesischen Hybrid-Fahrzeug-Markt bewirken würde.[548] Toyota China besitzt einen Anteil von 80.3 % am chinesischen Hybrid-Fahrzeug-Markt. PEVE hat 66.4 % der Anteile auf dem globalen NiMH-Batterie-Markt inne. Falls die Vorteile der beiden Unternehmen kombiniert werden, kann sich die Einflussnahme von Toyota auf den Hybrid-Fahrzeug-Markt verstärken.[549] Des Weiteren könne es zu Problemen kommen, wenn das GU neben Toyota China noch eine dritte Partei beliefern soll, da diese Entscheidung von dem Vorstand des GU genehmigt werden müsste. Angesichts der Aktionärsstruktur des GU ist MOFCOM der Meinung, dass Toyota (und damit auch Toyota China und PEVE) die Möglichkeit und das Recht habe, die Entscheidung zu überstimmen, was eine wettbewerbsbeschränkende Wirkung auf den chinesischen Hybrid-Fahrzeug-Markt nach sich ziehen könnte.[550]

545 S. MOFCOM, Bekanntmachung Nr. 49, 2014.
546 S. MOFCOM, Bekanntmachung Nr. 49, 2014.
547 S. MOFCOM, Bekanntmachung Nr. 49, 2014.
548 S. MOFCOM, Bekanntmachung Nr. 49, 2014.
549 S. MOFCOM, Bekanntmachung Nr. 49, 2014.
550 S. MOFCOM, Bekanntmachung Nr. 49, 2014.

Der Fall wurde mit Nebenbestimmungen freigegeben. Zwei wichtige Nebenbestimmungen sind: 1) Das GU muss seine Produkte ohne Diskriminierung an Dritte liefern, 2) Das GU hat seine Produkte als selbstständiger Träger auf dem Markt innerhalb von drei Jahren auch an Dritte zu verkaufen.

b) Der Fall Henkel Hong Kong/Tiande Chemical[551]

Henkel Hong Kong und Tiande Chemical planten, zuerst ein GU als Holding Gesellschaft und anschließend durch das GU eine Tochtergesellschaft für die Herstellung von monomeren Cyanoacrylaten einzurichten. Die Entscheidung betrifft in dem Fall drei Waren, und zwar Ethyl-Cyanoacetate auf dem vorgelagerten Markt, Monomere Cyanoacrylate auf dem Midstream Markt und adhesive Cyanoacrylate auf dem nachgelagerten Markt. Eine der Muttergesellschaften, Tiande Chemical, ist einer der zwei weltweit größten Lieferanten auf dem vorgelagerten Markt für Ethyl Cyanoacetate. Die beiden größten Lieferanten auf dem Markt betätigen sich in China mit einem Marktanteil von jeweils ungefähr 45 % bis 50 %. Der Marktkonzentrationsgrad liegt nach dem HHI-Index über 4050. Nach der Recherche von MOFCOM ist der Eintritt in diesen Markt schwierig, weil neben den zwei größten Unternehmen kein starker Wettbewerber auf dem Markt existiert und die Herstellungsqualifikation zur Produktion aufgrund des strengen nationalen Umweltrechts eine Zulassungsgenehmigung voraussetzt.[552] Tiande Chemical besitzt deshalb eine hohe Marktmacht auf dem Markt für Ethyl-Cyanoacetate. Die andere Muttergesellschaft Henkel Hong Kong ist auf dem Midstream Markt für Monomere Cyanoacrylate und auf dem nachgelagerten Markt für adhesive Cyanoacrylate angesiedelt. Der Wettbewerb im Midstream Markt ist intensiv.

Vor der Einrichtung des GU hatte Tiande Chemical keinen Zugang und kein Interesse am Midstream und am nachgelagerten Markt, was sich aber nach dem Zusammenschluss geändert hat.[553] Die Henkel Group kaufte vorher nur 5 % aller Rohstoffe von Tiande Chemical, nach dem Zusammenschluss waren es zusammen mit den von dem eingerichteten GU gekauften Produkten bis zu 25 %.[554] Angesichts des Verhältnisses zwischen Tiande Chemical und dem GU und ihrer Marktlage befürchtete MOFCOM, dass Tiande Chemical seine Marktmacht auf

551 MOFCOM, Bekanntmachung Nr. 6, 2012.
552 S. MOFCOM, Bekanntmachung Nr. 6, 2012.
553 S. MOFCOM, Bekanntmachung Nr. 6, 2012.
554 S. MOFCOM, Bekanntmachung Nr. 6, 2012.

den nachgelagerten Markt ausdehnen würde und somit andere Käufer auf dem nachgelagerten Markt benachteiligen könnte.[555]

Der Fall wurde mit Nebenbestimmung freigegeben. Nach der Gründung des GU darf die Muttergesellschaft Tiande Chemical dem GU keine besseren Angebote als anderen Käufern machen. Des Weiteren darf sie keine wettbewerbsrelevanten Informationen – weder mit der anderen Muttergesellschaft Henkel Hong Kong noch mit dem GU – austauschen.

c) Der P3-Fall[556]

Der P3-Fall wurde 2014 von MOFCOM als Zusammenschluss betrachtet und wegen seiner wettbewerbsbeschränkenden Wirkung verboten. Der gleiche Fall wurde von der Europäischen Kommission nicht als Zusammenschluss angesehen, weil er die Voraussetzung von Art. 3 FKVO nicht erfüllt hat.[557]

Im Oktober 2013 haben CMA CGM S.A., MSC Mediterranean Shipping Company S.A. und Maersk vereinbart, das P3 Network als Partnerschaft mit beschränkter Haftung einzurichten. Das Network ist nach der Vereinbarung zuständig für die Angelegenheiten des Containerlinienverkehrs hinsichtlich Linien zwischen Asien und Europa, transatlantischer Linien und Transpazifiklinien der drei Beteiligten.

Die Maersk Group ist das weltweit größte Container-Transport- und Logistikunternehmen mit Sitz in 142 Staaten und Gebieten. Ihre Geschäfte sind umfassend. In allen wichtigen chinesischen Häfen betreibt Maersk Containertransporte und andere einschlägige Dienstleistungen. MSC Mediterranean Shipping Company S.A. ist das zweitgrößte Container-Transport- und Logistikunternehmen mit umfassenden Geschäften in der ganzen Welt und in China. CMA CGM S.A. ist das drittgrößte Container-Transport- und Logistikunternehmen und tätigt ebenfalls Geschäfte in China.

In dem Fall hat MOFCOM die Dienstleistung des Containertransports als sachlichen Markt bestimmt; die Asien-Europa-Linien, transatlantischen Linien und Transpazifiklinien wurden als räumlicher Markt bestimmt. Der Fall wurde bei MOFCOM angemeldet. Nach eingehender Prüfung traf MOFCOM die Entscheidung, dass der Zusammenschluss Wettbewerber beschränken kann und deswegen verboten wird.

---

555 S. MOFCOM, Bekanntmachung Nr. 6, 2012.

556 MOFCOM, Bekanntmachung Nr. 46, 2014.

557 Zum Thema P3 s. auch: 王晓晔 [WANG, Xiaoye], 《法学评论》 [Law Review], 02/17, S. 11, 15.

In der Entscheidung hat MOFCOM ausführlich beschrieben, wieso der Fall als Zusammenschluss unter die Zuständigkeit des MOFCOM fällt. Eine Erläuterung der Zuständigkeit und des formellen Aufgreifkriteriums eines Vorgangs ist in der Praxis von MOFCOM äußerst selten. Der Containertransport stellt eine kapitalintensive Branche dar, in der viele Investitionen erforderlich sind und die ein hohes Risiko birgt.[558] Containertransport-Unternehmen arbeiten im Allgemeinen durch Vereinbarungen zur gemeinsamen Nutzung von Schiffen oder zum Austausch von Slots zusammen.[559] Auf dem Markt bestehen bereits viele Schifffahrtsallianzen. In einer Allianz kann das Unternehmen trotz einer Vereinbarung über die gemeinsame Nutzung von Schiffen oder einer Vereinbarung über den Austausch von Slots noch unabhängig handeln.[560] Nach Meinung von MOFCOM stellt P3 aufgrund der Vereinbarung eine „enge Kooperation" (in der Entscheidung als „联营" bezeichnet) dar, die einen wesentlichen Unterschied zur traditionellen Schifffahrtsallianz aufweist.[561] In der Entscheidung hat MOFCOM weiterhin die Vereinbarungen des P3 Networks mit Vereinbarungen der traditionellen Allianz verglichen. Der Unterschied betrifft folgende wichtige Bereiche:

- Die tägliche Verwaltung aller Schiffe aus den oben erwähnten Linien obliegt dem P3 Network, die drei Beteiligten behalten nur die technische Betriebsführung über die Schiffe, während in der Allianz die Kooperation auf die Vereinbarung einer gemeinsamen Nutzung von Schiffen und den Austausch von Slots begrenzt wird;
- das P3 Network ist aufgrund der vorher vereinbarten Arbeitsweise zuständig für die Betriebsführung, in der traditionellen Allianz wird eine Kommission für jede Linie gegründet, um die Betriebsführung zu unterstützen;
- alle Kosten (einschließlich Charterpreis, Treibstoff, Hafengebühren, Gebühr für die Nutzung des Kanals) der Schifffahrt aus den Linien werden nach unterschiedlichen Gruppen zusammengerechnet und dann auf die drei Beteiligten verteilt, während bei der traditionellen Allianz jedes Unternehmen die Kosten selbst trägt;
- das P3 Network handelt einheitlich mit den unbenutzten Slots, im Gegensatz dazu handelt ein Unternehmen in einer Allianz aufgrund der Vereinbarung nur mit seinen eigenen Slots;

---

558 S. MOFCOM, Bekanntmachung Nr. 46, 2014.
559 S. MOFCOM, Bekanntmachung Nr. 46, 2014.
560 S. MOFCOM, Bekanntmachung Nr. 46, 2014.
561 S. MOFCOM, Bekanntmachung Nr. 46, 2014; vgl. Säcker, WuW 2014, S. 1031.

- das P3 Network kann selbst über die Aussetzung einer Schifffahrt bestimmen, während in einer Allianz Entscheidungen nur auf der Basis gemeinsamer Verhandlungen getroffen werden dürfen.[562]

Aufgrund dieser wesentlichen Unterschiede war MOFCOM der Auffassung, dass die Vereinbarung zwischen MSC, CMA CGM und Maersk keine normale Vereinbarung für eine Schifffahrtsallianz darstellt und die neue enge Kooperation der Zuständigkeit von MOFCOM als Zusammenschluss unterfällt.[563]

4. Die GU-Gründung in der chinesischen Fusionskontrolle aus rechtsvergleichender Sicht

a) *Der Begriff des GU i. S. d. chinesischen Fusionskontrolle*

aa. Der Begriff des GU

Sowohl im Rahmen der deutschen als auch der europäischen Fusionskontrolle versucht der Gesetzgeber, eine lückenlose Kontrolle hinsichtlich der Gründung eines GU aufzubauen. Das Mittel der deutschen Fusionskontrolle ist nach aktueller Praxis der Grundsatz der Doppelkontrolle über GU. § 37 Abs. 1 GWB hat eine einheitliche Definition von GU vorweggenommen. Unabhängig davon, wie ein GU aufgebaut wird, kann der Vorgang die Fusionskontrolle auslösen, wenn der Vorgang das formelle Aufgreifkriterium des Zusammenschlusses nach § 37 Abs. 1 Nr. 1 bis Nr. 4 erfüllt. Allerdings verkleinert Art. 3 FKVO den Anwendungsbereich der Fusionskontrolle auf die Gründung eines GU, denn nur, wenn das GU die Voraussetzung eines Vollfunktions-GU erfüllt, ist es Gegenstand der

---

562 S. MOFCOM, Bekanntmachung Nr. 46, 2014.

563 S. MOFCOM, Bekanntmachung Nr. 46, 2014; dazu s. auch朱作贤 [ZHU, Zuoxian], 《中国海商法研究》 [China Seeschifffahrtsgesetz], 01/2015, S. 42, 44: Die Logistik-Dienstleistung der Linienschifffahrt ist auch ein Produkt. Eine enge Kooperation sei demnach vergleichbar mit einer horizontalen Fusion der beteiligten Unternehmen – obwohl die Vereinbarungen zwischen den Schifffahrtsunternehmen weder eine einheitliche Preisgestaltung noch eine Aufteilung des Marktes anstreben, bleiben die Unternehmen trotz der Vereinbarung noch unabhängig, der Wettbewerb zwischen den Unternehmen kann durch die Vereinbarung stark begrenzt werden. Wenn die Gründung eines Schifffahrtskonsortiums nur nachträglich überwacht wird, könne die zuständige Behörde im Falle einer Monopolbildung die Kollision zwischen den Unternehmen nicht einfach kontrollieren, weil das Vorliegen einer Koordinierung der Mitglieder schwer zu beweisen ist. Vgl. auch谭袁 [TAN, Yuan], 《时代法学》 [Rechtswissenschaft aktuell], 05/2015, S. 44, 50; 李天生 [LI, Tiansheng], 《现代法学》 [Moderne Rechtswissenschaft], 01/2010, S. 97.

Fusionskontrolle i. S. v. Art. 3 FKVO. Im Hinblick auf die Rechtssicherheit versucht der Gesetzgeber zugleich auch für das GU, das keine koordinierte Wirkung bewirken kann, eine ausschließliche Anwendung der Fusionskontrolle geltend zu machen. Der Begriff des GU im Sinne der deutschen Fusionskontrolle ist weiter als der von Art. 3 FKVO.

Wie in der deutschen Gesetzgebung gibt es in der chinesischen Fusionskontrolle weder eine einheitliche Legaldefinition für GU noch eine eingeführte Rechtsfigur wie die Vollfunktionsfähigkeit. Solange das neu gegründete GU von zwei oder mehr Muttergesellschaften gemeinsam kontrolliert wird, ist das GU der Gegenstand der chinesischen Fusionskontrolle. Infolgedessen ist der Anwendungsbereich der chinesischen Fusionskontrolle auf GU nach aktueller Gesetzgebung weit gefasst, weil der Begriff der Kontrolle über Zielunternehmen i. S. v. Art. 20 AMG sowie Art. 3 der Guideline 2014 – die Kontrolle kann unter der Gesamtschau aller rechtlichen und faktischen Umstände begründet werden – bereits umfassend ist. Ohne die Beschränkung eines GU z. B. auf die Vollfunktionsfähigkeit ist der Anwendungsumfang der chinesischen Fusionskontrolle für GU weiter als in Art. 3 FKVO. Wird der Anwendungsbereich des GU in der chinesischen Fusionskontrolle mit dem nach § 37 Abs. 1 Nr. 3 GWB verglichen, ist es komplizierter: einerseits wird die Gründung eines GU nach Art. 20 AMG und Art. 4 der Guideline 2014 nicht auf die Art der Kapitalbeteiligung oder Stimmrechte beschränkt; andererseits müssen die Muttergesellschaften aber zwingend Kontrolle über das GU erlangen, eine reine Kapitalbeteiligung reicht nicht.

Des Weiteren findet sich die Diskussion, wie GU mit unterschiedlichen Zwecken und Funktionen nach dem Kartellverbot und der Fusionskontrolle einzustufen sind, nicht in der chinesischen Fusionskontrolle. Wenn die GU-Gründung die Voraussetzung von Art. 20 AMG oder Art. 4 der Guideline erfüllt, muss der Vorgang bei MOFCOM angemeldet werden.

bb. Der Anwendungsbereich der Fusionskontrolle über GU

Die Entscheidung über P3 löste im Schrifttum eine Diskussion über den Anwendungsbereich der chinesischen Fusionskontrolle hinsichtlich der Gründung eines GU aus. Kritikern zufolge[564] stellt die Aufnahme des P3-Falls eine willkürliche Erweiterung der Zuständigkeit von MOFCOM dar, weil nach

564 刘旭 [LIU, Xu], „商务部"阻击"国际航运巨头反映了什么“ [Was das von MOFCOM verhängte „Verbot“ gegenüber dem internationalen Schifffahrtsriesen bedeutet], 23.6.2014, Beitrag online unter: http://opinion.caixin.com/2014-06-23/100693782.html (zuletzt aufgerufen am 12.11.2017).

Art. 20 AMG sowie Art. 3 der Guideline 2014 nur drei Arten von Zusammenschlüssen eine Fusionskontrolle auslösen können: Fusion, Kontrollerwerb und die Gründung eines GU (auf Chinesisch: 合营 (He Ying)). In der Entscheidung zum P3-Fall hat MOFCOM die Kooperationsform für P3 als „联营" (Lian Ying) bezeichnet, was vom Ausdruck des AMG abweicht.[565] Die Kooperationsform „联营" (Lian Ying) kann nicht einfach als GU („合营" (He Ying)) ausgelegt werden.[566]

Im Gegensatz dazu lautet eine andere Ansicht, dass der Schwerpunkt zur Auslegung des Begriffes GU in der chinesischen Fusionskontrolle auf der „Gemeinsamkeit", nicht auf dem „Unternehmen" liegt.[567] Für die Rechtsfigur GU findet sich keine einheitliche Definition im chinesischen Rechtssystem, sie stellt eine Rezeption aus ausländischem Recht dar, welche eine umfangreiche Kooperationsform von zwei oder mehr Muttergesellschaften erfassen soll.[568] Das GU i. S. v. Art. 20 AMG und Art. 4 der Guideline 2014 soll nicht eng und grammatikalisch ausgelegt werden, weil der chinesische Ausdruck „合营" für das GU nur die Übersetzung eines ausländischen Wortes ist.[569] Die Gesetzgebung zur chinesischen Fusionskontrolle ist umfassend, die praktische Anwendung des Gesetzes ist eher ein Experiment als eine einfache Gesetzesdurchsetzung.[570]

---

565 刘旭 [LIU, Xu], „商务部"阻击"国际航运巨头反映了什么" [Was das von MOFCOM verhängte „Verbot" gegenüber dem internationalen Schifffahrtsriesen bedeutet], 23.6.2014, Beitrag online unter: http://opinion.caixin.com/2014-06-23/100693782.html (zuletzt aufgerufen am 12.11.2017).

566 刘旭 [LIU, Xu], „商务部"阻击"国际航运巨头反映了什么" [Was das von MOFCOM verhängte „Verbot" gegenüber dem internationalen Schifffahrtsriesen bedeutet], 23.6.2014, Beitrag online unter: http://opinion.caixin.com/2014-06-23/100693782.html (zuletzt aufgerufen am 12.11.2017).

567 Vgl. 江山/黄勇 [JIANG, Shan/HUANG, Yong], 《法学杂志》 [Zeitschrift für Rechtswissenschaft], 10/2012, S. 144; vgl. 谭袁 [TAN, Yuan], 《时代法学》 [Rechtswissenschaft aktuell], 05/2015, S. 44. In der Entscheidung zu P3 hat MOFCOM versucht zu begründen, dass eine enge Zusammenarbeit dem Zusammenschluss subsumiert werden kann. Ein Grund dafür kann sein, dass eine Schifffahrts-Allianz allgemein als Vereinbarung angesehen wird und frei vom Kartellverbot ist.

568 S. 江山/黄勇 [JIANG, Shan/HUANG, Yong], 《法学杂志》 [Zeitschrift für Rechtswissenschaft], 10/2012, S. 144 f.; vgl. 谭袁 [TAN, Yuan], 《时代法学》 [Rechtswissenschaft aktuell], 05/2015, S. 44, 45.

569 Vgl. 江山/黄勇 [JIANG, Shan/HUANG, Yong], 《法学杂志》 [Zeitschrift für Rechtswissenschaft], 10/2012, S. 144 ff.; vgl. 谭袁 [TAN, Yuan], 《时代法学》 [Rechtswissenschaft aktuell], 05/2015, S. 44.

570 李俊峰 [LI, Junfeng], 《国际经贸探索》 [Internationale Wirtschafts- und Handelsforschung], 09/2010, S. 57.

Die kontroversen Meinungen basieren auf verschiedenen Anhaltspunkten: zum einen besteht die Ansicht, dass die zuständige Behörde MOFCOM bei der Durchführung der Fusionskontrolle strikt dem Gesetz folgen müsse, unabhängig davon, ob die geltende Gesetzgebung zur Fusionskontrolle zufriedenstellend ist[571]; eine andere Meinung geht mehr in die Richtung, dass der Art. 20 AMG abstrakt ist, weshalb das Aufgreifkriterium weit ausgelegt werden müsse, um alle Vorgänge umfassen zu können, die der Gegenstand von Fusionskontrolle sein sollen.[572]

Darüber hinaus stellt sich die Frage, ob die Anwendung der Fusionskontrolle auf GU mit einem breiten formellen Aufgreifkriterium eine Grenze aufweist oder vorsehen soll, sich von dem Anwendungsbereich von Art. 13 u. 14 AMG zu trennen. Eine gemeinsame Kontrollbegründung ist die einzige Voraussetzung von GU, unter der Voraussetzung werden nicht nur Kapitalbeteiligung, Stimmrecht und andere gesellschaftsrechtliche Verbindungen erfasst, sondern auch andere mögliche wie faktische Kontrollbegründungen. Wenn ein GU unter der gemeinsamen Kontrolle der Muttergesellschaften steht, aber trotzdem keine gesellschaftsrechtliche Verbindung mit den Muttergesellschaften vorliegt, ist dies dann ein Fall für die Fusionskontrolle?[573]

Die Frage ist für die Praxis sinnvoll, wenn z. B. in dem P3-Fall alle Vereinbarungen unverändert bleiben und statt eines gesetzlichen Entitys (Partnerschaft) eine Kooperationsform als GU begründet wird. Kann dieser Vorgang i. S. v. Art. 20 AMG als Zusammenschluss ausgelegt werden? Zwei der beteiligten Unternehmen im P3-Fall, Maersk und MSC Mediterranean Shipping Company S.A., haben einen Monat nach der Entscheidung von MOFCOM eine neue Vereinbarung als M&M getroffen, welche statt einer gesetzlichen Entity nur eine Koordinierungskommission eingerichtet hat, um die Anmeldung beim MOFCOM zu umgehen.[574] Die neue Vereinbarung ist jedoch lediglich

---

571 Vgl. 刘旭 [LIU, Xu], „商务部"阻击"国际航运巨头反映了什么" [Was das von MOFCOM verhängte „Verbot" gegenüber dem internationalen Schifffahrtsriesen bedeutet], 23.6.2014, Beitrag online unter: http://opinion.caixin.com/2014-06-23/100693782.html (zuletzt aufgerufen am 12.11.2017).

572 Vgl. 江山/黄勇 [JIANG, Shan/HUANG, Yong], 《法学杂志》 [Zeitschrift für Rechtswissenschaft], 10/2012, S. 144 ff.; vgl. 谭袁 [TAN, Yuan], 《时代法学》 [Rechtswissenschaft aktuell], 05/2015, S. 44.

573 Der chinesische Ausdruck für das GU lautet „合营". Derselbe Ausdruck – „合营" – bezeichnet im Gesellschaftsrecht eine GmbH. Dahingegen wird „ 联营" im bürgerlichen Recht weit ausgelegt; vgl. 江山/黄勇 [JIANG, Shan/HUANG, Yong], 《法学杂志》 [Zeitschrift für Rechtswissenschaft], 10/2012, S. 144.

574 S. 王海 [WANG, Hai], „2M为什么能顺利运营？" [Warum 2M funktioniert], 1.11.2015, Beitrag online unter: http://www.ship.sh/column_article.php?id=1691;

eine Schiffskooperationsvereinbarung. Die Vereinbarung wurde dann nur beim MOT angemeldet.

b) Die materielle Prüfung von GU

Die Praxis von MOFCOM zeigt, dass, obwohl in der chinesischen Fusionskontrolle keine zusätzliche Verhaltenskontrolle für ein kooperatives GU vorgesehen wird, die materielle Prüfung von MOFCOM nicht ausschließlich auf die strukturelle wettbewerbsbeschränkende Wirkung eines Zusammenschlusses beschränkt ist. Im ersten Fall[575] – oben als Beispiel – hat MOFCOM direkt zwei verhaltensbezügliche Nebenbestimmungen hinzugefügt: dass das GU seine Produkte ohne Diskriminierung an Dritte liefern muss und seine Produkte innerhalb von drei Jahren an Dritte zu verkaufen hat. Im zweiten Fall[576] dürfen die Mütter nach der Gründung eines GU keine Ungleichbehandlung gegenüber Unternehmen auf dem vorgelagerten Markt vornehmen. Des Weiteren dürfen die Muttergesellschaften keine wettbewerbsrelevanten Informationen – weder untereinander noch mit dem GU – austauschen. Eine derartige Praxis findet sich nicht nur bei der Gründung eines GU, sondern auch in anderen Zusammenschlussfällen.[577]

Art. 28 AMG gilt in der chinesischen Fusionskontrolle ebenfalls als materielles Prüfungskriterium für GU. Das Kriterium, dass der Wettbewerb eingeschränkt oder ausgeschlossen werden kann, ist streng. MOFCOM kann nach diesem Kriterium nicht nur den möglichen Einfluss auf den betreffenden Markt, sondern auch das Verhältnis zwischen Muttergesellschaften sowie die Beziehung zwischen Muttergesellschaft und dem GU prüfen. Wenn ein Vorgang nach Einschätzung des MOFCOM eine wettbewerbsbeschränkende Wirkung – einschließlich der Koordinierungswirkung der beteiligten Unternehmen – zeitigen kann, kann MOFCOM das wettbewerbsbeschränkende Problem dieses Zusammenschlusses durch Hinzufügen einer Nebenbestimmung bei der Freigabe beseitigen. Das strenge Kriterium der materiellen Prüfung von GU führt in der Praxis der chinesischen Fusionskontrolle zu einem ähnlichen Ergebnis wie der neu eingeführte SIEC-Test in der europäischen Fusionskontrolle, nämlich dass

---

王潇雨 [WANG, Xiaoyu]: „P3联盟后备方案启动 马士基操刀2M联盟" [Alternative zu P3: Gründung von 2M geplant], 17.11.2014, Beitrag online unter: http://info.chineseshipping.com.cn/cninfo/News/201411/t20141117_1243774.shtml (zuletzt aufgerufen am 12.11.2017).

575 S. § 3 III. 3. a).

576 S. § 3 III. 3. b).

577 z. B. Verweis auf: MOFCOM, Bekanntmachung Fall Nr. 44, 2015; MOFCOM, Bekanntmachung Fall Nr. 30, 2014; MOFCOM, Bekanntmachung Fall Nr. 61, 2013.

eine zusätzliche Doppelkontrolle hinsichtlich des Verhaltens nicht unbedingt erforderlich ist.

Die materielle Prüfungserfahrung bezogen auf die Gründung eines GU ist nicht abweichend von dem Kriterium aus der interimistischen Bestimmung zur materiellen Beurteilung der Fusionskontrolle, die 2011 von MOFCOM erlassen wurde.[578] Nach Art. 4 Abs. 1 der Bestimmung ist durch MOFCOM zu prüfen, ob die beteiligten Unternehmen einen Anreiz oder eine Möglichkeit zur Koordinierung haben. Im Unterschied zur europäischen Erfahrung deutet die Entscheidung von MOFCOM nicht darauf hin, dass der Anreiz für die Muttergesellschaften wichtig und wertvoll sein muss, um eine Koordinierungsmöglichkeit anzunehmen. Sofern auf einem hochkonzentrierten Markt nur wenige Wettbewerber tätig sind, ist zu prüfen, ob die Beteiligten gemeinsam eine wettbewerbsbeschränkende Wirkung bewirken können. Nach diesem Kriterium prüft MOFCOM einen Zusammenschluss auch in Hinblick auf eine kollektive Marktbeherrschung.[579] In der Entscheidung zum ersten Fall hat MOFCOM begründet, dass die drei Muttergesellschaften des GU Wettbewerber auf einem hochkonzentrierten Markt sind und eine gemeinsame Begründung eines GU zu einer gemeinsamen stillschweigenden Koordinierung der Muttergesellschaften führen kann.[580] Des Weiteren sind die drei beteiligten Unternehmen starke Wettbewerber auf einem Markt.[581] Dieses Kriterium sowie die entsprechende Praxis stehen im Einklang mit der Erfahrung des kooperativen GU in der deutschen Fusionskontrolle: wenn die Muttergesellschaften Wettbewerber auf dem gleichen Markt sind, üben sie durch die Gründung des GU möglicherweise eine Koordinierung aus.[582]

Daneben gilt: Wenn die Muttergesellschaften und das GU auf einem vor- und nachgelagerten Markt tätig sind, befürchtet MOFCOM, dass die Muttergesellschaften ihre Marktmacht auf den vor- oder nachgelagerten Markt ausdehnen

---

578 MOFCOM, Bekanntmachung Nr. 55, 2011.

579 Diese Praxis findet Zuspruch in der Literatur, s. 江山/黄勇 [JIANG, Shan/HUANG, Yong], 《法学杂志》 [Zeitschrift für Rechtswissenschaft], 10/2012, S. 144, 148 f.; vgl. 曾晶 [ZENG, Jing], 《中南大学学报（社会科学）》 [Zeitschrift der Zhongnan Universität (Sozialwissenschaft)], 04/2015, S. 76.

580 Die Behandlung wird in der Literatur unterstützt, s. 江山/黄勇 [JIANG, Shan/HUANG, Yong], 《法学杂志》 [Zeitschrift für Rechtswissenschaft], 10/2012, S. 144, 148 f.

581 S. § 3 III. 3. a).

582 Vgl. § 3 II. 3. b) bb).

würde und somit andere Unternehmen auf dem Markt benachteiligen könnte.[583] Ein konzentratives GU in der deutschen Fusionskontrolle übernimmt sämtliche Funktionen und führt nicht ausschließlich oder überwiegend mit Muttergesellschaften auf vor- oder nachgelagerten Märkten Geschäfte aus.[584] Im ersten der oben dargelegten Beispielfälle hatte MOFCOM zu prüfen, ob das GU nur ein Hilfsmittel für Muttergesellschaften ist und dahingehend einen Abschottungseffekt bewirken kann.[585] Anstatt einer zusätzlichen Anwendung der Verhaltenskontrolle, wie sie die Doppelkontrolle in der deutschen Praxis vorsieht, fügte MOFCOM der Freigabe Nebenbestimmungen hinzu, dass

- 1) das GU seine Produkte ohne Diskriminierung an Dritte liefern muss und
- 2) dass das GU als selbstständiger Träger auf dem Markt seine Produkte innerhalb von drei Jahren an Dritte zu verkaufen hat.

Unter der Bedingung, dass die beteiligten Unternehmen die Zusage zu den Nebenbestimmungen nicht verletzen dürfen, wird das GU zwingend als ein konzentratives GU gebildet. Eine vergleichbare Praxis findet sich in der Entscheidung der zweiten oben dargelegten Beispielfälle.[586]

c) Die Aufteilung der Zuständigkeiten der Verwaltungsbehörden im AMG und ihr Einfluss auf die praktische Behandlung von GU

Nach dem chinesischen Anti-Monopol-Gesetz gibt es in China drei zuständige Behörden, um unterschiedliche Sektoren des Anti-Monopol-Gesetzes durchzuführen. MOFCOM ist zuständig für die Fusionskontrolle. In den Zuständigkeitsbereich von SAIC fallen der Missbrauch einer marktbeherrschenden Stellung und ein Kartellverbot, wenn der Fall nicht um die Preise geht. Die preisbezogenen Fälle, die entweder durch Verhalten oder Vereinbarung ausgelöst werden, unterfallen der Zuständigkeit von NDRC.

Diese Aufteilung kann zu einem Konflikt der Zuständigkeiten der Verwaltungsbehörden führen.[587] Im Schrifttum wird diesbezüglich ein Beispiel genannt: Nach der aktuellen Gesetzgebung ist SAIC zuständig für den Missbrauch der marktbeherrschenden Stellung von öffentlichen Unternehmen, während NDRC zuständig für preisbezogene Verhaltensweisen und Vereinbarungen

583 S. § 3 III. 3. b).
584 S. § 3 I. 2. b) aa).
585 S. § 3 III. 3. a).
586 S. § 3 III. 3. a) u. b).
587 王晓晔 [WANG, Xiaoye],《中国发展观察》[Chinas Entwicklung], 09/2006, S. 56.

ist. „Wenn aber nun ein öffentliches Unternehmen aufgrund seiner marktbeherrschenden Stellung ein preisbezogenes Verhalten an den Tag legt, welche Behörde ist dann dafür zuständig?“[588] Selbst bei einem Fall ohne Zuständigkeitskonflikt kann die Aufteilung der Zuständigkeiten noch eine Schwierigkeit bei der praktischen Behandlung ergeben.[589] Wenn beispielsweise ein Unternehmen mit marktbeherrschender Stellung mit Dritten zwingende Geschäfte macht und zugleich eine Preisänderung bewusst steuert, kann die Zuständigkeit für den Fall ebenfalls problematisch werden.[590] Auch wenn es in diesem Fall keinen Konflikt über die Zuständigkeit der Verwaltungsbehörden gibt, kann der gleiche Vorgang entweder von zwei Verwaltungsbehörden geprüft werden oder umgekehrt keine Verwaltungsbehörde eine Zuständigkeit annehmen. Nach einer Meinung im Schrifttum sollte die Aufteilung der Zuständigkeit, selbst wenn die Zuständigkeit auf verschiedene Verwaltungsbehörden verteilt werden muss, nach unterschiedlichen Industriesektoren anstatt nach unterschiedlichen Gesetzesbereichen, wie es aktuell gängige Praxis ist, vorgenommen werden.[591]

Die Aufteilung der Zuständigkeiten kann auch einen Einfluss auf die praktische Behandlung der Fusionskontrolle, insbesondere auf die Prüfung eines GU, ausüben.[592] Momentan übernimmt das MOFCOM die ausschließliche Zuständigkeit für den Fall der Gründung eines GU, obwohl die Gründung eines GU im Einzelfall gleichzeitig eine koordinierende Wirkung von Muttergesellschaften untereinander sowie mit dem GU bewirken kann. Die anderen zwei Behörden haben bislang auf Fälle einer Gründung von GU keinen Einfluss genommen. Die Abwesenheit der anderen Verwaltungsbehörden bedeutet zugleich eine Abwesenheit der Anwendung von Art. 13 u. 14 AMG bei diesen Fällen.

Eine weitere Konkretisierung der Gesetzgebung zur chinesischen Fusionskontrolle in Hinblick auf GU wäre m. E. begrüßenswert, angesichts der Aufteilung der Zuständigkeiten im chinesischen Rechtssystem kann diese in zwei Richtungen gehen:

---

588 王晓晔 [WANG, Xiaoye], 《中国发展观察》 [Chinas Entwicklung], 09/2006, S. 56, 58.
589 王晓晔 [WANG, Xiaoye], 《中国发展观察》 [Chinas Entwicklung], 09/2006, S. 56, 58.
590 王晓晔 [WANG, Xiaoye], 《中国发展观察》 [Chinas Entwicklung], 09/2006, S. 56, 58.
591 王晓晔 [WANG, Xiaoye], 《中国发展观察》 [Chinas Entwicklung], 09/2006, S. 56, 58.
592 Vgl. 谭袁 [TAN, Yuan], 《时代法学》 [Rechtswissenschaft aktuell], 05/2015, S. 44, 49 ff.: Die aktuelle Gestaltung der Aufteilung der Befugnis wird sich in nächster Zukunft nicht verändern. Eine kurzfristig umsetzbare Option wäre deshalb, dass MOFCOM, wenn es bei der Prüfung eines GU den Sachverhalt des Kartellverbots bemerkt, andere Behörden davon in Kenntnis setzt und eine Zusammenarbeit findet.

- 1) Es wird ein Grundsatz der Doppelkontrolle in der chinesischen Fusionskontrolle eingeführt und zugleich die Zuständigkeit zur Prüfung der koordinierten Wirkung durch Gesetzgebung ausdrücklich entweder MOFCOM oder anderen Verwaltungsbehörden eingeräumt.
- 2) MOFCOM übernimmt ausschließlich die Zuständigkeit für GU und gleichzeitig die Aufgabe, das materielle Prüfungskriterium von Art. 28 AMG zu konkretisieren oder zu novellieren, um ein klares Kriterium anbieten zu können, wie die wettbewerbsbeschränkende Wirkung eines GU zu prüfen ist.

Wenn auf die Erfahrung im deutschen und europäischen Recht zurückgegriffen werden soll, wäre m. E. die zweite Möglichkeit für die chinesische Fusionskontrolle besser. Zum einen kann es hinsichtlich der Rechtssicherheit zu Problemen kommen, wenn die Voraussetzungen zur Doppelkontrolle zu kompliziert ausfallen. Zum anderen kann die wettbewerbsbeschränkende Wirkung in einem Zusammenschluss durch eine Ökonomisierung des materiellen Prüfungskriteriums der Fusionskontrolle beseitigt werden.

5. Zusammenfassung

In Art. 20 AMG 2008 war nicht eindeutig geregelt, ob die Gründung eines GU Gegenstand der chinesischen Fusionskontrolle ist. Nach Art. 4 der Guideline 2014 fällt die Gründung eines GU ausdrücklich unter die chinesische Fusionskontrolle, die einzige Voraussetzung stellt dar, dass das GU unter der gemeinsamen Kontrolle von zwei oder mehr Muttergesellschaften steht. Ohne zusätzliche Beschränkung ist der Begriff des GU in der chinesischen Fusionskontrolle weit. Nach geltendem Recht kann der Anwendungsumfang der chinesischen Fusionskontrolle bezüglich der GU-Gründung sehr weit ausfallen, weil die vorausgesetzte Kontrollbegründung i. S. v. Art. 20 AMG sowie Art. 3 der Guideline 2014 weit ist und nicht nur auf gesetzliche Weise, sondern auch auf faktische Weise erlangt werden kann, wodurch viele Kooperationsweisen von GU erfasst werden. Eine wichtige, aber unklare Frage hinsichtlich der chinesischen Fusionskontrolle ist, ob und wie eine Beschränkung gegenüber der GU-Begründung i. S. v. Art. 20 AMG und im Verweis mit Art. 4 der Guideline 2014 einzuführen ist.

Im Unterschied zu anderen Zusammenschlüssen ergibt sich im Fall von GU eine ganz eigene Schwierigkeit, nämlich wie die Fusionskontrolle bei GU mit unterschiedlichen Kooperationsformen unterschiedlich gehandhabt werden kann. Im deutschen und europäischen Recht versuchte der Gesetzgeber, die Zuständigkeit der Fusionskontrolle durch die Trennung von kooperativen und konzentrativen GU klarer zu gestalten. Aufgrund der Trennungsproblematik und mit Rücksicht auf die Rechtssicherheit wird eine solche Trennung bei einem formellen Aufgreifkriterium der Fusionskontrolle aufgehoben. Die Trennung bleibt allerdings bei der materiellen Prüfung einer GU-Gründung weiter bestehen. In der deutschen Fusionskontrolle wird dann der Grundsatz der Doppelkontrolle festgestellt. Im europäischen Recht ist nur das GU mit Vollfunktionsfähigkeit der Gegenstand der Fusionskontrolle. Hinzu kommt eine zusätzliche materielle Prüfung hinsichtlich einer Koordinierungswirkung nach der Sonderregel von Art. 2 Abs. 4 FKVO. Mit der Ökonomisierung des materiellen Prüfungskriteriums der Fusionskontrolle durch die Einführung des neuen SIEC-Tests ist die Beibehaltung der Sonderregel fraglich, weil die Koordinierungswirkung nun zusammen mit der strukturellen Wirkung beseitigt werden kann oder bei Beweisschwierigkeiten als unilateraler Effekt in der Entscheidung zu begründen ist.[593]

In der chinesischen Fusionskontrolle steht keine Doppelkontrolle für die Prüfung von GU zur Verfügung. In der Praxis begünstigt von dem strengen materiellen Prüfungskriterium prüft MOFCOM im Fall von GU allerdings nicht nur die strukturelle wettbewerbsbeschränkende Wirkung des Zusammenschlusses, sondern auch eine mögliche koordinierte Wirkung der Muttergesellschaften des GU. MOFCOM prüft in der Praxis konkret, ob die Muttergesellschaften Anreiz zur Koordinierung haben. Ferner sind die Beziehung der Muttergesellschaften untereinander sowie ihre Beziehung zu dem GU und der Wettbewerb auf dem Markt wichtige Elemente bei der Einzelfallprüfung. MOFCOM bevorzugt es nach seinen vergangenen Entscheidungen, durch Beifügung von Nebenbestimmungen in der Freigabe-Entscheidung die mögliche koordinierte Wirkung bei der Gründung eines GU zu beseitigen. Obwohl sie keine Doppelkontrolle oder Sonderregel für GU vorsieht, führt die Praxis von MOFCOM bei der Einzelfallprüfung zu keinen stark vom europäischen und deutschen Recht abweichenden Ergebnissen. Dennoch ist eine Konkretisierung oder Novellierung des materiellen Prüfungskriteriums in der chinesischen Fusionskontrolle wünschenswert, damit im Wortlaut oder in der gesetzlichen Auslegung deutlicher erklärt werden kann, wie das materielle Prüfungskriterium auf GU geltend zu machen ist.

593 Wagemann, in: Wiedemann, Kartellrecht, 3. Aufl., § 16 Rn. 113a.

§ 4 Nicht-kontrollierende Minderheitsbeteiligung

I. Deutsches Recht

Eine nicht-kontrollierende Minderheitsbeteiligung unterfällt der deutschen Fusionskontrolle, wenn die Transaktion entweder die Voraussetzung von § 37 Abs. 1 Nr. 3 lit. b oder von § 37 Abs. 1 Nr. 4 GWB erfüllt.

1. Anteilserwerb von 25 % gemäß § 37 Abs. 1 Nr. 3 lit. b GWB

Ein Zusammenschluss liegt vor, wenn der Erwerber 25 % oder 50 % des Kapitals oder der Stimmrechte am Zielunternehmen erwirbt. Die Schwelle von 25 % existierte schon in der alten Fassung der Fusionskontrolle, dem § 23 Abs. 2 Nr. 2 a. F.[594] Die Beibehaltung der Vorschrift bietet den beteiligten Unternehmen ein klares formelles Aufgreifkriterium, insbesondere für eine Minderheitsbeteiligung ab 25 % der Anteile.[595] § 37 Abs. 1 Nr. 3 stellt eine feste Schwelle dar. Wenn die Voraussetzung von Nr. 3 erfüllt wird, ist Nr. 3 anwendbar, unabhängig davon, ob der Erwerber durch die Beteiligung eine Kontrolle begründet hat.[596] Gegenstand von Nr. 3 können sowohl die Anteile als auch die Stimmrechte sein.[597] Nach dem Wortlaut von Nr. 3 ist allerdings ein Erwerb ausschließlich mit Stimmrecht kein Gegenstand des Anteilserwerbs, ein Mindest-Anteilserwerb ist i. S. v. Nr. 3 erforderlich.[598] Auf welche Weise die Anteile oder Stimmrechte erworben werden, spielt keine Rolle.[599] Die Rechtsform des Zielunternehmens ist ebenfalls unerheblich, ausländische Unternehmen finden auch eine Anwendung.[600] Der Anteilserwerb muss aber durch Erwerb des Vollrechts ermöglicht

---

594 Thomas, in: Immenga/Mestmäcker, GWB/Teil 1, 5. Aufl., § 37 Rn. 245.

595 Loewenheim/Meesen/Riesenkampff/Kersting/Meyer-Lindemann, Kartellrecht, 3. Aufl., § 37 Rn. 19.

596 Thomas, in: Immenga/Mestmäcker, GWB/Teil 1, 5. Aufl., § 37 Rn. 247; Richter/Steinvorth, in: Wiedemann, Kartellrecht, 3. Aufl., § 19 Rn. 80.

597 Thomas, in: Immenga/Mestmäcker, GWB/Teil 1, 5. Aufl., § 37 Rn. 246 f.; Richter/Steinvorth, in: Wiedemann, Kartellrecht, 3. Aufl., § 19 Rn. 80 f.

598 Thomas, in: Immenga/Mestmäcker, GWB/Teil 1, 5. Aufl., § 37 Rn. 247.

599 Loewenheim/Meesen/Riesenkampff/Kersting/Meyer-Lindemann, Kartellrecht, 3. Aufl., GWB § 37 Rn. 20; Thomas, in: Immenga/Mestmäcker, GWB/Teil 1, 5. Aufl., § 37 Rn. 281.

600 Bach, in: MünchKommGWB § 37 Rn. 53.

werden, das beschränkende dingliche Recht, Pfandrecht und Nießbrauch reichen als Kriterien für einen Anteilserwerb nicht aus.[601] Nach Rspr. des BGH ist das Optionsrecht kein Fall des Anteilserwerbs, vielmehr ist eine Ausübung des Rechts erforderlich.[602] Zur Erfüllung der Voraussetzung von Nr. 3 genügt ein „Erreichen", die Kapitalbeteiligung oder Stimmrechte müssen nicht über den Schwellen von 25 % oder 50 % liegen.[603] Zuletzt ist zu beachten, dass der Erwerber der Anteile oder Stimmrechte ein Unternehmen sein muss.[604] Ein Erwerb durch private Personen über die Börse ist kein Gegenstand von Nr. 3.[605]

2. Wettbewerblich erheblicher Einfluss gemäß § 37 Abs. 1 Nr. 4 GWB

a) Allgemein

Eine Minderheitsbeteiligung von weniger als 25 % fällt dennoch in den Anwendungsbereich der deutschen Fusionskontrolle, wenn die Beteiligung die Voraussetzung von § 37 Abs. 1 Nr. 4 erfüllt (ohne Kontrollbegründung). Gemäß § 37 Abs. 1 Nr. 4 liegt ein Zusammenschluss vor, wenn „ein oder mehrere Unternehmen unmittelbar oder mittelbar einen wettbewerblich erheblichen Einfluss auf ein anderes Unternehmen ausüben können". Ein wettbewerblich erheblicher Einfluss war früher in § 23 Abs. 2 Nr. 6 geregelt, der 1989 durch die 5. GWB-Novelle eingeführt wurde.[606] Aus wettbewerbspolitischer Sicht ist Nr. 4 für die Fälle vorgesehen, in denen der Vorgang mit Minderheitsbeteiligung unterhalb 25 % der Anteile oder Stimmrechte liegt und somit keine Kontrolle i. S. v. Nr. 2 erlangt, aber wettbewerbsproblematisch ist.[607]

Der Gesetzgeber begründete die Einführung dieses Kriteriums damit, dass das durch die Verbindung der Unternehmen entstehende Beziehungsgeflecht

---

601 Loewenheim/Meesen/Riesenkampff/Kersting/Meyer-Lindemann, Kartellrecht, 3. Aufl., GWB § 37 Rn. 20; Thomas, in: Immenga/Mestmäcker, GWB/Teil 1, 5. Aufl., § 37 Rn. 280.

602 Richter/Steinvorth, in: Wiedemann, Kartellrecht, 3. Aufl., § 19 Rn. 86; Thomas, in: Immenga/Mestmäcker, GWB/Teil 1, 5. Aufl., § 37 Rn. 252.

603 Thomas, in: Immenga/Mestmäcker, GWB/Teil 1, 5. Aufl., § 37 Rn. 257.

604 Richter/Steinvorth, in: Wiedemann, Kartellrecht, 3. Aufl., § 19 Rn. 83; Thomas, in: Immenga/Mestmäcker, GWB/Teil 1, 5. Aufl., § 37 Rn. 264.

605 Richter/Steinvorth, in: Wiedemann, Kartellrecht, 3. Aufl., § 19 Rn. 83; Thomas, in: Immenga/Mestmäcker, GWB/Teil 1, 5. Aufl., § 37 Rn. 264.

606 Thomas, in: Immenga/Mestmäcker, GWB/Teil 1, 5. Aufl., § 37 Rn. 298 ff.

607 Thomas, in: Immenga/Mestmäcker, GWB/Teil 1, 5. Aufl., § 37 Rn. 304; Loewenheim/Meesen/Riesenkampff/Kersting/Meyer-Lindemann, Kartellrecht, 3. Aufl., GWB § 37 Rn. 25; vgl. Görner ZWeR 2005, 293; Schwarz NJW 2005, 2124 ff.

dazu führen kann, dass „der Wettbewerb zwischen den beteiligten Unternehmen so wesentlich eingeschränkt wird, dass die Unternehmen nicht mehr unabhängig am Markt auftreten".[608] Bis Ende 1998 war der wettbewerblich erhebliche Einfluss noch kein Bestandteil der präventiven Zusammenschlüsse, seit der 6. GWB-Novelle unterliegt die Vorschrift den zivil- und bußgeldrechtlichen Sanktionen.[609] Nach der Einführung des Kontrollerwerbs von Nr. 2 blieb die Vorschrift des wettbewerblich erheblichen Einflusses bestehen.[610] Die Vorschrift von Nr. 4 hat in der Praxis besondere Bedeutung für die Bereiche Medien und Energieversorgung erlangt.[611] Fälle, bei denen ein wettbewerblich erheblicher Einfluss nach Nr. 4 vorliegt, werden in der Praxis entweder untersagt oder freigegeben.[612]

Kritik gegenüber Nr. 4 betrifft die Unklarheit des Wortlauts und das Anwendungskriterium des wettbewerblich erheblichen Einflusses sowie die Einbeziehung der Vorschrift in die präventive Kontrolle mit Vollzugsverbot.[613] Kritiker beanstanden, dass, obschon der BkartA seit der Einführung von Nr. 4 viele Fälle geprüft und einige Erfahrungen gesammelt habe, ein deutlicheres Anwendungskriterium von Nr. 4 erforderlich sei, das das der Anmeldepflicht in Verbindung mit der bußgeldrechtlichen Sanktion entsprechen kann.[614] Solange ein solches nicht vorliege, könnten die wichtigsten wettbewerbsproblematischen Fälle von § 37 Abs. 1 Nr. 1 bis 3 erfasst werden, die restlichen Fälle seien weniger bedeutend und eine Sanktion für Pflichtverletzungen nicht notwendig.[615] Einer

608 Begr.RegE 5. GWB-Novelle BT-Drucks. 11/4610, S. 20; Thomas, in: Immenga/Mestmäcker, GWB/Teil 1, 5. Aufl., § 37 Rn. 298.

609 Thomas, in: Immenga/Mestmäcker, GWB/Teil 1, 5. Aufl., § 37 Rn. 301 u. 302.

610 Loewenheim/Meesen/Riesenkampff/Kersting/Meyer-Lindemann, Kartellrecht, 3. Aufl., GWB § 37 Rn. 25.

611 Stein, Der wettbewerblich erhebliche Einfluss in der Zusammenschlusskontrolle, S. 134 ff.; Wiedemann, Kartellrecht, 3. Aufl., § 34 Rn. 176 ff.; Thomas, in: Immenga/Mestmäcker, GWB/Teil 1, 5. Aufl., § 37 Rn. 303 f. u. 347 f.

612 Zigelski WuW 2009, 1261, 1268. Es gibt bislang keinen mit Nebenbestimmung freigegebenen Fall: Thomas, in: Immenga/Mestmäcker, GWB/Teil 1, 5. Aufl., § 37 Rn. 304.

613 Thomas, in: Immenga/Mestmäcker, GWB/Teil 1, 5. Aufl., § 37 Rn. 302; Loewenheim/Meesen/Riesenkampff/Kersting/Meyer-Lindemann, Kartellrecht, 3. Aufl., GWB § 37 Rn. 25.

614 Thomas, in: Immenga/Mestmäcker, GWB/Teil 1, 5. Aufl., § 37 Rn. 302; Loewenheim/Meesen/Riesenkampff/Kersting/Meyer-Lindemann, Kartellrecht, 3. Aufl., GWB § 37 Rn. 25.

615 Thomas, in: Immenga/Mestmäcker, GWB/Teil 1, 5. Aufl., § 37 Rn. 302.

anderen Auffassung zufolge wird das Anwendungskriterium mittlerweile durch die Praxis des BkartA konkretisiert.[616]

b) Umfang der Minderheitsbeteiligung nach § 37 Abs. 1 Nr. 4

Nr. 4 ist nur bei Fällen anwendbar, bei denen eine Minderheitsbeteiligung mit weniger als 25 % vorliegt.[617] Zwei typische Beispiele für eine Anwendung von Nr. 4 sind die Fälle „KG Wochenkurier“[618] und „trans-o-flex“[619].[620] Das Gesetz sieht jedoch keine Mindestanforderungen an die gesellschaftsrechtliche Beteiligungshöhe für einen wettbewerblich erheblichen Einfluss nach Nr. 4 vor.[621]

In Hinblick auf die Rechtssicherheit wird im Schrifttum vorgeschlagen, eine „Mindestgrenze“ in Höhe von 10 % der Beteiligung einzuführen.[622] Dem wird entgegengehalten, dass theoretisch auch eine Beteiligung von 1 % einen wettbewerblich erheblichen Einfluss bewirken kann.[623] Beispielsweise hat das OLG Düsseldorf im Fall „A-Tec/Norddeutsche Affinerie“[624] mit einer Minderheitsbeteiligung in Höhe von 13,75 % einen wettbewerblich erheblichen Einfluss angenommen. Somit stellt eine Beteiligung von 10 % in der Praxis keine sinnvolle Untergrenze dar.[625]

c) Gesellschaftsrechtlich vermittelte Unternehmensverbindung

Der Anwendungsbereich von Nr. 4 wird durch folgende Voraussetzung eingeschränkt: Nur wenn die beteiligten Unternehmen eine gesellschaftsrechtlich vermittelte Unternehmensverbindung aufweisen, kann der Vorgang Gegenstand von Nr. 4 sein.[626] Diese Voraussetzung wurde bereits in der alten Fassung der

---

616 Vgl. Zigelski WuW 2009, 1261, 1262 f.; Bach, in: MünchKommGWB § 37 Rn. 104; dagegen: Kuhn, ZWeR 2011, 258.

617 Thomas, in: Immenga/Mestmäcker, GWB/Teil 1, 5. Aufl., § 37 Rn. 309.

618 OLG Düsseldorf 24.11.2004 WuW/E DE-R 1390 – „KG Wochenkurier“.

619 BGH 21.12.2004 WuW/E DE-R 1419, mit einer Beteiligung von 24,8 %.

620 Vgl. Thomas, in: Immenga/Mestmäcker, GWB/Teil 1, 5. Aufl., § 37 Rn. 304.

621 Thomas, in: Immenga/Mestmäcker, GWB/Teil 1, 5. Aufl., § 37 Rn. 309 ff.

622 Ruppelt, in: Langen/Bunte, Kartellrecht Bd. 1, 11. Aufl., § 37 GWB Rn. 46.

623 Bechtold, GWB, 8. Aufl., § 37 Rn. 39.

624 OLG Düsseldorf 12.11.2008 WuW/E DE-R2462, 2465: Als Begründung wurde angeführt, dass A-TEC wegen der geringen Hauptversammlungspräsenz eine faktische Sperrminorität von 25 % der Anteile halte.

625 Thomas, in: Immenga/Mestmäcker, GWB/Teil 1, 5. Aufl., § 37 Rn. 311.

626 Ruppelt, in: Langen/Bunte, Kartellrecht Bd. 1, 11. Aufl., § 37 GWB Rn. 46; Richter/Steinvorth, in: Wiedemann, Kartellrecht, 3. Aufl., § 19 Rn. 98.

6. GWB-Novelle deutlich, nach dem Gesetzgeber ist die Verbindung i. S. v. Nr. 4 eng auszulegen.[627] Eine bloße wirtschaftliche Abhängigkeit, eine Beziehung aufgrund langfristiger Verträge und die bloße Kreditvereinbarung sind nicht Gegenstand von Nr. 4.[628] Der BGH hat jedoch den Anwendungsbereich von Nr. 4 durch seine Rspr. auf „eine vergleichbare rechtliche Beziehung" erweitert. Was unter einer vergleichbaren rechtlichen Beziehung zu verstehen ist, wird allerdings in der Entscheidung nicht ausführlich erklärt.[629] Das BkartA hat in Bezug auf diese Erweiterung in einem Fall eine reine Call-Option als wettbewerblich erheblichen Einfluss angenommen, was im Schrifttum auf Kritik stößt.[630]

d) Einflussmöglichkeit

In der Entscheidungspraxis ist der „wettbewerblich erhebliche Einfluss" ein einheitliches Kriterium für die Einzelfallprüfung.[631] Für eine bessere Darstellung kann das Kriterium auf verschiedene Elemente verteilt werden.[632]

Eine grundlegende Voraussetzung für die Anwendung des § 37 Abs. 1 Nr. 4 ist eine gesellschaftsrechtliche Verbindung.[633] Die Einflussmöglichkeit muss allerdings nicht ausschließlich mittels gesellschaftsrechtlicher Bindung begründet

---

627 Begr.RegE 5. GWB-Novelle BT-Drucks. 11/4610, S. 20; Begr.RegE 6. GWB-Novelle BT-Drucks. 13/9270, S. 57; vgl. auch Thomas, in: Immenga/Mestmäcker, GWB/Teil 1, 5. Aufl., § 37 Rn. 300 u. 303.

628 Begr.RegE 5. GWB-Novelle BT-Drucks. 11/4610, S. 20; Thomas, in: Immenga/Mestmäcker, GWB/Teil 1, 5. Aufl., § 37 Rn. 306; Richter/Steinvorth, in: Wiedemann, Kartellrecht, 3. Aufl., § 19 Rn. 98.

629 BGH 21.11.2000 WuW/E DE-R 607, 612 – „Minderheitsbeteiligung im Zeitschriftenhandel" (=„ ASV/Stilke"); Thomas, in: Immenga/Mestmäcker, GWB/Teil 1, 5. Aufl., § 37 Rn. 306; Richter/Steinvorth, in: Wiedemann, Kartellrecht, 3. Aufl., § 19 Rn. 98.

630 BKartA TB 2007/2008 S. 80 – „Xella Baustoffe"; Thomas, in: Immenga/Mestmäcker, GWB/Teil 1, 5. Aufl., § 37 Rn. 306; Kuhn ZWeR 2011, 258, 262.

631 Thomas, in: Immenga/Mestmäcker, GWB/Teil 1, 5. Aufl., § 37 Rn. 305; typische Fälle s.: OLG Düsseldorf 12.11.2008 WuW/E DE-R 2462, 2465 f. – „A-TEC/Norddeutsche Affinerie" und OLG Düsseldorf 6.7.2005 WuW/E DE-R 1581, 1583 f. – „Bonner Zeitungsdruckerei".

632 Vgl. Thomas, in: Immenga/Mestmäcker, GWB/Teil 1, 5. Aufl., § 37 Rn. 305; Bechtold, GWB, 8. Aufl., § 37 Rn. 40 ff.; Kallfaß, in: Langen/Bunte, Kartellrecht Bd. 1, 12. Aufl., § 37 GWB Rn. 48 ff.

633 Thomas, in: Immenga/Mestmäcker, GWB/Teil 1, 5. Aufl., § 37 Rn. 306; Richter/Steinvorth, in: Wiedemann, Kartellrecht, 3. Aufl., § 19 Rn. 98.

werden.[634] Nach Rspr. und Literatur reicht eine bloße Einflussmöglichkeit aus, um § 37 Abs. 1 Nr. 4 anzuwenden.[635] Dem Schrifttum zufolge ist der Einfluss von Nr. 4 im Verweis auf die praktische Erfahrung entweder ein aktiver Einfluss, d. h., dass der Erwerber durch eine Minderheitsbeteiligung die Ressourcen oder das Marktverhalten beeinflussen kann, oder ein passiver Einfluss, d. h., dass das Zielunternehmen umgekehrt sein Verhalten an das Interesse des Erwerbers anzupassen hat.[636] Ausschlaggebend ist, ob der Minderheitsbeteiligte die Möglichkeit erhält, die Willensbildung des Zielunternehmens zu beeinflussen und seine wettbewerblichen Interessen einzubringen.[637] Für die Annahme eines Zusammenschlusses nach Nr. 4 ist deshalb eine Einzelfallprüfung erforderlich.[638] Die bloße Einflussmöglichkeit kann dabei weit verstanden werden: Eine bloße Möglichkeit bedeutet in erster Linie, dass eine tatsächliche Ausübung nicht erforderlich ist.[639] Ferner ist es für die Anerkennung einer Einflussmöglichkeit auch nicht relevant, ob in der Vergangenheit ein Einfluss ausgeübt wurde.[640] Wie der Kontrollerwerb kann die Einflussmöglichkeit von § 37 Abs. 1 Nr. 4 sowohl ein vereinbartes oder gesetzliches Recht als auch eine tatsächliche faktische Möglichkeit darstellen.[641]

Nach Meinung des Schrifttums ist die Würdigung der „Einflussmöglichkeit" der schwierigste Teil bei der Anwendung von § 37 Abs. 1 Nr. 4; einerseits ist das beteiligte Unternehmen bei einem Einfluss nach Nr. 4 nach der Vorstellung des Gesetzgebers nicht mehr unabhängig auf dem Markt; andererseits

---

634 BGH 21.11.2000 WuW/E DE-R 607, 611 – „Minderheitsbeteiligung im Zeitschriftenhandel" (= „ASV/Stilke"); Thomas, in: Immenga/Mestmäcker, GWB/Teil 1, 5. Aufl., § 37 Rn. 308; Richter/Steinvorth, in: Wiedemann, Kartellrecht, 3. Aufl., § 19 Rn. 98.

635 Thomas, in: Immenga/Mestmäcker, GWB/Teil 1, 5. Aufl., § 37 Rn. 307; Kallfaß, in: Langen/Bunte, Kartellrecht Bd. 1, 12. Aufl., § 37 GWB Rn. 52.

636 Thomas, in: Immenga/Mestmäcker, GWB/Teil 1, 5. Aufl., § 37 Rn. 349; Thomas, EWeRK 3/2016, 174, 175.

637 Bechtold, 8. Aufl., § 37 Rn. 43; vgl. OLG Düsseldorf WuW/E DE-R 1581, 1582 – „Bonner Zeitungsdruckerei".

638 Vgl. Bechtold, 7. Aufl., §37 Rn. 43. Dazu auch OLG Düsseldorf WuW/E DE-R 1581, 1582 – „Bonner Zeitungsdruckerei".

639 Thomas, in: Immenga/Mestmäcker, GWB/Teil 1, 5. Aufl., § 37 Rn. 307; Kallfaß, in: Langen/Bunte, Kartellrecht Bd. 1, 12. Aufl., § 37 GWB Rn. 52; Loewenheim/Meesen/Riesenkampff/Kersting/Meyer-Lindemann, Kartellrecht, 3. Aufl., GWB §37 Rn. 28.

640 Bach, in: MünchKomm, GWB § 37 Rn. 115; Thomas, in: Immenga/Mestmäcker, GWB/Teil 1, 5. Aufl., § 37 Rn. 308; OLG Düsseldorf 24.11.2004 WuW/E DE-R 1390, 1394 – „KG Wochenkurier".

641 Ruppelt, in: Langen/Bunte, Kartellrecht Bd. 1, 11. Aufl., § 37 GWB Rn. 48.

ist die Einflussmöglichkeit nicht gleich einem bestimmten Einfluss nach Nr. 2 bezogen auf den Kontrollerwerb.[642] Nach der Rechtsprechung des BGH reicht es für die Annahme einer Einflussmöglichkeit schon aus, wenn aufgrund der vertraglichen Vereinbarungen und der Beziehung zwischen den beteiligten Unternehmen absehbar ist, dass der Mehrheitsgesellschafter die Interessen des Minderheitsgesellschafters berücksichtigen wird, auch wenn die Interessen des Minderheitsgesellschafters im Einklang mit denen des Mehrheitsgesellschafters stehen.[643] Außerdem ist es nicht erforderlich, dass sich die Einflussmöglichkeit auf das gesamte Wettbewerbspotenzial des Zielunternehmens bezieht.[644]

e) Plus-Faktoren

Eine reine Minderheitsbeteiligung mit weniger als 25 % der Aktien bietet keine Einflussmöglichkeit i. S. v. § 37 Abs. 1 Nr. 4.[645] Eine Einflussmöglichkeit wird mit „Plus-Faktoren" begründet, die dem Minderheitsbeteiligten eine ähnliche Stellung als Sperrminorität wie eine 25%ige Beteiligung geben können.[646] Im Einzelfall gilt: Je mehr Plus-Faktoren vorliegen, desto wahrscheinlicher kann so eine Stellung erlangt werden.[647] Es gibt unterschiedliche Plus-Faktoren. Die von den Gesellschaftern getroffenen Stimmbindungs- und Poolvereinbarungen[648] sind

642 Richter/Steinvorth, in: Wiedemann, Kartellrecht, 3. Aufl., § 19 Rn. 101.

643 BGH 21.11.2000 WuW/E DE-R 607, 608 f. – „Minderheitsbeteiligung im Zeitschriftenhandel" (= „ASV/Stilke"); OLG Düsseldorf WuW/E DE-R 1581 – „Bonner Zeitungsdruckerei"; BGH WuW/E DE-R 1419, 1420 – „trans-o-flex"; Richter/Steinvorth, in: Wiedemann, Kartellrecht, 3. Aufl., § 19 Rn. 101; Loewenheim/Meesen/Riesenkampff/Kersting/Meyer-Lindemann, Kartellrecht, 3. Aufl., GWB §37 Rn. 28.

644 BGH WuW/E DE-R 607, 608 – „Minderheitsbeteiligung im Zeitschriftenhandel"; Richter/Steinvorth, in: Wiedemann, Kartellrecht, 3. Aufl., § 19 Rn. 101; Loewenheim/Meesen/Riesenkampff/Kersting/Meyer-Lindemann, Kartellrecht, 3. Aufl., GWB §37 Rn. 28.

645 Thomas, in: Immenga/Mestmäcker, GWB/Teil 1, 5. Aufl., § 37 Rn. 308.

646 Vgl. Kuhn ZWeR 2011, 258, 267; Thomas, in: Immenga/Mestmäcker, GWB/Teil 1, 5. Aufl., § 37 Rn. 308 u. 312 ff.; OLG Düsseldorf 6.7.2005 WuW/E DE-R 1581, 1583 – „Bonner Zeitungsdruckerei"; Kallfaß, in Langen/Bunte, Kartellrecht Bd. 1, 12. Aufl., §37 Rn. 53; Richter/Steinvorth, in: Wiedemann, Kartellrecht, 3. Aufl., § 19 Rn. 102.

647 Thomas, in: Immenga/Mestmäcker, GWB/Teil 1, 5. Aufl., § 37 Rn. 317; Richter/Steinvorth, in: Wiedemann, Kartellrecht, 3. Aufl., § 19 Rn. 103.

648 Thomas, in: Immenga/Mestmäcker, GWB/Teil 1, 5. Aufl., § 37 Rn. 313.; Begr.RegE 4. GWB-Novelle BT-Drucks. 8/2136, S. 19; Thomas, in: Immenga/Mestmäcker, GWB/Teil 1, 5. Aufl., § 37 Rn. 315: Es reicht in dem Fall aber nicht, dass der Minderheitsbeteiligte andere Gesellschafter lediglich überzeugen kann, bestimmte Beschlüsse abzustimmen.

ebenso Plus-Faktoren wie die Vollmachtverträge[649]. Auch besondere Informations- und Mitsprachemöglichkeiten können eine Einflussmöglichkeit begründen.[650] Ein Informationsrecht i. S. v. § 37 Abs. 1 Nr. 4 ist gegeben, wenn der Minderheitsgesellschafter schnell und regelmäßig die wettbewerbsrelevanten Informationen erfahren und dadurch sein Wettbewerbsverhalten regulieren kann.[651] Weiterhin ist ein Plus-Faktor auch gegeben, wenn der Minderheitsgesellschafter besondere oder wichtige Kenntnisse besitzt, welche entscheidend für das Zielunternehmen sind.[652] Außerdem kann ein Entsendungsrecht für das Organ der Geschäftsführung in Betracht gezogen werden.[653] Eine reine personelle Verflechtung reicht als Einflussmöglichkeit nicht aus, etwas anderes gilt, wenn die personellen Verflechtungen einen zusätzlichen Faktor für gesellschaftsrechtlich vermittelte Unternehmensverbindungen darstellen.[654] Darüber hinaus kann eine Einflussmöglichkeit auch durch Gesellschaftervereinbarungen, die Geschäftsbeziehungen oder das Vorkaufs- oder Optionsrecht bestehen.[655]

f) Wettbewerbliche Erheblichkeit

Der Einfluss von Nr. 4 muss wettbewerblich erheblich sein.[656] Die Beteiligung an dem Zielunternehmen muss den wettbewerblichen Interessen des Erwerbers dienlich sein.[657] Sowohl ein horizontaler als auch ein vertikaler Zusammenschluss[658] können einen wettbewerblich erheblichen Einfluss

---

649 Ruppelt, in: Langen/Bunte, Kartellrecht Bd. 1, 11. Aufl., § 37 GWB Rn. 50.

650 Begr.RegE 5. GWB-Novelle BT-Drucks. 11/4610, S. 19 f.; OLG Düsseldorf 24.11.2004 WuW/E DE-R 1390, 1395 – „KG Wochenkurier“; Thomas, in: Immenga/Mestmäcker, GWB/Teil 1, 5. Aufl., § 37 Rn. 308 u. 313.

651 Thomas, in: Immenga/Mestmäcker, GWB/Teil 1, 5. Aufl., § 37 Rn. 313; Bechtold, GWB, 8. Aufl., § 37 Rn. 41.

652 Richter/Steinvorth, in: Wiedemann, Kartellrecht, 3. Aufl., § 19 Rn. 103; Thomas, in: Immenga/Mestmäcker, GWB/Teil 1, 5. Aufl., § 37 Rn. 314; vgl. BGH 21.12.2004 WuW/E DE-R 1419, 1422 – „trans-o-flex“.

653 BKartA 3.4.2001 – „Fair Energie“, Entscheidung B8-263-00, Tz. 7.

654 Thomas, in: Immenga/Mestmäcker, GWB/Teil 1, 5. Aufl., § 37 Rn. 306 u. 317; Bechtold, GWB, 8. Aufl. § 37 Rn. 42.

655 Richter/Steinvorth, in: Wiedemann, Kartellrecht, 3. Aufl., § 19 Rn. 103.

656 Richter/Steinvorth, in: Wiedemann, Kartellrecht, 3. Aufl., § 19 Rn. 106.

657 BGH 21.11.2000 WuW/E DE-R 607, 612 – „Minderheitsbeteiligung im Zeitschriftenhandel“ (= „ASV/Stilke“); Richter/Steinvorth, in: Wiedemann, Kartellrecht, 3. Aufl., § 19 Rn. 106.

658 BGH 21.11.2000 WuW/E DE-R 607, 608 f. – „Minderheitsbeteiligung im Zeitschriftenhandel“(= „ASV/Stilke“).

bewirken.[659] Im zweiten Fall kann der Erwerber durch die Beteiligung am Zielunternehmen einfache „Absatz- oder Beschaffungsmärkte“ beeinflussen.[660] Es besteht keine Einigkeit darüber, ob Nr. 4 auf einen konglomeraten Zusammenschluss anwendbar ist.[661] Die Befürworter sind der Meinung, dass Nr. 4 ausnahmsweise auf einen konglomeraten Zusammenschluss anwendbar sein kann.[662]

Eine Besonderheit liegt bei der Prüfung von Nr. 4 vor, da die formelle Prüfung der Bejahung eines wettbewerblich erheblichen Einflusses bereits die materielle Prüfung nach § 36 Abs. 1 abdecken kann, insbesondere bei einem vertikalen Zusammenschluss.[663] Obwohl die Anwendung von Nr. 4 nicht automatisch bedeutet, dass der Zusammenschluss den wirksamen Wettbewerb erheblich behindern würde, zeigt er im Vergleich zum anderen Aufgreifkriterium eine „stärkere Präjudiz-Wirkung“ für die materielle Prüfung.[664]

g) Verhältnis zum Kontrollerwerb nach § 37 Abs. 1 Nr. 2

Eine Minderheitsbeteiligung von unter 25 % kann sowohl eine Kontrolle begründen als auch einen wettbewerblich erheblichen Einfluss bewirken.[665] Wettbewerblich erheblicher Einfluss ist jedoch schon nach der Gesetzgebung subsidiär gegenüber dem Kontrollerwerb.[666] Wenn ein Zusammenschluss die Voraussetzung für den Kontrollerwerb von Nr. 2 erfüllt, scheidet die Anwendung von Nr. 4 aus.[667] Ein wettbewerblich erheblicher Einfluss ist gegeben, wenn die Unternehmen nach dem Zusammenschluss nicht mehr unabhängig am

659 Thomas, in: Immenga/Mestmäcker, GWB/Teil 1, 5. Aufl., § 37 Rn. 342 ff.; Richter/Steinvorth, in: Wiedemann, Kartellrecht, 3. Aufl., § 19 Rn. 106.

660 Thomas, in: Immenga/Mestmäcker, GWB/Teil 1, 5. Aufl., § 37 Rn. 344; Richter/Steinvorth, in: Wiedemann, Kartellrecht, 3. Aufl., § 19 Rn. 106; Loewenheim/Meesen/Riesenkampff/Kersting/Meyer-Lindemann, Kartellrecht, 3. Aufl., GWB §37 Rn. 29.

661 Thomas, in: Immenga/Mestmäcker, GWB/Teil 1, 5. Aufl., § 37 Rn. 345; Richter/Steinvorth, in: Wiedemann, Kartellrecht, 3. Aufl., § 19 Rn. 106.

662 Thomas, in: Immenga/Mestmäcker, GWB/Teil 1, 5. Aufl., § 37 Rn. 345; Richter/Steinvorth, in: Wiedemann, Kartellrecht, 3. Aufl., § 19 Rn. 106; Loewenheim/Meesen/Riesenkampff/Kersting/Meyer-Lindemann, Kartellrecht, 3. Aufl., GWB §37 Rn. 29; zurückhaltend: Bechtold, GWB, 8. Aufl., § 37 Rn. 43.

663 Thomas, in: Immenga/Mestmäcker, GWB/Teil 1, 5. Aufl., § 37 Rn. 346; Richter/Steinvorth, in: Wiedemann, Kartellrecht, 3. Aufl., § 19 Rn. 107.

664 Ruppelt, in: Langen/Bunte, Kartellrecht Bd. 1, 11. Aufl., § 37 GWB Rn. 53.

665 Vgl. Thomas, in: Immenga/Mestmäcker, GWB/Teil 1, 5. Aufl., § 37 Rn. 332.

666 Ruppelt, in: Langen/Bunte, Kartellrecht Bd. 1, 12. Aufl., § 37 GWB Rn. 45.

667 Thomas, in: Immenga/Mestmäcker, GWB/Teil 1, 5. Aufl., § 37 Rn. 332.

Markt sind.[668] Anders als beim Kontrollerwerb von Nr. 2 wird jedoch kein quasi einheitliches Verhalten am Markt für einen wettbewerblich erheblichen Einfluss gemäß Nr. 4 verlangt.[669] Der unterschiedliche Tatbestand bei einem Kontrollerwerb und einem wettbewerblich erheblichen Einfluss wirkt sich aber nicht nur auf die Einflussintensität aus.[670] Eine gesellschaftsrechtlich vermittelte Unternehmensverbindung bildet die Basis für die Anwendung von Nr. 4, während eine solche Verbindung für den Kontrollerwerb nicht erforderlich ist.[671] Des Weiteren kann Kontrolle i. S. v. Nr. 2 durch einen faktischen Umstand begründet werden, während den wettbewerblich erheblichen Einfluss nur eine Minderheitsbeteiligung mit gesetzlichen oder vereinbarten „Plus-Faktoren" begründet.[672] Zum Beispiel kann eine Minderheitsbeteiligung aufgrund einer niedrigen Hauptversammlungspräsenz eine faktische Kontrolle begründen, während ein wettbewerblich erheblicher Einfluss erst bejaht wird, wenn die Minderheitsbeteiligung eine Sperrminorität mit 25 % Beteiligung ausübt.[673] Der Anwendungsbereich von Nr. 2 ist deswegen weiter als derjenige von Nr. 4.[674]

h) Minderheitsbeteiligung mit unilateralem Effekt

Ein Zweck der Einführung des SIEC-Tests in der 8. GWB-Novelle liegt im Schließen einer Lücke, die der alte Marktbeherrschungstest über den unilateralen Effekt im Oligopol nicht abdecken konnte.[675] Die Ökonomisierung des materiellen Prüfungskriteriums der Fusionskontrolle wirft hinsichtlich der Anwendung des § 37 Abs. 1 Nr. 4 die Frage auf, ob auch eine Minderheitsbeteiligung mit unilateralem Effekt Gegenstand von Nr. 4 ist.[676]

Eine erste einfache Konstellation wäre, dass eine Minderheitsbeteiligung mit wettbewerblich erheblichem Einfluss i. S. v. Nr. 4 über Zielunternehmen nicht

---

668 Begr.RegE 5. GWB-Novelle BT-Drucks 11/4610, S. 20.

669 Thomas, in: Immenga/Mestmäcker, GWB/Teil 1, 5. Aufl., § 37 Rn. 339; Bechtold, GWB, 8. Aufl., § 37 Rn. 43.

670 Vgl. Thomas, in: Immenga/Mestmäcker, GWB/Teil 1, 5. Aufl., § 37 Rn. 339; Bechtold, GWB, 8. Aufl., § 37 Rn. 43.

671 Vgl. Thomas, in: Immenga/Mestmäcker, GWB/Teil 1, 5. Aufl., § 37 Rn. 300.; Begr. RegE 5. GWB-Novelle BT-Drucks. 11/4610, S. 20.

672 Vgl. Thomas, in: Immenga/Mestmäcker, GWB/Teil 1, 5. Aufl., § 37 Rn. 322 u. 334.

673 Vgl. Thomas, in: Immenga/Mestmäcker, GWB/Teil 1, 5. Aufl., § 37 Rn. 322, 332, 334.

674 Richter/Steinvorth, in: Wiedemann, Kartellrecht, 3. Aufl., § 19 Rn. 98.

675 Thomas, EWeRK 3/2016, 174.

676 Thomas, in: Immenga/Mestmäcker, GWB/Teil 1, 5. Aufl., § 37 Rn. 349 ff.; Thomas, EWeRK 3/2016, 174.

nur eine koordinierte Wirkung erzielen kann, sondern auch einen unilateralen Effekt mit einer Preiserhöhung bedingt.[677] In dem Fall ist die Rechtsanwendung klar und eindeutig: Der einseitige Effekt der Minderheitsbeteiligung wird mit dem SIEC-Test geprüft.[678]

Problematisch ist der Fall, wenn der Erwerber mit einer Minderheitsbeteiligung am Zielunternehmen beteiligt ist, ihm aber kein zusätzliches Recht eingeräumt wird, mit dem er entweder aktiv oder passiv auf das Marktverhalten des Zielunternehmens Einfluss nehmen kann.[679] Im Schrifttum wird die Einführung des SIEC-Tests nach teleologischer und systematischer Auslegung als eine Ausdehnung des Anwendungsbereichs der Fusionskontrolle angesehen, geht man nach dem Wortlaut von Nr. 4 und der Rechtssicherheit, müsste eine Anwendung von Nr. 4 auf den Fall jedoch verneint werden.[680]

II. Europäisches Recht

1. Nicht-kontrollierende Minderheitsbeteiligung nach geltender FKVO

Der Kontrollerwerb nach Art. 3 FKVO ist im europäischen Recht die niedrigste formelle Aufgreifschwelle für die Fusionskontrolle. Wenn eine Minderheitsbeteiligung dadurch keine alleine oder gemeinsame Kontrolle über Zielunternehmen begründen kann, ist der Erwerb kein Gegenstand von Art. 3 FKVO.[681] In der FKVO findet sich keine Vorschrift wie § 37 Abs. 1 Nr. 4 GWB für die nicht-kontrollierende Minderheitsbeteiligung. Wird bei einem Vorgang bezogen auf eine Minderheitsbeteiligung gefragt, ob und wie die FKVO auf den Vorgang angewendet werden kann, können nach Meinung des Schrifttums zwei Konstellationen differenziert werden: eine Minderheitsbeteiligung als ein Bestandteil eines einheitlichen Zusammenschlusses und eine einfache selbstständige Minderheitsbeteiligung.[682] Die Anwendung des Art. 3 FKVO ist von einer einfachen selbstständigen Minderheitsbeteiligung ohne Kontrollbegründung ausgeschlossen. Betrifft der Fall einen „sukzessiven Aufkauf" mit Minderheitsbeteiligung,

---

677 Thomas, in: Immenga/Mestmäcker, GWB/Teil 1, 5. Aufl., § 37 Rn. 352.

678 Thomas, EWeRK 3/2016, 174, 175.

679 Thomas, in: Immenga/Mestmäcker, GWB/Teil 1, 5. Aufl., § 37 Rn. 350 ff.; Thomas, EWeRK 3/2016, 174, 175 f.

680 Thomas, in: Immenga/Mestmäcker, GWB/Teil 1, 5. Aufl., § 37 Rn. 350 ff.; Thomas, EWeRK 3/2016, 174, 175 f.

681 Stöcker, ZWeR 2/2013, 154, 155; Kuhn, ZWeR 2011, 258, 259.

682 Stöcker, ZWeR 2/2013, 154, 155 ff.; vgl. dazu Kuhn, ZWeR 2011, 258, 259.

ist die Frage nach der Zuständigkeit der Kommission jedoch schwieriger zu beantworten.[683]

Der Erwägungsgrund 20 der FKVO legt dar, dass die „Erwerbsvorgänge, die eng miteinander verknüpft sind, weil sie durch eine Bedingung miteinander verbunden sind oder in Form einer Reihe von innerhalb eines gebührend kurzen Zeitraums getätigten Rechtsgeschäften mit Wertpapieren stattfinden, als ein einziger Zusammenschluss behandelt werden"[684]. Das heißt, eine Reihe Erwerbe von Minderheitsbeteiligungen kann als ein einheitlicher Vorgang angesehen werden. Wenn der Vorgang eine gemeinschaftsweite Bedeutung aufweist, kann er unter den Anwendungsbereich von Art. 3 FKVO fallen, die Zuständigkeit des Mitgliedstaates für den Vorgang wird dann gesperrt.[685] Wenn der Vorgang nach der Prüfung von der Kommission untersagt wird, kann der Mitgliedstaat nach der Bestandskraft dieser Untersagung eine Zuständigkeit für den Vorgang aufweisen, weil der Minderheitserwerb nicht mehr als ein Teil eines gesamten Erwerbs angesehen wird.[686]

2. Einführung eines Regimes für die nicht-kontrollierende Minderheitsbeteiligung auf EU-Ebene?

a) Aktuelle Entwicklung

Nach geltendem Recht darf die Kommission in eine Minderheitsbeteiligung nur dann eingreifen, wenn der Erwerber durch die Minderheitsbeteiligung eine Kontrolle über das Zielunternehmen begründen kann. Ist eine Minderheitsbeteiligung nicht mit dem Kontrollrecht verbunden, kann die Kommission die Transaktion nicht prüfen: Die Kommission ist diesbezüglich der Ansicht, dass eine Gesetzeslücke besteht, weil einerseits die Erfahrungen der Kommission und Mitgliedsstaaten sowie Drittländer zeigen, dass auch eine solche Minderheitsbeteiligung dem Wettbewerb Schaden zufügen kann, andererseits eine gut konzipierte Fusionskontrolle alle Ursachen von Schäden für den Wettbewerb und Verbraucher geltend machen soll.[687] Der Ryanair/Aer Lingus-Fall[688] ist ein

683 Vgl. Stöcker, ZWeR 2/2013, 154, 159 ff.
684 Vgl. Stöcker, ZWeR 2/2013, 154, 159.
685 Vgl. Stöcker, ZWeR 2/2013, 154, 159.
686 Stöcker, ZWeR 2/2013, 154, 163 ff.
687 KOMM. Weißbuch Eine wirksamere EU-Fusionskontrolle, 09.07.2014, Rn. 24 ff.
688 KOMM. M. 4439, 5434, 6663.

Anreiz zur Einführung einer Kontrolle für die nicht-kontrollierende Minderheitsbeteiligung[689].

In dem Fall besaß Ryanair eine nicht-kontrollierende Minderheitsbeteiligung an ihrem Wettbewerber Aer Lingus in Höhe von 29,4 % und wollte die Kontrolle durch Aufstockung ihrer Beteiligung weiter ausbauen. Die Transaktion war bei der Kommission angemeldet und wurde wegen möglicher Hindernisse für den Wettbewerb untersagt.[690] Nach der Untersagungsentscheidung der Kommission hält Ryanair noch eine Minderheitsbeteiligung an Aer Lingus, wobei Aer Lingus behauptete, dass Ryanair durch die Minderheitsbeteiligung in ihr Geschäftsgeheimnis eingreifen und die Geschäftsführung beeinflussen könne.[691] Die Kommission hat aber keine Zuständigkeit hinsichtlich der Minderheitsbeteiligung.

Auf europäischer Ebene wurde bereits im Jahr 2011 darüber nachgedacht, ob sich die europäische Fusionskontrolle auf die nicht-kontrollierende Minderheitsbeteiligung ausdehnen sollte. Der damalige EU-Wettbewerbskommissar Joaquín Almunia äußerte in einer Rede, dass ohne Zuständigkeit für eine nicht-kontrollierende Minderheitsbeteiligung eine Lücke in der europäischen Fusionskontrolle bestünde. Am 25. Juni 2013 hat die Europäische Kommission ein Papier der Dienststellen (Staff Working Paper)[692] zur Frage der Einführung einer Kontrolle der nicht-kontrollierenden Minderheitsbeteiligung veröffentlicht. Im Papier der Dienststellen wird die Einführung einer Kontrolle über die nicht-kontrollierende Minderheitsbeteiligung vorgeschlagen. Im ersten Annex[693] finden sich ökonomische Bedenken hinsichtlich der nicht-kontrollierenden Minderheitsbeteiligung, der zweite Annex[694] beinhaltet eine Darstellung der Gesetzgebung von Mitgliedsstaaten und anderen Staaten zur nicht-kontrollierenden Minderheitsbeteiligung. Die jüngste Entwicklung zum Thema erfolgte ein Jahr später: 2014 veröffentlichte die Kommission ein Weißbuch[695] zur Konsultation, das eine

---

689 Weitere Beispiele s. Commission Staff Working Document „Towards more effective EU merger control" (Teil I), S. 4 f.; s. auch Annex II, Non-controlling minority shareholdings and EU merger control, S. 6 ff.

690 General Court in Case T-411/07 Aer Lingus v Commission [2010] ECR II-3691.

691 Commission Staff Working Document „Towards more effective EU merger control" (Teil I), S. 4.

692 2013 Staff Working Document „Towards more effective EU merger control".

693 2013 Staff Working Document „Towards more effective EU merger control", Annex I: Economic Literature on Non-Controlling Minority Shareholdings.

694 2013 Staff Working Document „Towards more effective EU merger control", Annex II: Non-controlling minority shareholdings and EU merger control.

695 KOMM. Weißbuch Eine wirksamere EU-Fusionskontrolle, 09.07.2014.

Arbeitsvorlage der Kommissionsdienststellen[696] und eine Folgenabschätzung[697] bietet.[698] Ob und wie die Kommission ihre Zuständigkeit auf die nicht-kontrollierende Minderheitsbeteiligung erweitert, hierzu bestehen im Schrifttum unterschiedliche Meinungen.[699] Eine Meinung lautet: Obwohl auf EU-Ebene keine Vorschrift für nicht-kontrollierende Minderheitsbeteiligungen vorgesehen wird, stellt dies keine Gesetzeslücke dar, weil für eine Minderheitsbeteiligung ohne Kontrollbegründung die Mitgliederstaaten selbst eine Zuständigkeit begründen können.[700] Der Anlass zur Novellierung soll jedoch anstatt wegen eines außergewöhnlichen Falls wegen des materiellen Problems der nicht-kontrollierenden Minderheitsbeteiligung erfolgen.[701] Die Erfahrung der Mitgliedsstaaten, in denen eine nicht-kontrollierende Minderheitsbeteiligung Gegenstand der Fusionskontrolle ist, zeige, dass die Interventionsrate der zuständigen Behörde bei Fällen einer Minderheitsbeteiligung höher ist als bei anderen angemeldeten Fällen.[702] Nach anderer Ansicht ist die Einführung einer solchen Kontrolle abzulehnen, weil die Rechtssicherheit der klaren Voraussetzung von Art. 3 FKVO einen großen Vorteil der europäischen Fusionskontrolle darstelle, der durch die Einführung einer Kontrolle der nicht-kontrollierenden Minderheitsbeteiligung abgeschwächt werden würde.[703] Auch Befürworter sprechen sich für die sorgfältige Ausgestaltung einer Vorschrift für die nicht-kontrollierende Minderheitsbeteiligung aus.[704]

b) More Economic Approach

Ökonomisierung ist ein neuer Impuls in der Entwicklung des Kartellrechts.[705] Nach einer Begründung aus ökonomischer Sicht aufgrund der Schadenstheorie

---

696 2014 Staff Working Document accompanying the document, Towards more effective EU merger control.

697 2014 Staff Working Document, impact assessment accompanying the document, Towards more effective EU merger control.

698 Vgl. Newsdienst Compliance 2014, S. 32220.

699 Vgl. Stöcker, ZWeR 2/2013, 154; Schroeder, WuW 2011, 1216, 1218; ausführlicher: Balitzki/Pugh, IIC 2016, S. 595, 596 ff.; dagegen: vgl. Levy, Expanding EU Merger Control to Non-Controlling Minority Shareholdings: A Sledgehammer to Crack a Nut, CPI Antitrust Chronicle December 2014(1).

700 Stöcker, ZWeR 2/2013, 154, 156.

701 Montag, NZKart 2015, 410, 412; Stöcker, ZWeR 2/2013, 154, 156 f.

702 Montag, NZKart 2015, 410, 412.

703 Kuhn, ZWeR 2011, 258; vgl. Stöcker, ZWeR 2/2013, 154, 157 f.

704 Montag, NZKart 2015, 410, 413.

705 Podszun, ZWeR 4/2016, 360, 363.

kann eine nicht-kontrollierende Minderheitsbeteiligung dieselbe Wirkung wie ein Kontrollerwerb erzielen.[706] Der Erwerber kann durch eine Minderheitsbeteiligung in die Lage versetzt werden, Entscheidungen und Gesellschafterbeschlüsse des Zielunternehmens zu beeinflussen.[707] Des Weiteren kann das Informationsrecht des Minderheitsgesellschafters zu einer Koordinierung von Erwerber und Zielunternehmen beitragen.[708] Eine Minderheitsbeteiligung an einem Wettbewerber kann dem Erwerber einen Anreiz geben, ein einseitiges wettbewerbswidriges Verhalten, z. B. eine Preiserhöhung, zu zeigen, weil sein Verlust durch Gewinne des Beteiligungswettbewerbers den Vorteil einer Minderheitsbeteiligung beseitigen kann (horizontaler einseitiger Einfluss[709]).[710] Wie groß der Anreiz ist, hängt von der Höhe der „Margen des Zielunternehmens" und den „Umlenkungsanteile[n] von Erwerbern zum Zielunternehmen" ab.[711] Neben der nicht-koordinierten Auswirkung kann eine Minderheitsbeteiligung eine koordinierte wettbewerbswidrige Auswirkung durch „stillschweigende" oder „ausdrückliche" Abstimmung zwischen Wettbewerbern bewirken (horizontaler gegenseitiger Einfluss[712]).[713] Eine nicht-kontrollierende Minderheitsbeteiligung kann auch bei einem vertikalen Zusammenschluss problematisch sein, z. B. aufgrund eines Marktabschottungseffekts.[714] Verglichen mit einem Kontrollerwerb ist es bei dem Erwerb einer Minderheitsbeteiligung wahrscheinlicher, dass ein Marktabschottungseffekt entsteht, weil der Erwerber nur in geringem Ausmaß Folgen für das Zielunternehmen tragen muss.[715] Dahingehend wird

706 Kommission, Weißbuch Eine wirksamere EU-Fusionskontrolle, 09.07.2014, Rn. 28; Montag, NZKart 2015, 410, 411 f.

707 Kommission, Weißbuch Eine wirksamere EU-Fusionskontrolle, 09.07.2014, Rn. 30 u. 32; Montag, NZKart 2015, 410, 411.

708 Montag, NZKart 2015, 410, 411.

709 Annex I: Economic Literature on Non-Controlling Minority Shareholdings, Rn. 4-7, 37-44.

710 KOMM. Weißbuch Eine wirksamere EU-Fusionskontrolle, 09.07.2014, Rn. 29.

711 Montag, NZKart 2015, 410, 411; OECD Directorate Control for Financial and Enterprise Affairs Competition Committee, Antitrust issues involving minority shareholding and interlocking directorships, DAF/COMP (2008)30, 23 June 2009 (the OECD Policy Roundtable on Minority Shareholdings), S. 28.

712 Annex I: Economic Literature on Non-Controlling Minority Shareholdings, Rn. 8-10, 45-59.

713 KOMM. Weißbuch Eine wirksamere EU-Fusionskontrolle, 09.07.2014, Rn. 35.

714 KOMM. Weißbuch Eine wirksamere EU-Fusionskontrolle, 09.07.2014, Rn. 36 ff. – Beispielfall COMP/M. 5406- IPIC/MAN Ferrostaal, 13.03.2009; Montag, NZKart 2015, 410, 411.

715 2014 Staff Working Document, Rn. 59; Montag, NZKart 2015, 411.

vereinzelt kritisiert, dass das wettbewerbliche Problem einer Minderheitsbeteiligung, insbesondere das einer „schleichenden Übernahme", nicht genug berücksichtigt wird und die materielle Prüfung einer Minderheitsbeteiligung nicht nur auf den SIEC-Test beschränkt werden sollte.[716]

Die aktuelle Ausgestaltung des formellen Aufgreifkriteriums der Fusionskontrolle mit einem Kontrollerwerb folgt im Wesentlichen einer koordinierten strukturellen Wirkung durch Zusammenschluss, so dass z. B. das Informationsrecht und die Einflussmöglichkeit der Minderheitsbeteiligten für die Aufnahme eines Zusammenschlusses im Mittelpunkt stehen.[717] Wenn stattdessen der einseitige nicht-koordinierte Effekt des Erwerbers geprüft würde, würde das aktuelle formelle Aufgreifkriterium den problematischen Zusammenschluss nicht immer greifen können.[718]

c) *Die Anwendbarkeit der Art. 101 und 102 AEUV für den Erwerb einer nicht-kontrollierenden Minderheitsbeteiligung*

Vor der Einführung eines neuen Instruments für die nicht-kontrollierende Minderheitsbeteiligung hat die Kommission geprüft, ob die vorhandenen Art. 101 und 102 AEUV auf die nicht-kontrollierende Minderheitsbeteiligung anwendbar sind.[719] Dies ist nach Meinung der Kommission nicht der Fall. Das Problem bei einer Anwendung von Art. 101 wäre, dass nach der Voraussetzung von Art. 101 AEUV nicht alle Erwerbe der Minderheitsbeteiligung als „Vereinbarung" bezeichnet werden könnten, die eine Einschränkung des Wettbewerbs bezweckt oder bewirkt, insbesondere wenn der Erwerber eine Reihe von Aktienkäufen an der Börse tätigt.[720] Die Vorschrift von Art. 102 AEUV wiederum setzt voraus, dass der Erwerber der Minderheitsbeteiligung eine beherrschende Stellung innehaben muss und der Erwerb einen Missbrauch erklären kann.[721] Die Anwendung der beiden Vorschriften auf einen Erwerb der nicht-kontrollierenden Minderheitsbeteiligung ist deshalb nur in bestimmten Fällen möglich.[722]

---

716 Coenen/Jovanovic, WuW 09/2014, S. 803.

717 Maier-Rigaud/Schwalbe/Forster, ZWeR 3/2016, 246, 257.

718 Maier-Rigaud/Schwalbe/Forster, ZWeR 3/2016, 246; vgl. Thomas, EWeRK 3/2016, 174, 175 f.

719 KOMM. Weißbuch Eine wirksamere EU-Fusionskontrolle, 09.07.2014, Rn. 39-41.

720 KOMM. Weißbuch Eine wirksamere EU-Fusionskontrolle, 09.07.2014, Rn. 40.

721 KOMM. Weißbuch Eine wirksamere EU-Fusionskontrolle, 09.07.2014, Rn. 40.

722 KOMM. Weißbuch Eine wirksamere EU-Fusionskontrolle, 09.07.2014, Rn. 40.

Im Schrifttum wird die Anwendbarkeit des Art. 101 AEUV auf Erwerber einer nicht-kontrollierenden Minderheitsbeteiligung ebenfalls diskutiert. Eine Argumentation kommt zu dem Ergebnis, dass nach der Entscheidung des Philip-Morris-Urteils sogar eine „nackte" Minderheitsbeteiligung an dem Wettbewerber unter Art. 101 Abs. 1 AEUV fallen könnte.[723] Die Frage ist jedoch, ob eine Anwendung von Art. 101 Abs. 1 AEUV auf die Minderheitsbeteiligung angemessen ist, weil das allgemeine Kartellverbot eine Verhaltenskontrolle darstellt, während der Minderheitserwerb eine strukturelle Wirkung bezweckt.[724] Ansonsten ähnle die wettbewerbsschädliche Wirkung eines Minderheitserwerbs eher einem Kontrollerwerb.[725] Wenn ferner das allgemeine Kartellverbot auf den Minderheitserwerb angewendet wird, sollten zwei weitere Aspekte in Betracht gezogen werden: erstens, dass die Rechtsfolge – Nichtigkeit – des allgemeinen Kartellverbots scharf ist, zweitens, dass der Grundsatz der Selbsteinschätzung zu einer Rechtsunsicherheit führen und ein paralleles Verfahren auf EU- sowie Mitgliedstaatsebene erwartet werden kann.[726]

3. Die vorgeschlagene Ausgestaltung der Kontrolle über den Erwerb einer nicht-kontrollierenden Minderheitsbeteiligung

a) *Grundsätze für die Kontrolle der Minderheitsbeteiligung*

Im Weißbuch werden drei Grundsätze für ein System der Kontrolle einer Minderheitsbeteiligung vorausgesetzt.[727] Die Ausgestaltung der Kontrolle über den Erwerb einer nicht-kontrollierenden Minderheitsbeteiligung hat zum Ziel, einerseits die Durchsetzungslücke zu füllen und andererseits Rechtsklarheit und Sicherheit zu bewahren.

- „Es sollte die potenziell wettbewerbswidrigen Fälle des Erwerbs von Minderheitsbeteiligungen erfassen,
- es sollte unnötigen und unverhältnismäßigen Verwaltungsaufwand für die Unternehmen, die Kommission und die nationalen Wettbewerbsbehörden vermeiden, und
- es sollte sich in die bestehenden Fusionskontrollsysteme der EU und der Mitgliedstaaten einfügen."[728]

723 Stöcker, ZWeR 2/2013, 154, 169 ff.
724 Stöcker, ZWeR 2/2013, 154, 169 ff.
725 Montag, NZKart 2015, 410, 412.
726 Vgl. Montag, NZKart 2015, 410, 412; Stöcker, ZWeR 2/2013, 154, 177.
727 KOMM. Weißbuch Eine wirksamere EU-Fusionskontrolle, 09.07.2014, Rn. 42.
728 KOMM. Weißbuch Eine wirksamere EU-Fusionskontrolle, 09.07.2014, Rn. 42.

b) Begriff der nicht-kontrollierenden Minderheitsbeteiligung

Selbst wenn es zwischen dem Erwerber und dem Zielunternehmen eine „wettbewerbsrelevante Verbindung" gibt, kann eine Minderheitsbeteiligung unter die Fusionskontrolle fallen.[729] Unter der wettbewerbsrelevanten Verbindung wird nicht nur eine horizontale Wettbewerbsbeziehung, sondern auch die vertikale Marktbeziehung erfasst.[730] Grundsätzlich wird die Kontrolle nach der Ausgestaltung im Weißbuch nur dann ausgelöst, wenn der Erwerber durch eine Minderheitsbeteiligung und die damit verbundenen Rechte einen erheblichen Einfluss auf das Zielunternehmen ausüben kann, wie z. B. eine Einflussnahme auf die Geschäftspolitik oder das Wettbewerbsverhalten oder einen Eingriff in die sensiblen Geschäftsinformationen für den Wettbewerb.[731] Wenn eine Minderheitsbeteiligung eine bestimmte Höhe erreicht, sollte ein einseitiger wettbewerblicher Effekt in Betracht gezogen werden, auch wenn der Erwerber durch die Minderheitsbeteiligung keinen Einfluss das Zielunternehmen ausüben kann.[732]

Mit Rücksicht auf die Rechtssicherheit hat die Kommission ein Kriterium für die wettbewerbsrelevante Verbindung erstellt. Ein Erwerbsvorgang stellt eine wettbewerbsrelevante Verbindung dar, wenn er die beiden folgenden Voraussetzungen erfüllt.[733]

- „Es wird eine Minderheitsbeteiligung an einem Wettbewerber oder einem vertikal verbundenen Unternehmen erworben (d. h. es müssen Wettbewerbsbeziehungen zwischen Erwerber und Zielunternehmen bestehen), und
- die Verbindung würde als wettbewerbsrelevant angesehen, wenn die erworbene Beteiligung 1) rund 20 % beträgt oder 2) zwischen 5 % und rund 20 % beträgt, aber weitere Faktoren hinzukommen, zum Beispiel Rechte, durch die der Erwerber de facto über eine Sperrminorität verfügt, ein Sitz in der Unternehmensleitung oder Zugang zu sensiblen Geschäftsinformationen des Zielunternehmens."[734]

Die erste Voraussetzung wurde von der Schadenstheorie geprägt. Sie sieht vor, dass entweder eine horizontale oder eine vertikale Wettbewerbsbeziehung als

729 KOMM. Weißbuch Eine wirksamere EU-Fusionskontrolle, 09.07.2014, Rn. 46; s. auch Montag, NZKart 2015, 410, 413.
730 KOMM. Weißbuch Eine wirksamere EU-Fusionskontrolle, 09.07.2014, Rn. 46.
731 KOMM. Weißbuch Eine wirksamere EU-Fusionskontrolle, 09.07.2014, Rn. 46.
732 KOMM. Weißbuch Eine wirksamere EU-Fusionskontrolle, 09.07.2014, Rn. 46.
733 KOMM. Weißbuch Eine wirksamere EU-Fusionskontrolle, 09.07.2014, Rn. 47.
734 KOMM. Weißbuch Eine wirksamere EU-Fusionskontrolle, 09.07.2014, Rn. 47.

wettbewerbsrelevante Verbindung angesehen werden würde.[735] Des Weiteren hat die Kommission zwei Beteiligungsschwellen eingesetzt, rund 20 % und einen Umfang von 5 % bis 20 %. Die 20-%-Beteiligungsschwelle würde nach dem Weißbuch als ein Indiz angesehen werden, dass der Erwerber mit der Kapitalbeteiligung schon wegen des finanziellen Anreizes einen einseitigen Effekt bewirken kann.[736] Ob durch die Minderheitsbeteiligung eine wettbewerbsrelevante Verbindung entsteht, unterliegt der Selbsteinschätzung des Erwerbers.[737]

Das Weißbuch sieht kein festes Kriterium für die wettbewerbsrelevante Verbindung vor. Angesichts des Grundsatzes der Gesamtwürdigung im Einzelfall für den Kontrollerwerb nach Art. 3 FKVO, insbesondere bei einer faktischen Kontrolle, ist das vorgeschlagene Kriterium nach einer Meinung im Schrifttum in der Praxis durchsetzbar.[738] Das ist nicht wünschenswert, wenn für jede Minderheitsbeteiligung eine eigene Würdigung erforderlich ist.[739] Im Schrifttum wird dahingehend gefordert, dass die Kommission auf bestimmte Fragen näher eingehen solle: 1) den Zeitpunkt des relevanten Einflusses, 2) ob eine tatsächliche Ausübung erforderlich ist, 3) ob das Zielunternehmen die Interessen des Minderheitsgesellschafters berücksichtigen muss, 4) wie ein Wettbewerber festzustellen ist.[740] All diese Fragen wurden bereits im Punkt zur Praxis des § 37 Abs. 1 Nr. 4 GWB diskutiert.[741] Nach Meinung des Schrifttums ist die Feststellung eines aktuellen Wettbewerbers anhand des Kriteriums der Marktabgrenzung einfach; ob und wie ein potenzieller Wettbewerber einbezogen wird, ist schwieriger zu klären, insbesondere im Bereich des Internets, wo sich die Märkte sehr schnell entwickeln können.[742]

c) Verfahren – Das System der „gezielten" Transparenz

Das vorgeschlagene System zur Kontrolle der Minderheitsbeteiligung ist ein System der „gezielten" Transparenz.[743] Bestimmte Minderheitsbeteiligungen – die eine strukturelle Verbindung aufweisen – müssen die Transaktionsinformationen zuerst der Kommission übermitteln.[744] Die Kommission beschränkt

735 KOMM. Weißbuch Eine wirksamere EU-Fusionskontrolle, 09.07.2014, Rn. 46.
736 KOMM. Weißbuch Eine wirksamere EU-Fusionskontrolle, 09.07.2014, Rn. 46.
737 KOMM. Weißbuch Eine wirksamere EU-Fusionskontrolle, 09.07.2014, Rn. 48.
738 Montag, NZKart 2015, 410, 413.
739 Stöcker, ZWeR 2/2013, 154, 157.
740 Montag, NZKart 2015, 410, 413.
741 Vgl. § 4, I. 2.
742 Montag, NZKart 2015, 410, 413.
743 KOMM. Weißbuch Eine wirksamere EU-Fusionskontrolle, 09.07.2014, Rn. 45 ff.
744 KOMM. Weißbuch Eine wirksamere EU-Fusionskontrolle, 09.07.2014, Rn. 46.

die Anmeldung der Transaktion gezielt auf solche Minderheitsbeteiligungen, durch die eine wettbewerbsrelevante Verbindung entsteht.[745] Selbst wenn die Kommission entschieden hat, ein normales Verfahren auszulösen, müssen sich die Unternehmen mit den vollständigen Informationen anmelden. Das System dient dem Zweck, ein effektives Verfahren für die nicht-kontrollierende Minderheitsbeteiligung ohne unnötigen und unverhältnismäßigen Verwaltungsaufwand einzuführen.[746]

Im Schrifttum wird die Ausgestaltung des Verfahrens vereinzelt kritisch gesehen, weil das Verfahren keinen Effizienzeffekt zeige: Einerseits unterscheide sich die Informationsmitteilung kaum von der Short Form CO; andererseits könne durch die Entscheidung – ob ein normales Verfahren einzuleiten ist oder nicht – die Verfahrensdauer in der Praxis verlängert werden.[747] Es wäre deshalb besser, entweder das normale Verfahren in allen Fällen anzuwenden oder eine völlig freiwillige Anmeldung geltend zu machen.[748]

Nach dem Weißbuch der Kommission können Artikel 101 und 102 auch dann für eine Prüfung der Minderheitsbeteiligung angewendet werden, wenn die Vereinbarungen zwischen den Erwerber und dem Zielunternehmen nicht mittelbar mit dem Vorgang verbunden und nicht notwendig sind.[749]

4. Vergleich zwischen der nicht-kontrollierenden Minderheitsbeteiligung nach § 37 Abs. 1 Nr. 4 und der nach dem Weißbuch

Nach einer Meinung im Schrifttum ist das Kriterium für die nicht-kontrollierende Minderheitsbeteiligung im Weißbuch nicht vollkommen neu, sondern sehr ähnlich dem im deutschen und britischen Recht.[750] Die von der Kommission vorgeschlagene Ausgestaltung der Kontrolle über die nicht-kontrollierende Minderheitsbeteiligung ist aber nicht identisch mit der Vorschrift von § 37 Abs. 1 Nr. 4 GWB, insbesondere was den Anwendungsbereich betrifft. Nach dem Wortlaut sowie der Auslegung von § 37 Abs. 1 Nr. 4 gilt die Vorschrift primär für „strukturell parallele“, aber niedrige Regime zum Kontrollerwerb nach

745 KOMM. Weißbuch Eine wirksamere EU-Fusionskontrolle, 09.07.2014, Rn. 46 f.
746 Vgl. KOMM. Weißbuch Eine wirksamere EU-Fusionskontrolle, 09.07.2014, Rn. 45.
747 Montag, NZKart 2015, 410, 414.
748 Montag, NZKart 2015, 410, 414.
749 Kommission, Weißbuch Eine wirksamere EU-Fusionskontrolle, 09.07.2014, Rn. 53 ff.
750 Montag, NZKart 2015, 410, 413.

Nr. 2.[751] Als Gegenstand erfasst wird nur die nicht-kontrollierende Minderheitsbeteiligung, die trotz fehlender Kontrolle i. S. v. § 37 Abs. 1 Nr. 2 erlangt wird, aber aufgrund von „Plus-Faktoren" einen entsprechenden wettbewerblich erheblichen Einfluss mit einer 25-%-Beteiligung ausüben kann.[752] In dem Weißbuch wird jedoch eindeutig dargelegt, dass eine nicht-kontrollierende Minderheitsbeteiligung neben einem horizontalen koordinierten Einfluss auch einen horizontalen einseitigen Einfluss und ferner noch eine vertikale Marktabschottung bewirken kann. Nach der UPP-Prüfung hängt der Anreiz zur Preiserhöhung bei einem horizontalen einseitigen Einfluss nicht von der Einflussmöglichkeit des Erwerbers über das Zielunternehmen ab, entscheidend ist vielmehr die „Partizipation" des Erwerbers an dem wirtschaftlichen Erfolg des Zielunternehmens.[753] Im Weißbuch kann auch eine nackte Minderheitsbeteiligung Gegenstand der Fusionskontrolle sein, weil der Erwerber bereits ab einer bestimmten Beteiligungsschwelle einen Anreiz haben kann. Diese Schwelle wird im Weißbuch bei ungefähr 20 % der Beteiligung vorgesehen, d. h., eine nackte Minderheitsbeteiligung kann erst bei einem Besitz von 20 % der Anteile zu wettbewerblichen Problemen führen, ansonsten ist ein Plus-Faktor wie nach § 37 Abs. 1 Nr. 4 erforderlich.

III. Chinesisches Recht

1. „Entscheidender Einfluss" nach Art. 20 Abs. 3 AMG[754]

Wenn eine Minderheitsbeteiligung die Kontrolle über andere Unternehmen erlangen kann, fällt die Minderheitsbeteiligung nach Art. 20 AMG unter die Fusionskontrolle. Die Frage lautet allerdings, ob eine nicht-kontrollierende Minderheitsbeteiligung Gegenstand der chinesischen Fusionskontrolle ist.

Art. 20 Abs. 3 AMG hat neben dem Kontrollerwerb einen anderen Begriff, den „entscheidenden Einfluss", vorgesehen. Ob die Kontrolle i. S. v. Art. 20 AMG als entscheidender Einfluss über Zielunternehmen bezeichnet werden kann oder der entscheidende Einfluss ein niedriges Aufgreifkriterium ist, geht aus dem Wortlaut des Anti-Monopol-Gesetzes von 2008 nicht eindeutig hervor. Einer Ansicht zufolge deute die Tatsache, dass der Gesetzgeber im Text des Art. 20

751 Thomas, EWeRK 3/2016, 174, 176; vgl. dazu auch Maier-Rigaud/Schwalbe/Forster, ZWeR 3/2016, 246, 247.

752 S. § 4 I. 2 e).

753 Thomas, EWeRK 3/2016, 174, 176.

754 Zum Thema vgl. Jin, Aufgreifkriterien in der Fusionskontrolle, S. 162 ff.

Abs. 3 das chinesische Wort „或者" (auf Deutsch: „oder“) zwischen „Kontrollerwerb“ und „entscheidendem Einfluss“ nutzt, darauf hin, dass damit zwei unterschiedliche Begriffe gemeint sind.[755] Allerdings unterstützt die Guideline 2014 diese Meinung nicht. Die Guideline 2014 fasst beide Begriffe unter dem Begriff „Kontrolle“ zusammen (Art. 3 der Guideline).[756] Die Guideline 2014 ist allerdings keine rechtsverbindliche Auslegung zum Art. 20 AMG, die Formulierung von Art. 3 der Guideline 2014 ist vielmehr dahingehend zu verstehen, dass der entscheidende Einfluss in der Praxis von MOFCOM derzeit nicht als niedrigeres Aufgreifkriterium verstanden wird. Das bedeutet, dass ein „entscheidender Einfluss“ zumindest in der aktuellen Praxis im Gegensatz zum „Kontrollerwerb“ kein mit § 37 Abs. 1 Nr. 4 GWB vergleichbares subsidiäres Kriterium ist.

Diese aktuelle praktische Behandlung in Bezug auf „Kontrollerwerb“ und „entscheidenden Einfluss“ bedeutet jedoch nicht, dass der „entscheidende Einfluss“ in Zukunft nicht offiziell als Aufgreifgrundlage für eine nicht-kontrollierende Minderheitsbeteiligung ausgelegt werden kann.

2. Erweiterung der Zuständigkeit von MOFCOM auf die nicht-kontrollierende Minderheitsbeteiligung?

Hinsichtlich der Frage, ob die Zuständigkeit von MOFCOM auf die nicht-kontrollierende Minderheitsbeteiligung erweitert werden soll, muss m. E. zuerst geklärt werden, ob das Aufgreifkriterium der chinesischen Fusionskontrolle nach Einführung eines niedrigeren Kriteriums noch ausreichende Rechtssicherheit garantieren kann.

Die Schwierigkeit der Gesetzgebung liegt bei der Einführung eines Aufgreifkriteriums für die nicht-kontrollierende Minderheitsbeteiligung in der Frage, wie ein angemessenes Aufgreifkriterium einzusetzen ist, welches sowohl die wettbewerbsrelevanten Fälle betreffen als auch zugleich eine Klarheit der Gesetzgebung und Rechtssicherheit sicherstellen kann. Würde die chinesische Fusionskontrolle ihre Zuständigkeit auf die nicht-kontrollierende Minderheitsbeteiligung erweitern, würde sich diese schwierige Frage des deutschen und europäischen Rechts auch dem chinesischen Gesetzgeber stellen.[757] Angesichts der aktuellen abstrakten Gesetzgebung des Aufgreifkriteriums der chinesischen Fusionskontrolle nach Art. 20 AMG ist so eine Erweiterung m. E. allerdings

---

755 吴振国/刘新宇 [WU, Zhengguo/LIU, Xinyu], „企业并购反垄断审查制度之理论与实践" [Theorie und Praxis der Fusionskontrolle bei M&A], S. 309.

756 Vgl. 承上 [CHENG, Shang], 《理论月刊》 [Theorie], 06/2016, S. 134, 137.

757 Vgl. dazu auch 承上 [CHENG, Shang], 《理论月刊》 [Theorie], 06/2016, S. 134, 136 ff.

nicht begrüßenswert. Eine ungelöste Schwierigkeit für Aufgreifkriterien der chinesischen Fusionskontrolle liegt darin, dass bis jetzt noch kein klares Kriterium existiert, mit dem gewürdigt werden kann, dass eine Minderheitsbeteiligung eine Kontrolle über Zielunternehmen begründet hat. Eine Erweiterung der Zuständigkeit von MOFCOM auf die nicht-kontrollierende Minderheitsbeteiligung ist deswegen m. E. nicht wünschenswert. Wenn der Gesetzgeber jetzt die Zuständigkeit zur Fusionskontrolle um die nicht-kontrollierende Minderheitsbeteiligung erweitert, können die formellen Aufgreifkriterien der chinesischen Fusionskontrolle durch das Hinzutreten eines niedrigen und unklaren Aufgreifkriteriums ins Leere laufen.

IV. Zusammenfassung

Eine nicht-kontrollierende Minderheitsbeteiligung kann einen wettbewerblich erheblichen Einfluss bewirken und wird infolgedessen als Gegenstand der deutschen Fusionskontrolle angenommen. In der europäischen Fusionskontrolle steht zur Diskussion, ob die Zuständigkeit der Kommission auf die nicht-kontrollierende Minderheitsbeteiligung erweitert werden soll.

Wenn ein Erwerber 25 % der Anteile oder Stimmrechte an einem anderen Unternehmen hält, liegt nach § 37 Abs. 1 Nr. 3 GWB ein Zusammenschluss vor, unabhängig davon, ob der Erwerber eine Kontrolle über das Zielunternehmen begründet hat. Darüber hinaus ist der Vorgang auch Gegenstand der deutschen Fusionskontrolle nach § 37 Abs. 1 Nr. 4, wenn der Erwerber trotz einer nicht-kontrollierenden Minderheitsbeteiligung einen wettbewerblich erheblichen Einfluss auf das Zielunternehmen ausüben kann. Mit der 6. GWB-Novelle wurde Nr. 4 in die präventive Kontrolle einbezogen.

Angesichts der Ökonomisierung der Fusionskontrolle ist hinsichtlich des Themas zu diskutieren, ob auch ein einseitiger/unilateraler Effekt durch eine nicht-kontrollierende Minderheitsbeteiligung der Gegenstand von Fusionskontrolle ist. Die Meinung des deutschen Schrifttums ist hierzu zurückhaltend. Wenn die europäische Fusionskontrolle auf einseitige Effekte einer nicht-kontrollierenden Minderheitsbeteiligung erweitert wird, wie es das Weißbuch der Kommission vorschlägt, kann auch eine nackte Minderheitsbeteiligung Gegenstand von Fusionskontrolle sein.

Die Schwierigkeit der Einführung einer Kontrolle über die nicht-kontrollierende Minderheitsbeteiligung liegt darin, wie ein Aufgreifkriterium auszustatten ist, damit einerseits die betreffenden Fälle aufgegriffen, andererseits Klarheit und Sicherheit des Gesetzes gewährleistet werden. Der Anwendungsbereich von § 37 Abs. 1 Nr. 4 GWB wird in der Praxis konkretisiert und beschränkt. Obwohl es keine Unterschwelle für die Beteiligung gibt, werden nur Minderheitsbeteiligungen erfasst, bei denen der Erwerber mithilfe von Plus-Faktoren dieselben Effekte wie bei einer 25-%-Beteiligung erzielen kann. Der wettbewerblich erhebliche Einfluss i. S. v. Nr. 4 muss mittels gesellschaftlicher Verbindung ermöglicht werden. Im Weißbuch der Kommission wird die nicht-kontrollierende Minderheitsbeteiligung ebenfalls nur auf Fälle mit wettbewerbsrelevanter Verbindung beschränkt. Wie die Rechtsfigur des Kontrollerwerbs ist das Aufgreifkriterium für die nicht-kontrollierende Minderheitsbeteiligung ein qualitatives Kriterium, womit eine Einzelfallprüfung erforderlich ist. Im Unterschied zum Kontrollerwerb zeigt das formelle Aufgreifkriterium der nicht-kontrollierenden Minderheitsbeteiligung eine „stärkere Präjudiz-Wirkung" für die materielle Prüfung.[758]

Die nicht-kontrollierende Minderheitsbeteiligung ist nach der praktischen Behandlung von MOFCOM kein Gegenstand der chinesischen Fusionskontrolle. Eine Diskussion über nicht-kontrollierende Minderheitsbeteiligung in der chinesischen Fusionskontrolle ist sinnvoll. Im Hinblick auf die Rechtssicherheit ist eine Erweiterung m. E. allerdings nicht wünschenswert, weil das Aufgreifkriterium der chinesischen Fusionskontrolle von Art. 20 AMG durch die Einführung eines niedrigen Aufgreifkriteriums noch unklarer werden könnte.

758 Ruppelt, in: Langen/Bunte, Kartellrecht Bd. 1, 11. Aufl., § 37 GWB Rn. 53.

§ 5 Die Erweiterung der Zuständigkeit der Fusionskontrolle auf dem Bereich der Digitalwirtschaft

I. Die Erweiterung der Zuständigkeit der deutschen Fusionskontrolle durch die 9. GWB-Novelle

1. Die 9. GWB-Novelle

Das Bundesministerium für Wirtschaft und Energie hat am 1. Juli 2016 einen Referentenentwurf über das Neunte Gesetz zur Änderung des Gesetzes gegen Wettbewerbsbeschränkungen (9. GWB-ÄndG) veröffentlicht.[759] Im November 2016 wurde der Gesetzentwurf veröffentlicht.[760] Ein ausschlaggebender Grund für die Änderung war die zunehmende Digitalisierung der Wirtschaft, die eine Anpassung des GWB erforderlich machte.[761] Die Fusionskontrolle ist einer der Gegenstände der Gesetzesänderung.

Die wesentliche Änderung der Fusionskontrolle betrifft folgende Punkte: Auch wenn ein beteiligtes Unternehmen keine Umsatzerlöse erzielt hat, kann die Transaktion in den Anwendungsbereich der Fusionskontrolle einbezogen werden, wenn sie die Aufgreifschwelle des neuen § 35 Abs. 1(a) erfüllt. Nach dem Gesetzentwurf der 9. Novelle liegt ein Zusammenschluss vor, wenn das im Inland tätige Unternehmen, an dessen Vermögen Eigentumsrechte erworben werden, noch keine Umsatzerlöse erzielt hat; die Änderung setzt somit nicht voraus, dass erworbenes Vermögen mit einem Marktanteil verbunden sein muss.[762] Die Änderung erfasst somit folgende Konstellationen: den Erwerb von Schutzrechten und von Patent-Portfolien ohne Marktanteile.[763] Außerdem gilt die Fusionskontrolle auch für den Kontrollerwerb, wenn das im Inland tätige Unternehmen, dessen Vermögen erworben wird, noch keine Umsatzerlöse

759 Dazu: Bechtold, NZKart 8/2016, S. 391.

760 RegE, 9. GWB-Novelle, BT-Drucks. 18/10207.

761 RegE, 9. GWB-Novelle, BT-Drucks. 18/10207, S. 1, 36; ausführlicher zur Besonderheit der Digitalwirtschaft: Körber, WuW 2015, 120, 121 ff.; Nuys, WuW 2016, S. 512; Pohlmann, WuW 2016, S. 563.

762 RegE, 9. GWB-Novelle, BT-Drucks. 18/10207, S. 23.

763 RegE, 9. GWB-Novelle, BT-Drucks. 18/10207, S. 76.

erzielt hat.[764] Entsprechend wurde die Umsatzschwelle zur Fusionskontrolle durch § 35 GWB geändert. Nach § 35 Abs. 1 wurde der neue Absatz 1a eingefügt:

„(1a) Die Vorschriften über die Zusammenschlusskontrolle finden auch Anwendung, wenn

1. die Voraussetzungen von Abs. 1 Nummer 1 erfüllt sind,
2. mindestens ein beteiligtes Unternehmen im letzten Geschäftsjahr vor dem Zusammenschluss im Inland Umsatzerlöse von mehr als 25 Millionen Euro, aber kein anderes beteiligtes Unternehmen im Inland Umsatzerlöse von mehr als 5 Millionen Euro erzielt hat,
3. der Wert der Gegenleistung für den Zusammenschluss mehr als 400 Millionen Euro beträgt und
4. das zu erwerbende Unternehmen nach Nummer 2 in erheblichem Umfang im Inland tätig ist."[765]

Die Gegenleistung ist nach dem Gesetzentwurf der 9. Novelle als Aufgreifschwelle eingeführt. Diese Änderung entspricht dem Vorschlag der Monopolkommission.[766] Mit Rücksicht auf die Umsatzschwelle von Nr. 1 und 2 werden nur Fälle erfasst, in denen mindestens ein beteiligtes Unternehmen bereits ein großes Unternehmen mit weltweitem Umsatz ist und der Vorgang eine Bedeutung für den deutschen Markt hat.[767] Die Überschrift von § 38 wurde in „Berechnung der Umsatzerlöse, der Marktanteile und des Wertes der Gegenleistung" geändert.[768] Nach dem neu eingefügten § 38 Abs. 4(a) umfasst der Begriff „Gegenleistung" von § 35 Absatz 1a:

„1. alle Vermögensgegenstände und sonstigen geldwerten Leistungen, die der Veräußerer vom Erwerber im Zusammenhang mit dem Zusammenschluss nach § 37 Absatz 1 erhält, (Kaufpreis), und

2. den Wert etwaiger vom Erwerber übernommener Verbindlichkeiten."[769]

---

764 RegE, 9. GWB-Novelle, BT-Drucks. 18/10207, S. 23.

765 RegE, 9. GWB-Novelle, BT-Drucks. 18/10207, S. 22 f.; Der RefE formuliert dies dahingehend, dass mindestens eines der anderen Unternehmen im Inland tätig ist oder voraussichtlich tätig werden wird.

766 RegE, 9. GWB-Novelle, BT-Drucks. 18/10207, S. 72; Monopolkommission, Sondergutachten 68, 2015, BT-Drucks. 18/5080, Tz. 460 f.; Podszun/Schwalbe, NZKart 3/2017, S. 98, 103; Zimmer, in: WuW 2014, 923; Körber, WuW 2015, 120, 128; Pohlmann/Wismann, NZKart 12/2016, S. 555, 559.

767 RegE, 9. GWB-Novelle, BT-Drucks. 18/10207, S. 72.

768 RegE, 9. GWB-Novelle, BT-Drucks. 18/10207, S. 23.

769 RegE, 9. GWB-Novelle, BT-Drucks. 18/10207, S. 23.

Im besonderen Teil erklärt der Entwurf ausführlich die Berechnung der Gegenleistung des neuen § 38 GWB. Wie schon im Wortlaut ausdrücklich geregelt, schließt die „Gegenleistung“ alle Vermögensgegenstände und sonstigen geldwerten Leistungen ein. Die vom Erwerber übernommenen Verbindlichkeiten, welche üblicherweise vom Kaufpreis abgesetzt werden, weil nach der Erwägung des Gesetzgebers der Kaufpreis darauf hinweise, dass sich die Transaktion für den Erwerber um so viel lohnt, stellen ebenfalls eine Gegenleistung dar.[770] Der Begriff des Vermögens ist wie im Handelsrecht weit zu verstehen.[771] Er umfasst beispielsweise Geldzahlungen, Geldzahlungen, die Übertragung von Stimmrechten, Wertpapiere, Sachanlagen und immaterielle Vermögensgegenstände.[772] Beim M&A entspricht der Wert der Gegenleistung normalerweise dem Kaufpreis.[773] Obligatorische Bedingungen wie die „earn out“-Klausel sowie andere Vereinbarungen werden in der Praxis auch zusammengerechnet.[774]

Im Entwurf der 9. GWB-Novelle wird eine Vorschrift – § 43 a – über die Evaluierung des neuen Kriteriums vorgesehen.[775] Drei Jahre nach Inkrafttreten der Vorschrift sollen die gesetzgebenden Körperschaften über die Erfahrung mit § 35 Abs. 1a, § 37 Abs. 1 Nr. 1 und § 38 Abs. 4a berichten.[776]

Die Ausweitung der Fusionskontrolle auf die Übernahme von Start-up-Unternehmen stellt nach der Meinung von Kritikern die Einführung eines neuen „Anti-Exit-Gesetzes“ dar.[777] Sie beanstanden, dass die Novelle eine neue Hürde für Startups aufbauen und deshalb ihre Entwicklung in Deutschland erschweren würde.[778] Eine Investition von CV oder anderen Investoren an einem Startup

---

770 RegE, 9. GWB-Novelle, BT-Drucks. 18/10207, S. 77.

771 RegE, 9. GWB-Novelle, BT-Drucks. 18/10207, S. 77.

772 RegE, 9. GWB-Novelle, BT-Drucks. 18/10207, S. 77.

773 RegE, 9. GWB-Novelle, BT-Drucks. 18/10207, S. 77.

774 RegE, 9. GWB-Novelle, BT-Drucks. 18/10207, S. 77.

775 RegE, 9. GWB-Novelle, BT-Drucks. 18/10207, S. 24.

776 RegE, 9. GWB-Novelle, BT-Drucks. 18/10207, S. 24.

777 Wirminghaus, Die Bundesregierung plant tatsächlich eine Startup-Fusionskontrolle, 27.1.2016, Beitrag online unter: https://www.gruenderszene.de/allgemein/jahreswirtschaftsbericht-fusionskontrolle (zuletzt aufgerufen am 12.11.2017).

778 Wirminghaus, Die Bundesregierung plant tatsächlich eine Startup-Fusionskontrolle, 27.1.2016, Beitrag online unter: https://www.gruenderszene.de/allgemein/jahreswirtschaftsbericht-fusionskontrolle; Wirminghaus, Dieser neue Vorschlag aus der Bundesregierung erzürnt die Startup-Verbände, 13.1.2016, Beitrag online unter: https://www.gruenderszene.de/allgemein/fusionskontrolle-gabriel-kritik; Nöll, Fusionskontrolle für Startups: Wie die Bundesregierung der Gründerszene einen Bärendienst erweist, 31.8.2016, Beitrag online unter: http://t3n.de/news/baerendienst-fusionskontrolle-740827/ (zuletzt aufgerufen am 12.11.2017).

kann nun der Fusionskontrolle unterfallen und eine Genehmigung seitens des Kartellamts benötigen, wenn die Transaktion eine Voraussetzung von § 37 GWB erfüllt, z. B. die Übergabe einer Minderheitsbeteiligung von 25 % von dem Gründer an die Investoren.[779] Nach Meinung des Gesetzgebers bedingt die Aufgreifschwelle von 400 Millionen Euro einen Ausgleich des Wettbewerbs am Markt sowie eine Innovationsförderung.[780] Eine Meinung im Schrifttum befürwortet, dass die Novellierung nur eine Kontrollmöglichkeit für neue Geschäftsmodelle bieten solle, dies bedeute nicht zwingend, dass die betroffenen Fälle untersagt würden.[781]

2. Die Gegenleistung als neu eingeführtes Aufgreifkriterium

Das Ziel der 9. GWB-Novelle liegt darin ist es, eine wirksame und sicherere Fusionskontrolle zu schaffen, die zu den neuen internet- und datenbasierten Geschäftsmodellen und dem Markt passt.[782] Ein Markt liegt auch vor, wenn eine Leistung unentgeltlich ist (§ 18 Absatz 2(a)), das alte Aufgreifkriterium der Umsatzschwelle kann diesen Fall aber nicht erfassen.[783] Zum Beispiel kann eine Übernahme eines Startups, das keinen oder nur einen geringen Umsatz generiert, dennoch wettbewerblich relevant sein.[784] Die Geschäftsideen des Startups können ein hohes Marktpotenzial innehaben und somit einen wichtigen Beitrag hinsichtlich der Marktbeherrschung oder eine erhebliche Behinderung eines wirksamen Wettbewerbs des Erwerbers bedingen.[785]

---

779 Siegel/Saueracker/Beder, VC-Transaktionen und Fusionskontrolle: Was müssen Start-ups beachten?, 25.1.2017, Beitrag online unter: http://www.roedl.de/themen/start-up-finanzierung/vc-transaktionen-und-fusionskontrolle(zuletzt aufgerufen am 12.11.2017); Raue LLP (Kanzlei), Update: Fusionskontrolle für Startups?, 16.3.2016, Beitrag online unter: https://raue.com/2016/03/16/anti-exit-gesetz-fusionskontrolle-fuer-startups/ (zuletzt aufgerufen am 12.11.2017).

780 RegE, 9. GWB-Novelle, BT-Drucks. 18/10207, S. 73.

781 Podszun/Schwalbe, NZKart 3/2017, S. 98, 105.

782 Begr.RegE, 9. GWB-Novelle, BT-Drucks. 18/10207, S. 38 f.; ausführlich vgl. Mundt, WUW, 06/2016, S. 269.

783 Begr.RegE, 9. GWB-Novelle, BT-Drucks. 18/10207, S. 39.

784 Begr.RegE, 9. GWB-Novelle, BT-Drucks. 18/10207, S. 39.

785 Vgl. Begr.RegE, 9. GWB-Novelle, BT-Drucks. 18/10207, S. 39; zur Bedeutung von Daten für Marktmacht eingehend Nuys, WuW, 11/2016, S. 512. Daten oder „Big Date" ist das wichtigste Merkmal der neuen Digitalwirtschaft. Im Schrifttum wird die Bedeutung von Daten für das Kartellrecht rege diskutiert, insbesondere die Beziehung zwischen Daten eines digitalen Unternehmens und der Begründung einer Marktmacht. Nach der Meinung im Schrifttum begründet die Datenbank eines Unternehmens nicht

Bei der Gegenleistung als neu eingefügter Aufgreifschwelle ist der Gesetzgeber der Meinung, dass eine hohe Gegenleistung, z. B. über 400 Millionen Euro gemäß § 35 Abs. 1a Nr. 3, ein Indiz dafür ist, dass der Erwerb eine vorhandene Marktbedeutung aufweist und infolgedessen ein externes Wachstum betreibt.[786]

Nach einer Meinung im Schrifttum werden aber nicht alle kontrollbedürftigen Fälle von der Gesetzesänderung erfasst, wenn sich der Gesetzgeber an der Annahme orientiert, dass die Höhe des Umsatzes nicht immer mit der wettbewerblichen Erheblichkeit einer Transaktion im Einklang steht.[787] Das Beispiel von Facebook/WhatsApp zeige, dass auch kleine erworbene Unternehmen wettbewerblich bedeutend sein können. Denkbar sind noch zwei zweitere Konstellationen, bei denen der Kaufpreis der Transaktion die Schwelle von 400 Mio. Euro überschreiten kann, ohne die Umsatzschwelle zu erreichen: Eine Transaktion, die nicht im Bereich Digitalwirtschaft stattfindet, kann ebenfalls die Voraussetzungen erfüllen.[788] Die andere Möglichkeit ist, dass der Erwerber und das Zielunternehmen die zwei größten Anbieter in einem Digitalmarkt mit Wachstumspotenzial sind.[789]

Zudem ist das eingeführte Kriterium „Gegenleistung" in seiner aktuellen Formulierung nicht unproblematisch.[790] Erstens ist die Schwelle von 400 Mio. Euro willkürlich, es gibt keine Begründung, warum gerade diese Höhe angesetzt wird.[791] Zweitens ist das Kriterium „Wert der Gegenleistung" recht unklar formuliert.[792] Wenn in einem Fall die Preisgestaltung kompliziert ist, wie z. B. aufgrund einer „earn-out"-Klausel oder alternativen Zahlungsweise, kann der Wert der Gegenleistung nicht einfach bestimmt werden.[793] Der Formulierung und

---

direkt und unbedingt eine Marktmacht, es kommt auf eine gesamte Einzelfallprüfung unter Berücksichtigung folgender Elemente an: 1) die Datenmenge, Datenqualität und Datenverfügbarkeit, 2) die Analysefähigkeiten und Monetarisierungsmöglichkeiten des Unternehmens hinsichtlich der gesammelten Daten.

786 RegE, 9 GWB-Novelle, BT-Drucks. 18/10207, S. 39 u.73. Als Aufgreifkriterium sollten die Rechtssicherheit und Handhabbarkeit in Betracht gezogen werden, welche die Vorteile der traditionalen Umsatzschwelle sind: vgl. Kadar, ZWeR 4/2015, S. 342, 356.

787 Vgl. Pohlmann/Wismann, NZKart 12/2016, S. 555, 561.

788 Vgl. Pohlmann/Wismann, NZKart 12/2016, S. 555, 561.

789 Pohlmann/Wismann, NZKart 12/2016, S. 555, 561; die zweite Konstellation ist der Fall im chinesischen Markt.

790 Podszun/Schwalbe, NZKart 3/2017, S. 98, 104.

791 Podszun/Schwalbe, NZKart 3/2017, S. 98, 104; dagegen vgl. RegE, 9 GWB-Novelle BT-Drucks. 18/10207, S. 73 f.

792 Podszun/Schwalbe, NZKart 3/2017, S. 98, 104.

793 Podszun/Schwalbe, NZKart 3/2017, S. 98, 106; vgl. Werner, DStR 2012, 1662; bitkom, Stellungnahme Referentenentwurf GWB-Novelle, S. 7.

Erklärung des Gesetzentwurfs nach ist der Gesetzgeber m. E. der Meinung, dass eine exakte objektive Wertbestimmung für die Anmeldung nicht so wichtig wäre, bedeutend ist die Einschätzung des Wertes der Transaktion durch den Erwerber.[794] Hierzu wird im Schrifttum vorgeschlagen, dass es für eine Anmeldung ausreichen soll, wenn der Preis die Schwelle überschritten hat, da eine Offenlegung des genauen Kaufpreises für Unternehmen unangenehm sein könne.[795]

Eine andere wichtige Frage in Hinsicht auf das neue Aufgreifkriterium lautet, wie damit auf die Fälle mit Inlandswirkung abgezielt werden kann, weil nur die Fälle mit „local nexus" erfasst werden sollen.[796] Im Gesetzentwurf der 9. Novelle hat der Gesetzgeber das quantitative Kriterium „in erheblichem Umfang im Inland" eingeführt.[797] Der neuen Schwelle kann es bei der Durchsetzung an Rechtssicherheit fehlen.[798] Im Einzelfall kann das Kriterium auch dahingehend problematisch sein, dass die Transaktion nach dem neuen Kriterium auch dann aufgegriffen wird, wenn die Unternehmen in Deutschland keine Niederlassung haben und die Nutzerzahl eines APP in Deutschland keinen großen Anteil weltweit ausmacht.[799]

II. Die Zuständigkeit der chinesischen Fusionskontrolle auf den Bereich der Digitalwirtschaft

Die schnelle Entwicklung des Internets und internetbasierte Geschäftemodelle sind ein sehr aktuelles Thema in China. Internetbasierte Dienstleistungen haben in den letzten Jahren stark zugenommen und sind weit verbreitet. Die Digitalisierung der Wirtschaft und die neuen Herausforderungen für das Kartellrecht fallen dabei weltweit ähnlich aus.[800] Ob und wie eine Transaktion im Bereich der Digitalwirtschaft in die Fusionskontrolle aufgenommen wird, ist auch eine aktuelle und praktische Frage der chinesischen Fusionskontrolle. Die Ausgangsfälle diesbezüglich sind der Zusammenschluss von DiDi und Kuaidi 2015 und der Fall von DiDi und Uber China 2016.

---

794 Vgl. RegE, 9. GWB-Novelle, BT-Drucks. 18/10207, S. 78.

795 Vgl. Podszun/Schwalbe, NZKart 3/2017, S. 98, 104.

796 RegE, 9. GWB-Novelle, BT-Drucks. 18/10207, S. 74; Pohlmann/Wismann, NZKart 12/2016, S. 555, 560, 561; vgl. Kadar, ZWeR 4/2015, S. 342, 357.

797 RegE, 9. GWB-Novelle, BT-Drucks. 18/10207, S. 75; Pohlmann/Wismann, NZKart 12/2016, S. 555, 560, 561.

798 Vgl. Pohlmann/Wismann, NZKart 12/2016, S. 555, 563.

799 Der Fall WhatsApp als Beispiel: Podszun/Schwalbe, NZKart 3/2017, S. 98, 104.

800 Vgl. Podszun, ZWeR 2016, S. 360, 364 ff.

1. Ausgangsfälle

a) Die beteiligten Unternehmen

Die zwei Fälle, nämlich die Zusammenschlüsse von DiDi mit Kuaidi und DiDi mit Uber China, betreffen hauptsächlich drei Unternehmen.

DiDi[801]:

DiDi ist ein Technik-Unternehmen, das im Jahr 2012 unter dem Namen „Xiaoju Technik" in Beijing gegründet wurde und ein APP mit der Dienstleistung, Taxis online zu bestellen, veröffentlichte. Im Jahr 2014 hat DiDi eine neue Dienstleistung eingeführt, nun können neben Taxis auch Sonderzüge mit der APP bestellt werden. Das Unternehmen hat seinen Namen im selben Jahr offiziell in DiDi geändert. 2015 hat DiDi seine Dienstleistungen weiter ausgeweitet und im Februar mit seinem Wettbewerber Kuaidi fusioniert. Nach dem Zusammenschluss ist DiDi ein Unternehmen mit führender „One-stop-shop-Plattform", die verschiedene Dienstleistungen in Bezug auf Personenbeförderung in der Stadt anbietet und über ein Netzwerk in über 400 Städten in China verfügt. Gemäß den Daten Dritter besitzt DiDi einen Marktanteil von 87 % am Markt für die Sonderzug-Bestellung und von über 99 % für die Taxi-Bestellung online.[802] Im Jahr 2015 hat DiDi insgesamt Bestellungen in Höhe von 1,43 Milliarden RMB erledigt und ist aktuell die zweitgrößte Plattform mit Online-Geschäft der Welt.[803]

Kuaidi[804]:

Kuaidi ist ein Wettbewerber von DiDi, der ebenfalls 2012 gegründet wurde und ein APP zur Taxi-Bestellung anbietet. Im Jahr 2014 hat Kuaidi seine Dienstleistungen von der APP-Plattform auf die Sonderzug-Bestellung ausgeweitet. Kuaidi fusionierte 2015 mit DiDi. Nach dem Zusammenschluss ist das neue Unternehmen in DiDi umbenannt worden.

---

801 Die Bezeichnung auf Chinesisch ist 滴滴, die Informationen über die Unternehmen stammen von der Homepage von DiDi: http://www.xiaojukeji.com/website/about.html (zuletzt aufgerufen am 12.11.2017).

802 S. Homepage von DiDi: http://www.xiaojukeji.com/website/about.html (zuletzt aufgerufen am 12.11.2017).

803 S. Homepage von DiDi: http://www.xiaojukeji.com/website/about.html (zuletzt aufgerufen am 12.11.2017).

804 Die Bezeichnung auf Chinesisch ist快的, die Informationen über die Unternehmen stammen von der Homepage von DiDi: http://www.kuaidadi.com/index/about.html (zuletzt aufgerufen am 12.11.2017).

Uber China[805]:

Uber China ist ein Unternehmen des amerikanischen Uber-Technik-Unternehmens. Das Unternehmen besitzt ein APP zur Online-Bestellung von Autos, welches als Dienstleistung in über 60 chinesischen Städten benutzt werden kann.

b) Der Fall DiDi/Kuaidi

Gemäß einem Bericht[806] aus dem Jahr 2014 tätigte Kuaidi vor dem Zusammenschluss 56,6 % aller Bestellungen am Markt, während DiDi über 43,3 % Marktanteil verfügte; das APP von Kuaidi bot seine Dienstleistung in 360 Städten in China an, das von DiDi in 300 Städten. Die starke horizontale Wettbewerber DiDi und Kuadi gaben am 14. Februar 2015 bekannt, dass sie miteinander fusioniert haben. Der Zusammenschluss erfolgte durch einen Aktientausch.[807] Das neue Unternehmen ist mit CO-CEO aufgebaut, die Gründer von Kuaidi und DiDi haben je einen Sitz als CEO inne.[808] Der Wert des neuen fusionierten Unternehmens beträgt nach einer Bewertung sechs Milliarden USD, das Unternehmen besitzt einen Marktanteil von fast 100 %.[809] Aus allen veröffentlichten Informationen geht nicht hervor, wie hoch die Umsätze der beiden Unternehmen ausfielen und ob die Umsätze die Schwelle der chinesischen Fusionskontrolle erreicht haben.

---

805 Die Informationen stammen von http://baike.baidu.com/subview/1031224/14774764.htm (zuletzt aufgerufen am 12.11.2017).

806 Zum chinesischen Taxi APP Markt im vierten Quartal 2014 s. O.V.: „易观国际：快的打车Q4市场份额达56.5%“ [Analyse International: Der Marktanteil von Kuaidi erreicht 56,5 %], 2.2.2015, Beitrag online unter: http://www.techweb.com.cn/internet/2015-02-02/2121333.shtml (zuletzt aufgerufen am 12.11.2017).

807 穆媛媛[MU, Yuanyuan], „滴滴快的合并：情人节的甜蜜难掩未来痛苦“ [Die Fusion von DiDi und Kuaidi: Die Süße des Valentinstags kann zukünftige Schmerzen nicht ausgleichen], Beitrag online unter: http://tech.sina.com.cn/i/2015-02-14/doc-iawzuney0098850.shtml (zuletzt aufgerufen am 12.11.2017).

808 Die Informationen stammen von: http://tech.sina.com.cn/z/didikuaidi/ (zuletzt aufgerufen am 12.11.2017).

809 扬子[YANG, Zi], „争论滴滴快的合并：多专家认为涉嫌垄断应审批“ [Streit zur Fusion von DiDi und Kuaidi: Experten zufolge ist eine Anmeldung zur Fusionskontrolle erforderlich], 16.2.2015, Beitrag online unter: http://tech.sina.com.cn/i/2015-02-16/doc-iawzuney0136081.shtml (zuletzt aufgerufen am 12.11.2017).

c) Der Fall DiDi/Uber China

aa. Der Zusammenschluss

Im August 2016 haben sich DiDi und Uber China zusammengeschlossen. DiDi übernimmt nach dem Zusammenschluss die Marken, Dienstleistungen, Daten und alle Vermögenswerte von Uber China. Nach der Vereinbarung führen DiDi und Uber eine wechselseitige Minderheitsbeteiligung durch. Uber beteiligt sich nach dem Zusammenschluss mit 5,98 % der Stimmrechte an Didi, was jedoch einem ökonomischen Interesse von 17,7 % entspricht.[810] DiDi hat nicht bekannt gemacht, über wie viele Stimmrechte es an Uber verfügt. Laut einer Bewertung erreichte der Wert von DiDi damals 28 Milliarden USD und der von Uber China 7 Milliarden USD, so dass das neue fusionierte Unternehmen insgesamt 35 Milliarden USD wert sein dürfte.[811] Der Gründer, zugleich Vorstandsvorsitzender von DiDi, ist dem Global Board von Uber beigetreten, gleichzeitig hat der Gründer von Uber einen Sitz als Mitglied des Vorstandes von DiDi bekommen.[812] Die Geschäftstätigkeiten von DiDi und Uber China bleiben dennoch unabhängig, d. h., die Marken von Uber existieren am chinesischen Markt weiter und die Kunden können auch weiterhin mit der Uber APP Autos bestellen.[813]

bb. Der Umsatz in dem Fall

Es gibt in dem Fall keine offiziellen Informationen über die Umsätze der beteiligten Unternehmen. Die offizielle Aussage von DiDi und Uber China lautet, dass

---

810 O.V. „滴滴出行宣布收购优步中国全部资产 加快国际化步伐“ [DiDi beschleunigt seine Internationalisierung durch den Erwerb den Vermögenswert von Uber China], 01.08.2016, Beitrag online unter: http://tech.sina.com.cn/2016-08-01/doc-ifxunyxy6208765.shtml (zuletzt aufgerufen am 12.11.2017).

811 老高 [Lao, Gao], „柳家姐妹终于走到一起！滴滴、Uber联姻，机构幕后推手，最大受益者是谁？“ [Die Schwestern von LIU sind endlich zusammen – die Fusion von DiDi und Kuaidi: Wer steckt dahinter und wer ist der Gewinner?], 01.08.2016, Beitrag online unter: http://www.investorscn.com/2016/08/01/11318/ (zuletzt aufgerufen am 12.11.2017).

812 温婧 [WEN, Jing], „滴滴吞掉优步中国涉嫌垄断？滴滴优步神州背后都是柳家人“ [Verletzt der Erwerb von Uber China durch Didi das Anti-Monopol-Gesetz? Die Familie LIU steht hinter DiDi und Uber China], 02.08.2016, Beitrag online unter: http://m.haiwainet.cn/middle/352345/2016/0802/content_30147570_1.html. (zuletzt aufgerufen am 12.11.2017).

813 温婧 [WEN, Jing], „滴滴吞掉优步中国涉嫌垄断？滴滴优步神州背后都是柳家人“ [Verletzt der Erwerb von Uber China durch Didi das Anti-Monopol-Gesetz? Die Familie LIU steht hinter DiDi und Uber China], 02.08.2016, Beitrag online

sie beide noch keinen Gewinn erzielt haben.[814] Einem Artikel zufolge lag das Nettoeinkommen von DiDi 2015 über sechs Milliarden RMB, während das Einkommen von Uber China die Grenze von 400 Millionen RMB nicht erreichte.[815] Eine andere in diesem Artikel zitierte Quelle besagt jedoch, dass Uber China im Jahr 2016 ein voraussichtliches Nettoeinkommen von 256 Millionen USD erreichen kann, während im Jahr 2015 nur ein negatives Ergebnis zustande kam.[816]

cc. Marktanteil

Laut eines Berichts[817] zur Online-Bestellung des Sonderzugs aus dem ersten Quartal 2016 besaß DiDi zum damaligen Zeitpunkt einen Marktanteil von 85,3 %, gefolgt von Uber China mit einem Anteil von 7,8 %. Nach dem Zusammenschluss haben DiDi und Uber China somit einen sehr hohen Marktanteil von insgesamt 93,1 % inne.[818] Ein anderer Bericht rechnet aufgrund der aktiven Benutzer damit, dass DiDi hinsichtlich der Online-Bestellung des Sonderzugs 70 % und Uber China 17 % der Marktanteile besitzt.[819] Die zwei Unternehmen kommen auch hier auf einen Marktanteil von über 90 %.

---

unter: http://m.haiwainet.cn/middle/352345/2016/0802/content_30147570_1.html. (zuletzt aufgerufen am 12.11.2017).

814 O.V., „商务部对滴滴优步合并进行反垄断调查 结果会如何“ [Was wäre, würde MOFCOM eine Zuständigkeit für die Fusion von DiDi und Uber China aufweisen?], 3.9.2016, Beitrag online unter: http://news.sohu.com/20160903/n467499505.shtml (zuletzt aufgerufen am 12.11.2017).

815 O.V.: „滴滴收购Uber中国会构成垄断吗?“ [Zur Frage, ob der Erwerb von Uber China durch DiDi Gegenstand des Anti-Monopol-Gesetzes ist], 01.08.2016, Beitrag online unter: https://www.huxiu.com/article/158510.html (zuletzt aufgerufen am 12.11.2017).

816 O.V.: „滴滴收购Uber中国会构成垄断吗?“ [Zur Frage, ob der Erwerb von Uber China durch DiDi Gegenstand des Anti-Monopol-Gesetzes ist], 01.08.2016, Beitrag online unter: https://www.huxiu.com/article/158510.html (zuletzt aufgerufen am 12.11.2017).

817 Der Bericht über die Bestellung des Sonderzugs am chinesischen Markt aus dem ersten Quartal 2016 ist verfügbar unter: http://www.jiemian.com/article/634436.html (zuletzt aufgerufen am 12.11.2017).

818 郭丽琴 [GUO, Liqin], „商务部罕见三度回应滴滴优步合并 措辞逐步细化且深入“ [MOFCOM antwortet zur Frage der Fusion von DiDi und Uber China dreimal], 05.09.2016, Beitrag online unter: http://finance.sina.com.cn/chanjing/gsnews/2016-09-05/doc-ifxvqcts9468760.shtml (zuletzt aufgerufen am 12.11.2017).

819 安妮 / 张俊 [AN, Ni/ZHANG, Jun], „商务部: 暂未收到滴滴和优步中国合并申报不申报难往下走“ [MOFCOM hat keine Anmeldung zur Fusionskontrolle von DiDi

dd. Die Aktionärsstruktur von DiDi

Die Aktionärsstruktur von DiDi ist kompliziert. Vor dem Zusammenschluss mit Uber China wurde bereits mehrfach durch unterschiedliche Investoren in DiDi investiert.[820] Uber erhielt in der Transaktion nur 5,89 % der Aktien, während damit ein wirtschaftliches Interesse in Höhe von 17,7 % entstand.[821] Die Informationen aus dem Handelsregister legen es nahe, dass DiDi mit VIE-Struktur aufgebaut wurde, die eine für chinesische Internet-Unternehmen übliche Struktur ist.[822] Hinter dem tatsächlichen Betrieb Xiaoju Technology Ltd. in Beijing, der als erstes Unternehmen eingerichtet wurde, steht eine Unternehmensgruppe.[823] DiDi hat auf den Cayman Islands zwei Holdingunternehmen mit den Namen „Xiaoju Science Technology Limited" und „Xiaoju Kuaizhi Inc." eingerichtet, zweiteres könnte als Mantelgesellschaft für zukünftige IPO vorbereitet werden.[824] Darüber hinaus hat es ein anderes Offshore-Unternehmen namens „Cheering Venture Global Limited" auf den

und Uber China erhalten – ohne Anmeldung wird der Vorgang schwer zu vollziehen sein], 2.8.2016, Beitrag online unter: http://tech.sina.com.cn/i/2016-08-02/doc-ifxunyxy6278961.shtml (zuletzt aufgerufen am 12.11.2017).

820 温婧 [WEN, Jing], „滴滴优步合并带来滴滴股权疑云：VIE结构为海外上市？" [Die Fusion von DiDi und Uber China: VIE Struktur für IPO im Ausland vorbereitet?], 15.8.2016, Beitrag online unter: http://news.xinhuanet.com/2016-08/15/c_129229639.htm (zuletzt aufgerufen am 12.11.2017).

821 O.V., „滴滴出行宣布收购优步中国全部资产 加快国际化步伐" [DiDi beschleunigt seine Internationalisierung durch den Erwerb den Vermögenswert von Uber China], 1.8.2016, Beitrag online unter: http://tech.sina.com.cn/2016-08-01/doc-ifxunyxy6208765.shtml (zuletzt aufgerufen am 12.11.2017).

822 温婧 [WEN, Jing], „滴滴优步合并带来滴滴股权疑云：VIE结构为海外上市？" [Die Fusion von DiDi und Uber China: VIE Struktur für IPO im Ausland vorbereitet?], 15.8.2016, Beitrag online unter: https://www.sohu.com/a/110494323_381579. s. zudem die Bekanntmachung der Informationen der Unternehmen, verfügbar unter: http://gsxt.saic.gov.cn/(zuletzt aufgerufen am 12.11.2017).

823 温婧 [WEN, Jing], „滴滴优步合并带来滴滴股权疑云：VIE结构为海外上市？" [Die Fusion von DiDi und Uber China: VIE Struktur für IPO im Ausland vorbereitet?], 15.8.2016, Beitrag online unter: https://www.sohu.com/a/110494323_381579. (zuletzt aufgerufen am 12.11.2017).

824 温婧 [WEN, Jing], „滴滴优步合并带来滴滴股权疑云：VIE结构为海外上市？" [Die Fusion von DiDi und Uber China: VIE Struktur für IPO im Ausland vorbereitet?], 15.8.2016, Beitrag online unter: https://www.sohu.com/a/110494323_381579. (zuletzt aufgerufen am 12.11.2017).

British Virgin Islands.[825] Xiaoju Science Technology Limited verfügt über eine 100-%-Tochtergesellschaft, die „Xiaoju Science Technology Limited Hong Kong"; während Cheering Venture Global Limited die 100-%-Tochtergesellschaft „DiDi (China) Technology Ltd." in Hong Kong besitzt. Beide Hong-Kong-Unternehmen haben als WFOE weitere Unternehmen auf dem Festland China eingerichtet, wie z. B. DiDi Wuxian und DiDi China.[826] Die Hong-Kong-Unternehmen (WFOE) schließen VIE-Vereinbarungen mit dem tatsächlichen Betrieb Xiaoju Technology in Beijing ab, so dass die Offshore-Unternehmen den tatsächlichen Betrieb finanzieren und der Betrieb im Gegenzug die Gewinne letztlich den Offshore-Unternehmen zurechnet, als Garantie hat der Betrieb seine Aktien verpfändet.[827]

2. Zuständigkeit der Fusionskontrolle für die Fälle?

Es stellt sich die Frage, ob die zwei Fälle unter die chinesische Fusionskontrolle fallen können und sollen. Die beteiligten Unternehmen sind in den Fällen Wettbewerber auf dem gleichen Markt. Es wird befürchtet, dass die beteiligten Unternehmen nach dem Zusammenschluss ihre marktbeherrschende Stellung ausbauen und ein Missbrauch der herrschenden Stellung erfolgen könnte. Im Fall „DiDi/Kuadi" hat ein anderer Wettbewerber, Yidao, MOFCOM darum gebeten, den Zusammenschluss zu prüfen.[828] Nach der Bekanntmachung von MFOCOM war der Vorgang nicht bei MOFCOM angemeldet. Im Fall von DiDi und Uber China hat MOFCOM in einer offiziellen Aussage sein Interesse

825 温婧 [WEN, Jing], „滴滴优步合并带来滴滴股权疑云：VIE结构为海外上市？" [Die Fusion von DiDi und Uber China: VIE Struktur für IPO im Ausland vorbereitet?], 15.8.2016, Beitrag online unter: https://www.sohu.com/a/110494323_381579. (zuletzt aufgerufen am 12.11.2017).

826 温婧 [WEN, Jing], „滴滴优步合并带来滴滴股权疑云：VIE结构为海外上市？" [Die Fusion von DiDi und Uber China: VIE Struktur für IPO im Ausland vorbereitet?], 15.8.2016, Beitrag online unter: https://www.sohu.com/a/110494323_381579. (zuletzt aufgerufen am 12.11.2017).

827 温婧 [WEN, Jing], „滴滴优步合并带来滴滴股权疑云：VIE结构为海外上市？" [Die Fusion von DiDi und Uber China: VIE Struktur für IPO im Ausland vorbereitet?], 15.8.2016, Beitrag online unter: https://www.sohu.com/a/110494323_381579. (zuletzt aufgerufen am 12.11.2017); s. zudem die Bekanntmachung der Informationen der Unternehmen, verfügbar unter: http://gsxt.saic.gov.cn/.

828 扬子[YANG, Zi],], „争论滴滴快的合并：多专家认为涉嫌垄断应审批" [Streit zur Fusion von DiDi und Kuaidi: Experten zufolge ist eine Anmeldung zur Fusionskontrolle erforderlich], 16.2.2015, Beitrag online unter: http://tech.sina.com.cn/i/2015-02-16/doc-iawzuney0136081.shtml (zuletzt aufgerufen am 12.11.2017).

über den Zusammenschluss bekundet.[829] Die Schwierigkeit einer Annahme der Zuständigkeit von MOFCOM liegt zum einen darin, dass ein beteiligtes Unternehmen mit VIE-Struktur aufgebaut wird[830], zum anderen in der Frage um die Umsatzschwelle der Fusionskontrolle.

aa. Die Umsatzschwelle in der chinesischen Fusionskontrolle

Im chinesischen Recht ist der Umsatz, wie auch im deutschen Recht, die einzige Schwelle für die Anwendung der Fusionskontrolle. Nach Art. 3 der Bestimmung zur Anwendungsschwelle der Fusionskontrolle[831] gilt Folgendes: Wenn alle beteiligten Unternehmen zusammen einen Umsatz von über 10 Mrd. RMB weltweit und mindestens zwei der Beteiligten einen Umsatz von über 400 Mio. RMB in China erzielen oder wenn alle beteiligten Unternehmen zusammen einen Umsatz von über 2 Mrd. RMB und zwei der Beteiligten einen Umsatz von über 400 Mio. RMB in China erzielen, kann die Transaktion der Fusionskontrolle unterfallen. Anders als bei traditionellen Geschäftsmodellen können die wettbewerblich problematischen Fälle nicht immer durch die Höhe der Umsätze der beteiligten Unternehmen erkannt werden. Wenn die chinesische Fusionskontrolle eine Zuständigkeit auf den Fall des neuen Geschäftsmodells ausüben will, ist die Umsatzschwelle als einzelnes Kriterium problematisch, wie auch das europäische und das deutsche Recht zeigen.

bb. Art. 4 der Bestimmung zur Anwendungsschwelle der Fusionskontrolle[832] als Grundlage der Zuständigkeit von MOFCOM?

In einer Mitteilung hat der Sprecher von MOFCOM darauf hingewiesen, dass MOFCOM aufgrund Art. 4 der Bestimmung zur Anwendungsschwelle der Fusionskontrolle die Zuständigkeit ausüben darf, um den Fall zu prüfen, obwohl die Transaktion von DiDi und Unber China nicht nach Art. 20 AMG bei MOFCOM angemeldet wurde.[833] Art. 4 sieht vor, dass MOFCOM den Fall auch dann

829 郭丽琴 [GUO, Liqin], „商务部罕见三度回应滴滴优步合并 措辞逐步细化且深入“ [MOFCOM antwortet zur Frage der Fusion von DiDi und Uber China dreimal], 5.9.2016, Beitrag online unter: http://finance.sina.com.cn/chanjing/gsnews/2016-09-05/doc-ifxvqcts9468760.shtml (zuletzt aufgerufen am 12.11.2017).

830 Zur Frage, inwiefern die VIE-Struktur eine Schwierigkeit darstellt, s. § 2 III. 5 c).

831 Auf Chinesisch国务院 [Staatsrat],《经营者集中申报标准的规定》(03.08.2008).

832 Auf Chinesisch国务院 [Staatsrat],《经营者集中申报标准的规定》(03.08.2008).

833 郭丽琴[GUO, Liqin], „商务部罕见三度回应滴滴优步合并 措辞逐步细化且深入“ [MOFCOM antwortet zur Frage der Fusion von DiDi und Uber China

prüfen darf, wenn ein Zusammenschluss die Umsatzschwelle von Art. 21 AMG in Verweis mit Art. 3 der Bestimmung zur Anwendungsschwelle der Fusionskontrolle nicht erreicht, wenn aufgrund der Fakten und Beweise davon ausgegangen werden kann, dass der Zusammenschluss eine ausschließende oder beschränkende Wettbewerbswirkung nach sich ziehen kann. MOFCOM ist allerdings in der Praxis zurückhaltend darin, mit Verweis auf Art. 4 die Zuständigkeit auf Fälle auszuüben, die die Umsatzschwelle der Fusionskontrolle nicht übersteigen.

Die Einräumung eines Erwägungsspielraums für die zuständige Behörde ist der chinesischen Gesetzgebung nicht fremd. Art. 4 der Bestimmung zur Anwendungsschwelle der Fusionskontrolle bietet der zuständigen Behörde ungeachtet der Gesetzeslücke eine Möglichkeit, einen Fall, der nach der gesetzlichen Umsatzschwelle nicht in den Anwendungsbereich des Anti-Monopol-Gesetzes einbezogen werden kann, aber nach Ziel und Zweck des Gesetzes in den Anwendungsbereich der Fusionskontrolle einbezogen werden sollte, zu prüfen. Der Vorteil dieser Vorschrift besteht darin, dass die zuständige Behörde ohne Gesetzesänderung einen Fall mit neuen Umständen abfragen kann. Wie im Fall der Zusammenschlüsse von DiDi/Kuaidi und DiDi/Uber China dauert der Aufstieg von Unternehmen nach dem neuen Geschäftsmodell von der Einrichtung bis zum Zusammenschluss mitunter nur drei Jahre, was für eine anzupassende Gesetzesänderung im chinesischen Rechtssystem zu kurz sein kann. Der Nachteil dieser Vorschrift ist ebenfalls ersichtlich, er liegt darin, dass die Anwendung des Gesetzes durch den der zuständigen Behörde eingeräumten Spielraum unsicher geworden ist.

cc. Einführung eines neuen Aufgreifkriteriums?

Die Umsatzschwelle als einziges Aufgreifkriterium der chinesischen Fusionskontrolle führt dazu, dass der Zusammenschluss von neuen internet- und datenbasierten Geschäftsmodellen nicht von der Aufgreifschwelle erfasst wird, wenn eine Transaktion die Umsatzschwelle nicht erreicht. Art. 4 der Bestimmung zur Anwendungsschwelle der Fusionskontrolle stellt zwar eine Möglichkeit zur Erweiterung der Zuständigkeit für MOFCOM dar, ist hinsichtlich der Rechtssicherheit der Fusionskontrolle keine Lösung für das sich durch die Digitalwirtschaft ergebende Problem. Eine Einführung einer neuen Aufgreifschwelle ist deswegen zu begrüßen.

---

dreimal], 5.9.2016, Beitrag online unter: http://finance.sina.com.cn/chanjing/gsnews/2016-09-05/doc-ifxvqcts9468760.shtml (zuletzt aufgerufen am 12.11.2017).

Die oben genannten zwei Ausgangsfälle in China unterscheiden sich dahingehend von deutschem Recht, dass ein Startup trotz niedrigen oder fehlenden Umsatzes einen potenziellen Marktanteil und eine wichtige wirtschaftliche Bedeutung für den Erwerber – das etablierte große Unternehmen – haben kann; anders verhält es sich, wenn sowohl der Erwerber als auch das Zielunternehmen neue internet- und datenbasierte Startups mit überwiegenden Marktanteilen sind. Ein Anlass für die zwei Zusammenschlüsse wäre, den „Preiskampf" untereinander beenden zu wollen.[834] Der Zusammenschuss zeigt in beiden Fällen keinen Unterschied zu einem traditionellen Zusammenschluss. Der einzige Unterschied besteht darin, dass die beteiligten Unternehmen noch keinen oder nur wenig Umsatz erzielt haben.

Mit der 9. Novelle des GWB wurde das neue Kriterium „Gegenleistung" eingeführt. Der Begriff der Gegenleistung ist nach Meinung des Gesetzgebers weit zu verstehen.[835] Wenn die chinesische Fusionskontrolle die gleiche Aufgreifschwelle „Gegenleistung" einführen würde, sollte sie ebenfalls weit auszulegen, weil z. B. in dem Fall von DiDi und Uber China die Transaktion durch den Austausch von Anteilen vollzogen wird; wenn die Gegenleistung nur als Kaufpreis auszulegen ist, ist das Kriterium nicht angemessen, um alle Fälle abdecken zu können. Außerdem kann die Feststellung des Wertes der Gegenleistung fragwürdig sein, weil die beiden Unternehmen nur eine „Bewertung" vornehmen; wie die Gegenleistung eines Zusammenschlusses anhand der Bewertung des Unternehmens festgestellt werden kann, ist eine weitere Schwierigkeit.[836]

Im Fall von DiDi und Uber China kommt hinsichtlich der Feststellung einer Erheblichkeit für den Wettbewerb zunächst in Betracht, dass die beiden Unternehmen Wettbewerber sind und große Marktanteile besitzen. Kann somit die Größe des Marktanteils des beteiligten Unternehmens als ein Indiz für die

---

834 秦姗 [QIN, Shan], „滴滴快的融了20亿之后 柳青却说不想烧钱了" [Nach einer Finanzierung von 2 Mrd. will LIU Qin Cash-Burn nicht mehr], Beitrag online unter: http://tech.ifeng.com/secret/special/lqbsq/, ohne Datum; O.V., „滴滴与Uber合并:补贴大战不是全部原因 真正的推手是他们" [Die Fusion von DiDi und Uber China: Der Subventionskrieg ist nicht der einzige Grund], 1.8.2016, Beitrag online unter: http://finance.sina.com.cn/chanjing/gsnews/2016-08-01/doc-ifxunyxy6243463.shtml (zuletzt aufgerufen am 12.11.2017).

835 S. § 5 I. 2.

836 Nach dem Entwurf der 9. GWB-Novelle schätzen die beteiligten Unternehmen bei komplexeren Transaktionen, wie z. B. dem Austausch von Wertpapieren, den Wert der Gegenleistung selbst ein. Die Unternehmen müssen die Methode zur Wertbestimmung nicht offenlegen: RegE, 9 GWB-Novelle BT-Drucks. 18/10207, S. 78.

Erheblichkeit einer Transaktion i. S. d. Fusionskontrolle angenommen werden? Die Antwort hängt von einer anderen Frage ab: Wie kann der Markt im Bereich Digitalwirtschaft abgegrenzt und wie können die Marktanteile berechnet werden? Diese Frage wurde in der chinesischen Fusionskontrolle noch nicht eingehend diskutiert.

Letztlich kann es im Vergleich mit der deutschen Fusionskontrolle einfacher für die chinesische Fusionskontrolle sein, für die erforderliche Inlandstätigkeit einer Transaktion ein Kriterium zu setzen. Nach der bisherigen Erfahrung haben Unternehmen im Bereich Digitalwirtschaft mindestens eine Niederlassung in China.

III. Zusammenfassung

Die Digitalisierung der Wirtschaft und die Entwicklung neuer Geschäftsmodelle gewinnen sowohl in China als auch in Deutschland an Bedeutung und stellen die Fusionskontrolle vor neue Herausforderungen. In Hinblick auf die Fusionskontrolle und neue Geschäftsmodelle aus dem Bereich Digitalwirtschaft sind zwei Fragen grundlegend: 1) Soll die Fusionskontrolle neue Geschäftsmodelle und Startups aufgrund der Digitalisierung der Wirtschaft in ihren Anwendungsbereich einbeziehen? 2) Wenn ja, wie kann dann eine Erweiterung der Fusionskontrolle erfolgreich verlaufen, wenn in Betracht gezogen wird, dass das neue Geschäftsmodell keinen oder nur geringe Umsätze erzielen wird?

Die Lösung im deutschen Recht ist eine Novellierung des Wettbewerbsrechts durch die Einführung eines neuen Aufgreifkriteriums, der „Gegenleistung“, die neue Transaktionen beinhalten kann. Nach der Erfahrung mit dem Fall von Facebook/WhatApp kann auch ein Startup wettbewerbsrelevant sein, weil es trotz geringer oder fehlender Umsätze ein wettbewerbliches Potenzial aufweist. Ein hoher Kaufpreis ist ein Indiz für die Erheblichkeit einer Transaktion. Das neu eingeführte Kriterium wird nach Ablauf von drei Jahren nach Inkrafttreten der Vorschrift evaluiert.

Die Fusion im Bereich Digitalwirtschaft stellt auch ein aktuelles Problem für die chinesische Fusionskontrolle dar. Der Zusammenschluss von DiDi und Uber China 2016 hat viel Aufmerksamkeit bekommen. Nach aktueller Gesetzgebung ist der Umsatz die einzige Aufgreifschwelle für die chinesische Fusionskontrolle. Um die Zuständigkeit der Behörde für einen Fall zu begründen, in dem die Umsatzschwelle der chinesischen Fusionskontrolle nicht erreicht wird, ist eine Gesetzesänderung allerdings nicht unbedingt erforderlich, weil Art. 4 der Bestimmung zur Anwendungsschwelle der Fusionskontrolle MOFCOM das Recht einräumt, den Fall zu prüfen, wenn dieser eine wettbewerbsbeschränkende

Wirkung bewirken kann. Aufgrund von Art. 4 muss MOFCOM, um einen Fall mit neuem Geschäftsmodell anzufragen, nicht bis zu einer Gesetzesänderung warten, welche in China sehr lange dauern kann. Problematisch an dieser Vorschrift ist allerdings, dass die präventive Fusionskontrolle nach Art. 4 zulasten der Rechtssicherheit geht. MOFCOM ist momentan in der Praxis zurückhaltend, seine Zuständigkeit mittels Art. 4 zu erweitern.

Es wäre somit wünschenswert, eine neue Aufgreifschwelle in der chinesischen Fusionskontrolle einzuführen. Das in der deutschen Fusionskontrolle neu eingeführte Kriterium der Gegenleistung ist eine Möglichkeit. Die Rechtsfigur „Gegenleistung" müsste aber auch in der chinesischen Fusionskontrolle weit verstanden werden, also nicht nur den Kaufpreis der Transaktion betreffen. Darüber hinaus ist die Feststellung der Gegenleistung schwierig, wenn für die beiden beteiligten Unternehmen statt des Umsatzes nur eine Bewertung vorliegt und die Transaktion nicht mit einem bestimmten Kaufpreis geschlossen wird. Wenn das beteiligte Unternehmen bereits einen großen Marktanteil besitzt, kann dies ein Indiz für die Erheblichkeit der Transaktion darstellen. Die Herausforderung ist aber, wie der Markt im Bereich Digitalwirtschaft abzugrenzen und wie der Marktanteil zu berechnen ist.

§ 6 Konzerninterne Umstrukturierungen

I. Deutsches Recht

Konzerninterne Umstrukturierungen sind nicht immer von der deutschen Fusionskontrolle ausgeschlossen. Diesbezüglich relevant ist die Verbund- und Mehrmütterklausel von § 36 Abs. 2 und § 37 Abs. 2 GWB.

1. § 36 Abs. 2 GWB (Verbund- und Mehrmütterklausel)

Wenn in einem Fall die beteiligten Unternehmen bereits vor einem Zusammenschluss eine wirtschaftliche Einheit darstellten, ist die Anwendung der Fusionskontrolle nicht sinnvoll.[837] In der deutschen Fusionskontrolle sind mehrere Unternehmen als ein Unternehmen anzusehen, wenn sie die Voraussetzung von § 36 Abs. 2 GWB erfüllen. Eine Organisationsänderung innerhalb einer wirtschaftlichen Einheit ist nicht Gegenstand der Fusionskontrolle.[838] Zwei typische Fälle einer Organisationsänderung sind die „Verschmelzung von Tochtergesellschaften"[839] und das sog. „Umhängen von Tochtergesellschaften"[840], wenn die Tochtergesellschaften von einem anderen Unternehmen i. S. v. § 36 Abs. 2 GWB allein beherrscht werden. Obwohl § 36 Abs. 2 GWB als eine Zurechnungsklausel für Umsätze geregelt wird, gilt die Vorschrift für den gesamten Anwendungsbereich des GWB.[841]

a) *Die Verbundklausel i. S. v. § 36 Abs. 2 S. 1 GWB*

Gemäß § 36 Abs. 2 sind mehrere Unternehmen im Kartellrecht als einheitliches Unternehmen anzusehen, wenn sie im Sinne des § 17 AktG ein abhängiges oder beherrschendes Unternehmen bilden oder einen Konzern im Sinne von § 18 AktG gebildet haben.[842]

---

837 Vgl. Thomas, in: Immenga/Mestmäcker, GWB/Teil 1, 5. Aufl., § 37 Rn. 369; Richter/Steinvorth, in: Widermann, 3. Aufl., § 19 Rn. 29.

838 Thomas, in: Immenga/Mestmäcker, GWB/Teil 1, 5. Aufl., § 37 Rn. 369.

839 Thomas, in: Immenga/Mestmäcker, GWB/Teil 1, 5. Aufl., § 37 Rn. 369.

840 Thomas, in: Immenga/Mestmäcker, GWB/Teil 1, 5. Aufl., § 37 Rn. 370.

841 Richter/Steinvorth, in: Wiedemann, Kartellrecht, 3. Aufl., §19 Rn. 29; Thomas, in: Immenga/Mestmäcker, GWB/Teil 1, 5. Aufl., § 36 Rn. 788 f.

842 Richter/Steinvorth, in: Wiedemann, Kartellrecht, 3. Aufl., §19 Rn. 30 f.: Die Anwendung wird aber nicht ausschließlich auf AG beschränkt.

Nach § 17 AktG sind abhängige Unternehmen rechtlich selbständige Unternehmen, auf die aber ein anderes Unternehmen (beherrschendes Unternehmen) unmittelbar oder mittelbar einen herrschenden Einfluss ausüben kann (§ 17 Abs. 1 AktG). Eine Beherrschung muss durch gesellschaftsrechtliche Mittel bedingt oder vermittelt sein.[843] Eine Beherrschung – nach dem Grundsatz der Rechtsprechung – liegt vor, wenn der Einfluss nicht freiwillig entzogen werden kann.[844] Zur Auslegung dieser aktienrechtlichen Tatbestände ist aber eine Berücksichtigung der kartellrechtlichen Funktion erforderlich.[845] Nach § 17 Abs. 2 AktG sind die Unternehmen als vermutlich abhängige und beherrschende Unternehmen anzusehen, wenn ein Unternehmen von einem anderen Unternehmen mit einer Mehrheit der Anteile (über 50 %) besessen wird.[846] Diese Vermutung kann aber durch einen Nachweis widerlegt werden.[847] Ferner kann ein Unternehmen einen herrschenden Einfluss auch ohne Mehrheitsbeteiligung erlangen, wenn es z. B. die Geschäfts- und Unternehmenspolitik des anderen Unternehmens beeinflussen kann[848] oder ein Beherrschungsvertrag oder eine gesicherte Hauptversammlungsmehrheit vorliegt[849].[850] Dieser Einfluss muss allerdings gesellschaftsrechtlich bedingt oder vermittelt sein.[851]

Der Begriff „Beherrschung" i. S. v. § 36 Abs. 2 kommt aus dem Gesellschaftsrecht, seine Bedeutung ist nicht identisch mit dem Begriff „Kontrolle" i. S. v.

843 Thomas, in: Immenga/Mestmäcker, GWB/Teil 1, 5. Aufl., § 36 Rn. 821, 830; Bechtold/Bosch, GWB, 8. Aufl., § 36 Rn. 63; Richter/Steinvorth, in: Wiedemann, Kartellrecht, 3. Aufl., §19 Rn. 30.

844 BGH 19.1.1993 WuW/E BGH 2882, 2887 – „Zurechnungsklausel" („Iserlohner Kreisanzeiger"); Thomas In: Immenga/Mestmäcker, GWB/Teil 1, 5. Aufl., § 36 Rn. 818, 830.

845 Thomas, in: Immenga/Mestmäcker, GWB/Teil 1, 5. Aufl., § 36 Rn. 821 ff.; vgl. Richter/Steinvorth, in: Wiedemann, Kartellrecht, 3. Aufl., §19 Rn. 30: Es genügt für eine kartellrechtliche Funktion bereits eine Einflussnahme auf wettbewerbliche Geschäftspolitik.

846 Richter/Steinvorth, in: Wiedemann, Kartellrecht, 3. Aufl., §19 Rn. 31.

847 Thomas, in: Immenga/Mestmäcker, GWB/Teil 1, 5. Aufl., § 36 Rn. 838, 846 ff.; Richter/Steinvorth, in: Wiedemann, Kartellrecht, 3. Aufl., §19 Rn. 31: aber mit strengen Anforderungen; Kallfaß, in: Langen/Bunte, 12. Aufl., § 36 GWB Rn. 138.

848 OLG Düsseldorf 7.5.2008 WuW/E DE-R 2347, 2349 – „Universitätsklinikum Greifswald".

849 BGH 13.10.1977 WuW/E BGH 1523, 1524 – „VEBA/ Gelsenberg".

850 Thomas, in: Immenga/Mestmäcker, GWB/Teil 1, 5. Aufl., § 36 Rn. 859 ff.; Richter/Steinvorth, in: Wiedemann, Kartellrecht, 3. Aufl., §19 Rn. 32; Kallfaß, in: Langen/Bunte, 12. Aufl., § 36 GWB Rn. 139.

851 Thomas, in: Immenga/Mestmäcker, GWB/Teil 1, 5. Aufl., § 36 Rn. 860.

§ 37 Abs. 1 Nr. 2.[852] Das Vorliegen eines Unterschieds bedeutet jedoch nicht, dass „Beherrschung" und „Kontrolle" zwei gänzlich unterschiedliche Begriffe darstellen; vielmehr gilt, dass der Anwendungsumfang des einen nicht vollständig von dem anderen gedeckt werden kann.[853] Wenn Unternehmen einen Unterordnungskonzern gemäß § 18 Abs. 1 AktG oder einen Gleichordnungskonzern gemäß § 18 Abs. 2 AktG bilden, sind sie nach § 36 Abs. 2 auch als einheitliche Unternehmen anzusehen. Bei den Unterordnungskonzernen gibt es drei Konstellationen: den Vertragskonzern nach § 291 AktG durch Vorliegen eines Beherrschungsvertrags, den Eingliederungskonzern nach § 319 AktG und den faktischen Konzern nach § 17 Abs. 2 AktG aufgrund eines Abhängigkeitsverhältnisses zwischen Unternehmen mit einem Mehrheitsbesitz.[854] Wenn ein Fall die Voraussetzung der ersten oder zweiten Konstellation erfüllt, werden die Unternehmen unwiderleglich als Konzern angesehen, während das Abhängigkeitsverhältnis zwischen Unternehmen widerlegt werden kann.[855]

Nach § 18 Abs. 2 AktG sind rechtlich selbständige Unternehmen unter einheitlicher Leitung, ohne dass das eine Unternehmen von dem anderen abhängig ist, ebenfalls als Konzern anzusehen.[856] Eine systematische Ermittlung des Tatbestands eines Gleichordnungskonzerns ist aber nicht gegeben.[857]

b) Die Mehrmütterklausel i. S. v. § 36 Abs. 2 S. 2 GWB

Nach § 36 Abs. 2 S. 2 GWB gilt jedes Unternehmen als beherrschendes Unternehmen, das einen herrschenden Einfluss auf ein anderes Unternehmen ausüben

---

852 Thomas, in: Immenga/Mestmäcker, GWB/Teil 1, 5. Aufl., § 36 Rn. 818; vgl. Richter/Steinvorth, in: Wiedemann, Kartellrecht, 3. Aufl., §19 Rn. 33.

853 Thomas, in: Immenga/Mestmäcker, GWB/Teil 1, 5. Aufl., § 36 Rn. 781 ff.: Z. B. kann eine Minderheitsbeteiligung mit Vetorecht Kontrolle begründen, jedoch grundsätzlich keine Beherrschung erlangen. Die paritätische Beteiligung ist ein typischer Fall für gemeinsame Kontrolle, kann jedoch eine alleinige Beherrschung begründen etc. Wichtig ist auch („in diesen Fällen"?), dass eine Beherrschung gesellschaftsrechtlich bedingt oder vermittelt sein muss. Vgl. Richter/Steinvorth, in: Wiedemann, Kartellrecht, 3. Aufl., §19 Rn. 33.

854 Thomas, in: Immenga/Mestmäcker, GWB/Teil 1, 5. Aufl., § 36 Rn. 874; vgl. Richter/Steinvorth, in: Wiedemann, Kartellrecht, 3. Aufl., §19 Rn. 34.

855 Richter/Steinvorth, in: Wiedemann, Kartellrecht, 3. Aufl., §19 Rn. 34; Thomas, in: Immenga/Mestmäcker, GWB/Teil 1, 5. Aufl., § 36 Rn. 874

856 Richter/Steinvorth, in: Wiedemann, Kartellrecht, 3. Aufl., §19 Rn. 34; Kallfaß, in: Langen/Bunte, 12. Aufl., § 36 GWB Rn. 143.

857 Thomas, in: Immenga/Mestmäcker, GWB/Teil 1, 5. Aufl., § 36 Rn. 875.

kann. Im Unterschied zu der Verbundklausel von § 36 Abs. 2 S. 1 GWB kennzeichnet die Mehrmütterklausel einen eigenen Zurechnungstatbestand für das Kartellrecht.[858] Eine Begründung der Einführung dieser Mehrmütterklausel liegt in der Sorge um die Rechtssicherheit einer Rechtsunsicherheit im Kartellrecht.[859] Der beherrschende Einfluss muss gleichfalls gesellschaftsrechtlich vermittelt sein.[860] Zu beachten ist, dass das Vorliegen einer gemeinsamen Beherrschung durch die Mütter nach der Mehrmütterklausel nicht vermutet wird, sondern nachgewiesen werden muss.[861] Des Weiteren ist der Begriff „gemeinsame Beherrschung" von § 36 Abs. 2 S. 2 nicht identisch mit der „gemeinsamen Kontrolle" von § 37 Abs. 1 Nr. 2 GWB.[862] Die Aufnahme der gemeinsamen Beherrschung ist strenger reguliert als die einer gemeinsamen Kontrolle.[863] Ein Beispiel für eine rechtliche Einflussnahme sind Stimmbindungsverträge, ferner kann eine gemeinsame Beherrschung auch aufgrund tatsächlicher Umstände gegeben sein.[864]

2. Konzerninterne Umstrukturierung im Hinblick auf § 37 Abs. 2 GWB

Wie soeben erklärt, wird die Anwendung der Fusionskontrolle bei einem Zusammenschluss von Unternehmen ausgeschlossen, wenn die Unternehmen gemäß § 36 Abs. 2 als ein einheitliches Unternehmen anzusehen sind.[865] Nach § 37 Abs. 2 GWB kann die Fusionskontrolle aber erneut ausgelöst werden, wenn eine bestehende Unternehmensverbindung wesentlich verstärkt wird. Unter Berücksichtigung der beiden Artikel § 36 Abs. 2 und § 37 Abs. 2 verbleiben drei

---

858 Thomas, in: Immenga/Mestmäcker, GWB/Teil 1, 5. Aufl., § 36 Rn. 905: Eine paritätische Beteiligung (50:50) begründet selbst keine gemeinsame Beherrschung. Dazu auch Kallfaß, in: Langen/Bunte, Kartellrecht Bd. 1, 12. Aufl., § 36 GWB Rn. 148.

859 Thomas, in: Immenga/Mestmäcker, GWB/Teil 1, 5. Aufl., § 36 Rn. 905.

860 Thomas, in: Immenga/Mestmäcker, GWB/Teil 1, 5. Aufl., § 36 Rn. 909.

861 Richter/Steinvorth, in: Wiedemann, Kartellrecht, 3. Aufl., §19 Rn. 38: es reicht nur eine Möglichkeit aus; Kallfaß, in: Langen/Bunte, Kartellrecht Bd. 1, 12. Aufl., § 36 GWB Rn. 145f.: eine Schwierigkeit ist zu begründen, dass alle Unternehmen einen beherrschenden Einfluss ausüben; Thomas, in: Immenga/Mestmäcker, GWB/Teil 1, 5. Aufl., § 36 Rn. 912.

862 Thomas, in: Immenga/Mestmäcker, GWB/Teil 1, 5. Aufl., § 36 Rn. 913 ff.

863 Thomas, in: Immenga/Mestmäcker, GWB/Teil 1, 5. Aufl., § 36 Rn. 913; vgl. Thomas, ZWeR 2005, 236, 257.

864 Richter/Steinvorth, in: Wiedemann, Kartellrecht, 3. Aufl., §19 Rn. 39 ff.

865 Thomas, in: Immenga/Mestmäcker, GWB/Teil 1, 5. Aufl., § 37 Rn. 369.

Konstellationen, die nochmals die Fusionskontrolle auslösen können.[866] Die erste Konstellation ist „eine wesentliche Änderung der Art der Kontrolle" oder eine „Verengung des Kreises gemeinsam kontrollierender Gesellschafter".[867] Die zweite Möglichkeit betrifft eine Verstärkung der geschäftlichen Intensität zwischen Unternehmen innerhalb des Konzerns i. S. v. § 36 Abs. 2.[868] Ein im Schrifttum genanntes Beispiel ist der Erwerb von Vermögen der Tochtergesellschaft.[869] Die dritte und zugleich wichtigste Konstellation ist der Fall, wenn zwischen den Unternehmen bereits eine Unternehmensverbindung wie eine Minderheitsbeteiligung von 30 % besteht, diese jedoch die Voraussetzung von § 36 Abs. 2 noch nicht erfüllt haben, bewirkt z. B. eine Aufstockung auf 60 % der Anteile nochmals einen Zusammenschluss.[870]

II. Europäisches Recht

Im europäischen Recht kann eine Kontrolle gemäß Art. 3 Abs. 1 lit. b FKVO im Gegensatz zum deutschen Recht nur einmal erworben werden.[871] Ein Zusammenschluss liegt auch nur dann vor, wenn die Kontrolle von unterschiedlichen Akteuren ausgeübt wird, d. h., eine interne Reorganisation innerhalb der Unternehmensgruppe ist kein neuer Zusammenschluss i. S. v. Art. 3 FKVO.[872] Die Fusionskontrolle findet nur Anwendung in dem Fall, dass die Transaktion eine Änderung der Art der Kontrolle bewirkt und nicht mehr als interne Reorganisation angesehen werden kann.[873] Für die Annahme einer internen Reorganisation ist im europäischen Recht der Kernbegriff „wirtschaftliche Einheit" vorgesehen.[874] Das Kriterium für den Kontrollerwerb von Art. 3 Abs. 2 FKVO gilt gleich für die wirtschaftliche Einheit.[875] Die Muttergesellschaften bilden zusammen mit

---

866 Thomas, in: Immenga/Mestmäcker, GWB/Teil 1, 5. Aufl., § 37 Rn. 372 ff.

867 Thomas, in: Immenga/Mestmäcker, GWB/Teil 1, 5. Aufl., § 37 Rn. 372.

868 Thomas, in: Immenga/Mestmäcker, GWB/Teil 1, 5. Aufl., § 37 Rn. 373.

869 Thomas, in: Immenga/Mestmäcker, GWB/Teil 1, 5. Aufl., § 37 Rn. 373; Richter/Steinvorth, in: Wiedemann, Kartellrecht, 3. Aufl., §19 Rn. 116.

870 Thomas, in: Immenga/Mestmäcker, GWB/Teil 1, 5. Aufl., § 37 Rn. 374.

871 Körber, in: Immenga/Mestmäcker, EU/Teil 2, 5. Aufl., Art. 3 FKVO Rn. 11.

872 Konsolidierte Mitteilung der Kommission zu Zuständigkeitsfragen Tz. 51.

873 Konsolidierte Mitteilung der Kommission zu Zuständigkeitsfragen Tz. 51; Wiedemann, in: Wiedemann, Kartellrecht, 3. Aufl., § 15 Rn. 69 f.

874 Körber, in: Immenga/Mestmäcker, EU/Teil 2, 5. Aufl., Art. 3 FKVO Rn. 12. Die „wirtschaftliche Einheit" wurde 1972 durch das Urteil Imperial Chemical Industrie/Ciba-Geigy eingeführt: 14.7.1972 Rs. 48/69.

875 Körber, in: Immenga/Mestmäcker, EU/Teil 2, 5. Aufl., Art. 3 FKVO Rn. 12.

den Tochtergesellschaften eine wirtschaftliche Einheit, wenn die Tochtergesellschaften nicht autonom über ihr Marktverhalten entscheiden können.[876] Wenn die Muttergesellschaft der einzige Gesellschafter und zu 100 % an der Tochtergesellschaft beteiligt ist, bilden die Mutter- und Tochtergesellschaft vermutlich eine wirtschaftliche Einheit.[877] Die Vermutung gilt jedoch ausschließlich für den Fall, dass die Muttergesellschaft die gesamten 100 % der Anteile der Tochtergesellschaft besitzt.[878] Im europäischen Recht ist eine Begründung für die Annahme einer beherrschenden Beziehung zwischen Mutter- und Tochtergesellschaft erforderlich, selbst wenn die Tochtergesellschaft alleine kontrolliert wird, womit es in diesem Punkt strenger als das deutsche Recht ist.[879] Ein anderer Unterschied gegenüber dem deutschen Recht liegt darin, dass das „wirtschaftliche Näheverhältnis“ zwischen Unternehmen nach der Praxis der Kommission ebenfalls die wirtschaftliche Einheit begründen kann, womit i. S. v. § 36 Abs. 2 eine gesellschaftsrechtliche Verbindung vorausgesetzt wird.[880]

III. Chinesisches Recht

1. „Konzern“ im chinesischen Recht

Im chinesischen Recht gibt es keine einheitliche Gesetzgebung über die Rechtsfigur „Konzern“, welche den Vorschriften von Art. 17 und 18 AktG im deutschen Recht entspricht.[881] Es findet sich dort allerdings eine vergleichbare Rechtsfigur,

---

876 Thomas, in: Immenga/Mestmäcker, GWB/Teil 1, 5. Aufl., § 36 Rn. 785; EuGH 10.9.2009 Rs. C-97/08 P, Slg. 2009 I-8237 Rn. 60 – „AKZO“.

877 Immenga/Mestmäcker, Kommentar zum Deutschen Kartellrecht, 5 Aufl., § 36 GWB Rn. 785; EuGH 10.9.2009 Rs. C-97/08 P, Slg. 2009 I-8237 Rn. 60 – „AKZO“.

878 Thomas, in: Immenga/Mestmäcker, GWB/Teil 1, 5. Aufl., § 36 Rn. 787; EuGH 10.9.2009 Rs. C-97/08 P, Slg. 2009 I-8237 Rn. 60 – „AKZO“.

879 Thomas, in: Immenga/Mestmäcker, GWB/Teil 1, 5. Aufl., § 36 Rn. 787.

880 Thomas, in: Immenga/Mestmäcker, GWB/Teil 1, 5. Aufl., § 36 Rn. 787.

881 张国平 [ZHANG, Guoping], 《南京师范大学学报（社会科学版）》 [Zeitschrift der Nanjing Normal-Universität (Sozialwissenschaft)], 07/2007, S. 31. Zhang ist der Meinung, dass Konzern und zusammenhängende Unternehmen verschiedene Begrifflichkeiten darstellen; vgl. auch 施天涛 [SHI, Tiantao], 《政法论坛》 [Tribüne für Politikwissenschaft und Recht], 06/1998, S. 25, 29 ff.; 吴越 [WU, Yue], 《法律科学》 [Wissenschaft des Rechts], 02/2001, S. 113, 119 ff.; 方利军 [FANG, Lijun], „关联企业的公司法调整“ [Zusammenhängende Unternehmen im Gesellschaftsrecht], 26.11.2004, Beitrag online unter: http://www.chinacourt.org/article/detail/2004/11/id/141349.shtml (zuletzt aufgerufen am 12.11.2017); 周广根 [ZHOU, Guanggen], 《中外法学》 [Chinesisches und ausländisches Recht], 05/1993, S. 42; zum Schrifttum über die Beziehung

die als „zusammenhängende oder verbundene Unternehmen" bezeichnet werden kann. Definitionen und Auslegungen dieser Rechtsfigur finden sich allerdings in unterschiedlichen Rechtsgebieten und fallen je nach dem Gesetzesgebiet unterschiedlich aus.

Eine frühe Gesetzgebung geht zurück auf das Jahr 1998. Gemäß Art. 3 der „interimistischen Bestimmung zur Anmeldung von Unternehmensgruppen"[882] ist die Unternehmensgruppe eine Einheit, in der durch eine Kapitalbeteiligung verbunden sind und einer Gruppensatzung.[883]

Die 1998 in Kraft getretene Richtlinie „Standards der Rechnungslegung von Unternehmen Nr. 36 – Offenlegung von zusammenhängenden Parteien" hat die Rechtsfigur[884] hat auch die Rechtsfigur „zusammenhängende Partei"[885] vorgesehen. Nach Art. 3 der Richtlinie sind Unternehmen als zusammenhängende Parteien anzusehen, wenn ein Unternehmen über das andere alleine oder gemeinsam eine Kontrolle ausübt oder signifikanten Einfluss auf dieses nehmen kann oder wenn Unternehmen zusammen unter der Kontrolle eines anderen Unternehmens liegen (Abs. 1). Eine Kontrolle nach Art. 3 Abs. 2 der Richtlinie meint, dass das kontrollierende Unternehmen über das Recht verfügt, den Geschäftsplan und die Finanzen des kontrollierten Unternehmens zu bestimmen, und von den Geschäften profitieren kann. Eine gemeinsame Kontrolle wird begründet, wenn aufgrund des Vertrages beide Parteien eine Einigung über bestimmte Entscheidungen erzielen müssen (Abs. 3). Ein „signifikanter Einfluss" bezeichnet die Möglichkeit, dass ein Unternehmen die Finanzen und den Geschäftsplan des anderen Unternehmens beeinflussen, aber nicht bestimmen kann (Abs. 4). In Art. 4 der Richtlinien werden ausführlich zehn Fälle aufgelistet, die als „zusammenhängende Parteien" angesehen werden. Ob alle von Art. 4 genannten Fälle ohne zusätzliche Begründung nach Art. 3 direkt als „zusammenhängende Parteien" angenommen werden, ist nach der Formulierung den Vorschriften unklar. Die von Art. 4 betroffenen Unternehmen und Personen sind weit gefasst, als „zusammenhängende Unternehmen" sind zu verstehen:

---

zwischen Mutter- und Tochtergesellschaft s. 沈乐平 [SHEN, Leping],《时代法学》[Gegenwärtige Rechtswissenschaft], 04/1997, S. 53; 甘培忠 [GAN, Peizhong],《中外法学》[Chinesisches und ausländisches Recht], 04/1997, S. 53.

882 工商总局 [SAIC],《企业集团登记管理暂行规定》(06.04.1998).

883 Kritisch zur Regelung: 吴越 [WU, Yue],《法律科学》[Wissenschaft des Rechts], 02/2001, S. 113, 123.

884 Auf Chinesisch财务部 [Finanzministerium],《企业会计准则第36号一关联方披露》(erlassen am 22.05.1997, zuletzt revidiert 2006).

885 Auf Chinesisch „关联企业".

- die Muttergesellschaft,
- die Tochtergesellschaft,
- andere Unternehmen, die gemeinsam unter der Kontrolle einer Muttergesellschaft liegen,
- die gemeinsam kontrollierenden Investoren,
- die Investoren, die signifikanten Einfluss nehmen können,
- das GU,
- die verbundenen Unternehmen[886],
- die wichtigen Investoren und ihre nahen Familienmitglieder[887],
- die Schlüssel-Geschäftsführer des Unternehmens/der Muttergesellschaft und ihre nahen Familienmitglieder[888],
- andere Unternehmen, die entweder als wichtige Investoren des Unternehmens oder Schlüssel-Geschäftsführer oder nahe Familienmitglieder allein oder gemeinsam kontrollieren oder signifikanten Einfluss nehmen.

Vergleicht man die Vorschriften von Art. 4 mit den Richtlinien der interimistischen Bestimmung zur Anmeldung der Unternehmensgruppen, so ist der Anwendungsbereich von Art. 4 weiter, weil er sich nicht auf die Grundlage einer Kapitalbeteiligung beschränkt. Nach Art. 5 der Richtlinien begründet eine wirtschaftliche Abhängigkeit keine zusammenhängende Beziehung.

Der Begriff der zusammenhängenden Unternehmen wird in der interimistischen Maßnahme über die Sondersteuer[889] noch anders definiert. Ferner gibt es im Gesellschaftsrecht nach Art. 216 Abs. 4 S. 1 KgG eine Rechtsfigur „zusammenhängende Beziehung". Die Vorschrift von Art. 216 KgG über die zusammenhängende Beziehung ist auch kein vergleichbarer Begriff zum Konzern nach § 16 u. 17 AktG im deutschen Recht. Zudem wird die Rechtsfigur „zusammenhängende Beziehung" von der Bestimmung zur börsennotierten AG[890] zum Schutz der Anleger umfassend ausgelegt.

---

886 Auf Chinesisch: „该企业的联营企业".

887 Wichtige Investoren sind die, die ein alleiniges oder gemeinsames Kontrollrecht oder signifikanten Einfluss auf ein Unternehmen ausüben können.

888 Schlüssel-Geschäftsführer ist der Geschäftsführer, der über das Recht verfügt, die Geschäftstätigkeit zu entwerfen, leiten und kontrollieren. Die nahen Familienmitglieder sind die die, die auf die Entscheidungen des Unternehmens Einfluss nehmen können.

889 Auf Chinesisch 税务总局 [SAT], 《特别纳税调整实施办法（试行）》 (erlassen am 08.01.2009, zuletzt revidiert 2015).

890 Auf Chinesisch 证监会 [CSRC], 《上市公司信息披露管理办法》 [Methode zur Verwaltung der Publizität der börsennotierten AGs] (15.05.2006).ss

2. Art. 22 des chinesischen AMG

Aufgrund des Zwecks der Fusionskontrolle soll die Behandlung der internen Umstrukturierung im chinesischen Recht grundsätzlich gleich wie im europäischen und deutschen Recht sein, d. h., dass eine interne Umstrukturierung ohne Änderung der Marktstruktur sowie des Wettbewerbsverhältnisses von der Fusionskontrolle ausgeschlossen werden kann. Die wichtigste Vorschrift für die interne Umstrukturierung in der chinesischen Fusionskontrolle ist Artikel 22 AMG. Nach Art. 22 AMG sind die beteiligten Unternehmen freiwillig bei MOFCOM anzumelden, wenn

- ein beteiligtes Unternehmen eine Mehrheitsbeteiligung (über 50 % der Aktien oder Stimmrechte oder Assets) über alle anderen beteiligten Unternehmen besitzt oder
- alle beteiligten Unternehmen von dem gleichen Unternehmen die Mehrheit (über 50 % der Aktien oder Stimmrechte oder Assets) besitzen.[891]

Die Kontrolle kann auch nach chinesischem Recht grundsätzlich nur einmal erfolgen. Eine wesentliche Verstärkung der bestehenden Unternehmensverbindung begründet im chinesischen Recht keinen neuen Zusammenschluss.

3. Stellungnahme zum Art. 22 AMG aus rechtsvergleichender Sicht

Art. 22 AMG ist die wichtigste Vorschrift für die interne Umstrukturierung in der chinesischen Fusionskontrolle. Die Vorschrift geht ebenfalls von dem Gedanken aus, dass die interne Umstrukturierung einer wirtschaftlichen Einheit nicht unter die Fusionskontrolle zu fallen braucht. Sie ist allerdings nicht gleich wie die Vorschriften von § 36 Abs. 2 GWB und Art. 3 Abs. 2 FKVO zu verstehen. Ferner ist Art. 22 AMG kein einheitliches Kriterium, das zur Feststellung einer wirtschaftlichen Einheit für das ganze Anti-Monopol-Gesetz gilt.

Der größte Unterschied zu § 36 Abs. 2 GWB und Art. 3 Abs. 2 FKVO besteht darin, dass Art. 22 AGM ein festes Kriterium anstatt eines qualitativen Kriteriums heranzieht. In Art. 22 AGM findet sich kein qualitatives Kriterium wie „Beherrschung“ oder „Autonomie“, stattdessen ist der „Mehrheitsbesitz“ als einheitliches Kriterium vorzusehen. Nach dem Wortlaut von Art. 22 AGM sind nur zwei typische Fälle einer internen Umstrukturierung frei zur Anmeldung der

891 Vgl. 孙晋/廉静韵 [SUN, Jin/LIAN, Jingyun], 《上海财经大学学报》 [Zeitschrift der Shanghai Universität für Finanzen und Wirtschaft], 02/2010, S. 35, 41; dazu auch Lorenz, WuW 07/2008, S. 814, 821; vgl. auch Jin, Aufgreifkriterium in der Fusionskontrolle, S. 100 f.

Fusionskontrolle: die Verschmelzung der Tochtergesellschaften und die Übertragung zwischen den Tochtergesellschaften.

Eine Gemeinsamkeit von Art. 22 AMG und § 36 Abs. 2 GWB besteht darin, dass zwischen den Unternehmen eine gesellschaftsrechtliche Verbindung bestehen muss, welche aber anders als im europäischen Recht ausfällt, in dem auch eine wirtschaftliche Verbindung anerkannt wird.[892] Die gesellschaftsrechtliche Verbindung von Art. 22 AMG ist enger gefasst, da sie sich nur auf die Beteiligung bezieht, während eine gesellschaftsrechtliche Verbindung nach § 36 Abs. 2 auch einen Unter- und Gleichordnungskonzern einschließt.[893]

Ähnlich wie im deutschen Recht reicht nach Art. 22 AMG ein Mehrheitsbesitz für die Bildung einer Einheit zwischen Muttergesellschaft und Tochtergesellschaft aus. Dagegen bedarf es nach europäischem Recht einer vermuteten 100-%-Beteiligung für die Annahme der Einheit von Mutter- und Tochtergesellschaft. Ein Unterschied liegt auch bei der Frage vor, ob die Vermutung widerlegt werden kann. Im deutschen Recht kann die Muttergesellschaft mit Mehrheitsbesitz mittels Beweis begründen, dass die Muttergesellschaft die Tochtergesellschaft nicht beherrscht, umgekehrt kann eine Muttergesellschaft mit Minderheitsbeteiligung nachweisen, dass sie die Tochtergesellschaft beherrscht.[894] Im chinesischen Recht ist der Mehrheitsbesitz nach dem Wortlaut des Artikels 22 AMG ein unabänderliches Kriterium, ohne Berücksichtigung der tatsächlichen Beherrschungsmöglichkeit der Muttergesellschaft.

Der offensichtliche Vorteil des Kriteriums nach Art. 22 AMG ist, dass das Kriterium eindeutig und praktischer in der Umsetzung ist. Der Nachteil ist jedoch auch erkennbar, nämlich, dass das Kriterium zu einfach und begrenzt ist. Als Aufgreifkriterien zur Anmeldung der Fusionskontrolle sind nach Art. 20 AGM Fusion und Kontrollerwerb vorgesehen. Eine Kontrollbegründung beruht in der chinesischen Fusionskontrolle auf einer Gesamtschau aller rechtlichen und faktischen Umstände und beschränkt sich nicht ausschließlich auf die Kapitalbeteiligung oder eine Mehrheitsbeteiligung. Da der Gesetzgeber für die interne Umstrukturierung aber das feste Kriterium des Mehrheitsbesitzes genommen hat, kann es sein, dass eine Umstrukturierung innerhalb einer tatsächlichen wirtschaftlichen Einheit wieder unter die Fusionskontrolle fällt, wenn eine Kontrolle über das Unternehmen nicht durch eine Mehrheitsbeteiligung begründet wird. Die Vorschrift von Art. 22 AMG über die konzerninterne Umstrukturierung

---

892 Vgl. § 6 II.
893 S. § 6 I. 1 a).
894 S. § 6 I. 1 a).

steht deswegen nicht im Einklang mit der Vorschrift von Art. 20 AMG sowie Art. 3 der Guideline 2014.[895]

Weiterhin ist im chinesischen Rechtssystem zu diskutieren, ob es möglich wäre, die Erfahrung und Gesetzgebung des europäischen Rechts zur „wirtschaftlichen Einheit“ in die chinesische Fusionskontrolle einzubeziehen. Nach M. E. ist eine Übertragung der Rechtsfigur der wirtschaftlichen Einheit aus der europäischen Fusionskontrolle machbar, weil in der chinesischen Fusionskontrolle als Aufgreifkriterium im Art. 22 AMG ein qualitatives Kriterium, der Kontrollerwerb, genommen wird; wenn nun mit dem Kriterium der „wirtschaftlichen Einheit“ die interne Umstrukturierung der Unternehmensgruppe geprüft wird, bleibt die Art des Kriteriums gleich. Es muss allerdings darauf geachtet werden, dass mit der Einführung der Rechtsfigur keine neue Schwierigkeit hinsichtlich der Durchsetzung eines qualitativen Kriteriums in der chinesischen Fusionskontrolle entsteht. Im europäischen Recht ist für die Anerkennung einer wirtschaftlichen Einheit ausschlaggebend, ob ein Unternehmen die Tätigkeit eines anderen Unternehmens beeinflussen kann.[896] Die Feststellung des Umfangs der wirtschaftlichen Einheit verweist auf den Kontrollbegriff von Art. 3 Abs. 2 FKVO.[897] Weil das Kriterium für Kontrollerwerb i. S. v. Art. 20 AMG noch nicht ganz eindeutig und klar ist, könnte die Feststellung des Umfangs einer wirtschaftlichen Einheit in der chinesischen Fusionskontrolle problematisch werden.

IV. Umstrukturierung der staatlichen Unternehmen

1. Deutsches Recht

Die Zurechnungsklausel § 36 Abs. 2 orientiert sich hauptsächlich an privaten Unternehmen.[898] Eine unbeschränkte Anwendung dieser Klausel auf Unternehmen der öffentlichen Hand kann zu einem nicht sachgemäßen Ergebnis führen, da der nach § 36 Abs. 2 geltende Unternehmensumfang zu weit wäre.[899] Der Bundesrat hat versucht, eine Klarstellung bei der 8. GWB-Novelle einzuführen, dass § 36 Abs. 2 nur eingeschränkt für öffentliche Unternehmen anwendbar ist,

895 S. dazu auch刘武朝 [LIU, Wuchao],《比较法研究》[Zeitschrift für Rechtsvergleich], 04/2014, S. 135, 140.

896 S. § 6 II.

897 S. § 6 II.

898 Thomas, In: Immenga/Mestmäcker, GWB/Teil 1, 5. Aufl., § 36 Rn. 940.

899 Thomas, In: Immenga/Mestmäcker, GWB/Teil 1, 5. Aufl., § 36 Rn. 940 ff.

diese wurde letztlich aber nicht in das Gesetz aufgenommen.[900] Die Monopolkommission hat vorgeschlagen, dass bei Unternehmen der öffentlichen Hand mindestens die Vorgaben eines Unterordnungskonzerns i. S. v. § 18 Abs. 1 AktG erforderlich sein sollten.[901] Nach Ansicht der Literatur und Entscheidung des KG ist bei öffentlichen Unternehmen eine „Koordination der Unternehmensleistungen" erforderlich.[902] Die Abhängigkeitsvermutung hat der BGH in einem Fall über öffentliche Unternehmen geltend gemacht, allerdings nicht ausschließlich durch § 17 Abs. 2 AktG, sondern sie ist zusammen mit der Beherrschungsmöglichkeit der öffentlichen Hand an dem Unternehmen zu prüfen.[903]

2. Europäisches Recht

Ob ein Zusammenschluss zwischen staatlichen Unternehmen als interne Reorganisation angesehen werden kann, kommt auch darauf an, ob beide Unternehmen vor der Transaktion zu derselben wirtschaftlichen Einheit gehörten.[904] Entscheidend ist, ob beide Unternehmen unterschiedliche wirtschaftliche Einheiten waren, die eine autonome Entscheidungsbefugnis besaßen.[905] Das Verhältnis der Eigentümer und die verwaltungsmäßige Beziehung der Unternehmen sind zur Prüfung nicht wichtig.[906] Ferner, wenn der Staat seine hoheitlichen Befugnisse

---

900 Thomas, In: Immenga/Mestmäcker, GWB/Teil 1, 5. Aufl., § 36 Rn. 940; Stellungnahme des Bundesrates zum Regierungsentwurf der 8. GWB-Novelle, Anlage 3 zum Regierungsentwurf, BT-Druck. 17/9852 S. 41 Tz. 4.

901 Thomas, In: Immenga/Mestmäcker, GWB/Teil 1, 5. Aufl., § 36 Rn. 941.

902 Thomas, In: Immenga/Mestmäcker, GWB/Teil 1, 5. Aufl., § 36 Rn. 941; Bechtold, GWB, 8. Aufl., § 36 Rn. 65; KG 11.1.1993 WuW/E OLG 5151,5163 – „Horten/TUI".

903 BKartA 30.6.2005 WuW/E DE-V 1081 f. – „RUAG/MEN"; Thomas, in: Immenga/Mestmäcker, GWB/Teil 1, 5. Aufl., § 36 GWB Rn. 942; anderer Meinung sind Richter/Steinvorth, in: Wiedemann, Kartellrecht, 3. Aufl., §19 Rn. 36: Die Verbundklausel von § 36 Abs. 2 S. 1 GWB sowie die Vermutung nach § 17 Abs. 2, 16 AktG gelten für die öffentliche Hand, welche einen Unterschied des europäischen Rechts darstellt, nach dem noch zu prüfen ist, ob das Unternehmen Autonomie hat.

904 Konsolidierte Mitteilung der Kommission zu Zuständigkeitsfragen Tz. 52; Körber, in: Immenga/Mestmäcker, EU/Teil 2, 5. Aufl., Art. 3 FKVO Rn. 13; Wiedemann, in: Kartellrecht, 3. Aufl., § 15 Rn. 79 f.

905 Konsolidierte Mitteilung der Kommission zu Zuständigkeitsfragen Tz. 52; Körber, in: Immenga/Mestmäcker, EU/Teil 2, 5. Aufl., Art. 3 FKVO Rn. 13 mit Verweis auf KOMM 14.5.2009 M. 5508 Tz. 8 „SoFFin/Hypo Real Estate"; Wiedemann, in: Wiedemann, Kartellrecht, 3. Aufl., § 15 Rn. 79.

906 Körber, in: Immenga/Mestmäcker, EU/Teil 2, 5. Aufl., Art. 3 FKVO Rn. 13; Wiedemann, in: Wiedemann, Kartellrecht, 3. Aufl., § 15 Rn. 79.

nur zum Schutz des Gemeininteresses wahrnimmt, begründet dies keine Kontrolle i. S. v. FKVO.[907] Eine Voraussetzung liegt jedoch vor, und zwar, dass der Staat kein Gesellschafter des Unternehmens ist.[908] Wenn die staatlichen Unternehmen keine wirtschaftliche Einheit gebildet haben, fällt der Zusammenschluss nach dem Grundsatz der Nichtdiskriminierung unter die FKVO, ebenso wie bei einem privaten Unternehmen.[909]

3. Umstrukturierung der SOE in China

Anders als in der deutschen und europäischen Fusionskontrolle ist die Umstrukturierung von SOE in der chinesischen Fusionskontrolle ein eignes Thema, das nicht lediglich als untergeordnetes Thema einer Umstrukturierung innerhalb der Unternehmensgruppe behandelt werden kann. Das Thema der Umstrukturierung von SOE umfasst viele spezielle Fragen und bezieht sich nicht nur auf die Diskussion, ob und wie das chinesische Anti-Monopol-Gesetz eine Anwendung auf die SOE finden kann, sondern auch auf das Thema der kontinuierlichen Reform der SOE sowie den Konflikt zwischen Wettbewerbs- und Industrie-Politik bezüglich der Frage des Zusammenschlusses staatlicher Unternehmen.

a) Die Anwendbarkeit des AMG auf SOE mit Rücksicht auf Art. 7 AMG

Ob das AMG auf SOE anwendbar ist, hängt davon ab, ob SOE Gegenstand des chinesischen AMG sind. Im Schrifttum wird diese Frage kontrovers diskutiert. Der umstrittene Punkt betrifft die Frage, wie Art. 7 AMG auszulegen ist.[910] Art. 7 AMG sieht vor: „Der Staat schützt die legale Unternehmenstätigkeit der Unternehmen in Lebensadern der Volkswirtschaft und die Sicherheit des Staates berührenden Branchen, in denen die staatseigene Wirtschaft eine kontrollierende Stellung hat, und in Branchen, die nach dem Recht etwas ausschließlich betreiben oder vertreiben, und überwacht, steuert und kontrolliert nach dem Recht das unternehmerische Handeln dieser Unternehmen und die Preise ihrer

---

907 Konsolidierte Mitteilung der Kommission zu Zuständigkeitsfragen Tz. 53; Körber, in: Immenga/Mestmäcker, EU/Teil 2, 5. Aufl., Art. 3 FKVO Rn. 13; Wiedemann, in: Wiedemann, Kartellrecht, 3. Aufl., § 15 Rn. 80: wenn er„nicht als ein Gesellschafter auftritt".

908 Konsolidierte Mitteilung der Kommission zu Zuständigkeitsfragen Tz. 53; Körber, in: Immenga/Mestmäcker, EU/Teil 2, 5. Aufl., Art. 3 FKVO Rn. 13.

909 Konsolidierte Mitteilung der Kommission zu Zuständigkeitsfragen Tz. 52, 192; Körber, in: Immenga/Mestmäcker, EU/Teil 2, 5. Aufl., Art. 3 FKVO Rn. 13.

910 Vgl. dazu auch Jin, Aufgreifkriterien in der Fusionskontrolle, S. 100.

Waren und Dienstleistungen, die Interessen der Verbraucher schützend und den technischen Fortschritt fördernd. Die Unternehmen der Branchen nach dem vorigen Absatz müssen nach dem Recht betrieben werden, Treu und Glauben wahren, strikte Selbstdisziplin üben, die Aufsicht der Allgemeinheit akzeptieren, sie dürfen ihre kontrollierende Stellung oder ihre Stellung als ausschließliche Betreiber oder Verkäufer nicht nutzen, um die Interessen der Verbraucher zu schädigen."[911] Weil der Wortlaut von Art. 7 AMG abstrakt und allgemein ist, lässt er Spielraum für unterschiedliche Auslegungen.[912]

Eine Ansicht lautet, dass Art. 7 AMG eine Grundlage für eine freie Anwendung des AMG an SOE bietet.[913] Nach dieser Meinung hat der Gesetzgeber mit der Formulierung „der Staat schützt die legale Unternehmenstätigkeit der Unternehmen" gemeint, dass die beherrschende Stellung von SOE rechtmäßig ist.[914] Ferner wird in Art. 7 AGM formuliert, dass die SOE Treu und Glauben wahren sowie strikte Selbstdisziplin üben sollen, was dahingehend ausgelegt werden kann, dass die staatlichen Unternehmen nicht unter das AMG fallen.[915]

Die Auslegung wird im Schrifttum häufig kritisiert. Die Gegenmeinung legt den ersten Satz von Art. 7 AMG nicht vollkommen anders aus, ist allerdings der Auffassung, dass er eine Berechtigungsklausel darstellt.[916] Der erste Satz deute an, dass die beherrschende Stellung der staatlichen Unternehmen in in Kernbranchen der Volkswirtschaft, der Staatssicherheit sowie dem Franchise-Monopol des Gesetzgebers anerkannt wird; ein rechtmäßiger Betrieb sowie die Verstärkung der Stellung sind vom Gesetzgeber erlaubt.[917] Der Betrieb solcher SOE stehe allerdings unter staatlicher Überwachung und gesetzlicher

---

911 Eine deutsche Übersetzung des Gesetzes findet sich unter: http://www.chinas-recht.de/070830.htm (zuletzt aufgerufen am 12.11.2017).

912 戴龙 [DAI, Long],《竞争政策研究》[Studie über Wettbewerbspolitik], 03/2016, S. 78, 79.

913 Vgl. 丁国民 [DING, Guoming],《学术论坛》[Akademisches Forum], 03/2011, S. 74, 75; 徐晓松 [XU, Xiaosong],《政治与法律》[Politik und Rechtswissenschaft], 01/2012, S. 101, 105 f.

914 徐晓松 [XU, Xiaosong],《政治与法律》[Politik und Rechtswissenschaft], 01/2012, S. 101, 105 f.

915 徐晓松 [XU, Xiaosong],《政治与法律》[Politik und Rechtswissenschaft], 01/2012, S. 101, 105 f.

916 戴龙 [DAI, Long],《竞争政策研究》[Studie über Wettbewerbspolitik], 03/2016, S. 78, 79.

917 孙晋/张田 [SUN, Jin/ZHANG, Tian],《法制研究》[Rechtswissenschaft], 08/2014, S. 51, 52; 白让让 [BAI, Rangrang],《经济社会体制比较》[Vergleich der Wirtschafts- und Sozialsysteme], 03/2008, S. 103, 104.

Regulierung.[918] Der zweite Satz von Art. 7 AMG sei jedoch keine Befreiung der staatlichen Unternehmen von der Anwendung des Anti-Monopol-Gesetzes, sondern lediglich eine Eidklausel, welche deutlich Folgendes anzeige: Solange die Unternehmen in diesen Branchen die Voraussetzung der Vorschriften des AMG erfüllen, fallen sie unter das AMG.[919]

Darüber hinaus ist die Gegenmeinung der Ansicht, dass das AMG keine Ausnahme für SOE vorsieht.[920] Eine Auslegung des Art. 7 AGM müsse ferner in Verbindung mit Art. 2 u. Art. 12 AMG erfolgen. Art. 2 AMG sieht vor, dass alle kartellrechtlich widrigen Verhaltensweisen in und außerhalb Chinas, die eine Wirkung in China nach sich ziehen können, unter das chinesische AMG fallen. Dahingehend sei das Unternehmen gemäß Art. 12 AMG weit zu verstehen, dieser betreffe Personen, juristische Personen und sonstige Organisationen, welche nach dem Wortlaut von den staatlichen Unternehmen erfasst würden.[921]

Außerdem wird nach der im September 2010 veröffentlichten Stellungnahme des Staatsrats zur Fusion und Übernahme von Unternehmen[922] gefordert, dass der Vorgang nach dem AMG bei MOFCOM angemeldet werden solle, wenn der Zusammenschluss die Voraussetzung der Fusionskontrolle erfüllt.[923] Die Stellungnahme des Staatsrats habe ausdrücklich angezeigt, dass der Zusammenschluss staatlicher Unternehmen auch unter die Fusionskontrolle fällt.[924]

918 刘健 [LIU, Jian],《中国价格监督与反垄断法》[China Preisüberwachung und Wettbewerbsrecht], 03/2014. S. 36; 黄勇 [HUANG, Yong],《价格理论与实践》[Theorie und Praxis des Preises], 11/2011, S. 1.

919 孙晋/张田 [SUN, Jin/ZHANG, Tian],《法制研究》[Rechtswissenschaft], 08/2014, S. 51 f. u. 57; 刘健 [LIU, Jian],《中国价格监督与反垄断法》[China Preisüberwachung und Wettbewerbsrecht], 03/2014. S. 36; 黄勇 [HUANG, Yong]《价格理论与实践》[Theorie und Praxis des Preises], 11/2011, S. 1.

920 孙晋/张田 [SUN, Jin/ZHANG, Tian],《法制研究》[Rechtswissenschaft], 08/2014, S. 51, 52 f..

921 孙晋/张田 [SUN, Jin/ZHANG, Tian],《法制研究》[Rechtswissenschaft], 08/2014, S. 51, 57.

922 国务院 [Staatsrat],《关于促进企业兼并重组的意见》(28.08.2010).

923 戴龙 [DAI, Long],《竞争政策研究》[Studie über Wettbewerbspolitik], 03/2016, S. 78, 81.

924 Vgl. 戴龙 [DAI, Long],《竞争政策研究》[Studie über Wettbewerbspolitik], 03/2016, S. 78, 81.

b) *Die Notwendigkeit der Anwendung der Fusionskontrolle auf den Zusammenschluss von SOE*

Eine gleiche Anwendung der chinesischen Fusionskontrolle auf SOE ist nach der Auffassung des Schrifttums notwendig, weil der Zusammenschluss von SOE eine wettbewerbsbeschränkende Wirkung bewirken und dadurch die Interessen des Verbrauchers schädigen könne.[925]

Die wettbewerbsbeschränkende Wirkung wird im Schrifttum primär in einer möglichen kollektiven Marktbeherrschung durch oligopolistische Unternehmen gesehen. Viele SOE sind in Bereichen tätig, in denen die …" oder „befinden sich in Bereichen, in denen die Zutrittsschwelle zum Markt hoch ist, oder im Bereich der Infrastruktur oder Dienstleistungen, wo der Wettbewerb eingeschränkt ist.[926] Eine Vereinbarung oder stillschweigende Abstimmung von staatlichen Unternehmen kann somit eine wettbewerbsbeschränkende Wirkung entfalten.[927] Als Beispiel wird im Schrifttum die Umstrukturierung der Luftverkehrsgesellschaften von CAAC im Jahr 2002 genannt.[928] Im Zuge der Umstrukturierung wurden neun Fluggesellschaften zu drei Unternehmen umgebaut, die insgesamt 80 % der Marktanteile besitzen.[929] Im April 2009 haben alle Fluggesellschaften, die ihre Tickets durch das System von China Civil Aviation Information Network Co., Ltd. verkaufen, die gleiche Berechnungsmethode genutzt und dadurch mittelbar den Preis gemeinsam erhöht.[930] Ein anderes Beispiel: China mobile begründete nach der Umstrukturierung der SOE im Bereich Telekommunikation 2008 eine überwiegend beherrschende Stellung im Mobilfunkmarkt, anschließend wurde darüber geklagt, dass Kunden zum Kauf von Service-Paketen etc. verpflichtete.[931]

---

925 戴龙 [DAI, Long],《竞争政策研究》[Studie über Wettbewerbspolitik], 03/2016; 孙晋 [SUN, Jin],《华东政法大学学报》[Zeitschrift der Universität Ostchina für Politikwissenschaft und Recht], 04/2015.

926 戴龙 [DAI, Long],《竞争政策研究》[Studie über Wettbewerbspolitik], 03/2016, S. 78, 84.

927 戴龙 [DAI, Long],《竞争政策研究》[Studie über Wettbewerbspolitik], 03/2016, S. 78, 84.

928 孙晋 [SUN, Jin],《华东政法大学学报》[Zeitschrift der Universität Ostchina für Politikwissenschaft und Recht], 04/2015, S. 17, 18.

929 孙晋 [SUN, Jin],《华东政法大学学报》[Zeitschrift der Universität Ostchina für Politikwissenschaft und Recht], 04/2015, S. 17, 18.

930 孙晋 [SUN, Jin],《华东政法大学学报》[Zeitschrift der Universität Ostchina für Politikwissenschaft und Recht], 04/2015, S. 17, 18.

931 孙晋 [SUN, Jin],《华东政法大学学报》[Zeitschrift der Universität Ostchina für Politikwissenschaft und Recht], 04/2015, S. 17, 18.

Des Weiteren kann der Zusammenschluss staatlicher Unternehmen den Eintritt anderer Wettbewerber in den Markt erschweren.[932] Wie oben bereits erwähnt, betätigen sich viele staatliche Unternehmen in einem Markt, wo der Eintritt schwierig ist und nur wenige Wettbewerber agieren. Solange sich die staatlichen Unternehmen in einem solchen Markt weiter zusammenschließen, ist die wettbewerbsbeschränkende Wirkung des Zusammenschlusses nicht einfach durch den Beitritt neuer Wettbewerber auszugleichen.[933] Ein erschwerter Markteintritt nach dem Zusammenschluss staatlicher Unternehmen kann durch ein technisches oder ein politisches Hindernis bedingt sein.[934] Viele Umstrukturierungen finden in den Bereichen Telekommunikation, Zivilluftfahrt, Kohle und Stromnetze statt. Nach dem Zusammenschluss kann die Infrastruktur in dieser Industrie auf ein oder einige staatliche Unternehmen konzentriert werden, was ein technisches Hindernis darstellen kann.[935] Das politische Hindernis betrifft insbesondere das Verwaltungsmonopol, das die Regierung durch die Einführung einer für den Markteintritt erforderlichen Genehmigung für private Unternehmen zum Schutz der SOE aufgebaut hat.[936]

Ferner ist der Zusammenschluss von SOE nicht nur ein Thema der Rechtsanwendung des AMG, sondern auch ein soziales Thema in China, das eine allgemeine Bedeutung hat.[937] Durch die Konzentration von SOE können spezielle Interessengruppen und Probleme wie z. B. Rent-Seeking sowie Korruption entstehen.[938]

c) *Klassifizierung der SOE und die Anwendung des AMG*

Eine andere Diskussion zum chinesischen Anti-Monopol-Gesetz dreht sich darum, ob das geltende Recht gleichartig auf alle SOE sowie alle Verhaltensweisen

932 Vgl. 戴龙 [DAI, Long],《竞争政策研究》[Studie über Wettbewerbspolitik], 03/2016, S. 78, 84.

933 戴龙 [DAI, Long],《竞争政策研究》[Studie über Wettbewerbspolitik], 03/2016, S. 78, 84.

934 孙晋 [SUN, Jin],《华东政法大学学报》[Zeitschrift der Universität Ostchina für Politikwissenschaft und Recht], 04/2015, S. 17, 19.

935 孙晋 [SUN, Jin],《华东政法大学学报》[Zeitschrift der Universität Ostchina für Politikwissenschaft und Recht], 04/2015, S. 17, 19.

936 孙晋 [SUN, Jin],《华东政法大学学报》[Zeitschrift der Universität Ostchina für Politikwissenschaft und Recht], 04/2015, S. 17, 19.

937 Vgl. 丁国民 [DING, Guoming],《学术论坛》[Akademisches Forum], 03/2011, S. 74, 75 ff.

938 丁国民 [DING, Guoming],《学术论坛》[Akademisches Forum], 03/2011, S. 74, 77.

anzuwenden ist oder die SOE durch Erlass eines neuen speziellen Gesetzes geregelt werden sollen.[939]

Ein Argument für die Einführung eines speziellen Gesetzes lautet, dass das aktuelle AMG für die Aufgabe, kartellrechtliche Probleme von staatlichen Unternehmen zu prüfen, nicht geeignet sei, weil nicht nur die Gründung der marktbeherrschenden Stellung, sondern auch die Umstrukturierung von SOE ein Ergebnis der staatlichen Industrie-Politik wäre, weshalb die wettbewerbliche Wirkung nicht einfach durch die Anwendung des AMG geprüft werden könne.[940] Der Staat bezwecke mit der Fusion und Umstrukturierung von SOE, die Wirtschaftsstruktur und geografische Verteilung der Industrie in China zu verändern.[941] Dem wird entgegengehalten, dass das Anti-Monopol-Gesetz bei privaten und SOE gleichermaßen angewendet werden müsse, weil die SOE auch ein Subjekt der Marktwirtschaft darstellen.[942]

Eine mögliche Lösung wäre, die SOE in zwei Gruppen zu klassifizieren und unterschiedlich zu behandeln: als SOE mit Gemeinwohlinteresse und gewerbliche SOE.[943] Die gewerblichen SOE unterfallen dann ohne Zweifel wie private Unternehmen der chinesischen Fusionskontrolle.[944] Wie und nach welchem Kriterium SOE eingestuft werden könnten, wird im Schrifttum nicht klargestellt. Im Schrifttum ist diesbezüglich lediglich die Meinung zu finden, dass der Begriff der SOE mit Gemeinwohlinteresse eng ausgelegt werden soll.[945]

---

939 Vgl. 孙晋 [SUN, Jin],《华东政法大学学报》[Zeitschrift der Universität Ostchina für Politikwissenschaft und Recht], 04/2015, S. 17, 22 f.; 王先林 [WANG, Xianlin],《法学评论》 [Law Review], 05/2012, S. 96, 103.

940 Vgl. 孙晋 [SUN, Jin],《华东政法大学学报》[Zeitschrift der Universität Ostchina für Politikwissenschaft und Recht], 04/2015, S. 17, 22; 徐晓松 [XU, Xiaosong],《政治与法律》[Politik und Rechtswissenschaft], 01/2012, S. 101, 104; 丁国民 [DING, Guoming],《学术论坛》[Akademisches Forum], 03/2011, S. 74, 77 f.

941 丁亮 [DING, Liang],《商场现代化》[Markt und Modernisierung], 06/ 2008, S. 280.

942 孙晋 [SUN, Jin],《华东政法大学学报》[Zeitschrift der Universität Ostchina für Politikwissenschaft und Recht], 04/2015, S. 17, 23.

943 孙晋/张田 [SUN, Jin/ZHANG, Tian],《法制研究》[Rechtswissenschaft], 08/2014, S. 51, 53; ähnlicher Meinung sind 于立/王玥 [YU, Li/WANG, Yue],《中国物价》[Chinas Preise], 02/2014, S. 9, 12.

944 Vgl. 孙晋/张田 [SUN, Jin/ZHANG, Tian],《法制研究》[Rechtswissenschaft], 08/2014, S. 51, 53; ähnlicher Meinung sind 于立/王玥 [YU, Li/WANG, Yue],《中国物价》[Chinas Preise], 02/2014, S. 9, 12.

945 戴龙 [DAI, Long],《竞争政策研究》[Studie über Wettbewerbspolitik], 03/2016, S. 78, 82.

Im August 2015 hat der Staatsrat die Richtlinie zur Vertiefung der Reform von SOE[946] erlassen, in der die Klassifizierung von SOE erwähnt wird. Nach der Richtlinie können die SOE in solche mit Gemeinwohlinteresse und solche mit gewerblichem Interesse eingestuft werden. In der Richtlinie wird jedoch ebenfalls nicht klargestellt, nach welchem Kriterium SOE in die unterschiedlichen Gruppen einzustufen sind. Die Richtlinie legt allerdings dar, dass die Unternehmen mit Gemeinwohlinteresse und die mit gewerblichem Zweck unterschiedliche Reformziele erfolgen. Allgemein sind die staatlichen Unternehmen mit gewerblichem Zweck darauf ausgerichtet, ihre Geschäfte unabhängig zu betreiben und die Wettbewerbspolitik einzuhalten. Nach der Richtlinie finden sich gewerbliche SOE auch in Branchen bezüglich Staatssicherheit, in sog. Lebensadern der Volkswirtschaft sowie in natürlichen Monopolen.

d) SOE untereinander und zusammen mit SASAC als wirtschaftliche Einheit?

aa. Der Fall EDF/CGN/NNB

Der Fall EDF/CGN/NNB aus dem Jahr 2016 hat große Bedeutung für die Praxis des Zusammenschlusses, weil die Kommission hier erstmals die chinesischen SOE untereinander und zusammen mit SASAC als eine wirtschaftliche Einheit dargestellt hat.[947] Unter Einbezug der Umsätze anderer SOE im Bereich Energie erreicht der Fall erstmals die Umsatzschwelle nach Art. 1 FKVO.[948]

Zur Würdigung, ob zwei SOE unabhängige Entscheidungsbefugnis haben, hat die Kommission ein Kriterium mit zwei Voraussetzungen gesetzt:

- 1) Das SOE hat eine eigene Befugnis, um strategische Entscheidungen treffen sowie Geschäftspläne und das Budget bestimmen zu können,
- 2) der Staat hat eine Möglichkeit, die Koordinierung des Geschäftsverhaltens der Unternehmen durch Auflagen oder Erleichterungen zu verändern.[949]

Nach Meinung der Kommission sind chinesische SOE nicht von SASAC und anderen SOE unabhängig, insbesondere nicht die Unternehmen im Bereich

946 中共中央/国务院 [CCCPC/Staatsrat],《关于深化国有企业改革的指导意见》(24.08.2015); vgl. 戴龙 [DAI, Long],《竞争政策研究》[Studie über Wettbewerbspolitik], 03/2016, S. 78, 80 f.

947 KOMM. M. 780-EDF/CGN/NNB Group of companies.

948 KOMM. M. 780-EDF/CGN/NNB Group of companies, Tz. 51.

949 KOMM. M. 780-EDF/CGN/NNB Group of companies, Tz. 30.

Energie.[950] Einerseits unterstützt die Kommission in der Entscheidung die Meinung des beteiligten Unternehmens CGN – dass nach der Vorschrift des GSA die staatliche Regierung lediglich Investor von staatlichen Unternehmen ist – nicht, weil sie der Ansicht ist, dass die Vorschrift des GSA nur einen allgemeinen Grundsatz darstellt.[951] Ferner ist die Kommission mit Verweis auf einige Regelungen aus dem chinesischen Recht über SOE der Meinung, dass die SOE von SASAC nicht unabhängig sind, weil sich SASAC an den geschäftlichen Entscheidungen der Unternehmen beteilige und das Recht zur Bestellung und Abberufung von hochrangigen Führungskräften den SOE obliegt.[952] Darüber hinaus können die Informationen auf der Homepage von SASAC[953] und andere Informationen nach Meinung der Kommission als Argument für eine wirtschaftliche Einheit angesehen werden.[954]

Im Fall EDF/CGN/NNB kam die Kommission zu dem Schluss, dass mindestens im Bereich der Energie eine Koordination zwischen SOE und eine Einflussnahme von SASAC vorstellbar sind.[955] Die Kommission lässt die Frage offen, ob neben der SASAC der Zentralregierung auch entsprechende Behörden lokaler Regierungen zusammen mit SOE eine wirtschaftliche Einheit gebildet haben.[956]

bb. Die Reform der SOE

Ein Ausgangspunkt der kontroversen Diskussion über die Anwendbarkeit des AMG auf SOE liegt bei den unterschiedlichen Meinungen über die Rechtsstellung der SOE.[957] Einerseits herrscht die Meinung vor, dass die SOE nicht unabhängig

---

950 KOMM. M. 780-EDF/CGN/NNB Group of companies, Tz. 43 f.

951 KOMM. M. 780-EDF/CGN/NNB Group of companies, Tz. 37.

952 KOMM. M. 780-EDF/CGN/NNB Group of companies, Tz. 38 ff. Es gibt einen Fehler in der Begründung von Rn. 39. Die interimistische Maßnahme für Überwachung aus dem Jahr 2003 gilt für alle SOE, während die von 2006 ausschließlich für zentrale SOE gilt. Vgl. 国资委 [SASAC],《企业国有资产监督管理暂行条例》(27.05.2003); 国资委 [SASAC],《中央企业投资监督管理暂行办法》(28.06.2006). Sonst das Wortlaut „监督管理" von Art. 4 der interimistischen Maßnahme für Überwachung in 2006 soll nach sprachliche Gewohnheit von Chinesisch nicht als „supervise and administrate" übersetzen (s. Rn. 39 der Entscheidung). „监督管理" soll hier nur als „Überwachung" ausgelegt werden.

953 Homepage: http://en.sasac.gov.cn/

954 KOMM. M. 780-EDF/CGN/NNB Group of companies, Tz. 41, 44 ff.

955 KOMM. M. 780-EDF/CGN/NNB Group of companies, Tz. 49.

956 KOMM. M. 780-EDF/CGN/NNB Group of companies, Tz. 50.

957 Vgl. 戴龙 [DAI, Long],《竞争政策研究》[Studie über Wettbewerbspolitik], 03/2016, S. 78, 80 ff.

von der Regierung als selbstständiger Träger auf dem Markt angenommen werden können, andererseits zielt die Reform der SOE deutlich darauf, dass diese selbst Managemententscheidungen treffen und die volle Verantwortung für die eigenen Gewinne und Verluste übernehmen sollen.[958] Im Oktober 2003 wurde eine Entscheidung des Zentralkomitees der Kommunistischen Partei Chinas zu einigen Fragen der Verbesserung der sozialistischen Marktwirtschaft[959] genehmigt und erlassen, die zeigt, dass der Aufbau eines modernen Eigentumssystems einen Teil der wirtschaftlichen Reform in China ausmacht, welches gleichfalls der Zweck der Reform der SOE ist (Nr. 6 der Entscheidung).[960] Die Reform der sozialistischen Marktwirtschaft verfolgt auch den Zweck, die staatliche Vermögensverwaltung und das Überwachungssystem auszubauen und zu verbessern (Nr. 7 der Entscheidung). Die Einrichtung der SASAC nimmt die Verantwortung als Investor des staatlichen Eigentumes wahr (Nr. 7 der Entscheidung). Des Weiteren ist die Verbesserung der Corporate Governance der SOE ein Zweck der Reform (Nr. 8 der Entscheidung), was auch beinhaltet, dass die Rechte und Pflichten der Gesellschafterversammlung, des Vorstands, des Aufsichtsrats und der Unternehmensleitung zu vereinheitlichen und die Besetzung der Führungskräfte von Unternehmen zu verbessern sind. Daneben sind die Leitung der Partei und die Beschäftigung von Führungskräften durch den Markt zu kombinieren (Nr. 8 der Entscheidung).

e) Gleiche Anwendung von Art. 22 AMG auf alle Unternehmen?

Neben Art. 22 AMG gibt es in der chinesischen Fusionskontrolle keine spezielle Regelung für SOE. Der Wortlaut von Art. 22 kann nicht dahingehend ausgelegt werden, dass die Artikel ausschließlich für private Unternehmen gelten.[961] Grundsätzlich sind staatliche Unternehmen ebenfalls der Gegenstand von Art. 22 AMG, wenn ein beteiligtes SOE die Mehrheit über andere Unternehmen

958 戴龙 [DAI, Long],《竞争政策研究》[Studie über Wettbewerbspolitik], 03/2016, S. 78, 80; vgl. 张卫东 [ZHANG, Weidong],《湖北社会科学》[Hubei Sozialwissenschaft], 07/2008, S. 57; vgl. 江中游 [JIANG, Zhongyou],《中国社会科学院研究生院学报》[Zeitschrift der CASS Graduiertenschule], 04/2009, S. 68, 69 f.

959 Auf Chinesisch 中共中央 [CCCPC],《关于完善社会主义市场经济体制若干问题的决定》(04.10.2003).

960 Vgl. 戴龙 [DAI, Long],《竞争政策研究》[Studie über Wettbewerbspolitik], 03/2016, S. 78, 80 f.

961 Vgl. 刘健 [LIU, Jian],《中国价格监督与反垄断法》[China Preisüberwachung und Wettbewerbsrecht], 03/2014, S. 36 f.

besitzt oder alle beteiligten staatlichen Unternehmen von dem gleichen Unternehmen mit einer Mehrheit besessen werden.

f) Zusammenschluss von SOE: konzerninterne Umstrukturierung nach Art. 22 AMG oder neuer Zusammenschluss nach Art. 20 AMG?

Wenn bei einem Zusammenschluss alle beteiligten Unternehmen SOE sind, soll diese Transaktion nach Art. 22 AMG als interne Konzernumstrukturierung angesehen oder nach Art. 20 AMG als Zusammenschluss behandelt werden? Beides ist fragwürdig.

In der oben genannten Entscheidung zum Fall „EDF/CGN/NNB" ist die Europäische Kommission der Meinung, dass die SOE wegen fehlender Autonomie gegenüber SASAC und anderen SOE als eine wirtschaftliche Einheit angesehen werden können. Nach der Begründung der Europäischen Kommission stellt der Zusammenschluss von SOE keinen Zusammenschluss i. S. d. Fusionskontrolle dar, weil es sich um eine einheitliche Unternehmensgruppe handelt und die interne Umstrukturierung keine Kontrollveränderung bewirken kann. Obwohl die chinesische Fusionskontrolle keine wirtschaftliche Einheit vorsieht, kann der Zusammenschluss von SOE auch aufgrund Art. 22 AMG von der Fusionskontrolle befreien, wenn die beteiligten SOE durch Mehrheitsbeteiligung oder 100%-Beteiligung vom Staat besessen werden. Das chinesische Anti-Monopol-Gesetz kann somit einen Zusammenschluss von SOE nicht darauf prüfen, ob er den Wettbewerb auf dem Markt negativ beeinflusst. Das Ergebnis steht allerdings nicht im Einklang mit dem Zweck der Reform der SOE in China. Ferner, wenn der Zusammenschluss von SOE lediglich als interne Umstrukturierung behandelt wird, ist die Diskussion über die Anwendbarkeit des Anti-Monopol-Gesetzes auf SOE sinnlos, weil der Zweck der Diskussion darin liegt, das Verhalten von SOE unter die Kontrolle des Anti-Monopol-Gesetzes zu bringen und einen möglichen Missbrauch der Staatsmacht zu beschränken.

Es ist allerdings problematisch, wenn der Zusammenschluss von SOE direkt nach Art. 20 AMG geprüft wird. Besitzt oder kontrolliert der Staat die beteiligten Unternehmen eines Zusammenschlusses, sind sie vor dem Zusammenschluss nicht unabhängig und deswegen kein Gegenstand der Fusionskontrolle. Obwohl die Förderung der Selbständigkeit ein Ziel der Reform der SOE ist, sind die SOE momentan noch keine selbstständigen Träger auf dem Markt, weil sie schon aufgrund des chinesischen Gesellschaftsrechts nicht unabhängig von ihrem beherrschenden Aktionär sind. Ein Investor, der eine große Kapitalbeteiligung besitzt, verfügt nach dem chinesischen Gesellschaftsrecht über das Recht und die Möglichkeit, die Entscheidungen des Zielunternehmens zu bestimmen.

In der Praxis hat MOFCOM einige Anmeldungen zur Fusionskontrolle nach Art. 20 AMG von SOE angenommen. Eine Ansicht in der Literatur unterstützt die Anmeldung: Obwohl alle beteiligten SOE unter der Überwachung von SASAC stehen, soll der Zusammenschluss unter die Fusionskontrolle fallen.[962]

Eine Antwort auf die Frage könnte die Vorschrift von Art. 216 Abs. 4 S. 2 KgG geben, in der ausdrücklich geregelt wird, dass SOE wegen der Kontrolle durch den Staat nicht automatisch als zusammenhängende Unternehmen anzusehen sind. Der Zusammenschluss von SOE soll m. E. eine gleiche Anwendung der Fusionskontrolle finden, im Gesetzestext ist aber eine Vorschrift wie Art. 216 Abs. 4 S. 2 KgG einzuführen.

g) Der Konflikt von Industriepolitik und Wettbewerbspolitik um SOE bei Fusionskontrolle

aa. Die aktuelle Reform der SOE im Rahmen der Industriepolitik

Ob und wie der Zusammenschluss von SOE in die Fusionskontrolle einbezogen werden soll, ist eine praktische Frage, weil aktuell eine weitere Umstrukturierung von SOE geplant und durchgeführt wird. Die Reform der SOE ist ein wichtiger Bereich der Reform der Wirtschaft in China. Im Unterschied zu der Reform der SOE in den achtziger Jahren des zwanzigsten Jahrhunderts, die mit der Einführung des Wettbewerbsmechanismus die SOE in verschiedene Wettbewerber aufspaltete und neue Unternehmen einrichtete, sieht die aktuelle Reform vor, die aufgespalteten Unternehmen wieder zusammenzufassen, um stärkere Unternehmen zu schaffen.[963] Im Dezember 2007 hat SASAC die „Bekanntmachung zur Förderung der Anpassung des Staatskapitals und Umstrukturierung der SOE“[964] erlassen und darauf hingewiesen, dass der Staat die Umstrukturierung der großen SOE beschleunigt, um die Skaleneffekte zu erhöhen und große Unternehmen mit internationaler Wettbewerbsfähigkeit aufzubauen.[965] Zudem wurde vom Staatsrat die „Richtlinie zur Förderung des Zusammenschlusses und Umstrukturierung der Unternehmen“[966] erlassen und dieser steht dem

962 陈建东/赵栋 [CHEN, Jiandong/ZHAO, Dong],《中国物价》[Chinas Preise], 07/2013, S. 27, 30.

963 戴龙 [DAI, Long],《竞争政策研究》[Studie über Wettbewerbspolitik], 03/2016, S. 78, 80.

964 Auf Chinesisch国资委 [SASAC],《关于推进国有资本调整和国有企业重组的指导意见》(05.12.2006).

965 丁亮 [DING, Liang],《商场现代化》[Markt und Modernisierung], 06/ 2008, S. 280.

966 Auf Chinesisch国务院 [Staatsrat],《关于促进企业兼并重组的意见》(28.08.2010).

Zusammenschlusses und der Umstrukturierung von SOE bei.[967] Des Weiteren hat SASAC im März 2015 in einer „Bekanntmachung zur Entwicklung der staatlichen Unternehmen seitens der zentralen Regierung im Zeitraum des dreizehnten Fünfjahresplans“[968] das Ziel der Reform wiederholt. Der neue Plan für die Umstrukturierung der SOE ist ein Teil der Industriepolitik, die eine Umstrukturierung der Industrie und eine wirtschaftliche Ressourcenintegration in China bezweckt.[969]

2014 gab es einer Quelle zufolge zwei Fusionen von SOE – die Fusion von China Huafu Trade & Development Group Corp. mit COFCO Group (China National Cereals, Oils and Foodstuffs Corporation)[970] und die Fusion von CSR Corporation Limited (China South Railway) mit China CNR Corporation (China North Railway)[971]. 2015 erfolgte die Fusion von China Power Investment Corporation mit State Nuclear Power Technology Corporation[972]. Obwohl die Nachricht von SASAC nicht bestätigt wird, sind die SOE unter Überwachung der zentralen Regierung laut diesem Bericht nach der Klassifizierung in „mit Gemeinwohlinteresse“ und „gewerblich“ weiter umzustrukturieren und von 112 auf 40 zu reduzieren.[973]

---

967 Vgl. 戴龙 [DAI, Long],《竞争政策研究》[Studie über Wettbewerbspolitik], 03/2016, S. 78, 81.

968 国资委 [SASAC],《关于中央企业“十三五”发展战略和规划编制工作的通知》(06.03.2015).

969 戴龙 [DAI, Long],《竞争政策研究》[Studie über Wettbewerbspolitik], 03/2016, S. 78, 79 f.

970 李楠桦 [LI, Nanhua], „国电与神华合并重组 央企兼并重组大事记“ [China Guodian Corporation fusioniert mit Shenhua Group, Choronik der Umstrukturierung den zentralen SOE], 29.8.2017, Beitrag online unter: http://ccnews.people.com.cn/n1/2017/0829/c141677-29501215.html (zuletzt aufgerufen am 12.11.2017).

971 Baidu Baike (Online-Enzyklopädie): „南北车合并“ [die Fusion von CSR mit China CNR], online verfügbar unter: https://baike.baidu.com/item/南北车合并 (zuletzt aufgerufen am 12.11.2017).

972 鲁晓曦 [LU, Xiaoxi], „中电投与国核技正式合并 核电三足鼎立“ [Die Entstehung der drei größsten Unternehmen auf dem Markt nach der Fusion von China Power Investment Corporation mit State Nuclear Power Technology Corporation], 30.5.2015, Beitrag online unter: http://companies.caixin.com/2015-05-30/100814810.html (zuletzt aufgerufen am 12.11.2017).

973 O.V.: „央企将进行大规模兼并重组 数量或减至40家“ [Die zentralen SOE werden durch Fusion um bis zu 40 reduziert], 27.4.2015, Beitzag online unter: http://ccnews.people.com.cn/n/2015/0427/c141677-26910746.html?&from=androidqq (zuletzt aufgerufen am 12.11.2017). vgl. 孙晋 [SUN, Jin],《华东政法大学学报》[Zeitschrift der Universität Ostchina für Politikwissenschaft und Recht], 04/2015, S. 17.

Nach der Bekanntmachung von MOFCOM wurden in den Jahren 2015 und 2016 vier Fälle bei MOFCOM angemeldet, in denen es um die Umstrukturierung von SOE geht: die Fusion von CSR Corporation Limited (China South Railway) und China CNR Corporation (China North Railway)[974], die Fusion von China Power Investment Corporation und State Nuclear Power Technology Corporation[975], die Fusion von China CNR Corporation Limited und China South Railway(CSR)[976], und die Fusion von China Minmetals und China Metallurgical Group[977]. Alle vier angemeldeten Fälle wurden freigegeben. Die Entscheidung zur Freigabe hat Kritik hervorgerufen.[978]

bb. *Materielle Prüfung bei einem Zusammenschluss von SOE und der Konflikt zwischen Wettbewerbspolitik und Industriepolitik*

Das formelle Aufgreifkriterium und die materielle Prüfung beim Zusammenschluss von SOE können mit demselben Problem konfrontiert werden: dem Konflikt zwischen Wettbewerbs- und Industriepolitik.[979] Mit dem Erlass einer Reihe von Richtlinien und Bekanntmachungen ist die Zunahme von Zusammenschlüssen ein Teil der Reform der SOE, die bestimmte industrielle Zwecke verfolgt und somit der Industriepolitik zuzurechnen ist.[980] Obwohl jetzt die Umstrukturierung von SOE als Zusammenschluss nach Art. 20 AMG bei MOFCOM anzumelden ist, bleibt noch die Frage zu lösen, wie der Vorgang materiell geprüft werden soll. Die Antwort hängt stark davon ab, ob die Wettbewerbspolitik oder die Industriepolitik Vorrang hat.

Eine Ansicht lautet, dass die Wettbewerbspolitik Vorrang vor der Industriepolitik haben soll.[981] Nach dieser Ansicht ist der heutige Erfolg der SOE eine Folge der letzten Reform der SOE mit ihrer Aufspaltung der großen

---

974 MOFCOM, Bekanntmachung, freigegebene Fälle Nr. 62, erstes Quartal 2015.

975 MOFCOM, Bekanntmachung, freigegebene Fälle Nr. 13, zweites Quartal 2015.

976 MOFCOM, Bekanntmachung, freigegebene Fälle Nr. 68, drittes Quartal 2015.

977 MOFCOM, Bekanntmachung, freigegebene Fälle Nr. 30, drittes Quartal 2016.

978 戴龙 [DAI, Long],《竞争政策研究》[Studie über Wettbewerbspolitik], 03/2016, S. 78, 83.

979 Vgl. 戴龙 [DAI, Long],《竞争政策研究》[Studie über Wettbewerbspolitik], 03/2016, S. 78; vgl. 冯果/王伟 [FENG, Guo/WANG, Wei],《南都学坛（人文社会科学学报）》[Nandu-Forum (Geistes- und Sozialwissenschaften)], 04/2010, S. 75.

980 戴龙 [DAI, Long],《竞争政策研究》[Studie über Wettbewerbspolitik], 03/2016, S. 78, 79 f.; vgl. 孙晋 [SUN, Jin],《华东政法大学学报》[Zeitschrift der Universität Ostchina für Politikwissenschaft und Recht], 04/2015, S. 17, 22 f.

981 王先林 [WANG, Xianlin],《中国市场监督研究》[Studie zur Marktüberwachung], 01/2016, S. 31.

Unternehmen und der Einführung des Wettbewerbsmechanismus für SOE.[982] Im Vergleich mit der Wettbewerbspolitik hat die Industriepolitik eine längere Geschichte in China und kann in kürzerer Zeit ein Ziel erreichen.[983] Wenn die Reform der Wirtschaft in China sich zu stark auf die Industriepolitik konzentriert, kann dies allerdings eine Reihe von Problemen nach sich ziehen: Eine Vormachtstellung der Industriepolitik verhindert möglicherweise die Aufstellung einer Wettbewerbsordnung in China, kann die Innovationsfähigkeit von Unternehmen nicht erhöhen, weist Ressourcen ungleich privaten und staatlichen Unternehmen zu und beinhaltet ferner die Möglichkeit zum Machtmissbrauch der Regierung.[984]

In einer umgekehrten Meinung wird der Vorrang der Industriepolitik gegenüber der Wettbewerbspolitik zumindest angedeutet. Nach dieser Meinung widerspricht die Durchsetzung der Industriepolitik nicht der Wettbewerbspolitik, weil beide demselben Zweck dienen würden, nämlich eine optimale Verteilung der Ressourcen und eine höhere Effektivität der Wirtschaft zu erreichen.[985] Die Gegenmeinung legt Art. 7 AMG so aus, dass der Vorgang durch die Industriepolitik nicht von der Anwendung des AMG ausgeschlossen ist, es gelte vielmehr nur, dass die Anwendung des Anti-Monopol-Gesetzes von der Industriepolitik beschränkt wird.[986] Nach dieser Meinung soll bei einer Anwendung des AMG ein Spielraum für die Industriepolitik gelassen werden.[987] Die Meinung liefert aber kein praktisches Kriterium und keine klare Voraussetzung, wie die Industriepolitik in der Falllösung zu berücksichtigen wäre. In der chinesischen Fusionskontrolle kann ein Zusammenschluss von SOE gemäß der Industriepolitik

982 戴龙 [DAI, Long],《竞争政策研究》[Studie über Wettbewerbspolitik], 03/2016, S. 78, 83.

983 孙晋 [SUN, Jin],《华东政法大学学报》[Zeitschrift der Universität Ostchina für Politikwissenschaft und Recht], 04/2015, S. 17, 22.

984 王先林 [WANG, Xianlin],《中国市场监督研究》[Studie zur Makrtüberwachung], 01/2016, S. 31.

985 冯果/王伟 [FENG, Guo/WANG, Wei],《南都学坛（人文社会科学学报）》[Nandu-Forum (Geistes- und Sozialwissenschaften)], 04/2010, S. 75 f. 徐士英 [XU, Shiying],《竞争政策研究》[Studie über Wettbewerbspolitik], 07/2015, S. 79, 90.

986 冯果/王伟 [FENG, Guo/WANG, Wei],《南都学坛（人文社会科学学报）》[Nandu-Forum (Geistes- und Sozialwissenschaften)], 04/2010, S. 75, 80.

987 冯果/王伟 [FENG, Guo/WANG, Wei],《南都学坛（人文社会科学学报）》[Nandu-Forum (Geistes- und Sozialwissenschaften)], 04/2010, S. 75, 81; vgl. 徐士英 [XU, Shiying],《竞争政策研究》[Studie über Wettbewerbspolitik], 07/2015, S. 79, 86 f.

dieser Meinung zufolge nach Art. 28 AMG freigegeben werden.[988] Art. 28 S. 2 AMG sieht vor: Wenn das beteiligte Unternehmen nachweisen kann, dass die Vorteile des Vorgangs die wettbewerbsbeschränkende Wirkung übertreffen oder er im Einklang mit den öffentlichen Interessen steht, kann der Vorgang freigegeben werden. Industriepolitik ist nach der Meinung gleich wie öffentliches Interesse auszulegen.[989] In der Praxis sind alle angemeldeten Zusammenschlüsse von SOE freigegeben. Weil die Entscheidung einer Freigabe keine ausführliche Begründung offenlegt, kann nicht nachvollzogen werden, wie genau die Fälle geprüft werden.

Wie oben erklärt, vertreten sowohl die Richtlinie als auch im Schrifttum die Ansicht, dass die SOE künftig in die Kategorien „mit Gemeinwohinteresse" und „mit Gewerbe" einzustufen sind. Die Klassifizierung ist für die Anwendung der Fusionskontrolle, insbesondere für die Durchführung der materiellen Prüfung, ebenfalls sinnvoll. Für die SOE mit Gemeinwohlinteresse hat die Anwendung der Industriepolitik Vorrang vor der Wettbewerbspolitik, während gewerbliche SOE bei der Fusionskontrolle unterschiedslos zu anderen privaten Unternehmen behandelt werden.[990] Eine materielle Prüfung ist im Hinblick auf die öffentlichen Interessen nur sehr beschränkt auf die SOE mit Gemeinwohlinteresse anzuwenden, ferner soll das öffentliche Interesse eng ausgelegt werden.[991]

Obwohl in China ein Konflikt zwischen Wettbewerbs- und Industriepolitik besteht, Wandel in der Gewichtigkeit der beiden politischen Ausrichtungen erkennbar.[992] Die Relevanz der Wettbewerbspolitik wird in einer Reihe von Richtlinien und in einer Stellungnahme des Staatsrats betont.[993] Die im September

988 冯果/王伟 [FENG, Guo/WANG, Wei],《南都学坛（人文社会科学学报）》[Nandu-Forum (Geistes- und Sozialwissenschaften)], 04/2010, S. 75, 80 f.; vgl. 徐士英 [XU, Shiying],《竞争政策研究》[Studie über Wettbewerbspolitik], 07/2015, S. 79, 84.

989 Dagegen: 孙晋 [SUN, Jin],《华东政法大学学报》[Zeitschrift der Universität Ostchina für Politikwissenschaft und Recht], 04/2015, S. 17, 20 u. 25 f.: Art. 28 AMG darf nicht direkt für den Zusammenschluss von SOE angewendet werden, für die Aufnahme des öffentlichen Interesses ist eine ausführliche Begründung erforderlich.

990 孙晋/张田 [SUN, Jin/ZHANG, Tian],《法制研究》[Rechtswissenschaft], 08/2014, S. 51, 56; vgl. 孙晋 [SUN, Jin],《华东政法大学学报》[Zeitschrift der Universität Ostchina für Politikwissenschaft und Recht], 04/2015, S. 17, 23.

991 戴龙 [DAI, Long],《竞争政策研究》[Studie über Wettbewerbspolitik], 03/2016, S. 78, 82.

992 戴龙 [DAI, Long],《竞争政策研究》[Studie über Wettbewerbspolitik], 03/2016, S. 78, 80.

993 孟雁北 [MENG, Yanbei],《中国人民大学学报》[Zeitschrift der Renmin Universität], 02/2015, S. 122, 124 f.; 戴龙 [DAI, Long],《竞争政策研究》[Studie über Wettbewerbspolitik], 03/2016, S. 78, 80.

2010 veröffentliche Stellungnahme des Staatsrats zur Fusion und Übernahme von Unternehmen[994] hat Folgendes geregelt: Solange der Zusammenschluss von SOE die Voraussetzungen der Fusionskontrolle erfüllt, ist der Vorgang bei MOFCOM anzumelden. Die Stellungnahme des Staatsrats zur Förderung einer fairen Wettbewerbsordnung[995] aus dem Jahr 2014 stellt klar, dass der übermäßige Eingriff der Regierung am Markt ein Problem in China ist. In der Stellungnahme des Staatsrats zur Reform des Preismechanismus[996] von 2015 wird erstmals ausdrücklich das Vorhaben formuliert, der Wettbewerbspolitik eine grundlegende Stellung einzuräumen.[997]Die Stellungnahme des Staatsrats von 2016[998] erklärte es zum Ziel, einen „fairen Mechanismus zur Wettbewerbsprüfung" zu schaffen.[999] Als Gegenstand des Prüfungsmechanismus werden nicht nur die Gesetzgebung, sondern auch nicht-rechtsverbindliche Ausführungsbestimmungen herangezogen, sofern sie die Themen Marktzugang, industrielle Entwicklung, Investitionen, Angebote, öffentliches Beschaffungswesen, Geschäftsgebaren, Qualifikationsstandards und andere Angelegenheiten bezüglich gewerblicher Tätigkeiten der Träger am Markt betreffen.

V. Zusammenfassung

Eine interne Umstrukturierung einer Unternehmensgruppe ist von der Anmeldung zur Fusionskontrolle befreit. Das Anwendungskriterium stellt sich in der deutschen, der europäischen und der chinesischen Fusionskontrolle jeweils unterschiedlich dar. Wenn die beteiligten Unternehmen gemäß § 36 Abs. 2 als ein einheitliches Unternehmen verstanden werden können, wird die Anwendung der Fusionskontrolle bei dem Zusammenschluss ausgeschlossen. Die deutsche Fusionskontrolle kann aber nach § 37 Abs. 2 GWB erneut ausgelöst werden, wenn eine bestehende Unternehmensverbindung wesentlich verstärkt wird. In

---

994 Auf Chinesisch国务院 [Staatsrat],《关于促进企业兼并重组的意见》(28.08.2010).
995 Auf Chinesisch国务院 [Staatsrat],《国务院关于促进市场公平竞争维护市场正常秩序的若干意见》(08.07.2014).
996 Auf Chinesisch中共中央/国务院 [CCCPC/Staatsrat],《关于推进价格机制改革的若干意见》(12.10.2015).
997 Vgl. 戴龙 [DAI, Long],《竞争政策研究》[Studie über Wettbewerbspolitik], 03/2016, S. 78, 80.
998 Auf Chinesisch国务院 [Staatsrat],《国务院关于在市场体系建设中建立公平竞争审查制度的意见》(14.06.2016).
999 应品广 [YING, Pinguang],《竞争法律与政策评论》[Review zu Wettbewerbsrecht und Politik], 01/2016, S. 18.

der europäischen Fusionskontrolle kann die Umstrukturierung einer Unternehmensgruppe nicht unter Art. 3 FKVO fallen, wenn die beteiligten Unternehmen eine „wirtschaftliche Einheit“ bilden. Zur Auslegung der Rechtsfigur „wirtschaftliche Einheit“ ist auf das Kriterium der Kontrolle nach Art. 3 FKVO zu verweisen. Im Unterschied zur deutschen und europäischen Fusionskontrolle hat der chinesische Gesetzgeber statt eines qualitativen Kriteriums ein festes Kriterium festgelegt. Nach Art. 22 AMG ist ein Zusammenschluss von der Anmeldung bei MOFCOM befreit, wenn ein beteiligtes Unternehmen die Mehrheit über alle anderen beteiligten Unternehmen oder alle beteiligten Unternehmen von einem gleichen Unternehmen die Mehrheit besitzen. Art. 22 AGM gilt als ein eigenständiges Kriterium ausschließlich für die interne Umstrukturierung von Unternehmensgruppen.

Der Anwendungsbereich von Art. 22 AMG ist mit der Voraussetzung des Besitzes einer Mehrheit eng beschränkt. Nach dem Kriterium von Art. 22 AMG sind grundsätzlich nur zwei Fälle denkbar, die die Voraussetzung erfüllen können, nämlich die Verschmelzung der Tochtergesellschaften und eine Übertragung zwischen den Tochtergesellschaften. Ein festes Kriterium zur internen Umstrukturierung der Unternehmensgruppen nach Art. 22 AMG steht allerdings nicht im Einklang mit dem Aufgreifkriterium zur Fusionskontrolle nach Art. 20 AMG sowie Art. 3 der Guideline 2014, der ein qualitatives Anwendungskriterium, den Kontrollerwerb, vorsieht. Der Widerspruch zwischen den Vorschriften von Art. 20 AMG und Art. 22 AMG führt dazu, dass eine Umstrukturierung der Unternehmensgruppe erneut die chinesische Fusionskontrolle auslösen kann, wenn die beteiligten Unternehmen eine Kontrolle über das andere Unternehmen nicht durch eine Mehrheitsbeteiligung begründen.

Die Umstrukturierung der SOE ist ein wichtiges Thema in der chinesischen Fusionskontrolle. Nach der Industriepolitik ist eine neue Reform der SOE durchzuführen, in deren Rahmen die SOE durch Umstrukturierung zu integrieren und zu reduzieren sind. Art. 22 AMG gilt nicht ausschließlich für private Unternehmen, wenn die Umstrukturierung von SOE die Voraussetzung von Art. 22 AMG erfüllt hat, ist dieser grundsätzlich auch für den Vorgang anwendbar. Eine Befreiung von der Fusionskontrolle bei der Umstrukturierung von SOE ist allerdings nicht begrüßenswert, weil im chinesischen Rechtssystem konstant versucht wird, die SOE als Gegenstand unter die Kontrolle des Anti-Monopol-Gesetzes zu stellen.

In der Praxis sind die Umstrukturierungen von SOE statt nach Art. 22 AMG nach Art. 20 AMG als neuer Zusammenschluss bei MOFCOM anzumelden. Im Hinblick auf die Vorschrift von Art. 216 Abs. 4 S. 1 KgG sind SOE wegen der Kontrolle durch den Staat nicht automatisch als zusammenhängende Unternehmen anzusehen. Die materielle Prüfung der chinesischen Fusionskontrolle stößt hinsichtlich der Umstrukturierung von SOE auf eine Schwierigkeit: den Konflikt zwischen Wettbewerbspolitik und Industriepolitik. Eine Lösung könnte sein, die SOE je nach Klassifizierung unterschiedlich zu behandeln. Die Industriepolitik wäre dann für die materielle Prüfung von SOE mit Gemeinwohlinteresse zuständig, während die Fusionskontrolle ohne Unterschied zu privaten Unternehmen auf gewerbliche SOE anzuwenden wäre.

§ 7 Zusammenfassung

1. Ein Zusammenschluss liegt nach Art. 20 AMG vor, wenn die Unternehmen miteinander fusionieren, Kontrolle über das Zielunternehmen erwerben oder bestimmenden Einfluss ausüben können. Seit 2008 wurden zahlreiche Ausführungsbestimmungen zum Anti-Monopol-Gesetz erlassen, das Aufgreifkriterium des Zusammenschlusses von Art. 20 AMG wird durch den Erlass der Guideline 2014 konkretisiert. Die Guideline 2014 bietet nur Verwaltungsgrundsätze zur Fusionskontrolle durch MOFCOM. Die Rechtsnatur der Guideline 2014 ist vergleichbar mit jener der Konsolidierten Mitteilung der Kommission zu Zuständigkeitsfragen, selbst wenn sie nicht rechtsverbindlich ist, ist sie bedeutend für die Praxis.[1000]

Nach Art. 3 der Guideline 2014 ist Kontrollerwerb i. S. v. Art. 20 AMG ein qualitatives Aufgreifkriterium und unabhängig vom chinesischen Gesellschaftsrecht.[1001] Eine Kontrolle kann allein oder gemeinsam begründet werden. Die Beurteilung der Kontrollbegründung entsteht durch eine Gesamtschau vieler Elemente und Informationen, hierzu gehören das Ziel des Vorgangs (Zusammenschluss) und die Planung für die Zukunft, die Anteilsstruktur des Zielunternehmens vor und nach dem Zusammenschluss, Abstimmungsregeln, die Angelegenheiten zur Abstimmung und die historische Präsenz bei der Hauptversammlung des Zielunternehmens, die Zusammensetzung von Vorstand oder Aufsichtsrat und die Abstimmungsregeln des Zielunternehmens, Bestellung und Abberufung von hochrangigen Managern des Zielunternehmens, die Beziehung der Aktionäre/Vorstandsmitglieder, Proxy Voting sowie gemeinsame Verhandlungen, wichtige Geschäftsbeziehungen und Kooperationsvereinbarungen zwischen den Zielunternehmen und anderen Unternehmen.

Nach dem Wortlaut von Art. 3 der Guideline 2014 ist Minderheitsbeteiligung ebenfalls ein Gegenstand der chinesischen Fusionskontrolle.[1002] Theoretisch kann eine Kontrolle über Zielunternehmen nach Art. 20 AMG durch eine Minderheitsbeteiligung in Verbindung mit einem der in Art. 3 der Guideline 2014 genannten Elemente begründet werden. Zu beachten ist allerdings, dass das Vetorecht in der chinesischen Fusionskontrolle eine weniger wichtige Rolle

---

1000 S. § 1 I. u. IV.
1001 S. § 2 III. 2.
1002 S. § 2 III. 4.

bei der Kontrollbegründung spielt als in der europäischen Fusionskontrolle.[1003] Für die Praxis zukünftiger Anmeldungen bieten weder Art. 3 der Guideline 2014 noch die Entscheidungen zur Fusionskontrolle von MOFCOM ein konkretes Kriterium. Aufgrund der typischen Aktionärsstruktur chinesischer Unternehmen kann eine Minderheitsbeteiligung allerdings schwer eine Kontrolle über Zielunternehmen erlangen, insbesondere wenn die Beteiligungshöhe niedrig ist.[1004] Ferner stellt eine nicht-kontrollierende Minderheitsbeteiligung keinen Gegenstand der chinesischen Fusionskontrolle dar.[1005] Art. 20 AMG sieht vor, dass ein Zusammenschluss vorliegt, wenn die Unternehmen einen bestimmenden Einfluss über das Zielunternehmen ausüben können. Wie genau der Begriff „bestimmender Einfluss“ auszulegen ist, ist nach der aktuellen Gesetzgebung noch unklar, er ist allerdings kein vergleichbares Aufgreifkriterium wie § 37 Abs. 1 Nr. 4 GWB.

Die Gründung eines neuen GU fällt nach Art. 4 der Guideline 2014 eindeutig in den Anwendungsbereich der chinesischen Fusionskontrolle.[1006] Als einzige Voraussetzung liegt vor, dass das GU von zwei oder mehr Muttergesellschaften gemeinsam kontrolliert wird.[1007] Die Gründung eines GU bedingt nach der aktuellen Gesetzgebung des chinesischen Anti-Monopol-Gesetzes keine Doppelkontrolle. MOFCOM prüft in der Praxis allerdings, begünstigt von dem strengen, aber abstrakten materiellen Prüfungskriterium nach Art. 28 AMG, nicht nur die strukturelle wettbewerbsbeschränkende Wirkung des Zusammenschlusses, sondern auch eine mögliche koordinierte Wirkung durch die Muttergesellschaften des GU.[1008]

Die interne Umstrukturierung einer Unternehmensgruppe ist von der Fusionskontrolle durch MOFCOM befreit.[1009] Die enge Voraussetzung von Art. 22 AMG sieht vor, dass ein beteiligtes Unternehmen die Mehrheit über alle anderen beteiligten Unternehmen oder alle beteiligten Unternehmen von einem gleichen Unternehmen die Mehrheit besitzen müssen. Das feste Kriterium zur internen Umstrukturierung von Unternehmensgruppen nach Art. 22 AMG steht nicht im Einklang mit dem Aufgreifkriterium zur Fusionskontrolle nach Art. 20 AMG sowie Art. 3 der Guideline 2014, wo ein qualitatives Anwendungskriterium,

1003 Vgl. § 2 III. 4 b).
1004 S. § 2 III. 4 f).
1005 S. § 4 III.
1006 S. § 3 III.
1007 S. § 3 III. 1 b) u. 4 a).
1008 S. § 3 III. 2, 3, 4 b) u. c).
1009 S. § 6 III.

der Kontrollerwerb, vorgesehen ist. Der Widerspruch zwischen den Vorschriften von Art. 20 AMG und Art. 22 AMG führt dazu, dass, wenn eine Kontrolle der beteiligten Unternehmen über das andere Unternehmen nicht durch eine Mehrheitsbeteiligung begründet wurde, eine Umstrukturierung der Unternehmensgruppe erneut die chinesische Fusionskontrolle auslösen kann, obwohl die Kontrolle i. S. v. Art. 20 AMG durch die Transaktion nicht verändert wurde.[1010] Die Umstrukturierung von SOE ist ebenfalls ein wichtiges Thema in der chinesischen Fusionskontrolle. In der Praxis sind SOE aufgrund der Kontrolle durch den Staat nicht automatisch als wirtschaftliche Einheit anzusehen, Umstrukturierungen von SOE sind jedoch nach Art. 20 AMG direkt als neuer Zusammenschluss bei MOFCOM anzumelden.[1011]

2. Obwohl der Begriff Kontrollerwerb i. S. v. Art. 20 AMG durch die Guideline 2014 klarer geregelt wird, bleiben hinsichtlich der chinesischen Fusionskontrolle noch viele Fragen offen. Eine weitere Konkretisierung des Aufgreifkriteriums von Art. 20 AMG ist erforderlich, stößt allerdings im chinesischen Rechtssystem auf Schwierigkeiten.[1012]

Seit 2008 hat der Gesetzgeber keine neue Gesetzgebung zum Aufgreifkriterium der Fusionskontrolle erlassen. MOFCOM ist momentan die einzige Behörde, die (nicht rechtsverbindliche) Ausführungsbestimmungen zur Fusionskontrolle erlässt. Das Problem ist jedoch, dass eine Verwaltungsbehörde wie MOFCOM nach Art. 45 GGG zum einen nicht befugt ist, einen gesetzlichen Begriff wie Kontrolle i. S. v. Art. 20 AMG auszulegen; zum anderen kann die zuständige Verwaltungsbehörde die Aufgabe einer weiteren Konkretisierung des gesetzlichen Begriffs nicht allein bewältigen. Somit legt weder der Gesetzgeber noch MOFCOM aus, was eigentlich eine Kontrolle i. S. v Art. 20 AMG ist, weshalb unklar ist, wie genau der Erwerber durch eine Minderheitsbeteiligung eine alleinige oder gemeinsame Kontrolle erlangen kann. Des Weiteren kann eine gerichtliche Entscheidung zur Fusionskontrolle wegen der Rechtsnatur des MOFCOM keine Rolle für die Konkretisierung und Auslegung des Begriffs von Art. 20 AMG spielen. In der Praxis ist MOFCOM, obwohl es die Guideline 2014 erlassen hat, im Hinblick auf eine praktikable Lösung der Ansicht, dass bei einem Fall mit nicht eindeutiger Kontrollbegründung den beteiligten Unternehmen zu empfehlen ist, den Vorgang bei MOFCOM anzumelden, wenn sie die Umsatzschwelle der Fusionskontrolle übersteigen.

1010 S. § 6 III. 3.
1011 S. § 6 IV. 3.
1012 S. § 2 III. 3.

Ein anderes Problem der chinesischen Fusionskontrolle besteht darin, dass neben dem Aufgreifkriterium auch das materielle Prüfungskriterium abstrakt ist, der wirtschaftliche Gedanke hinter der Fusionskontrolle ist noch nicht eindeutig.[1013] Ohne weitere Klarstellung des materiellen Prüfungskriteriums kann das Aufgreifkriterium der chinesischen Fusionskontrolle nicht allein durch Novellierung oder Sammlung der praktischen Erfahrung von MOFCOM konkretisiert werden.[1014]

3. Die Entwicklung der Digitalwirtschaft hat neue Herausforderungen für die Fusionskontrolle mit sich gebracht.[1015] Der Umsatz als einzige Aufgreifschwelle kann in wettbewerblich problematischen Fällen nicht immer erfasst werden. Im Gesetzentwurf der 9. GWB-Novelle wird vorgeschlagen, die „Gegenleistung" als zusätzliche Aufgreifschwelle einzuführen. Dahingegen verweist MOFCOM bezüglich einer Erweiterung seiner Zuständigkeit auf den Art. 4 der Bestimmung über die Anwendungsschwelle der Fusionskontrolle. Art. 4 sieht vor, dass MOFCOM den Fall prüfen darf, obwohl ein Zusammenschluss die Umsatzschwelle von Art. 3 nicht erreicht, wenn Tatsachen und Beweise darauf hinweisen, dass der Zusammenschluss eine ausschließende oder wettbewerbsbeschränkende Wirkung nach sich ziehen kann. Es wäre m.E. allerdings besser, eine neue Aufgreifschwelle für die Digitalwirtschaft einzuführen. Das Kriterium der „Gegenleistung" ist nicht die einzige Option für die chinesische Fusionskontrolle, beispielsweise wäre auch denkbar, den Marktanteil der beteiligten Unternehmen als Indiz für die Erheblichkeit eines Zusammenschlusses heranzuziehen.

1013 S. § 3 III. 2 a); 王中美 [WANG, Zhongmei], 《现代法学》 [Moderne Rechtswissenschaft], 2/2011, S. 65, 71.

1014 Vgl. 王中美 [WANG, Zhongmei], 《现代法学》 [Moderne Rechtswissenschaft], 2/2011, S. 65, 71.

1015 S. § 5.

Literaturverzeichnis

Deutsche Literatur

Bechtold, Rainer: Das neue Kartellgesetz, NJW 1998, S. 2769–2774.

Bechtold, Rainer: Zum Referentenentwurf für eine 9. GWB-Novelle – Ein kurzer Überblick, NZKart, 8/2016, S. 391–396.

Bechtold, Rainer/Bosch, Wolfgang: GWB, Kartellgesetz, Gesetz gegen Wettbewerbsbeschränkungen – Kommentar, 8. Aufl., München 2015.

Bitkom: Stellungnahme, Entwurf eines Neunten Gesetzes zur Änderung des Gesetzes gegen Wettbewerbsbeschränkungen, 25.08.2016, PDF online verfügbar unter: https://www.bitkom.org/Bitkom/Publikationen/Bitkom-Stellungnahme-zur-9-GWB-Novelle.html (zuletzt aufgerufen am 12.11.2017).

Breven, Daniel: Die „Gründung eines Gemeinschaftsunternehmens" nach Art. 3 Abs. 4 der Fusionskontrollverordnung, WuW, 03/2012, S. 225–237.

Chen, Xiao: Die Leitung und Überwachung der chinesischen und der deutschen Aktiengesellschaft: Ein Rechtsvergleich auch mit Rücksicht auf börsennotierte Tochtergesellschaften, Berlin 2015.

Coenen, Michael/Jovanovic, Dragan: Minderheitsbeteiligungen in der Zusammenschlusskontrolle: Zeigen schleichende Übernahmen auf eine Schutzlücke?, WuW, 09/2014, S. 803–813.

Ebenroth, Carsten Thomas/Rösler, Patrick: Die Anwendbarkeit des Zusammenschlussbegriffes nach Art. 3 Fusionskontrollverordnung auf Lean Production Strukturen, RIE 1994, S. 533–542.

Fengliang, Jin: Aufgreifkriterien in der Fusionskontrolle: Eine rechtsvergleichende Untersuchung des europäischen (Art. 3 FKVO), deutschen (§ 37 GWB), taiwanesischen (§ 6 FHG) und festlandchinesischen (§ 20 AMG) Rechts, Frankfurt am Main et. al. 2015.

Frankfurter Kommentar zum Kartellrecht, mit Kommentierung des EU-Kartellrechts, des GWB und einer Darstellung ausländischer Kartellrechtsordnungen, Köln 2012.

Görner, André: Die Entscheidung des Bundesgerichtshofs zum Zusammenschlussvorhaben „Deutsche Post AG/trans-o-flex", ZWeR, 3/2005, S. 293–306.

Immenga, Ulrich/Mestmäcker, Ernst-Joachim: Wettbewerbsrecht, Band 2, EU/Teil 2, Kommentar zum Europäischen Kartellrecht, 5. Aufl., München 2012.

Immenga, Ulrich/Mestmäcker, Ernst-Joachim: Wettbewerbsrecht, Band 2, GWB/Teil 1, Kommentar zum Deutschen Kartellrecht §§ 1-96, 130-131, 5. Aufl., München 2014.

Karl, Mathias: Der Zusammenschlussbegriff in der europäischen Fusionskontrollverordnung: Eine Untersuchung unter Berücksichtigung der Entscheidungspraxis der Kommission der Europäischen Gemeinschaften, Köln 1996.

Kling, Michael/Thomas, Stefan: Kartellrecht, 2. Aufl., München 2007.

Köhler, Helmut: „Gemeinsame Kontrolle“ von Unternehmen aufgrund von Minderheitsbeteiligungen im Europäischen Kartellrecht, EuZW 1992, S. 634–639.

Körber, Torsten: Analoges Kartellrecht für digitale Märkte? WuW, 02/2015, S. 120–133.

Kuhn, Tilman: Der Erwerb wettbewerblich erheblichen Einflusses in der Deutschen Zusammenschlusskontrolle – kein Modell für Europa, ZWeR, 3/2011, S. 258–285.

Langen, Eugen/Bunte, Hermann-Josef: Kartellrecht. Band 1, Deutsches Kartellrecht, Kommentar, 12. Aufl., Köln 2014.

Langen, Eugen/Bunte, Hermann-Josef: Kartellrecht. Band 2, Europäisches Kartellrecht, Kommentar, 12. Aufl., Köln 2014.

Löffler: Europäische Fusionskontrolle, WuW 5/1995, S. 385–392.

Loewenheim/Meessen/Riesenkampff/Kersting/Meyer-Lindemann: Kartellrecht. Europäisches und Deutsches Recht, Kommentar, 3. Aufl., München 2016.

Lorenz, Moritz: Das neue chinesische Kartellgesetz, WuW, 2008, S. 814–824.

Masseli, Markus: Vorläufige Methode für die Anmeldung von Unternehmenszusammenschlüssen (Meinungsentwurf), ZChinR, 2009, S. 68–73.

Masseli, Markus: Handbuch chinesische Fusionskontrolle, Heidelberg 2011.

Mestmäcker, Ernst-Joachim/Schweitzer, Heike: Europäisches Wettbewerbsrecht, 3. Aufl., München 2014.

Montag, Frank: EU-Fusionskontrolle für Minderheitsbeteiligungen? NZKart, 10/2015, S. 410–415.

Münchener Kommentar, Europäisches und deutsches Wettbewerbsrecht (Kartellrecht), Band 1, Europäisches Wettbewerbsrecht, München 2007.

Münchener Kommentar, Europäisches und deutsches Wettbewerbsrecht (Kartellrecht), Band 2, GWB, München 2008.

Mundt, Andreas: „Kartellrecht 4.0“ – Das Bundeskartellrecht und die Digitalisierung, WuW, 06/2016, S. 269.

Nöll, Florian: Fusionskontrolle für Startups: Wie die Bundesregierung der Gründerszene einen Bärendienst erweist, 31.08.2016, Beitrag online unter: http://t3n.de/news/baerendienst-fusionskontrolle-740827/ (zuletzt aufgerufen am 12.11.2017).

Nuys, Marcel: „Big Data“ – Die Bedeutung von Daten im Kartellrecht, WuW, 11/2016, S. 512–520.

OECD Directorate Control for Financial and Enterprise Affairs Competition Committee, Antitrust issues involving minority shareholding and interlocking directorships, DAF/COMP (2008)30, 23 June 2009 (the OECD Policy Roundtable on Minority Shareholdings).

O.V.: EU-Kommission veröffentlicht Weißbuch zu möglichen Verbesserungen der EU-Fusionskontrollvorschriften, Newsdienst Compliance 2014, S. 32220.

Podszun, Rupprecht: Aufgreifkriterien der Fusionskontrolle, WuW, 11/2010, S. 1128–1141.

Podszun, Rupprecht: Neue Impulse für ein globalisiertes Kartellrecht – „Weltkartellrecht" zwischen Digitalisierung, Regionalisierung und Verfahrensharmonisierung, ZWeR, 4/2016, S. 360–387.

Podszun, Rupprecht/Schwalbe, Ulrich: Digitale Plattformen und GWB-Novelle: Überzeugende Regeln für die Internetökonomie?, NZKart, 3/2017, S. 98–106.

Pohlmann, Petra: Doppelkontrolle von Gemeinschaftsunternehmen im europäischen Kartellrecht, WuW, 5/2003, S. 473–491.

Pohlmann, Petra: 9. GWB-Novelle und Digitalisierung: Innovative oder innovationshemmende Gesetzgebung, WuW, 12/2016, S. 563.

Pohlmann, Petra/Wismann, Thomas: Digitalisierung und Kartellrecht – Der Regierungsentwurf zur 9. GWB-Novelle, NZKart, 12/2016, S. 555–563.

Raue LLP (Kanzlei): „Update: Fusionskontrolle für Startups?", 16.3.2016, Beitrag online unter: https://raue.com/2016/03/16/anti-exit-gesetz-fusionskontrolle-fuer-startups/ (zuletzt aufgerufen am 12.11.2017).

Ritzenhoff, Lukas: Die Fusionskontrolle in China: zwischen Recht und Wirklichkeit? GRUR Int. 2014, S. 33–37.

Säcker, Franz Jürgen: Chinesisches Aus für eine Reederei-Allianz, WuW 11/2014, S. 1031.

Schroeder, Dirk: Schnittstellen der Kooperations- und Oligopolanalyse im Fusionskontrollrecht – Gedanken zur Anwendung von Art. 2 Abs. 4 und 5 FKVO, WuW, 09/2004, S. 893–906.

Schroeder, Dirk: Fusionskontrolle – Was kann Deutschland von Europa lernen und was Europa von Deutschland?, WuW, 12/2011, S. 1216–1223.

Schulte, Josef L.: Handbuch Fusionskontrolle, 2. Aufl., Köln 2010.

Schwarz, Martin: Zusammenschlussverbot Deutsche Post/trans-o-flex – Wettbewerblich erheblicher Einfluss auf potenziellen zukünftigen Wettbewerber, NJW 2005, S. 2124–2126.

Siegel, Jürgen/Saueracker, Alexander/Beder, Michael: VC-Transaktionen und Fusionskontrolle: Was müssen Start-ups beachten?, 25.1.2017, Beitrag online unter: http://www.roedl.de/themen/start-up-finanzierung/vc-transaktionen-und-fusionskontrolle (zuletzt aufgerufen am 12.11.2017).

Staudenmayer, Dirk: Der Zusammenschlussbegriff in Artikel 3 der EG-FusionskontrollVO: Eine Analyse der Praxis der Europäischen Kommission, Köln 2002.

Stein, Edgar: Der wettbewerblich erhebliche Einfluss in der Fusionskontrolle, Heidelberg 1994.

Stockenhuber, Peter: Die Europäische Fusionskontrolle – das materielle Recht, Baden-Baden 1995.

Stöcker, Mathias: Minderheitserwerbe unter europäischem und mitgliedstaatlichem Kartellrecht, ZWeR, 2/2013, S. 154–178.

Thomas, Stefan: Konzernprivileg und Gemeinschaftsunternehmen – Die kartellrechtliche Beurteilung konzerninterner Wettbewerbsbeschränkungen mit Gemeinschaftsunternehmen, ZWeR, 3/2005, S. 236–259.

Thomas, Stefan: Der wettbewerblich erhebliche Einfluss nach § 37 Abs. 1 Nr. 4 GWB und der SIEC-Test, EWeRK, 3/2016,174-176.

Werner, Rüdiger: Earn-Out-Klauseln – Kaufpreisanpassung beim Unternehmenskauf, DStR 33/2012, S. 1662–1667.

Wiedemann, Gerhard: Handbuch des Kartellrechts, 2. Aufl., München 2008.

Wiedemann, Gerhard: Handbuch des Kartellrechts, 3. Aufl., München 2016.

Wirminghaus, Niklas: Dieser neue Vorschlag aus der Bundesregierung erzürnt die Startup-Verbände, 13.1.2016, Beitrag online unter: https://www.gruenderszene.de/allgemein/fusionskontrolle-gabriel-kritik (zuletzt aufgerufen am 12.11.2017).

Wirminghaus, Niklas: Die Bundesregierung plant tatsächlich eine Startup-Fussionskontrolle, 27.1.2016, Beitrag online unter: https://www.gruenderszene.de/allgemein/jahreswirtschaftsbericht-fusionskontrolle (zuletzt aufgerufen am 12.11.2017).

Zigelski, Sabina: Der wettbewerblich erhebliche Einfluss wird 20 – Ein Blick auf die Anwendungspraxis des Bundeskartellamtes und der Gerichte, WuW, 12/2009, S. 1261–1270.

Zimmer, Daniel: Significant Impediment to Effektive Competition – Das neue Untersagungskriterium der EU-Fusionskontrollverordnung, ZWeR, 2/2004, S. 250–267.

Zimmer, Daniel: Google zerschlagen?, WuW, 10/2014, S. 923.

Chinesische Literatur

安妮 / 张俊 [AN, Ni/ZHANG, Jun]: „商务部: 暂未收到滴滴和优步中国合并申报 不申报难往下走“ [MOFCOM hat keine Anmeldung zur Fusionskontrolle von DiDi und Uber China erhalten – ohne Anmeldung wird der Vorgang schwer zu vollziehen sein], 2.8.2016, Beitrag online unter: http://tech.sina.com.cn/i/2016-08-02/doc-ifxunyxy6278961.shtml (zuletzt aufgerufen am 12.11.2017).

白让让 [BAI, Rangrang]: „结构"豁免"、规制弱化下的国有企业垄断行业改革“ [Die Reform der SOE im Monopolbereich ohne starke wettbewerbsrechtliche Regulierung],《经济社会体制比较》[Vergleich der Wirtschafts- und Sozialsysteme], 03/2008, S. 103–108.

Baidu Baike (Online-Enzyklopädie): „南北车合并“ [die Fusion von CSR mit China CNR], online verfügbar unter: https://baike.baidu.com/item/南北车合并 (zuletzt aufgerufen am 12.11.2017).

陈建东/赵栋 [CHEN, Jiandong/ZHAO, Dong]: „中央企业改革发展与适用《反垄断法》问题研究“ [Die Entwicklung und Reform von zentralen SOE und die Anwendung des AMG],《中国物价》[Chinas Preise], 07/2013, S. 27–31.

陈凌/叶长兵/鲁莉劼 [CHEN, Lin/YE, Changbing/LU, Lijie]: „中国家族上市公司最终所有权、控制权及其分离－基于不同上市方式的比较分析“ [Das Eigentumsrecht und die Kontrolle börsennotierter Familienunternehmen – eine Analyse anhand unterschiedlicher Börsengänge],《浙江社会科学》[Zhejiang Sozialwissenschaften], 05/2009, S. 8–18.

陈敏 [CHEN, Min]: „论投票制度与我国上市公司治理的改进“ [Zur Abstimmungsregel und Verbesserung des Corporate Governance in börsennotierten chinesischen Unternehmen],《证券市场导报》[Zeitschrift für den Wertpapiermarkt], 02/2007, S. 26–28.

承上 [CHENG, Shang]: „企业收购少数股权行为的经营者集中规制困境与对策“ [Fusionskontrolle über Minderheitsbeteiligung: Probleme und Lösungen],《理论月刊》[Theorie], 06/2016, S. 134–141.

戴龙 [DAI, Long]: „国企合并的反垄断法视角评析“ [Zusammenschluss von SOE aus wettbewerbsrechtlicher Sicht],《竞争政策研究》[Studie über Wettbewerbspolitik], 03/2016, S. 78–86.

丁国民 [DING, Guoming]: „国有企业垄断问题的立法回应“ [Die legislative Reaktion zum Monopol der SOE],《学术论坛》[Akademisches Forum], 03/2011, S. 74–78.

丁亮 [DING, Liang]: „进退两难还是以退为进-论反垄断法在国有企业合并控制上的制度选择“ [Dilemma oder Rückzug – die systematische Auswahl des AMG zum Zusammenschluss von SOE],《商场现代化》[Markt und Modernisierung], 06/2008, S. 280.

方利军 [FANG, Lijun]: „关联企业的公司法调整" [Zusammenhängende Unternehmen im Gesellschaftsrecht], 26.11.2004, Beitrag online unter: http://www.chinacourt.org/article/detail/2004/11/id/141349.shtml (zuletzt aufgerufen am 12.11.2017).

冯根福/吴林江 [FENG, Genfu/WU, Linjiang]: „我国上市公司并购绩效的实证研究" [Empirische Studie über die Leistung des M&A von börsennotierten chinesischen Unternehmen],《经济研究》[Wirtschaftsforschung], 01/2002, S. 54–68.

冯果 [FENG, Guo]: „股东异质化视角下双层股权结构" [Dual-Class-Struktur und die Verschiedenartigkeit der Aktionäre],《政法论坛》[Tribüne für Politikwissenschaft und Recht], 04/2016, S. 126–137.

冯果/王伟 [FENG, Guo/WANG, Wei]: „再论竞争政策与产业政策调和机制的构建-从企业合并控制的视角看我国反垄断法的改进" [Der Aufbau eines Koordinationsmechanismus von Wettbewerbspolitik und Industriepolitik – eine Diskussion zur Verbesserung des AMG aus der Sicht der Fusionskontrolle],《南都学坛（人文社会科学学报）》[Nandu Forum (Geistes- und Sozialwissenschaften)], 04/2010, S. 75–82.

甘培忠 [GAN, Peizhong]: „论对母子公司关系的法律调控" [Gesetzliche Regulierungen für Mutter- und Tochtergesellschaften],《中外法学》[Chinesisches und ausländisches Recht], 04/1997, S. 53–61.

郭丽琴 [GUO, Liqin]: „商务部罕见三度回应滴滴优步合并 措辞逐步细化且深入" [MOFCOM antwortet zur Frage der Fusion von DiDi und Uber China dreimal], 05.09.2016, Beitrag online unter: http://finance.sina.com.cn/chanjing/gsnews/2016-09-05/doc-ifxvqcts9468760.shtml (zuletzt aufgerufen am 12.11.2017).

穆媛媛 [GUO, Yuanyuan]: „滴滴快的合并：情人节的甜蜜难掩未来痛苦" [Die Fusion von DiDi und Kuaidi: Die Süße des Valentinstags kann zukünftige Schmerzen nicht ausgleichen], 14.2.2015, Beitrag online unter: http://tech.sina.com.cn/i/2015-02-14/doc-iawzuney0098850.shtml (zuletzt aufgerufen am 12.11.2017).

何勤华 [HE, Qinghua]: „法的国际化与本土化：以中国近代移植外国法实践为中心的思考" [Internationalisierung und Lokalisierung des Gesetzes: anhand der Praxis von Rechtsrezeption],《中国法学》[China Rechtswissenschaft], 04/2011, S. 43–52.

黄勇 [HUANG, Yong]: „国有企业同样要遵守反垄断法" [SOE: Gegenstand von AMG],《价格理论与实践》[Theorie und Praxis des Preises], 11/2011, S. 1.

黄勇/江山 [HUANG, Yong/ JIANG, Shan]: „反垄断法实施的文化维度论纲一以竞争文化、诉讼文化与权利文化为中心" [Überblick über die kulturellen Dimensionen des Anti-Monopol-Gesetzes – Wettbewerbskultur und Rechtskultur], 《江西社会科学》 [Jiangxi Sozialwissenschaften], 07/2008, S. 13–18.

Jindu Kanzlei: „合营合同中不竞争条款的反垄断法分析" [Wettbewerbsverbote betreffende Klauseln im Grundvertrag eines Gemeinschaftsunternehmens], 21.8.2013, Beitrag online unter: http://www.chinalawinsight.com/2013/08/articles/corporate/%E5%90%88%E8%90%A5%E5%90%88%E5%90%8C%E4%B8%AD%E4%B8%8D%E7%AB%9E%E4%BA%89%E6%9D%A1%E6%AC%BE%E7%9A%84%E5%8F%8D%E5%9E%84%E6%96%AD%E6%B3%95%E5%88%86%E6%9E%90/#_edn2 (zuletzt aufgerufen am 12.11.2017).

蒋丽华 [JIANG, Lihua]: „对买壳上市相关问题的研究" [Studie über IPO durch Umgekehrte Übernahme], Masterarbeit (Südwest-Universität für Politikwissenschaft, Finanzen und Wirtschaft), 2003.

姜丽勇 [JIANG, Liyong]: „互联网企业的竞争和反垄断若干热点问题分析" [Brennende Fragen zum Wettbewerbsrecht für Internetunternehmen], 20.3.2016, Beitrag online unter: http://jiangliyong.baijia.baidu.com/article/336695 (zuletzt aufgerufen am 12.11.2017).

江山/黄勇 [JIANG, Shan/HUANG, Yong]: „论中国企业联营的经营者集中控制" [Fusionskontrolle über GU], 《法学杂志》 [Zeitschrift für Rechtswissenschaft], 10/2012, S. 144–149.

江山/苏竣 [JIANG, Shan/SU, Jun]: „论企业联营合作创新的反垄断法规制" [Die Kontrolle über Gemeinschaftsunternehmen mit Innovationszweck im Wettbewerbsrecht], 《东方法学》 [Orientalisches Recht], 02/2014, S. 84–94.

江中游 [JIANG, Zhongyou]: „论国有企业的改革与反垄断法的适用" [Die Reform der SOE und die Anwendung des AMG], 《中国社会科学院研究生院学报》 [Zeitschrift der CASS Graduiertenschule], 04/2009, S. 68–76.

老高 [LAO, Gao]: „柳家姐妹终于走到一起！滴滴、Uber联姻，机构幕后推手，最大受益者是谁？" [Die Schwestern von LIU sind endlich zusammen – die Fusion von DiDi und Kuaidi: Wer steckt dahinter und wer ist der Gewinner?], 01.08.2016, Beitrag online unter: http://www.investorscn.com/2016/08/01/11318/ (zuletzt aufgerufen am 12.11.2017).

李俊峰 [LI, Junfeng]: „中国企业合并反垄断审查的展开-对商务部"异议案例"公开信息的研究" [Die Prüfung der chinesischen Fusionskontrolle von MOFCOM – mit Fallstudie], 《国际经贸探索》 [Internationale Wirtschafts- und Handelsforschung], 09/2010, S. 57–65.

李俊峰 [LI, Junfeng]: „全球平行审查背景下的中国经营者集中救济" [Rechtsmittel für einen Zusammenschluss im chinesischen Recht unter Berücksichtigung der ausländischen Zuständigkeit],《当代法学》[Gegenwärtige Rechtswissenschaft], 02/2015, S. 65–76.

李敏 [LI, Min]: „互联网行业VIE协议控制的法律效力" [Die Wirkung der VIE-Vereinbarung auf Internetunternehmen],《重庆邮电大学学报（社会科学版）》[Zeitschrift der Chongqing Universität für Post und Telekommunikation (Sozialwissenschaft)], 04/2015, S. 35–40.

李楠桦 [LI, Nanhua]: „国电与神华合并重组 央企兼并重组大事记" [China Guodian Corporation fusioniert mit Shenhua Group – Chronik der Umstrukturierung der zentralen SOE], 29.8.2017, Beitrag online unter: http://ccnews.people.com.cn/n1/2017/0829/c141677-29501215.html (zuletzt aufgerufen am 12.11.2017).

李天生 [LI, Tiansheng]: „国际海运业反垄断豁免的法经济学分析-从"THC风波"谈起" [Ökonomische Analyse der freien Anwendung des Monopolgesetzes auf die internationale Schifffahrtsindustrie – mit „THC" Fall],《现代法学》[Moderne Rechtswissenschaft], 01/2010, S. 97–106.

李燕/郭青青 [LI, Yan/GUO, Qingqing]: „我国类别股立法的路径选择" [Vorschlag zur Gesetzgebung über Aktiengattung],《现代法学》[Moderne Rechtswissenschaft], 02/2016, S. 72–81.

李煜 [LI, Yu]: „附条件批准经营者集中制度的实践与法律完善－基于典型案例的分析" [Die gesetzliche Vorschrift sowie die Praxis zur Freigabe mit Nebenbestimmung – mit Fallstudie],《经济法论坛》[Forum Wirtschaftsrecht], 08/2015, S. 83–87.

林国 [LIN, Guo]: „从《外国投资法》看VIE架构的归宿" [Die VIE-Struktur im ausländischen Investitionsrecht],《法制博览》[Rechtsvision], 05/2016, S. 96–97.

刘诚/杨继东/周斯洁 [LIU, Cheng/YANG, Jidong/ZHOU, Sijie]: „社会关系，独立董事任命与董事会独立性" [Soziale Beziehungen: die Besetzung des unabhängigen leitenden Verwaltungsratsmitgliedes und seine Selbstständigkeit],《世界经济》[Weltwirtschaft], 12/2012, S. 83–101.

刘健 [LIU, Jian]: „国有企业反垄断规则分析-从《反垄断法》规定和反垄断执法的双重视角" [Die Anwendung der Wettbewerbsvorschrift auf SOE – unter Berücksichtigung der Gesetzgebung des AMG und ihre Umsetzung],《中国价格监督与反垄断法》[China: Preisüberwachung und Wettbewerbsrecht], 03/2014. S. 36–38.

刘武朝 [LIU, Wuchao]: „欧盟竞争法的单一主体规则及借鉴" [Die wirtschaftliche Einheit im europäischen Kartellrecht und ihre Anwendbarkeit im AMG],《比较法研究》[Zeitschrift für Rechtsvergleich], 04/2014, S. 135–142.

刘旭 [LIU, Xu]: „商务部“阻击”国际航运巨头反映了什么” [Was das von MOFCOM verhängte „Verbot“ gegenüber dem internationalen Schifffahrtsriesen bedeutet], 23.6.2014, Beitrag online unter: http://opinion.caixin.com/2014-06-23/100693782.html (zuletzt aufgerufen am 12.11.2017).

刘学明 [LIU, Xueming]: „中外合营企业涉嫌垄断协议的反垄断法适用“ [Die Anwendung des Kartellrechts auf den Monopolvertrag von chinesisch-ausländischen GU], 《河北法学》 [Hebei Rechtswissenschaft], 02/2014, S. 178–183.

鲁晓曦 [LU, Xiaoxi]: „中电投与国核技正式合并 核电三足鼎立“ [Die Entstehung der drei größten Unternehmen auf dem Markt nach der Fusion von China Power Investment Corporation mit State Nuclear Power Technology Corporation], 30.5.2015, Beitrag online unter: http://companies.caixin.com/2015-05-30/100814810.html (zuletzt aufgerufen am 12.11.2017).

雒欣 [LUO, Xin]: „上市公司收购中一致行动人的法律规制“ [Die Bestimmungen für gemeinsam handelnde Personen bei Übernahme börsennotierter Unternehmen], 《华北金融》 [Huabei Finanzen], 03/2014, S. 63–66.

孟雁北 [MENG, Yanbei]: „我国反垄断执法机构与政府产业规划部门的关系“ [Das Verhältnis zwischen Verwaltungsbehörden des AMG und der Industriellen Planungsabteilung in der Regierung], 《中国人民大学学报》 [Zeitschrift der Renmin Universität], 02/2015, S. 122–130.

慕亚平/肖小月 [MU, Yaping/XIAO, Xiaoyue]: „我国反垄断法中经营者集中审查制度探析“ [Auseinandersetzung mit der Fusionskontrolle im AMG], 《学术研究》 [Wissenschaftliche Forschung], 04/2010, S. 69–76.

O.V.: „易观国际：快的打车Q4市场份额达56.5%“ [Analyse International: Der Marktanteil von Kuaidi erreicht 56,5 %], 2.2.2015, Beitrag online unter: http://www.techweb.com.cn/internet/2015-02-02/2121333.shtml (zuletzt aufgerufen am 12.11.2017).

O.V.: „滴滴出行宣布收购优步中国全部资产 加快国际化步伐“ [DiDi beschleunigt seine Internationalisierung durch den Erwerb des Vermögenswerts von Uber China], 1.8.2016, Beitrag online unter: http://tech.sina.com.cn/2016-08-01/doc-ifxunyxy6208765.shtml (zuletzt aufgerufen am 12.11.2017).

O.V.: „滴滴与Uber合并:补贴大战不是全部原因 真正的推手是他们“ [Die Fusion von DiDi und Uber China: Der Subventionskrieg ist nicht der einzige Grund], 1.8.2016, Beitrag online unter: http://finance.sina.com.cn/chanjing/gsnews/2016-08-01/doc-ifxunyxy6243463.shtml (zuletzt aufgerufen am 12.11.2017).

O.V.: „滴滴收购Uber中国会构成垄断吗“ [Zur Frage, ob der Erwerb von Uber China durch DiDi Gegenstand des Anti-Monopol-Gesetzes ist], 01.08.2016, Beitrag online unter: https://www.huxiu.com/article/158510.html (zuletzt aufgerufen am 12.11.2017).

O.V.: „商务部对滴滴优步合并进行反垄断调查 结果会如何“ [Was wäre, würde MOFCOM eine Zuständigkeit für die Fusion von DiDi und Uber China aufweisen?], 3.9.2016, Beitrag online unter: http://news.sohu.com/20160903/n467499505.shtml (zuletzt aufgerufen am 12.11.2017).

O.V. „商务部召开“2012年反垄断工作进展”新闻发布会“ [Die aktuelle Praxis der Fusionskontrolle 2012], Beitrag online unter: http:// www.gov.cn/gzdt/2012-12/30/content_2302199.htm (zuletzt aufgerufen am 12.11.2017)

秦姗 [QIN, Shan]: „滴滴快的融了20亿之后 柳青却说不想烧钱了“ [Nach einer Finanzierung von 2 Mrd. will LIU Qin Cash-Burn nicht mehr], ohne Datum, Beitrag online unter: http://tech.ifeng.com/secret/special/lqbsq/ (zuletzt aufgerufen am 12.11.2017).

任尔昕 [REN, Erxin]: „关于我国设置公司种类股的思考“ [Eine Überlegung zur Einführung der Aktiengattung in das chinesische Recht],《中国法学》 [China Rechtswissenschaft], 06/2010, S. 100–108.

尚明 [SHANG, Ming]: „中国《反垄断法》实施现状要论“ [Die aktuelle Umsetzung des chinesischen Anti-Monopol-Gesetzes],《中国法律发展报告》 [Entwicklungsbericht zum chinesischen Gesetz], 03/2010, S. 41–42.

尚明 [SHANG, Ming]: „中国《反垄断法》实施现状要论“ [Die aktuelle Umsetzung des AMG],《中国法律发展报告》[Bericht über chinesische Gesetze], 03/2010, S. 41–42.

尚明 [SHANG, Ming] (ehemaliger Leiter des Fusionskontrollamts): Vortrag über M&A und die Anmeldung von Fusionskontrolle, gehalten am 20.05.2016 in Beijing.

尚明/孔玲/叶军 [SHANG, Ming/KONG, Ling/YE, Jun]: „界定参与集中的经营者浅析“ [Die beteiligten Unternehmen im Zusammenschluss],《法律适用》[Rechtsanwendung], 04/2012, S. 39–43.

邵贞 [SHAO, Zhen]: „上市公司收购中的“一致行动人”比较研究“ [Die gemeinsam handelnden Personen bei der Übernahme von börsennotierten Unternehmen],《法制与社会》[Recht und Gemeinschaft], 05/2014, S. 282–289.

沈乐平 [SHEN, Leping]: „企业集团母子公司关系的法律透析“ [Mutter- und Tochtergesellschaft im Konzern],《时代法学》[Gegenwärtige Rechtswissenschaft], 04/1997, S. 53–61.

沈敏荣 [SHEN, Minrong]: „法律的不确定性：反垄断法规则分析“ [Die Unsicherheit des Gesetzes – eine Analyse der Vorschriften des Wettbewerbsrechts], China Law Press, 2001.

史建三/钱诗宇 [SHI, Jiansan/QIAN, Shiyu]: „以国际视野看我国经营者集中的实质性审查标准“ [Studie über das materielle Prüfungskriterium der Fusionskontrolle aus einer internationalen Perspektive],《中大管理研究》

[Zeitschrift der Zhongshan Universität für Management], 04/2009, S. 155–169.

施天涛 [SHI, Tiantao]: „关联企业的公司法调整“ [Zusammenhängende Unternehmen im Gesellschaftsrecht],《政法论坛》[Tribüne für Politikwissenschaft und Recht], 06/1998, S. 25–33.

孙晋 [SUN, Jin]: „论经营者集中审查制度在国有企业并购中的适用“ [Die Anwendbarkeit der Fusionskontrolle auf SOE],《华东政法大学学报》[Zeitschrift der Ostchina Universität für Politikwissenschaft und Recht], 04/2015, S. 17–26.

孙晋/廉静韵 [SUN, Jin/LIAN, Jingyun]: „企业集团在反垄断法中的主体地位之界定“ [Die Unternehmensgruppe als Gegenstand des AMG],《上海财经大学学报》[Zeitschrift der Shanghai Universität für Finanzen und Wirtschaft], 02/2010, S. 35–42.

孙晋/张田[SUN, Jin/ZHANG, Tian]: „关于反垄断法对垄断国企适用问题的思考－对王先林、徐晓松两篇文章的回应“ [Eine Überlegung der Anwendung des AMH auf Monopol SOE – Reaktion auf die Beiträge von Wang Xianlin und Xu Xiaosong],《法制研究》[Rechtswissenschaft], 08/2014, S. 51–59.

谈萧 [TAN, Xiao]: „一致行动人的比较法考察“ [Die gemeinsam handelnde Person aus rechtsvergleichender Sicht],《证券市场导报》[Zeitschrift für den Wertpapiermarkt], 06/2006, S. 16–22.

谭袁 [TAN, Yuan]: „企业合营的反垄断分析及其规制“ [GU in der Fusionskontrolle],《时代法学》[Gegenwärtige Rechtswissenschaft], 05/2015, S. 44–51.

王海 [WANG, Hai]: „2M为什么能顺利运营？“ [Warum 2M funktioniert], 1.11.2015, Beitrag online unter: http://www.ship.sh/column_article.php?id=1691 (zuletzt aufgerufen am 12.11.2017).

王皓 [WANG, Hao]: „我国A股市场企业借壳上市相关问题研究“ [Studie über die Umgekehrte Übernahme am A-Aktienmarkt], Masterarbeit (Universität für Finanzwesen und Wirtschaft Südwestchinas), 2013.

王继荣 [WANG, Jirong]: „合并审查中市场集中度测量的经济和法律分析“ [Wirtschaftliche und rechtliche Analyse der Marktkonzentration in der Fusionskontrolle],《当代法学》[Gegenwärtige Rechtswissenschaft], 03/2016, S. 109–120.

王启粱 [WANG, Qiliang]: „法律移植与法律多元背景下的法制危机-当国家法成为“外来法”“ [Die Rechtsrezeption und ihre Probleme],《云南大学学报法学版》[Zeitschrift der Yunnan Universität (Rechtswissenschaft)], 03/2010, S. 130–137.

汪青松 [WANG, Qingsong]: „股份公司股东权利多元化配置的域外借鉴与制度构建“ [Die Vielfalt der Aktionärsrechte unter Berücksichtigung von

Erfahrungen aus dem ausländischen Recht],《比较法研究》[Zeitschrift für Rechtsvergleich], 1/2015, S. 48–60.

汪青松/赵万一 [WANG, Qingsong/ZHAO, Wanyi]: „股份公司内部权力配置的结构性变革-以股东"同质化"假定到"异质化"现实的演进为视角" [Veränderung der Rechtsaufteilung in chinesischen AGs aufgrund der Verschiedenartigkeit der Aktionäre],《现代法学》[Moderne Rechtswissenschaft], 03/2011, S. 32–42.

王先林 [WANG, Xianlin]: „《反垄断法》：解决配套立法，完善执法体系" [AMG: Konkretisierung der Gesetzgebung und Verbesserung der Umsetzung],《中国社会科学报》[Chinesisches Journal der Sozialwissenschaften], 23.02.2010.

王先林 [WANG, Xianlin]: „我国反垄断法实施的基本机制及其效果 - 兼论以垄断行业作为我国反垄断法实施的突破口" [Die Gesetzgebung und Umsetzung des AMG unter Berücksichtigung der Umsetzung des Gesetzes in Wirtschaftsbereichen mit Monopolstellung],《法学评论》[Law Review], 05/2012, S. 96–103.

王先林 [WANG, Xianlin]: „对近期我国反垄断执法的观察和思考" [Beobachtungen und Überlegungen zur Durchsetzung des chinesischen Anti-Monopol-Gesetzes],《中国工商报》[Chinas Industrie und Handel], 15.10.2014.

王先林 [WANG, Xianlin]: „浅析竞争政策与反垄断战略问题" [Wettbewerbspolitik und die strategischen Fragen des Anti-Monopol-Gesetzes],《中国市场监督研究》[Studie zur Marktüberwachung], 01/2016, S. 31–34.

王晓晔 [WANG, Xiaoye]: „我国反垄断行政执法机构多元化难题" [Die Problematik der Vielfalt der Verwaltungsbehörden zur Umsetzung des AMG],《中国发展观察》[Chinas Entwicklung], 09/2006, S. 56–59.

王晓晔 [WANG, Xiaoye]: „关于我国反垄断执法机构的几个问题" [Fragen zur kartellrechtlichen Verwaltungsbehörde],《东岳论丛》[Dong Yue Forum], 01/2007, S. 30–41.

王晓晔 [WANG, Xiaoye]: „《中华人民共和国反垄断法》中经营者集中的评析" [Bewertung der chinesischen Fusionskontrolle im AGM],《法学杂志》[Rechtswissenschaft Zeitschrift], 01/2008, S. 2–7.

王潇雨 [WANG, Xiaoyu]: „P3联盟后备方案启动 马士基操刀2M联盟" [Alternative zu P3: Gründung von 2M geplant], 17.11.2014, Beitrag online unter: http://info.chineseshipping.com.cn/cninfo/News/201411/t20141117_1243774.shtml (zuletzt aufgerufen am 12.11.2017).

王晓晔 [WANG, Xiaoye]: „谈滴滴优步合并案" [Stellungnahme zum Zusammenschluss von DiDi und Uber], 4.9.2016, Beitrag online unter: http://www.iolaw.org.cn/showNews.aspx?id=53126 (zuletzt aufgerufen am 12.11.2017).

王晓晔 [WANG, Xiaoye]: „我国反垄断法中的经营者集中控制：成就与挑战" [Die Fusionskontrolle im AMG: Leistung und Herausforderung],《法学评论》[Law Review], 02/17, S. 11–25.

王中美 [WANG, Zhongmei]: „经济理性与法学逻辑的融会贯通- 中国反垄断并购审查实体标准与程序的得与失" [Integration der ökonomischen Begründung und der juristischen Logik: das materielle Prüfungskriterium und das Verfahren der chinesischen Fusionskontrolle],《现代法学》[Moderne Rechtswissenschaft], 2/2011, S. 65–71.

魏华 [WEI, Hua]: „论经营者集中审查的实体性标准" [Das materielle Prüfungskriterium in der Fusionskontrolle],《河南示范大学学报（哲学社会科学版）》[Zeitschrift der Henan Normal-Universität (Philosophie und Sozialwissenschaften)], 01/2013, S. 55–57.

温婧 [WEN, Jing]: „滴滴吞掉优步中国涉嫌垄断？滴滴优步神州背后都是柳家人" [Verletzt der Erwerb von Uber China durch Didi das Anti-Monopol-Gesetz? Die Familie LIU steht hinter DiDi und Uber China], 02.08.2016, Beitrag online unter: http://m.haiwainet.cn/middle/352345/2016/0802/content_30147570_1.html (zuletzt aufgerufen am 12.11.2017).

温婧 [WEN, Jing]: „滴滴优步合并带来滴滴股权疑云：VIE结构为海外上市？" [Die Fusion von DiDi und Uber China: VIE-Struktur für IPO im Ausland vorbereitet?], 15.8.2016, Beitrag online unter: https://www.sohu.com/a/110494323_381579 (zuletzt aufgerufen am 12.11.2017).

吴宏伟/董笃笃 [WU, Hongwei/DONG, Dudu]: „ 中国反垄断和反不正当竞争民事诉讼制度及发展" [Der Zivilprozess im chinesischen AMG],《中国竞争法律与政策研究报告2013》[Bericht zum Wettbewerbsgesetz und zur Wettbewerbspolitik], S. 127.

吴越 [WU, Yue]: „德国康采恩法与我国企业集团法之比较" [Der Konzern im deutschen Recht und ein Vergleich mit chinesischem Recht],《法律科学》[Wissenschaft des Rechts], 02/2001, S. 113–128.

吴振国/刘新宇 [WU, Zhengguo/LIU, Xinyu]: „企业并购反垄断审查制度之理论与实践" [Theorie und Praxis der Fusionskontrolle bei M&A], China Law Press, 2012.

肖作平 [XIAO, Zuoping]: „所有权和控制权的分离度、政府干预与资本结构选择－来自中国上市公司的实证证据" [Die Trennung von Unternehmensbesitz und das Kontrollrecht, der Eingriff vonseiten der Regierung und die Auswahl der Kapitalstruktur – Untersuchung anhand empirischer Daten von börsennotierten chinesischen Unternehmen],《南开管理评论》[Nankai Management], 05/2010, S. 144–152.

徐士英 [XU, Shiying]: „ 反垄断法实施面临功能性挑战" [Funktionelle Herausforderungen bei der Umsetzung des AMG],《竞争政策研究》[Studie zur Wettbewerbspolitik], 07/2015, S. 79–90.

许文彬 [XU, Wenbin]: „我国上市公司控制权私利的实证研究" [Eine empirische Forschung zum Nutzen von Kontrolle über börsennotierte chinesische Unternehmen],《中国工商经济》[Chinas Industrieökonomie], 02/2009, S. 120–131.

徐晓松 [XU, Xiaosong]: „论垄断国有企业监管法律制度框架的重构" [Der Wiederaufbau des Rechtssystems zur Überwachung von SOE mit Monopolstellung],《政治与法律》[Politik und Rechtswissenschaft], 01/2012, S. 101–107.

薛乾 [XUE, Qian]: „VIE模式产生的原因、风险及对策分析" [Der Entstehungsgrund, das Risiko und Gegenmaßnahmen von VIE],《现代商业》[Moderne Geschäfte], 21/2012, S. 193.

薛胜男 [XUE, Shengnan]: „论《外国投资法（草案征求意见稿）对VIE架构企业的监管思路的变化" [Die Regulierungsänderung von VIE durch den Entwurf des AIG],《法制与社会》[Recht und Gemeinschaft], 06/2015, S. 254–256.

薛义忠 [XUE, Yizhong]: „"一票否决权"之中国境内民商领域适用" [Die Anwendung des Vetorechts im Zivil- und Handelsbereich], ohne Datum, Beitrag online unter: http://www.grandall.com.cn/grandall-research-institute/legal-study/grandall-forum/140715160508.htm (zuletzt aufgerufen am 12.11.2017).

O.V.: „央企将进行大规模兼并重组　数量或减至40家" [Die zentralen SOE werden durch Fusion um bis zu 40 reduziert], 27.4.2015, Beitrag online unter: http://ccnews.people.com.cn/n/2015/0427/c141677-26910746.html?&from=androidqq (zuletzt aufgerufen am 12.11.2017).

扬子 [YANG, Zi]: „争论滴滴快的合并：多专家认为涉嫌垄断应审批" [Streit zur Fusion von DiDi und Kuaidi: Experten zufolge ist eine Anmeldung zur Fusionskontrolle erforderlich], 16.2.2015, Beitrag online unter: http://tech.sina.com.cn/i/2015-02-16/doc-iawzuney0136081.shtml (zuletzt aufgerufen am 12.11.2017).

耀建宗/栾兆星 [YAO, Jianzong/Luan, Zhaoxing]: „当代中国法律移植认识的基调演变-基于学术史的考察与展望" [Die Entwicklung der Rechtsrezeption in China unter Berücksichtigung der Geschichte],《新疆师范大学学报（哲学社会科学版）》[Zeitschrift der Xinjiang Normal-Universität (Philosophie und Sozialwissenschaften)], 1/2015, S. 75–86.

叶建宏 [YE, Jianhong]: „基于控制权的股东行为与公司决策研究" [Das Verhalten von Aktionären aufgrund des Kontrollrechts und das Treffen der Entscheidung], Dissertation (Zhejiang Universität), 2015.

叶军 [YE, Jun]: „经营者集中法律界定模式研究" [Das Aufgreifkriterium in der Fusionskontrolle],《中国法学》[China Rechtswissenschaft], 05/2015, S. 223–247.

叶康涛/祝继高/陆正飞/张然 [YE, Kangtao/ZHU, Jigao/LU, Zhengfei/ZHANG, Ran]: „独立董事的独立性：基于董事会投票的证据“ [Die Unabhängigkeit des unabhängigen leitenden Verwaltungsratsmitgliedes: Eine Untersuchung des Abstimmungsverhaltens],《经济研究》[Wirtschaftsforschung], 01/2011, S. 126–139.

叶勇/徐秋子 [YE, Yong/XU, Qiuzi]: „一股一权”的法经济学反思“ [Eine Überlegung zum Grundsatz „eine Aktie ein Recht“ aus rechtsökonomischer Sicht],《中国外资》[Ausländische Investitionen in China], 01/ 2014, S. 216–219.

应品广 [YING, Pinguang]: „公平竞争审查制度：中国竞争政策的重大创新“ [Ein fairer Wettbewerbsprüfungsmechanismus: Innovation der chinesischen Wettbewerbspolitik],《竞争法律与政策评论》[Review zu Wettbewerbsrecht und Politik], 01/2016, S. 18.

游钰 [YOU, Yu]: „论反垄断执法的司法审查“ [Die gerichtliche Überprüfung der Umsetzung des AMG],《中国法学》[China Rechtswissenschaft], 06/2013, S. 34–45.

余澳 [YU, Ao]: „我国民营上市公司股权结构、控制权特征对公司治理的影响“ [Der Einfluss von Aktionärsstruktur und Kontrolle auf Corporate Governance von privaten börsennotierten chinesischen Unternehmen],《经济纵横》[Wirtschaftsbericht], 05/2010, S. 122–125.

于立/王玥 [YU, Li/WANG, Yue]: „反垄断经济学的本源与难题-基于中国的实践“ [Die ökonomische Begründung und Schwierigkeit des Wettbewerbsrechts –Praxis in China],《中国物价》[Chinas Preise], 02/2014, S. 9–14.

袁日新 [YUAN, Rixin]: „经营者集中救济类型位阶性的理论反思“ [Die Rangfolge der Rechtsmittel für den Zusammenschluss],《法律科学》[Wissenschaft des Rechts], 02/2016, S. 59–69.

曾雄 [ZENG, Xiong]: „合营企业的反垄断规制研究“ [Forschung über die Regelungen für GU in den Anti-Monopol-Gesetzen], Masterarbeit (CASS), 2014.

曾晶 [ZENG, Jing]: „论反垄断法法上共同支配地位协调行为的认定因素-以欧盟为例“ [Die Analyse der Koordinierung der kollektiven Marktbeherrschungsstelle am Beispiel des europäischen Rechts],《中南大学学报（社会科学）》[Zeitschrift der Zhongnan Universität (Sozialwissenschaft)], 04/2015, S. 76–82.

张国平 [ZHANG, Guoping]: „关联企业的法律特征及其与企业集团的关系“ [Der Unterschied zwischen zusammenhängendem Unternehmen und Konzern],《南京师范大学学报（社会科学版）》[Zeitschrift der Nanjing Normal-Universität (Sozialwissenschaft)], 07/2007, S. 31–35.

张卫东 [ZHANG, Weidong]: „ 国企产权30年“ [Das Eigentumsrecht der SOE über 30 Jahre],《湖北社会科学》[Hubei Sozialwissenschaft], 07/2008, S. 57–63.

张新 [ZHANG, Xin]: „并购重组是否创造价值？-中国证券市场的理论与实证研究“ [Schafft M&A Wert? – Eine Studie zum Wertpapiermarkt],《经济研究》[Wirtschaftsforschung], 06/2003, S. 20–29.

张永忠 [ZHANG, Yongzhong]: „兼并审查自由裁量权的法律控制“ [Zur rechtlichen Kontrolle über die diskretionäre Macht der Fusionskontrolle],《武汉大学学报（哲学社会科学版）》[Journal der Wuhan Universität (Philosophie und Sozialwissenschaften)], 06/2010, S. 916–922.

赵晶/郭海 [ZHAO, Jing/GUO, Hai]: „公司实际控制权、社会资本控制链与制度环境“ [Die faktische Kontrolle einer Gesellschaft – Sozialkapital, Steuerkette, Rechtssystem und Politik],《管理世界》[Management Welt], 09/2014, S. 160–171.

赵婧轩 [ZHAO, Jingxuan]: „我国企业借壳上市模式与效果研究“ [IPO durch Umgekehrte Übernahme und der Effekt für chinesische Unternehmen], Masterarbeit (Nanjing Universität für Wissenschaft und Technologie), 2015.

赵馨/程璇 [ZHAO, Xin/CHEN, Xuan]: „VIE模式的法律效力分析-基于合同法第52条“ [Die Gültigkeit der VIE Vereinbarung – Begründung aufgrund Art. 52 VG],《中共青岛市党校青岛行政学院学报》[Zeitschrift der Parteischule von Qingdao], 01/2015, S. 69–73.

周广根 [ZHOU, Guanggen]: „试论我国康采恩集团发展的法律对策“ [Die Entwicklung der chinesischen Konzerne und die gesetzliche Gegenmaßnahme],《中外法学》[Chinesisches und ausländisches Recht], 05/1993, S. 42–46.

朱慈蕴/在朝晖 [ZHU, Ciyun/ZAI, Zhaohui]: „类别股与中国公司法的演进“ [Die Aktiengattung und die Entwicklung des chinesischen Gesellschaftsrechts],《中国社会科学》[Chinesische Sozialwissenschaft], 09/2013, S. 147–208.

朱冬琴/陈文浩 [ZHU, Dongqin/CHEN, Wenhao]: „控制权、控制权与现金流权偏离度对并购的影响－来自中国民营上市公司的经验证据“ [Der Einfluss des Kontrollrechts auf M&A, die Abweichung vom Kontrollrecht und das Recht auf Cashflows – eine Untersuchung anhand empirischer Daten von privaten börsennotierten chinesischen Unternehmen],《财经研究》[Finanzen und Wirtschaft], 2/2010, S. 121–132.

祝继高/叶康涛/陆正非 [ZHU, Jigao/YE, Kangtao/LU, Zhengfei]: „谁是更积极的监督者：非控股股东，董事还是独立董事？“ [Wer ist eine aktivere Aufsicht: nicht-kontrollierende Minderheitsbeteiligte, Vorstandsmitglieder oder unabhängige leitende Verwaltungsratsmitglieder?],《经济研究》[Wirtschaftsforschung], 09/2015, S. 170–184.

朱作贤 [ZHU, Zuoxian]: „反思当代国际航运反垄断规制的欧美法路径一兼论中国特色模式之构建“ [Infragestellung der gesetzlichen Ansätze der Europäischen Union und der USA zur Anti-Monopol-Regulierung auf die internationale Schifffahrtsindustrie mit dem Ziel eines Lösungsansatzes für China],《中国海商法研究》[China Seeschifffahrtsgesetz], 01/2015, S. 42–57.

Zhong Lun Kanzlei: „商务部最新修订《关于经营者集中申报的指导意见》解读“ [Über die aktuelle Guideline zur Anmeldung der Fusionskontrolle], 10.6.2014, Beitrag online unter: http://www.zhonglun.com/Content/2016/10-11/1530421434.html (zuletzt aufgerufen am 12.11.2017).

Bekanntmachungen und Entscheidungen von MOFCOM

MOFCOM, Fall Nr. 175, 2016.

商务部行政处罚决定书（商法函[2016]175号）, http://fldj.mofcom.gov.cn/article/ztxx/201605/20160501311092.shtml

MOFCOM, Fall Nr. 174, 2016.

商务部行政处罚决定书（商法函[2016]174号）, http://fldj.mofcom.gov.cn/article/ztxx/201605/20160501311081.shtml

MOFCOM, Bekanntmachung Nr. 38, 2016.

商务部公告2016年第38号 关于附加限制性条件批准百威英博啤酒集团收购英国南非米勒酿酒公司股权案经营者集中反垄断审查决定的公告，http://fldj.mofcom.gov.cn/article/ztxx/201607/20160701369044.shtml

MOFCOM, Fall Nr. 671, 2015.

商务部行政处罚决定书（商法函[2015]671号）, http://fldj.mofcom.gov.cn/article/ztxx/201509/20150901124903.shtml

MOFCOM, Fall Nr. 670, 2015.

商务部行政处罚决定书（商法函[2015]670号）, http://fldj.mofcom.gov.cn/article/ztxx/201509/20150901124899.shtml

MOFCOM, Bekanntmachung Nr. 44, 2015.

商务部公告2015年第44号 关于附加限制性条件批准诺基亚收购阿尔卡特朗讯股权案经营者集中反垄断审查决定的公告，http://fldj.mofcom.gov.cn/article/ztxx/201510/20151001139743.shtml

MOFCOM, Fall Nr. 787, 2014.

商务部行政处罚决定书（商法函[2014]787号）, http://fldj.mofcom.gov.cn/article/ztxx/201509/20150901124994.shtml

MOFCOM, Fall Nr. 786, 2014.

商务部行政处罚决定书（商法函[2014]786号）, http://fldj.mofcom.gov.cn/article/ztxx/201509/20150901124992.shtml

MOFCOM, Bekanntmachung Nr. 49, 2014.

商务部公告2014年第49号 商务部关于附加限制性条件批准科力远、丰田中国、PEVE、新中源、丰田通商拟设立合营企业案经营者集中反垄断审查决定的公告，http://fldj.mofcom.gov.cn/article/ztxx/201407/20140700648291.shtml

MOFCOM, Bekanntmachung Nr. 46, 2014.

商务部公告2014年第46号 商务部关于禁止马士基、地中海航运、达飞设立网络中心经营者集中反垄断审查决定的公告，http://fldj.mofcom.gov.cn/article/ztxx/201406/20140600628586.shtml

MOFCOM, Bekanntmachung Nr. 30, 2014.

商务部公告2014年第30号 关于附加限制性条件批准默克公司收购安智电子材料公司案经营者集中反垄断审查决定的公告，http://fldj.mofcom.gov.cn/article/ztxx/201404/20140400569060.shtml

MOFCOM, Bekanntmachung Nr. 24, 2014.

商务部公告2014年第24号 关于附加限制性条件批准微软收购诺基亚设备和服务业务案经营者集中反垄断审查决定的公告，http://fldj.mofcom.gov.cn/article/ztxx/201404/20140400542415.shtml

MOFCOM, Bekanntmachung Nr. 61, 2013.

商务部公告2013年第61号 关于附加限制性条件批准联发科技股份有限公司吸收合并开曼晨星半导体公司经营者集中反垄断审查决定的公告，http://fldj.mofcom.gov.cn/article/ztxx/201308/20130800269821.shtml

MOFCOM, Bekanntmachung Nr. 49, 2012.

商务部公告2012年第49号 关于附加限制性条件批准沃尔玛公司收购纽海控股33.6%股权经营者集中反垄断审查决定的公告，http://fldj.mofcom.gov.cn/article/zcfb/201208/20120808284410.shtml

MOFCOM, Bekanntmachung Nr. 6, 2012.

商务部公告2012年第6号 关于附加限制性条件批准汉高香港与天德化工组建合营企业经营者集中反垄断审查决定的公告，http://fldj.mofcom.gov.cn/article/ztxx/201202/20120207960466.shtml

MOFCOM, Bekanntmachung Nr. 90, 2011.

商务部公告2011年第90号 关于附条件批准希捷科技公司收购三星电子有限公司硬盘驱动器业务反垄断审查决定的公告，http://fldj.mofcom.gov.cn/article/ztxx/201112/20111207874274.shtml

MOFCOM, Bekanntmachung Nr. 74, 2011.

商务部公告2011年第74号 关于附条件批准通用电气（中国）有限公司与中国神华煤制油化工有限公司设立合营企业反垄断审查决定的公告http://fldj.mofcom.gov.cn/article/zcfb/201111/20111107824342.shtml

MOFCOM, Bekanntmachung Nr. 73, 2011.

商务部公告2011年第73号 关于附条件批准佩内洛普有限责任公司收购萨维奥纺织机械股份有限公司反垄断审查决定的公告，http://fldj.mofcom.gov.cn/article/ztxx/201111/20111107855585.shtml

MOFCOM, Bekanntmachung, freigegebene Fälle Nr. 30, drittes Quartal 2016.

http://fldj.mofcom.gov.cn/article/zcfb/201510/20151001128985.shtml

MOFCOM, Bekanntmachung, freigegebene Fälle Nr. 62, erstes Quartal 2015. http://fldj.mofcom.gov.cn/article/zcfb/201504/20150400932418.shtml

MOFCOM, Bekanntmachung, freigegebene Fälle Nr. 13, zweites Quartal 2015. http://fldj.mofcom.gov.cn/article/zcfb/201507/20150701034930.shtml

MOFCOM, Bekanntmachung, freigegebene Fälle Nr. 68, drittes Quartal 2015. http://fldj.mofcom.gov.cn/article/zcfb/201510/20151001128985.shtml

MOFCOM, Bekanntmachung, freigegebene Fälle Nr. 36, erstes Quartal 2015. http://fldj.mofcom.gov.cn/article/zcfb/201504/20150400932418.shtml

MOFCOM, Bekanntmachung, freigegebene Fälle Nr. 39, erstes Quartal 2015. http://fldj.mofcom.gov.cn/article/zcfb/201504/20150400932418.shtml

MOFCOM, Bekanntmachung, freigegebene Fälle Nr. 51, viertes Quartal 2014. http://fldj.mofcom.gov.cn/article/zcfb/201501/20150100863949.shtml

MOFCOM, Bekanntmachung, freigegebene Fälle Nr. 7, zweites Quartal 2013. http://fldj.mofcom.gov.cn/article/zcfb/201307/20130700184718.shtml

MOFCOM, Bekanntmachung, freigegebene Fälle Nr. 7, viertes Quartal 2013. http://fldj.mofcom.gov.cn/article/zcfb/201401/20140100457358.shtml

MOFCOM, Bekanntmachung, freigegebene Fälle Nr. 38, viertes Quartal 2013. http://fldj.mofcom.gov.cn/article/zcfb/201401/20140100457358.shtml

Englische Literatur

Balitzki, Anja/Pugh, Rhiannon: Mind the Gap? An Analysis from a German Competition Law Perspective of the European Commission's Proposal to Review Non-Controlling Minority Shareholdings Under European Merger Control Law, IIC 2016, S. 595–616.

Kadar, Massimiliano: European Union competition law in the digital era, ZWeR, 4/2015, S. 342–363.

Levy, Nicholas: Expanding EU Merger Control to Non-Controlling Minority Shareholdings: A Sledgehammer to Crack a Nut, CPI Antitrust Chronicle, December 2014(1).

Maier-Rigaud, Frank/Schwalbe, Ulrich/Forster, Felix: The Role of Non-Coordinated Effects in the Assessment of Minority Shareholdings, ZWeR, 3/2016, S. 246, 257.

Radicati di Brozolo, Luca G./Gustafsson, Magnus: Full-function Joint Ventures Under the Merger Regulation: The Need for Clarification, ECLR 2003, S. 574–579.

Veröffentlichungen des Instituts für deutsches und europäisches Wirtschafts-, Wettbewerbs- und Regulierungsrecht der Freien Universität Berlin, ab Band 48 fortgeführt vom **Institut für Energie- und Regulierungsrecht Berlin**

Herausgegeben von Franz Jürgen Säcker:

Band 1 Franz Jürgen Säcker (Hrsg.): Deutsch-russisches Energie- und Bergrecht im Vergleich. Ergebnisse einer Arbeitstagung vom 31. März / 1. April 2006. 2007.

Band 2 Franz Jürgen Säcker / Walther Busse von Colbe (Hrsg.): Wettbewerbsfördernde Anreizregulierung. Zum Anreizregulierungsbericht der Bundesnetzagentur vom 30. Juni 2006. 2007.

Band 3 Dirk Zschenderlein: Die Gleichbehandlung der Aktionäre bei der Auskunftserteilung in der Aktiengesellschaft. Zum Problem der Zulässigkeit der Weitergabe von Informationen an einzelne Aktionäre und Dritte. 2007.

Band 4 Simone Kirchhain: Die Anwendung der Vertikal-GVO auf innerstaatliche Wettbewerbsbeschränkungen nach der 7. GWB-Novelle. 2007.

Band 5 Franz Jürgen Säcker: Der Independent System Operator. Ein neues institutionelles Design für Netzbetreiber? 2007.

Band 6 Stefanie Otto: Allgemeininteressen im neuen UWG. § 1 S. 2 UWG und die wettbewerbsfunktionale Auslegung. 2007.

Band 7 Jochen Eichler: Vertragliche Dritthaftung. Eine Auseinandersetzung mit der Frage der Dritthaftung von sogenannten Experten und anderen Auskunftspersonen im Rahmen des § 311 Abs. 3 BGB. 2007.

Band 8 Markela Stamati: Die Anforderungen der operationellen Entflechtung nach den Beschleunigungsrichtlinien der Europäischen Kommission. Umsetzung in Deutschland und Griechenland. 2008.

Band 9 Franz Jürgen Säcker: The Concept of the Relevant Product Market. Between Demand-Side Substitutability and Supply-Side -Substitutability in Competition Law. 2008.

Band 10 Renate Rabensdorf: Die Durchgriffshaftung im deutschen und russischen Recht der Kapitalgesellschaften. Eine rechtsvergleichende Untersuchung. 2009.

Band 11 Franz Jürgen Säcker: Der beschleunigte Ausbau der Höchstspannungsnetze als Rechtsproblem. Erläutert am Beispiel der 380-kV-Höchstspannungsleitung Lauchstädt – Redwitz – Grafenrheinfeld mit Querung des Rennsteigs im Naturpark Thüringer Wald. 2009.

Band 12 Helen Mahne: Eigentum an Versorgungsleitungen. 2009.

Band 13 Franz Jürgen Säcker (Hrsg.): Russisches Energierecht - Gesetzessammlung. 2009.

Band 14 Franz Jürgen Säcker / Maik Wolf: Integrierte Energieversorgung in geschlossenen Verteilernetzen. Zum Gestaltungsspielraum des Gesetzgebers zur Neuregelung des § 110 EnWG im Lichte des Dritten EG-Energiepakets. 2009.

Band 15 Franz Jürgen Säcker (Hrsg.): Das Dritte Energiepaket für den Gasbereich. Deutsch-Englische Textausgabe mit einer Einführung. 2009.

Band 16 Franz Jürgen Säcker (Hrsg.): Das Dritte Energiepaket für den Elektrizitätsbereich. Deutsch-Englische Textausgabe mit einer Einführung. 2009.

Band 17 Thomas Dörmer: Die Unternehmenspacht. Rechtsstellung der Vertragsparteien unter besonderer Berücksichtigung der Pflicht des Unternehmenspächters zur ordnungsgemäßen Unternehmensführung sowie der Rechtslage bei Vertragsbeendigung. 2010.

Band 18 Klaas Bosch: Die Kontrolldichte der gerichtlichen Überprüfung von Marktregulierungsentscheidungen der Bundesnetzagentur nach dem Telekommunikationsgesetz. 2010.

Band 19 Geng-Sook Leem: Einheitliche Corporate Governance-Grundsätze für die Europäische Aktiengesellschaft (SE). Eine rechtsvergleichende Untersuchung anhand der Ausgestaltung der SE im deutschen und britischen Recht. 2010.

Band 20 Wiebke Gebhardt: Gentechnik und Koexistenz nach der Gesetzesnovelle von 2008: Zivilrechtliche Haftung im Vergleich Deutschland und USA. 2010.

Band 21 Cathrin Isenberg: Die Geruchsmarke als Gemeinschaftsmarke. Schutzfähigkeit und Einsatzmöglichkeiten. 2010.

Band 22 Franz Jürgen Säcker / Jochen Mohr / Maik Wolf: Konzessionsverträge im System des europäischen und deutschen Wettbewerbsrechts. 2011.

Band 23 Judith Antonia Loeck: Die unzumutbare Belästigung nach der UWG Novelle 2008 und dem Gesetz zur Bekämpfung unerlaubter Telefonwerbung und zur Verbesserung des Verbraucherschutzes bei besonderen Betriebsformen. 2011.

Band 24 Jörg Jaecks: Konzernverrechnungsklauseln und verwandte einseitige Verrechnungsbefugnisse im Mehrpersonenverhältnis. 2011.

Band 25 Franz Jürgen Säcker: Marktabgrenzung, Marktbeherrschung, Markttransparenz und Machtmissbrauch auf den Großhandelsmärkten für Elektrizität. 2011.

Band 26 Susanne Wende: Die einheitliche Auslegung von Beihilfen- und Vergaberecht als Teilgebiete des europäischen Wettbewerbsrechts. 2011.

Band 27 Leonie Kempel: Die Anwendung von Art. 102 AEUV auf geistiges Eigentum und Sacheigentum. Die Voraussetzungen des Kontrahierungszwangs nach Art. 102 AEUV und der Essential-Facility-Doktrin unter besonderer Berücksichtigung der Unterschiede zwischen geistigem Eigentum und Sacheigentum. 2011.

Band 28 Christoph Schuldt: Werbejingles – schützenswerte Kompositionen!? Die urheberrechtliche und markenrechtliche Schutzfähigkeit von Werbejingles vor unbefugter Nachahmung. 2012.

Band 29 Lydia Scholz: Die Rechtfertigung von diskriminierenden umweltpolitischen Steuerungsinstrumenten. Eine Untersuchung der Reichweite der Warenverkehrsfreiheit und ihrer Begrenzung durch den Umweltschutz als Vertragsziel am Beispiel der deutschen Energiefördergesetze EEG und KWKModG. 2012.

Band 30 Franz Jürgen Säcker: Investitionen in Kraftwerke zur Sicherung einer zuverlässigen Elektrizitätsversorgung nach der Energiewende. Rechtliche und ökonomische Rahmenbedingungen. 2012.

Band 31 Florian Leib: Kartellrechtliche Durchsetzungsstrategien in der Europäischen Union, den USA und Deutschland. Eine rechtsvergleichende Darstellung. 2012.

Band 32 Holger Hoch: Marktverschlusseffekte und Effizienzen vertikaler Zusammenschlüsse. Kartellrechtliche Beurteilung nach europäischem und deutschem Recht. 2012.

Band 33 Sebastian Kemper: Gasnetzzugang in Deutschland und in Spanien. 2012.

Band 34 Elena Timofeeva: Unbundling in der russischen Elektrizitätswirtschaft im Vergleich zum deutschen und europäischen Energierecht. 2012.

Band 35 Gisela Drozella / Harald Krebs: Marktbeherrschung im Bereich Stromerzeugung / Stromgroßhandel. Eine kritische Analyse der neueren Sicht des Bundeskartellamts. 2013.

Band 36 Christian Rehm: Die Einzel- und Gesamtverantwortung der Vorstandsmitglieder der Aktiengesellschaft. Die Verantwortung für die Leitung und Geschäftsführung im mehrköpfigen Vorstand in der unabhängigen und der herrschenden AG. 2013.

Band 37 Ann-Christin Richter: Mengen- und umsatzbezogene Rabatte marktbeherrschender Unternehmen in den Grenzen des Art. 102 AEUV. 2013.

Band 38 Nikolaos Pitsos: Die erhebliche Behinderung des wirksamen Wettbewerbs (SIEC-Test) im Fusionskontrollrecht. Zugleich ein Beitrag zur Problematik der oligopolistischen Marktbeherrschung unter Vergleich mit dem amerikanischen SLC-Test. 2013.

Band 39 Mirko Heinemann: Das Markenzeichen als Anknüpfungspunkt des Markenimages. 2013.

Band 40 Sylvia Lorenz: Der Immaterialgüterschutz virtueller Ladengeschäfte. Ein Vorschlag für die rechtliche Erfassung virtueller Güter. 2014.

Band 41 Anke Reimers: Wettbewerbsrechtliche und regulatorische Analyse der Kapazitätenvergabe an Grenzkuppelstellen im Elektrizitätsbinnenmarkt. 2014.

Band 42 Franz Jürgen Säcker / Carsten König / Lydia Scholz: Der regulierungsrechtliche Rahmen für ein Offshore-Stromnetz in der Nordsee. 2014.

Band 43 David Preisendanz: Der Humor in der vergleichenden Werbung. 2014.

Band 44 Martin Gerig: Vollendung des EU-Energiebinnenmarktes vs. nationale Marktabschottungen. Europarechtskonformität mitgliedstaatlicher Fördermaßnahmen und Kapazitätsmärkte am Beispiel Deutschlands. 2014.

Band 45 Jan Patrick Ehinger: Dritthaftung für Kunstexpertisen und Aufnahmebestätigungen in den Catalogue raisonné. Ein Beitrag zur Expertenhaftung. 2014.

Band 46 Julia Gerzen: Das Recht der Gesellschafter-Fremdkapitalfinanzierung. Rechtsvergleichende Analyse der Behandlung von Gesellschafterdarlehen vor und in der Insolvenz der GmbH nach deutschem und russischem Recht. 2014.

Band 47 Laura Börger: Die gerichtliche Kontrolldichte bei der Überprüfung von Entscheidungen der Europäischen Kommission auf dem Gebiet der Fusionskontrolle. 2014.

Veröffentlichungen des Instituts für Energie- und Regulierungsrecht Berlin

Band 48–65 herausgegeben von Franz Jürgen Säcker

ab Band 66 gemeinsam mit Jochen Mohr

Band 48 Daniel Simon Travers: Kopplungsangebote. Eine Studie zum Vertrags- und Lauterkeitsrecht. 2015.

Band 49 Anna Olbryś-Sobieszuk: EU-rechtliche Schranken der Glücksspielwerbung in Deutschland, Großbritannien und Polen. 2015.

Band 50 Franz Jürgen Säcker/Lydia Scholz/Thea Sveen: Renewable Energy Law in Europe. Challenges and Perspectives. 2015.

Band 51 Lina Berezgova: Festlegung von Stromnetzentgelten in Deutschland und Russland. Eine rechtsvergleichende Untersuchung der anreizbasierten Regulierungsvorgaben. 2015.

Band 52 Fengliang Jin: Aufgreifkriterien in der Fusionskontrolle. Eine rechtsvergleichende Untersuchung des europäischen (Art. 3 FKVO), deutschen (§ 37 GWB), taiwanesischen (§ 6 FHG) und festlandchinesischen (§ 20 AMG) Rechts. 2015.

Band 53 Vasileios Triantafyllidis: Die Einordnung der Passing-On-Defense in das allgemeine Schadensersatzrecht. Eine rechtsvergleichende, dogmatische Studie. 2015.

Band 54 Peipei Liu: Die Inhaltskontrolle von Allgemeinen Geschäftsbedingungen und formularmäßigen Vertragsklauseln im deutsch-chinesischen Vergleich. 2016.

Band 55 Evelyn Kozak: Zur Notwendigkeit eines arbeitsrechtlichen und haftungsrechtlichen Whistleblowerschutzes. 2016.

Band 56 Genevieve Baker: Der bereicherungsrechtliche Nutzungsanspruch. 2017.

Band 57 Maria Zaykova: Der rechtliche Rahmen für den bergbaulichen Zugang zu den Erdöl- und Erdgaslagerstätten in der Russischen Föderation im Vergleich zum deutschen Bergrecht. 2017.

Band 58 Qian Luan: Geldschöpfungsprozess und Geld als abstraktes Schuldversprechen. Die europäisch-verwaltungsrechtliche Betrachtung des Geldschöpfungsprozesses der EZB und die Rechtsnatur von Zentralbankgeld und Geschäftsbankengiralgeld. 2017.

Band 59 Sára Gabriella Hoffman: Regulation of Cloud Services under US and EU Antitrust, Competition and Privacy Laws. 2017.

Band 60 Matthias Schöpf: Das neue Planungsrecht der Übertragungsnetze: Vorgaben des deutschen und europäischen Rechts. 2017.

Band 61 İpek Çevik: Eine vergleichende Untersuchung der Joint Ventures – Gemeinschaftsunternehmen – nach europäischem, türkischem und deutschem Wettbewerbsrecht. Die Analyse von wettbewerbsrechtlichen Auswirkungen bei Gründung der konzentrativen und/oder kooperativen Gemeinschaftsunternehmen. 2017.

Band 62 Raffaele Mazza: Verbotsirrtum und Vertrauen auf Rechtsrat im europäischen Kartellrecht. Eine rechtsvergleichende Analyse des europäischen, des deutschen und des französischen Kartellrechts. 2017.

Band 63 Stavroula Antoniou: Die Kontrolle einseitiger Preisanpassungsrechte in Dauerschuldverhältnissen am Beispiel langfristige Energielieferverträge. Eine rechtsvergleichende Untersuchung nach deutschem und griechischem Recht. 2018.

Band 64 Lucas Noura de Moraes Rêgo Guimarães: Energieversorgungssicherheit im Europarecht mittels der Förderung erneuerbarer Energien und der Interkonnektion der Netze. 2018.

Band 65 Nino Kobadze: Regulation of Access to Gas Networks in Russia in Comparison with the Energy Law of Germany and the EU. 2018.

Band 66 Felix Krone: Das Recht der unkörperlichen Verwertung für das Internet als Teilhaberecht. Zugleich eine Grundsatzschrift für ein kommunikationsoffenes Urheberrecht 2018.

Band 67 Katja Stefanie Middelhoff: Das Spürbarkeitsmerkmal des UWG 2015. 2019.

Band 68 Tatjana Schleicher: Die Umsetzung des § 14a EnWG zwischen Markt und Regulierung im neuen Strommarktdesign. 2020.

Band 69 Eleni-Aristea Alevizou: Der Rechtsrahmen für die nachhaltige Entwicklung der Photovoltaikenergie in Deutschland und in Griechenland. 2020.

Band 70 Rui Long: Die Aufgreifkriterien der chinesischen Fusionskontrolle. Minderheitsbeteiligung, Gemeinschaftsunternehmen, konzerninterne Umstrukturierung und neue Fragen zum digitalen Markt aus rechtsvergleichender Sicht mit deutschem und europäischem Recht. 2020.

Band 71 Jochen Mohr / Hartmut Weyer (Hrsg.): Entwicklungen im Energieregulierungs- und Wirtschaftsrecht. Beiträge zum 80. Geburtstag von Prof. Dr. Gunther Kühne, LL.M. 2020

www.peterlang.com

www.ingramcontent.com/pod-product-compliance
Ingram Content Group UK Ltd.
Pitfield, Milton Keynes, MK11 3LW, UK
UKHW022101051026
15623UKWH00003B/612

9 783631 79184